列车调度指挥系统和调度集中系统维护

主　编　陈红霞
副主编　张亚昕

中国铁道出版社有限公司
2025 年·北 京

内 容 简 介

本书全面系统地介绍了铁路列车调度指挥系统(TDCS)和调度集中(CTC)系统。主要内容有远动系统的基本概念、列车调度指挥系统(TDCS)和调度集中(CTC)系统的系统结构、工作原理、网络安全防护、系统操作、设备维护及故障处理方法等,为配合教学,在每个项目后附有复习思考题。

本书主要作为职业技术学院铁道通信信号专业的教材,也可作为高等院校、成人教育以及现场信号维护人员的培训教材或参考书。

图书在版编目(CIP)数据

列车调度指挥系统和调度集中系统维护/陈红霞主编. —北京:中国铁道出版社,2017.8 (2025.2重印)

ISBN 978-7-113-23120-0

Ⅰ.①列… Ⅱ.①陈… Ⅲ.①铁路行车—运输调度—管理信息系统—维修—职业教育—教材 Ⅳ.①U284.59

中国版本图书馆 CIP 数据核字(2017)第 111671 号

书　　名:列车调度指挥系统和调度集中系统维护
作　　者:陈红霞

策　　划:徐　清
责任编辑:徐　清　　**编辑部电话**:(010)51873147　　**电子邮箱**:357716058@qq.com
封面设计:崔　欣
责任校对:苗　丹
责任印制:高春晓

出版发行:中国铁道出版社有限公司(100054,北京市西城区右安门西街 8 号)
网　　址:https://www.tdpress.com
印　　刷:三河市宏盛印务有限公司
版　　次:2017 年 8 月第 1 版　2025 年 2 月第 7 次印刷
开　　本:787 mm×1 092 mm 1/16　**印张**:14.25　**字数**:356 千
书　　号:ISBN 978-7-113-23120-0
定　　价:38.00 元

前　　言

列车调度指挥系统(TDCS)完全解决了行车指挥自动化的问题,使行车指挥脱离传统的人工模式,实现阶段运行计划的自动生成和辅助自动调整,为调度集中实现自动控制解决最大障碍,是全面实现调度集中系统的重要基础。调度集中(CTC)系统在保证安全生产、提高运输效率和提高铁路竞争力上有着显著优势,在世界各国得到了广泛应用,是我国高速铁路信号系统必不可少的重要技术,也是信号工作人员、现场维护人员要掌握的信号新技术之一。

本书内容的编排和组织是以企业需求、学生认知规律为依据确定的,体现任务引领、实践导向课程的设计思想,立足于实践能力培养,打破以知识传授为主要特征的传统学科模式,转变为以工作任务为中心组织教材内容。教材内容设计为三个项目,项目设计以工作任务为线索来进行,项目一主要介绍相关基础知识,包括远动系统的基本概念、原理及远动技术在列车调度指挥系统和调度集中系统的应用;项目二陈述列车调度指挥系统(TDCS)的维护,主要包括 TDCS 结构、功能实现原理、系统维护方法及故障处理方法等;项目三陈述调度集中(CTC)系统的维护,主要包括 CTC 结构、功能、网络安全防护、系统操作方法、维护方法及故障处理方法等。

本书由南京铁道职业技术学院陈红霞主编,负责教材的整体设计。西安铁路职业技术学院张亚昕副主编。参加编写的还有南京铁道职业技术学院张菊、邓丽敏。其中陈红霞编写项目三的任务二至任务七,张亚昕编写项目二及项目三的任务一,张菊编写项目一的任务一、任务四、任务五,邓丽敏编写项目一的任务二、任务三。

教材编写过程中参考了大量相关资料文献,在此对参考文献中所列专著、教材和论文等的作者们表示诚挚的感谢。

因铁路信号设备技术发展很快,另外编者水平有限,资料收集不全,书中疏漏、欠妥之处在所难免,恳请读者多提宝贵意见,以不断改革教学方式及教材质量。

编　者

2017 年 4 月

目　　录

项目一　远动系统认知

知识目标

1. 熟悉远动技术的概念；
2. 了解远动系统的分类；
3. 熟悉远动系统的系统组成及工作原理；
4. 了解远动系统的性能指标；
5. 了解远动系统的网络结构；
6. 熟悉远动系统的信息传输方式；
7. 熟悉远动系统的安全性措施；
8. 熟悉远动系统在铁路信号控制系统中的应用。

技能目标

1. 能描述远动系统的构成及工作原理；
2. 会对远动系统的性能进行评价；
3. 能够对远动系统的网络结构进行分析；
4. 能够分析远动系统的可靠性；
5. 能分析铁路信号控制系统中应用的远动技术。

任务1　远动系统基本概念

任 务 书

1. 描述远动技术的概念。
2. 描述远动系统的分类及作用。
3. 描述远动系统工作原理。
4. 讨论衡量远动系统性能的指标。

理论知识

远动技术是人们为了监视和控制分散状态的生产过程，综合利用自动控制理论、现代通信技术以及计算机技术而形成的一门独立的学科，起源于20世纪30年代。近几十年来，随着科学技术的发展，特别是计算机技术、现代通信技术、自动控制技术、检测技术等的迅猛发展，远动技术得到飞速发展，应用领域和所涉及的技术范围更为广泛、功能也不断提高，在控制距离、控制功能、容量和自动化程度上都有了阶跃性的发展。远动技术在许多领域都得到了深入应用，如现代电力工业、石油工业、采矿工业、城市交通、卫星通信、火箭导弹、宇航工业、医疗卫生等。随着人工智能、模糊控制等新技术的不断涌现，远动技术必将得到更进一步的发展和应用。

一、远动系统的分类及作用

远动技术是指控制端（或称总机、主机、调度端）与被控制端（或称执行端、分机、从机、结点、终端）之间实现遥控、遥信和遥测技术的总称。综合应用了自动控制理论、现代通信技术以及计算机技术。用于实现远距离的在人（或机器）和机器之间交换信息的功能。以远程控制技术为基础构成的系统称为远动系统。

远动系统从不同的角度，有多种分类方法：

（一）按功能分类

按功能来区分，分为遥控、遥信和遥测系统。

1. 遥控系统：对被控对象进行远距离控制的系统。
2. 遥信系统：对被控对象的工作极限状态进行远距离测定的系统。
3. 遥测系统：对被控对象中的某些参数进行远距离测量的系统。

（二）按信号产生和发送的方式分类

按信号产生和发送的方式来区分，分为非周期型远动系统和周期型远动系统。

1. 非周期型远动系统：系统中信号的产生和发送是随机的，平时系统不动作，控制端要发送命令或执行端被控对象状态发生变化时，即有信息产生时整个系统才动作。

2. 周期型远动系统：系统中不管信号是否有变化，或者说信息是否产生，整个系统都是处于循环不停的周期性工作状态中。

（三）按工作方式分类

按工作方式来区分，分为1:1方式、1:n方式和m:n方式。

（1）1:1方式：是指一个控制端和一个执行端组成的系统；

（2）1:n方式：是指一个控制端对应n个执行端组成的系统；

（3）m:n方式：是指m个控制端和n个执行端组成的系统。

（四）按网络结构分类

按网络结构来区分，分为总线型、环形、星形、树形等。

（五）按远动系统采用的信道分类

按远动系统所采用的信道来区分，分为有线和无线远动系统。

（六）按被控对象所用元件分类

按被控对象所用元件不同来区分，分为有接点和无接点远动系统。

（七）按远动系统功能实现方式分类

根据远动系统是用硬件还是软件实现来区分，可分为布线逻辑式远动系统和软件化远动系统。

二、远动系统的工作原理

（一）遥控系统

遥控就是对被控对象进行远距离控制，使被控对象按所传递的命令去完成特定的功能。远距离控制的“远”是相对的说法，可以是几米远，也可以是几十到几百公里，还可以是几十万公里外。遥控系统由控制端、执行端和信道三部分组成，其系统组成如图1-1所示。

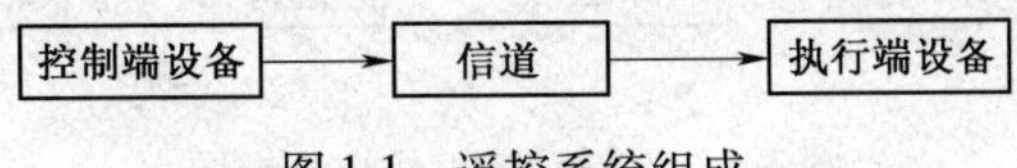

图1-1　遥控系统组成

控制端：发出控制命令的设备。

执行端：执行控制端命令的设备。

信道：连接控制端和执行端的通道，信号的运载工具。

控制端发出的控制命令是控制人员或计算机对被控对象发出的控制意图，控制端将非电量的控制意图变换成电信号，并进行编码，然后经过合适的变换，通过信道传递到执行端，执行端通过译码后，控制具体的被控对象。遥控系统工作原理框图如图1-2所示。

图1-2　遥控系统工作原理框图

命令形成：将操作人员的控制意图通过控制端设备变为控制命令。

编码：将控制命令按照双方约定转变为适合在信道中传输的信号，并具有一定的抗干扰能力。

信道：信号的运载工具。

译码：将从信道上接收的信号恢复成与原始命令相对应的执行命令，通过执行环节去操纵相应的被控对象。

执行：将接收到的控制命令变为被控对象能接收的动作。

对象：根据具体需求可以有1～n个被控对象。

(二)遥信系统

遥信是对远距离被控对象的工作极限状态(如:工作电压的超限与正常、信号机的开放与关闭、道岔的定位与反位、股道的占用与空闲等状态)进行远距离的测定,通常利用表示灯或表示设备监视被控对象的极限状态。遥信系统要反映被控对象的状态,所以它的信息源是在执行端,而接收信息的场所是在控制端,信息的传输方向是由执行端到控制端。遥信系统工作原理框图如图1-3所示。

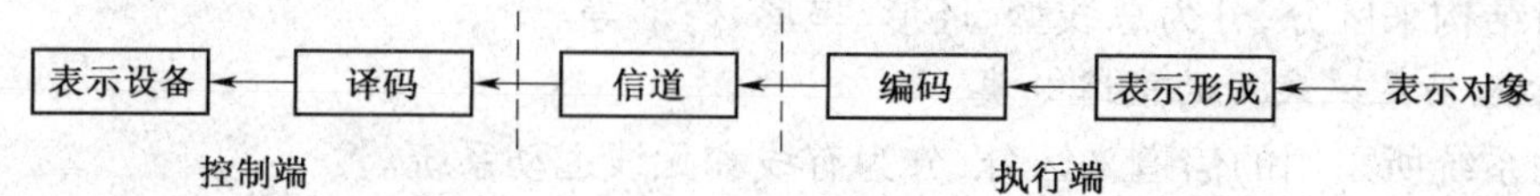

图1-3　遥信系统工作原理框图

表示形成:对被控对象的极限工作状态信息进行采集,并形成相应的表示信息。

表示设备:系统用表示灯或计算机显示终端将被控对象的极限工作状态显示出来。

其他环节同遥控系统。

(三)遥测系统

遥测是对被控对象中的某些参数进行远距离测量。相对的远"距离",可以近到几米,如高速旋转体内相关参数的遥测,也可以远离到几十万公里,如卫星和深空探测中的遥测。与遥信系统的区别是测量对象的参数是模拟量而不是数字量,如继电器的动作电压、轨道电路送受端电压、信号机的点灯电压等。遥测系统工作原理框图如图1-4所示。

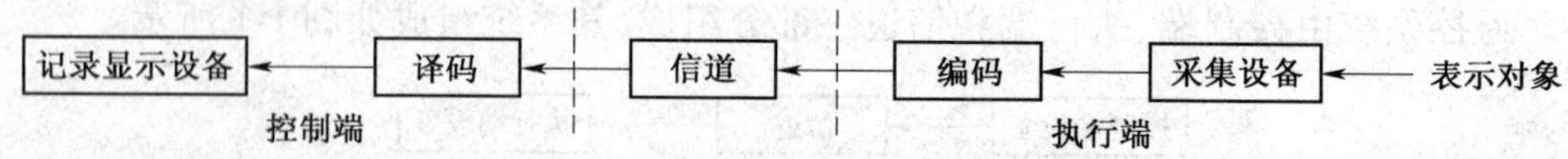

图1-4　遥测系统工作原理框图

采集设备:对要测量对象的参数,通过采集设备不断地进行采集。

记录显示设备:系统通过计算机对采集的参数进行记录、处理,并在显示终端进行显示。

其他环节同遥控系统。

远动系统能进行远程控制、远程状态监视和远程参数测量,一个完整的远动系统的结构如图1-5所示。遥控、遥信及遥测可在同一信道上传送不同的信息,两个不同方向的信息可以同时传送,也可根据需要分时传送。信道一般分为有线信道和无线信道,有线信道如对称电缆、同轴电缆、光纤等;无线信道是利用空间的各个通信频段进行信息传播。

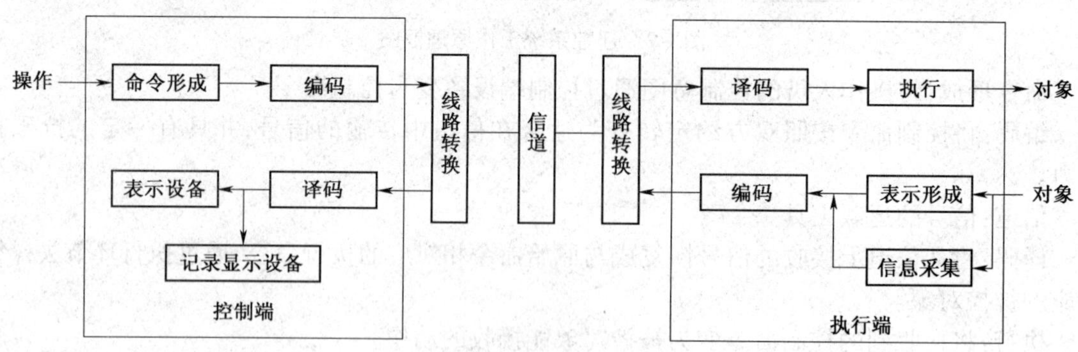

图1-5　远动系统组成

远动系统的主要任务，一是集中监视，提高安全经济运行水平，正常状态下实时监视系统工作状态，为系统最优运行方式提供依据；事故时，提供全面、系统的事故分析数据及状态，及时了解事故的发生范围，加快事故处理进程。二是集中控制，提高劳动生产率，借助远程控制设备，实现无人化或少人化，改善劳动人员工作条件。

三、远动系统的性能指标

(一)系统设备可靠性

要保证远动系统设备的工作稳定性，就必须做到其硬件设备在技术要求所规定的工作条件下，能够保证实现其技术指标的能力。远动系统的工作稳定性直接与装置本身的可靠性有关，装置设备的一次误动或是失效都有可能引起严重的后果，造成生命和财产的损失。

系统设备的可靠性是指一般用平均故障间隔时间，即两次偶然故障的平均间隔时间来表示，要提高远动系统运行的系统可靠性，就要注意保证做到如下几点：

(1)针对系统应用的不同领域，制定合理的设计方案。应尽可能简化设备硬件，模块电路力求简单，并充分利用好软件的功能，提高系统运行的综合性能。

(2)远动装置由许许多多的组件所构成，包括：通信设备、计算机设备、检测电路模块等等，只有选用高质量的硬件产品，提高产品的加工技术水平，才能保证远动装置设备自身的产品质量。

(3)远动装置的工程安装与调试质量也影响到设备运行工作的可靠性，要注重加强对远动系统设备安装施工过程的质量管理与控制，提高工程质量。

(4)远动系统设备工作运行的温度、湿度和卫生环境条件必须得到满足，并为其提供可靠的工作电源。

(5)要定期对系统设备进行巡视、维护与检修，保证预防设备故障的出现。目前，我国自行设计生产的远动装置一般平均故障间隔时间要求控制端达到 5 000 h 以上，被控端达到 8 000 h以上。

(二)信息传输差错率

远动系统在信息传输过程中，会因为受到设备自身或外界干扰源的干扰而出现信息传输错误。信息传输过程中的这种不可靠性通常用信息的差错率来表示：

$$差错率 = \frac{信息出现差错的数量}{传输信息的总数量} \times 100\%$$

信息传输中的差错率包括误比特率、误码率和误字节率，且常用误码率表示。在通常情况下，差错率要求在信噪比大于 15 dB 时，误码率小于 10^{-5}。

(三)系统容量

远动装置的容量是指遥控、遥测及遥信功能所实现的对象数量。远动装置在设计初期就必须了解实际用户对系统容量的要求。同时，应考虑到遥控、遥测及遥信功能的可扩展性。随着计算机及网络技术的发展，远动装置还要根据社会生产的需求完成生产过程中的事件记录、数据处理、信息转发、安全监视等功能。

(四)实时性

远动系统信息的“实时性”是提高生产效率，加速事故处理，及时了解被控对象运行工作状态等情况的关键，这也是对系统显而易见的要求。“实时性”常用信息“响应时间”来衡量，它是指从信息发送端事件信息发出到信息接收端正确地收到该事件信息的这一段时间间隔。

(五)抗干扰能力

远动装置在运行过程中所受到的干扰主要指电磁干扰,受到外界或自身设备干扰的因素很多,如:雷电干扰、无线电波干扰、静电干扰、设备操作过程中的电磁干扰等。远动系统中最易受到干扰的部位是信道,而信道所受到的干扰主要是外界干扰源的干扰和在多路传输时信道间的路际干扰。

远动系统的抗干扰能力是指在有电磁干扰的情况下,远动系统仍能保证技术指标的能力。增加抗扰度的方法大致有两种:其一是在信道输入端适当变换信号的形式,使其不易受干扰的影响;其二是在接收端变换环节的结构上加以改善,使其具有消除干扰的滤波和补偿能力。

(六)兼容性及维修性

远动系统应具备较好的兼容性,选型设计时要考虑设备的规范化、系列化,要注重采用模块化结构,以便于硬件维护与检修。远动系统的主要性能指标对同一系统往往并非同时能够满足,其中存在着矛盾,因此需要权衡利弊,予以选择。

任务2　远动系统网络结构与信息传输方法

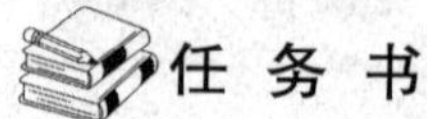

任务书

1. 描述远动系统的网络结构。
2. 掌握各种网络结构的优缺点。
3. 讨论远动系统信息传输过程。
4. 掌握信息传输涉及设备的作用。

理论知识

远动系统的网络结构是远动系统正常工作的一个重要因素,在现代远动控制系统中,控制端设备与执行端设备都是计算机,因此远动系统的网络结构实际就是计算机网络的拓扑结构。

一、网络的拓扑结构

计算机网络的拓扑结构主要有:星形拓扑、总线拓扑、环形拓扑、树形拓扑和网形拓扑。

(一)星形(Star)拓扑

在星形拓扑结构中,网络中的各节点通过点到点的方式连接到一个中央节点(又称中央转接站,一般是集线器或交换机)上,由该中央节点向目的节点传送信息。

1. 结构特点

星形拓扑结构的网络属于集中控制型网络,整个网络由中心节点执行集中式通行控制管理,各节点间的通信都要通过中心节点。每一个要发送数据的节点都将数据发送到中心节点,再由中心节点负责将数据送到目地节点。因此,中心节点相当复杂,而各个节点的通信处理负担都很小,只需要满足链路的简单通信要求。

星形网中任何两个节点要进行通信都必须经过中央节点控制。因此,中央节点的主要功

能有三项:当要求通信的节点发出通信请求后,控制器要检查中央转接站是否有空闲的通路,被叫设备是否空闲,从而决定是否能建立双方的物理连接;在两台设备通信过程中要维持这一通路;当通信完成或者不成功要求拆线时,中央转接站应能拆除上述通道。

由于中央节点要与多机连接,线路较多,为便于集中连线,采用集线器(Hub)或交换设备的硬件作为中央节点。一般网络环境都被设计成星形拓扑结构。星形网是广泛而又首选使用的网络拓扑设计之一。

2. 优缺点

(1)优　点

星形拓扑控制简单,节点之间通过中央节点建立连接,建网容易,结构简单;故障诊断和隔离容易,一个节点的故障只影响本站,不会影响整个网络,同时便于节点的扩展和移动;网络延迟时间短,误码率低。

(2)缺　点

星形拓扑的中央节点负担重,形成"瓶颈",一旦发生故障,则全网受影响;通信线路利用率不高,网络共享能力较差;需要耗费大量的电缆,安装、维护的工作量也骤增。

总的来说星形拓扑结构相对简单,便于管理,建网容易,是局域网普遍采用的一种拓扑结构。采用星形拓扑结构的局域网,一般使用双绞线或光纤作为传输介质,符合综合布线标准,能够满足多种宽带需求。

(二)总线(Bus)拓扑

总线拓扑是采用单根传输作为共用的传输介质,将网络中所有的计算机通过相应的硬件接口和电缆直接连接到这根共享的总线上。使用总线型拓扑结构需解决的是确保端用户使用媒体发送数据时不能出现冲突。

1. 结构特点

总线拓扑结构的数据传输是广播式传输结构,数据发送给网络上的所有的计算机,只有计算机地址与信号中的目的地址相匹配的计算机才能接收到。采取分布式访问控制策略来协调网络上计算机数据的发送。

2. 优缺点

(1)优　点

总线拓扑的网络结构简单,节点的插入、删除比较方便,易于网络扩展;设备少、成本低,安装和使用方便;具有较高的可靠性。因为单个节点的故障不会涉及整个网络。

(2)缺　点

总线传输距离有限,通信范围受到限制;故障诊断和隔离比较困难。当节点发生故障,隔离比较方便,一旦传输介质出现故障时,就需要将整个总线切断;传输过程中易于发生数据碰撞,线路争用现象比较严重。分布式协议不能保证信息的及时传送,不具有实时功能,节点必须有介质访问控制功能,从而增加了节点的硬件和软件开销。

总线拓扑结构适用于计算机数目相对较少的局域网络,通常这种局域网络的传输速率在100 Mbit/s,网络连接选用同轴电缆,典型的总线型局域网有以太网。

(三)环形(Ring)拓扑

1. 结构特点

环形拓扑是节点和连接节点的点—点链路组成的一个闭合环,每个节点从一条链路上接收数据,然后以相同的速率串行地在另一条链路上发送出去。链路大多是单向的,发送端发出的数据沿环绕行一周后,回到发送端,由发送端将其删除。因而任何一个站发出的数据,其他站都能接收到。

2. 优 缺 点

(1)优　　点

环形拓扑所用电缆长度短,成本低;节点的增加和减少操作简单;传输链路都是单向性,可采用光纤作为传输介质,提高自身的容量和抗干扰能力。

(2)缺　　点

环形拓扑在传输过程中存在数据传输冲突问题;节点的故障会引起全网故障;故障的检测需要在每个节点进行,诊断困难。

环形拓扑在应用过程中,应采用双环结构,提高容错性。

(四)树形(Tree)拓扑

树形拓扑是从星形拓扑演变而来。树根称为头端,树根下有多个分支,每个分支还可以有子分支,树叶是节点。当节点发送数据时,由根接收信号,然后重新发送到全网。

树形拓扑的故障隔离比较容易,只需将有故障的分支与整个系统隔离开来即可,其通信线路距离短,成本低,寻找路径方便。树形结构对于根的依赖性较大,根的可靠性要求非常高。树形拓扑具有良好的扩展性和可靠性,利于分布式控制。

(五)网形(Mesh)拓扑

网形拓扑是由节点和连接节点的点—点链路组成,每个节点都有一条或几条链路同其他节点相连。

网形拓扑每两个节点之间有专用链路负责数据传输,不存在共享链路中的交通量问题。一条线路的故障不会影响到其他线路的通信,网络的鲁棒性(Robust)较好。所有的消息都是专用线路传送的,只有预期的接收者才能接收到信息,同时由于节点之间存在多条路径,在传输数据时就可以选择较为空闲的路由,提高了工作效率。

网形拓扑结构需要的电缆和设备的接口数量较多,硬件成本高,安装和重新配置十分困难,网络协议复杂,主要使用于广域网中。

以上简要介绍了几种典型的网络拓扑结构,在实际使用中,根据对象的分布情况和系统的组成情况,采用的网络结构将是各种基本结构综合而来,最终形成的网络为混合拓扑结构。

二、远动系统的信息传输

远动系统的最大特点就是信息的远距离传输,在传输过程中需要解决远距离通信中存在的信息损耗、干扰和传输的经济性及可靠性的问题。目前远动系统的信息传输主要采用数据传输技术,数据传输技术相对于传统的模拟传输系统,在传输过程中传输信号形式简单,便于计算机联用;取值只有两个,在有干扰的情况下易于检测;远距离传输时可由中继站进行整形加工;可进行抗干扰编码和实现加密;设备便于生产和集成化。

数据传输主要的信息交换技术有:线路交换和报文交换。

(一)线路交换

线路交换也叫电路交换,是在信息的发送端和接收端之间直接建立一条通道,供通信双方专用,直到通信完毕才能拆除。线路交换需要经过三个阶段:

1. 线路建立阶段,通过呼叫完成逐个节点的接续过程,建立一条端到端的直通线路。

2. 数据传输阶段,在端到端的直通线路上建立数据链路连接并传输数据。

3. 线路拆除阶段,数据传输完成后,拆除线路连接,释放节点和信道资源。

(二)报文交换

报文交换过程中,信源将欲传输的信息组成一个数据包存储在交换机的存储器中,当所需输出电路空闲时,再将报文发向接收机或者用户终端。经过多次的存储和转发,直到信宿,完成一次数据传输。

在报文交换方式中,用户发送的数据不管长度如何,都作为一个逻辑单元,为了正确发送报文,在发送的数据上加上目的地址、源地址、控制信息,按一定的格式打包组成一个报文,格式如下:

报文号	目的地址	源地址	数据	校验

报文交换的工作原理是通信控制器查询各输入用户线路,如果某线路有用户输入,则向中央处理机发出中断请求,并逐字将报文发送到存储器中,收到报文结束标志后,中央处理器对报文进行处理,将报文转移到外部大容量存储器,等待一条空闲线路,空闲线路出现后,将报文从外存储器调入内存储器,经过通信控制器向线路发送出去,完成一次信息传输。

目前,远动系统的数据传输都是通过计算机网络完成,在传输过程中,需要专门的传输介质和连接设备。其中传输介质是信息传输的载体,主要有电缆、光纤和微波等。

(三)网络连接设备

1. 网　　卡

网卡是网络传输必不可少的设备,每台联网的计算机都必须有一块网卡,将计算机内部的信号格式与网络上传输的信号相互转换。网卡将计算机与网络从物理和逻辑上连接起来。

2. 调制解调器

调制解调器用于计算机与公共电话交换网连接所必须的设备,能够将计算机上的数字信号转化成适合电话网传输的模拟信号发送出去,在接收端又将模拟信号转化为计算机使用的数字信号。

3. 中 继 器

中继器能够放大电信号,提供电流以驱动长距离电缆,增加信号的传输距离。不具备检错和纠错的功能,错误的信息会复制到另一网段。

4. 集 线 器

集线器是局域网中使用的连接设备,具有多个端口,可连接多台计算机。在局域网中常以集线器为中心,将所有分散的工作站与服务器连接在一起,形成星形结构的局域网系统。

5. 交 换 机

交换机是一种用于电信号转发的网络设备。它可以为接入交换机的任意两个网络节点提供独享的电信号通路。最常见的交换机是以太网交换机。

6. 路 由 器

路由器能够在不同的网络之间进行地址翻译,局域网之间连接可以使用交换机,而局域网与广域网连接,以及不同广域网之间的连接则采用路由器。

7. 协议转换器

协议转换器能够进行地址格式翻译完成数据传输,同时能够完成不同协议之间的变换。

任务3　远动系统的安全保障技术

任 务 书

1. 描述远动系统的可靠性和可靠性指标。
2. 描述容错技术的主要方式。
3. 掌握硬件冗余的三种方式。
4. 网络安全的主要手段。

理论知识

远动系统的安全性主要涉及可靠性、避错与容错的能力。其中可靠性是远动系统正常工作的保障,主要包括信息传输可靠性和设备的可靠性,而避错与容错技术则保证了远动系统的可靠性。

一、可 靠 性

(一)硬件可靠性

1. 可靠性

可靠性在广义上是指系统或设备在规定的时间和规定的条件下完成规定功能的能力。狭义上是指系统或设备在规定的时间和规定的条件下完成规定功能的概率。

2. 可靠性指标

设备的可靠性一般用平均故障间隔时间(MTBF,Mean Time Between Failure),即两次偶然故障的平均间隔时间来表示。整个系统的可靠性通常采用可用率表示。

$$\text{系统可用率}=\frac{\text{运行时间}}{\text{运行时间}+\text{停用时间}}$$

其中,停用时间包括故障时间和维修时间。影响可用率的因素有:设备的质量、维护检修情况、环境条件、电源供电可靠性及设备的备用程度等。

3. 系统可靠性分配

在规定的系统可靠性指标下,要对可靠性指标进行合理的分配,才能保证整个系统的稳定工作。可靠性分配中,对于系统关键部位、工作环境差的系统及改进潜力大的单元,可靠性指标要高些;对于便于维修的单元和分系统,可靠性指标可以低些。但是对于具体的系统而言,在分配时要根据具体情况进行分析。

4. 可用性及可维修性

可用性指产品或者系统在规定的条件下,在任意时刻能正常工作的概率。常用 A 表示。

$$A=\frac{\text{MTBF}}{\text{MTBF}+\text{MTTR}}$$

其中,MTTR(Mean Time To Restoration)是平均修复时间,是从出现故障到恢复中间的这段时间。MTTR 越短表示易恢复性越好。

可维修性一般从维修度、易修性及可保持性三个角度来衡量。其中维修度是指发生故障的系统在规定的有效时间内能恢复到工作状态的概率;易修性指系统在故障后能维修的难易程度;可保持性指系统可以正常运行的概率。

(二)软件可靠性

随着科技的发展,现代科技技术越来越多地融入远动系统中,也就意味着软件的应用在远动系统中越来越普遍,软件的可靠性直接影响到系统的可靠性。目前一般提高软件可靠性的主要方式有:软件避错技术、软件容错技术和软件测试技术。

二、避错与容错技术

目前提高可靠性的技术主要有避错技术和容错技术,其中避错技术是防止和减少故障发生的技术,通过质量控制、减载使用、环境保护等措施防止故障的发生,从而延长系统的寿命;容错技术则主要是恢复技术,即当系统运行过程中检测到错误时,把系统恢复到一个规定状态并继续运行。

在实际应用中,避错技术具有一定的局限性,利用采用高可靠性器件,成本则会提高,而避错技术仅是为了减少故障发生的概率,不一定能满足系统的可靠性,因此目前容错技术使用更广泛。容错技术建立在资源冗余的基础上,主要有:硬件冗余、信息冗余、软件冗余和时间冗余。

1. 硬件冗余

硬件冗余的基本冗余形式有:静态冗余和动态冗余。

静态冗余是指冗余结构并不随故障情况变化的冗余形式。静态冗余通过多数表决的机制将故障隐蔽起来,防止故障造成差错。

动态冗余是通过故障检测、故障定位及系统恢复来达到容错的一种技术。动态冗余主要的方法包括双机比较、备用替换及成对替换。

(1)双机比较

双机比较中,两个相同模块并行执行相同的计算,其结果由比较器进行比较,如图1-6所示。当比较器给出不一致信号时,可以对两个模块分别进行故障测试,以确定有故障的模块,然后将故障模块切除,将正常模块输出作为系统输出,系统则成为单机系统继续运行。双机比较系统只具有故障检测能力,但不提供容错能力。

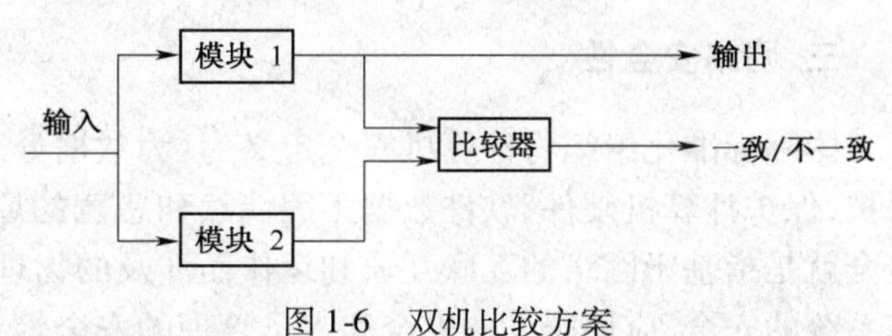

图1-6　双机比较方案

(2)备用替换

备用替换中一个模块为主用模块,用以产生系统输出,其余模块作为备用。若主用模块发生故障,则进行重组,使一个正常的备用模块成为主用,从而使系统正常运行。在进行重组过程中系统正常运行发生暂时中断。备用替换中的备件可分为热备和冷备。采用热备时,备件与主件同步工作,随时准备替换主件工作。采用冷备时,备件平时不通电,直至需要它接替主件工作时才加电并初始化。热备的优点是中断正常运行的时间短,冷备的优点是备件平时不消耗功率。

(3)成对备用

将备用替换和双机比较结合起来就是成对备用,成对备用中,至少有两个主机进行比较并产生输出,一旦比较不一致就重组,切除该模块,并将另外两个模块组成主件对,继续进行工作。

2. 信息冗余

信息冗余是通过在数据中附加冗余的信息达到故障检测和容错的目的。信息冗余的方式有检错码及纠错码。常用的检、纠错码有奇偶校验码、循环码等。

奇偶校验码是一种增加二进制传输系统最小距离的简单和广泛采用的方法。是一种通过增加冗余位使得码字中“1”的个数恒为奇数或偶数的编码方法,它是一种检错码。一个二进制码字,如果它的码元有奇数个1,就称为具有奇性。例如,码字“10110101”有五个1,因此,这个码字具有奇性。同样,偶性码字具有偶数个1。

循环码是一种线性分组码,其编码和解码设备比较简单,具有较强的纠错能力。循环码具有循环性,码中任一码组循环一位后,仍为该码中的一个码组。

3. 软件冗余

现代远动系统中,故障检测及容错技术主要通过软件手段来实现,以减少硬件冗余。软件冗余主要有两类,第一类是用冗余的软件来检测硬件故障,第二类是用冗余的软件来检测软件故障。其中第一类应用更广泛。

第一类应用主要包括一致性校验和能力校验,其中一致性校验是用事先知道的信息特征来校验信息的正确性,例如某些系统中,预先设定一个数字信号作为阈值,当某一信号超过该值,就进行纠错;能力校验则是用来证实系统具有预期的能力,系统的能力包括系统存储器的存储能力,逻辑计算部件的计算能力及多机处理时的通信能力。

4. 时间冗余

时间冗余是利用时间的冗余减少硬件的冗余,通过重复计算来检测故障。时间冗余适用于硬件资源有限而时间资源充分的情况,当系统工作过程中对运算时间要求较高时,则不宜采用。时间冗余的基本思想是重复进行计算以检测故障。

三、网络安全性

国际标准化组织将计算机安全定义为:为数据处理系统建立和采取的技术及管理的安全保护,保护计算机硬件、软件数据不因偶然和恶意的原因而遭到破坏、更改和泄露。因此网络安全就是指基于网络的互联互通和运作而涉及的物理线路和连接的安全、网络系统的安全、操作系统的安全、应用服务的安全和人员管理的安全等。

(一)网络安全的特征

网络安全的主要特征有保密性、完整性、可用性和可控性。

(1)保密性是指信息不泄露给非授权的用户、实体或过程,或供其利用的特征。

(2)完整性指数据未经授权不能改变的特性,信息在存储或传输过程中保持不被修改、不被破坏或丢失的特性。

(3)可用性指可被授权实体访问并按需求使用的特性,网络环境下拒绝服务、破坏网络和有关系统的正常运行都属于对可用性的攻击。

(4)可控性指对信息的传播及内容有控制能力。

迄今为止,还没有一种技术可以完全消除网络安全的漏洞,网络的安全实际是安全策略和实际执行之间的一个平衡。从广义角度来看,网络安全不仅是一种技术问题,还是一个管理问题,包括机构管理、技术管理和人员管理等。

(二)影响网络安全的主要因素

1. 网络物理环境因素

网络通过有线或者无线的方式连接到不同地域的计算机或者终端,线路中经常有信息传达、恶劣的自然环境会对网络产生不良影响。环境中的温度、湿度、清洁度及光照等因素会使系统的可靠性降低,影响网络的安全性;强电和电磁干扰等因素会破坏信息载体内的信息,导致网络瘫痪。

2. 技术因素

网络是全球最大的信息集合地,促进了人类从工业文明到信息文明的转变,在网络中人们可以自由传递和共享信息。网络的共享性和开放性使得网络的安全性具备先天的缺陷,目前因特网所采用的 TCP/IP 协议也缺乏相应的安全机制,随着软件的规模及数量的不断增大,系统中的安全漏洞也不可避免地存在。

3. 数据通信

计算机网路通过数据通信方式交换信息,这些信息包括物理线路、无线电波与电子设备进行传输,信息在传输过程中容易遭到破坏。

4. 网络病毒

计算机网络资源共享的特点使得网络一旦被病毒感染,则整个网络系统中的各个部分都会被传染,形成共享资源的交叉感染,威胁整个网络的安全。

5. 黑客攻击

黑客攻击一般采用监听程序或者网络工具对网络进行监控,窃取信息,控制网络的中间站点。

目前主要的网络安全手段主要是采用用户认证和资源访问许可权;病毒防护;防火墙;网络漏洞扫描和数据加密技术等。

任务4　远动系统在铁路信号控制系统中的应用

任 务 书

讨论铁路信号控制系统中远动系统的典型应用。

理论知识

我国铁路网拥有十几万公里线路,几千个车站,配有大量的技术装备,设置了各种职能部门,具有线长、点多、面广、多工种联合作业的特点,而且铁路运输生产昼夜不停,因此被形容为一架庞大的联动机器。铁路系统是最早使用远动技术的部门之一,这与铁路运输管理、指挥体制很有关系。目前,我国铁路运输管理体制实行国铁集团(全称“中国国家铁路集团有限公司”)—铁路局集团公司(本书称铁路局)—站段三级管理,要连续、均衡、合理、高效地组织运输生产,实现对列车运行的实时监督与控制,远动系统的迅速发展与应用起到了关键性的作用。

一、铁路列车调度指挥系统(TDCS)

铁路列车调度指挥系统(TDCS)是实现铁路各级运输调度对列车运行实行透明指挥、实时调整的现代化信息系统，是远动技术的遥测和遥信技术在铁路信号控制系统中的典型应用。TDCS 由国铁集团、铁路局调度中心 TDCS 和车站基层网组成，是一个覆盖全路的现代化铁路运输调度指挥系统。

TDCS 采用通信、信号、计算机、网络、数据传输、多媒体技术等现代信息技术，通过对铁路车站和区间信号设备的远程监视，从而对一定地域范围内运行的全部列车进行集中监视、替代调度员完成列车实绩运行图的绘制、行车日志的自动生成，调度命令、日班计划的网络下达，分界口交接列车数、列车运行正点率、行车密度、早晚点情况及原因、重点列车跟踪等信息的实时宏观统计分析，完成对行车的指挥。

具体而言，以分界口为例，分界口是铁路局之间的交界点，分界口端的车站分属不同的铁路局，根据各级调度员的不同职责，分界口的运输计划安排将涉及两个以上的铁路局，分界口跨局列车的接续，不能单以发局或者接局的运输计划来考虑，而要根据运输过程的综合情况，以及分界口两侧车站内列车实际占用线路与运输情况、车流变化等情况，专门制定分界口的运输计划，为使铁路局及国铁集团能监视分界口的实际运输情况，取得复杂的运输数据，需要通过远动系统中的遥信技术来实现。

二、调度集中系统(CTC)

调度集中系统(CTC)是以远程控制技术理论为基础，建立在局部自动化基础上的遥控遥信系统。其综合了通信、信号、运输组织、现代控制、计算机、网络等多学科技术，实现调度中心对某一区段内的信号设备进行集中控制，对列车运行直接指挥和管理的技术装备。

分散自律调度集中系统应用智能化分散自律设计原则，以列车运行调整计划控制为中心，解决列车作业与调车作业在时间和空间上的冲突，实现列车和调车作业统一控制。它采用先进的计算机通信技术，通过计算机网络完成调度计划和调度命令下传到各个车站自律机，由车站自律机按照调度计划进行自律执行，并由相应的外围设备采集铁路沿线的各种实时信息再传送到调度集中的中央服务器，实现列车跟踪、监督报警、运行图自动绘制，自动生成调度计划并根据计划自动选择适当的进路，控制相应的联锁设备动作等功能。

例如，对于铁路干线行车指挥的综合设备，在运行过程中以干线车站的车站联锁和闭塞设备为基础，在以行政划分而设置的铁路局调度中心内，利用 CTC 设备完成对下属车站的信号和进路的控制，监视车站联锁的状态、列车的占用、列车的离去及在区间的位置等信息。对于一些大型的区段站或者编组站，虽然车站有车站联锁，但是距车站值班室较远的地点，可能存在咽喉或个别咽喉道岔，因此可以利用 CTC 系统对其进行控制，以方便值班员通过控制台实现对其的控制和监督。

三、信号集中监测系统

信号集中监测系统采用“三级三层”的结构，三级为国铁集团、铁路局、电务段，三层为国铁集团监测子系统、铁路局/电务段监测子系统和车站监测子系统。信号集中监测系统以主要信号设备为对象，以融合的现代传感器、现场总线、计算机网络通信、软件工程及数据库等技术为手段，24 h 不间断监测并记录设备运行状态、统计分析相关数据、加强设备管理，为信号维护管理部门掌握设备当前状态、进行故障分析、指导现场作业和管理提供科学依据，从而提高信号设备维护效率和维护水平。

远动技术的快速发展及其在我国铁路信号控制系统中的广泛应用，从根本上革新了我国铁路运输的调度指挥手段和行车控制技术，带动整个铁路信号向网络化、信息化、智能化方向发展，从而提高铁路运输效率、保障列车运行安全。

任务5　铁路运输调度指挥系统概述

任 务 书

1. 描述铁路运输调度的基本任务。
2. 描述我国铁路运输管理体制。
3. 讨论我国铁路运输调度指挥系统的发展历程。

理论知识

为维护铁路铁路运输正常秩序，全面完成铁路运输任务，需要坚持高度集中、统一领导，使各个工作环节紧密联系协同动作，才能保证安全、高效、准确、经济地完成客货运输任务。铁路运输的核心工作就是运输组织工作，为此建立一套铁路运输调度机构，通过调度工作对日常运输生产进行计划、调整、组织、监督、协调、指挥；尤其是对列车运行，进行不间断地组织、指挥与监督，从而使全路能够连续、均衡、合理、高效地进行运输生产。

铁路运输调度的基本任务是：正确地编制和执行运输工作日常计划；科学组织客流、货流和车流，搞好均衡运输；经济合理地使用机车、车辆及其他运输设备；组织与运输有关的各部门紧密配合、协同动作，挖掘运输潜力，提高运输效率，努力完成铁路运输任务，为社会主义经济建设服务。

根据铁路运输组织工作的需要，目前我国铁路运输调度实行分级管理、集中统一指挥的原则。我国铁路目前的管理体制实行的是国铁集团—铁路局—站段三级管理，铁路运输调度设置为：国铁集团设调度处，铁路局设调度所，技术站段设调度室，见表1-1。

表1-1　铁路运输调度指挥三级管理体制

级	部　门	主　要　职　责
国铁集团	调度处	全国铁路的日常运输组织指挥工作
铁 路 局	调度所	全铁路局的日常运输组织指挥工作
站　　段	调度室	本站的日常运输组织指挥工作

一、铁路运输调度指挥系统

铁路运输调度指挥系统是指为满足铁路运输调度指挥的要求，利用自动控制技术、远程控制技术和信息技术等，通过对铁路车站设备、区间信号设备等进行远程控制和监测，从而对一定地域范围内运行的全部列车进行监视、实时控制和管理的设备。

随着信息技术和计算机技术的发展，各国铁路一方面将行车调度指挥系统作为铁路运输调度指挥的核心设备，配套增加调度管理自动化的功能，发展控制功能更为完善的系统；另一方面，以行车调度指挥系统作为一个主要系统，配套设备管理自动化，发展综合行车指挥系统。

由于这些系统标准不同，功能不一，强调的主体也不同，再加上不同时期、不同国家情况不一样，因此研制系统的命名各式各样。但是名称虽然不同，系统所要达到的目标却是一致的：实现行车调度指挥自动化，改善调度工作人员的工作条件，提高工作效率和质量，实现铁路运输调度指挥现代化和信息化。

铁路运输调度指挥系统的控制对象是车站联锁设备和区间闭塞设备，从最初采用布线逻辑和编码通信技术，到采用微机在线实时监控，都是通过远距离进行信息交换，完成了对列车实时追踪、实时控制、实时管理，加大行车密度，从而挖掘运输潜能。使列车调度员可以通过行车指挥控制设备了解列车实际位置和运行状态，并在此基础上集中控制列车进路，对所管辖范围内的区段或整个枢纽内运行的所有列车实现实时调度集中，从而使铁路运输的分散性、连续性和运营管理的集中性和实时性能有机地密切结合起来。

行车指挥系统利用信号显示直接对各种行车下达行车命令，由于实现了集中控制，调度员与车站值班员的配置和职权都发生了较大的变化。与传统行车组织方法不同，运输管理中有关行车规章也需要做相应变化，列车运行的规章制度、统计规则均应相应变化。行车指挥系统简化了办理行车的手续，节省了时间，又利用自动控制设备来保证行车安全，从而提高了列车运行安全程度，降低了事故率；由于能迅速恢复打乱了的列车运行图，减少了列车晚点；提高了线路通过能力和列车旅行速度；改善了调度员的劳动条件，提高了行车指挥工作质量、效率和劳动生产率。因此有明显的经济效益和社会效果。

铁路运输调度指挥系统在未进行信息化以前，按功能分为调度监督和调度集中，调度监督是遥信系统，主要功能是对列车运行进行监视和追踪。调度集中是遥控系统，除了具有调度监督功能之外，主要是对列车运行进路进行集中控制。两者称为传统的调度监督/调度集中。20世纪70年代以后，一些国家的铁路利用计算机来模拟调度员的工作，自动完成运输计划的编制、运行自动调整和自动排列进路，构成行车调度自动化系统。

20世纪90年代，铁路实施信息化、网络化后，将调度监督进行入网改造，并增加运输计划编制和运行自动调整功能，构成铁路运输调度指挥系统（TDCS）。进入21世纪，对调度集中进行现代化改造，以TDCS为平台，增加自动排列进路功能，而且对列车进路和调车进路具有自律功能，构成新一代的分散自律调度集中系统。

二、世界行车指挥系统的发展

行车指挥系统的发展经历了继电器、半导体分立元件、集成电路和微机化等阶段。1972年，世界上第一套调度集中系统是美国通用信号公司生产的单线制调度集中，安装在美国纽约中央铁路的斯坦利—伯威克之间，其中有单线和双线铁路，以无人管理的车站为主，命令的产生和发送是利用连续的直流电来控制远方的道岔和信号机。

调度集中系统在美国铁路运用以后，作为铁路信号的一项重要技术装备，收到世界各国的广泛关注，各国对此看法不一，欧洲国家普遍持反对态度。但是在第二次世界大战之后，随着铁路运量的增加以及通信技术的快速发展，调度集中系统开始得到广泛的应用和发展，人们逐渐认识到调度集中不仅能解决一般的列车运行控制，而且还可以提高单线通过能力，用在双线、枢纽地区铁路也可以发挥同样作用，提高运输效率。在20世纪30年代，法国、苏联、瑞典和瑞士均相继使用了调度集中设备。

到了20世纪50年代后期，随着电子技术的发展，各国的调度集中逐步实现了全电子化，出现了电子式调度集中系统，信息传输由直流电码化转向频率电码。到了20世纪60年代后期，随着计算机的发展和应用，调度集中系统进入应用计算机研究、开发的阶段。调度集中系统进一步扩大了系统的信息处理能力，使其不仅可以人工操作，还能实现列车进路自动控制、列车自动追踪、列车交汇和越行的预测，同时也使系统的控制范围进一步扩大，出现了能控制1 000 ~2 000 km 的铁路行车指挥中心，这一时期有 30 多个国家的铁路使用了调度集中，运用里程达七万多公里。

20 世纪 80 年代起，世界各国铁路均相继开发和应用了以计算机为基础的铁路行车指挥系统，开始建立调度工作一体化的综合型调度指挥管理中心，借助于遥控遥信技术扩大其控制和监视范围，并向智能化方向发展。比较典型的有：

(1)控制中心：美国奥马哈控制中心、美国佛罗里达州 CSX 铁路监控中心、日本东海道山阳新干线的综合调度中心、瑞典的斯德哥尔摩控制中心等。

(2)监视中心：加拿大国铁蒙特利尔运行管理中心、俄罗斯交通部调度管理中心等。

上述系统从技术上均以计算机网络构成分布式系统，显示方式采用单元拼接式模拟表示盘、显示板和大屏幕投影等方式。

进入 20 世纪 90 年代后，各国铁路均积极推进调度指挥管理中心的建设，将行车指挥自动控制作为推进铁路现代化的必要手段。美国、加拿大、苏联、日本分别有 25%、60%、30% 和 70% 以上的铁路都安装了调度集中系统。

随着计算机技术、通信技术和智能决策技术的发展，调度集中系统逐步向综合化、智能化和网络化的大型信息管理系统发展，新建高速铁路、城市轨道交通系统，一般都毫无例外的装设调度集中设备。

三、我国铁路运输调度指挥系统的发展

为改变我国铁路运输中一支笔、一张纸、一部电话的传统行车指挥方式，我国行车指挥系统的发展经历了漫长而曲折的过程。我国行车指挥系统控制系统的发展经历了传统调度集中/调度监督、TDCS(铁路列车调度指挥系统)和分散自律调度集中三个阶段。

1. 传统调度集中/调度监督阶段

(1)传统调度集中的发展简况

我国列车调度指挥系统的研制工作是从 1958 年开始的，其发展历程见表 1-2。先仿制前苏联极性频率调度集中系统，1962 年在宝成线宝鸡—凤州之间安装了仿苏的极性频率调度集中，为继电式系统。20 世纪 60 年代开始研制电子式调度集中，1967 年研制 DD-1 型晶体管分立元件的单线调度集中设备，于 1969 年在成昆线成都南—燕岗间单线区段投入使用。1970 年又生产出改进型设备：DD-2 型调度集中，该设备于 1971 年在浙赣线向塘西—新余间安装。1972 年在陇海铁路的开封—商丘间单线自动闭塞区段也安装了一套 DD-2 型调度集中，取得了提高通过能力，减少行车事故，延缓双线建设的明显效果。还研制了在双线区段使用的调度集中，被命名为 DD-3 型，后改进发展为 DD-4 型调度集中。

1975 年又研制出 D4 · D 型调度集中，采用 PMOS 集成电路，于 1977 年在高寒地带的滨州线博克图—免渡河之间安装试用，一年后通过铁道部鉴定。

表 1-2　传统调度集中的发展

时间	地点	系统特点	系统名称
1958	宝成线	继电式	仿苏　极性频率调度集中

续上表

时间	地点	系统特点	系统名称
1969	成昆线	电子式	DD-1
1970	浙赣线	电子式	DD-2
1975	滨洲线	集成电路	D4 · D
1991	宝成线	计算机	D4
1991	大秦线	计算机	D5
1995	兰新线	计算机	CTC4000
2001	青藏线	计算机	ITC-2000

随着通信技术和计算机技术的飞速发展，我国出现了以微处理器为基础的行车指挥控制系统，1991 年在宝成线的宝鸡—凤州段开通了我国第一条微机化调度集中系统，使用的是 D4 型单线调度集中。随后，我国开始研制和使用计算机调度集中，其中有作为国家重大技术装备科技攻关项目的 D5 型双线调度集中，于 1993 年底在大秦线使用。在兰新线柳园—哈密段使用的卡斯柯公司引进的 CTC4000 型调度集中设备，于 1995 年 2 月开通使用。2001 年 11 月，青藏线哈尔盖—格尔木段开通的 ITC-2000 型调度集中系统，以及 2003 年 1 月在秦沈客专运用的 D6 型全微机调度集中系统。这些调度集中设备在当时技术水平下还是比较先进的。由于各种原因，调度集中的使用效果较差，控制部分未能真正投入正式使用。导致调度集中系统在我国的发展十分缓慢，并且几乎所有为数不多的调度集中系统最终都被当作调度监督使用，严重妨碍了我国铁路信息化的发展。

(2)调度监督系统的发展

与调度集中发展相比，我国铁路的调度监督发展较快。我国是 1960 年前后开始研制调度监督系统的，其主要设备有 DJ-1 型调度监督。计算机调度监督系统的典型设备主要有 DJ4 型、DSS-3000 型、TY-DJ 型等。铁道部科学研究院研制的 DJ4 型微机调度监督系统，是一套通用的、能基本满足当时我国铁路运营要求，反映现代科技水平的调度监督系统。TY-DJ 型微机调度监督系统，开始时作为枢纽调度监督系统开发的，后来扩展到分界口和区段。DSS-3000 型双线调度监督设备是卡斯柯公司引进美国 GRS 公司以通用型计算机为基础的调度监督设备。

由于调度监督系统可以向调度所实时提供战场设备状况和列车运行情况，使调度员对所管辖区段情况一目了然，而且减轻了调度员收集行车信息的工作量，因此受到了行车指挥人员的一致欢迎。到 2003 年底，我国曾建有调度监督 1. 9 万余公里，占设备里程的 30% 以上，另有枢纽和分界口近 80 处。

2. 铁路列车调度指挥系统(TDCS)的发展

我国为发展现代化的铁路运输调度指挥管理系统经历了漫长而曲折的历程，为了改变我国传统落后的调度方式，科学合理地进行运输组织和调度列车运行，提高管理水平、调度指挥能力和运输效率，最大限度地发挥现有路网的运输能力，实现全国铁路系统内有关列车运行、数据统计、运行调整及数据资料的数据共享、自动处理与查询，从 1994 年开始，铁道部广泛开展调查研究，于 1996 年 1 月 18 日完成了部立项，正式提出建设铁路运输调度指挥管理信息系统(DMIS)。2005 年出，铁道部把 DMIS 规范为铁路列车调度指挥系统，即 TDCS。

TDCS 从功能上来说经历了三个主要阶段。第一个阶段，主要是建设各级网络并将各级网络连通，将原有的调度监督信息、初步的行车统计信息和采用逻辑追踪的列车车次号信息传送到铁路局和铁道部调度中心。第二阶段，是完善铁路局和铁道部的 TDCS 功能，这一阶段以 2001 年 6 月，铁道部运输局在上海局召开 TDCS 工作会议为标志，铁道部把上海局南京分局的 TDCS 确定为“南京分局模式”，并决定在全路进行推广，2001 年 10 月，由铁道部科教司组织召开“铁路局及分局 TDCS 技术鉴定会”，通过了铁路分局 TDCS、铁路局 TDCS 技术鉴定为标志。这一阶段在调度监督的基础上增加了调度命令功能，站间透明功能，阶段计划下达功能，无线车次号校核功能，车站值班员日志功能（运统二/运统三）等。第三阶段为调度所实现“甩图”功能。所谓“甩图”，就是调度员完全抛弃原有的用笔、纸（图）、调度电话、橡皮的原始作业方式，完全使用 TDCS 实现列车运行计划调整、计划和命令下达、自动收点等工作。

经过三期工程的建设，目前 TDCS 已覆盖 18 个铁路局，实现了对全路和全局的运行列车实时管理、集中监视的功能，做到了“透明指挥”，提高铁路干线的运输能力和效率，全面提高行车安全程度和列车正点率。为了防止重复建设，对于已建成 TMIS 的车站，将 TMIS 已有功能如日班计划、列车追踪等，可以通过网络传递给 TDCS，TMIS 与 TDCS 信息系统相结合，改变了传统的铁路运输调度指挥方式，建立起一个可靠的、集中的、透明的铁路运输调度指挥系统。TDCS 是我国铁路运输调度指挥现代化的标志，是铁路信息化建设的重要组成部分和基础设施。

3. 分散自律调度集中系统的发展

为了改变调度集中在我国发展滞后的尴尬局面，研制了适合我国铁路客货混运、调车作业量大等运输特点的调度集中系统。2003 年 8 月，我国正式开始研制新一代分散自律调度集中系统。2004 年 5 月，第一套 FZk-CTC（分散自律调度集中系统）标志着我国在行车指挥自动化领域进入了世界先进行列。新一代分散自律调度集中系统是建立在 TDCS 技术平台上的自动控制系统，在铁路快速发展中，我国以 TDCS 为平台，以 CTC 为核心，以行车指挥自动化为目标，建设我国铁路现代化的调度指挥管理系统，以达到提高运输效率、保证行车安全、减员增效的目的。

复习思考题

1. 远动技术是什么？由哪几部分组成？
2. 简述遥控、遥测、遥信系统组成？
3. 远动系统的主要任务有哪些？
4. 衡量远动系统性能的指标有哪些？
5. 常见的远动系统的网络结构有哪几种？各有何特点？
6. 常见的网络连接设备有哪些？
7. 避错与容错技术主要包括哪些？
8. 铁路运输调度的基本任务是什么？
9. 简述我国铁路现行的运输管理体制。

项目二　列车调度指挥系统(TDCS)维护

知识目标

1. 熟悉列车调度指挥系统(TDCS)的概念与功能；
2. 了解列车调度指挥系统(TDCS)系统构成；
3. 掌握国铁集团调度指挥中心 TDCS 设备组成及功能；
4. 掌握铁路局调度所 TDCS 设备组成及功能；
5. 掌握基层网 TDCS 各终端设备组成及功能；
6. 熟悉 TDCS 在基层网与其他信息系统间接口的关系；
7. 熟悉 TDCS 在铁路局调度所与 TMIS、ATIS 接口的关系；
8. 熟悉各设备间的主备切换方法；
9. 了解几种常用网络命令的使用方法；
10. 熟悉铁路电务信号部门关于 TDCS 系统的日常维护流程；
11. 掌握 TDCS 设备的维护方法和常见故障处理。

技能目标

1. 能正确登录 TDCS 系统(用户登录或用户身份切换)并按标准程序对服务器、通信机、工作台等进行操作(开关机、双机切换等)；
2. 会对行调台、分界口通信机、TMIS 通信机、国铁集团通信机、通信前置机应用软件进行安装与配置；
3. 会通过网管查看网络故障；
4. 能熟练进行系统操作，并掌握各工作台的功能；
5. 能正确接受工作指令、查阅执行标准、操作程序和相关文件，并做好登记、销记手续；
6. 能按铁路信号维护规则和铁路技术管理规程的要求进行正确的日常设备维护；
7. 会对车站 TDCS 相关设备开关机、主备机切换、采集板更换，并能分析处理故障；
8. 会对车站车务终端进行操作及处理常见问题；
9. 会用常用网络命令判断网络设备故障命令并按规定进行系统的故障处理；
10. 会处理 TDCS 设备常见故障。

任务1　TDCS系统结构及工作原理认知

任　务　书

1. 描述 TDCS 发展历程。
2. 描述 TDCS 特点。
3. 描述 TDCS 总体结构。
4. 描述 TDCS 网络体系结构。
5. 描述 TDCS 基层网设备采用的网络结构及其与铁路局 TDCS 中心之间的连接。

理论知识

一、概　　述

铁路列车调度指挥系统（TDCS，Train operation Dispatching Command System）原名为铁路运输调度指挥管理信息系统（DMIS，Dispatch Management Information System）。TDCS 是从现代运输管理的角度构造、覆盖全路的全新现代化调度指挥系统。TDCS 利用信息技术、网络技术、控制技术等现代科学技术手段取代传统落后的行车指挥手段，并结合先进的通信、信号、计算机网络、数据传输、多媒体技术等现代信息技术，通过对铁路车站信号设备、区间信号设备等进行远程控制和监测，从而对一定地域范围内运行的全部列车进行集中监视和实时控制。在保证网络安全的前提下，与相关系统紧密结合、互联互通、信息共享，实现了铁路运输组织的科学化、现代化，增加运能，提高效率，减轻了调度人员的劳动强度，改善了调度指挥的工作环境。

TDCS 实现对列车在车站和区间运行的实时监视，动态调整、自动生成列车运行三小时阶段计划；实现列车调度命令的自动下达和实际运行图的自动描绘；实现分界口交接列车数、列车运行正点率、行车密度、早晚点原因、重点列车跟踪等实时宏观统计分析并形成相关统计报表；显示铁路路网、沿线线路、车站、救援列车分布等主要技术资料和气象资料，为铁路事故救援、灾害抢险、防洪等提供决策参考。

（一）TDCS 发展历程

自 20 世纪 80 年代后期以来，全路信号研究设计部门、科研机构、铁路局的信号工程技术人员，为全路运输调度指挥管理信息系统工程的立项决策做了大量的前期准备工作，提供了宝贵的实践经验。

1994 年，铁道部电务局、运输局在广泛调查研究后，正式提出建设铁路运输调度指挥管理信息系统的可行性研究报告，工程名称确定为 DMIS 工程。

1996 年 1 月 18 日，部长办公会议通过 DMIS 工程实施可行性报告，决定在全路组织建设以铁道部全路运输调度为核心的 DMIS 工程。

1996 年 10 月 3 日，铁道部下达了《关于铁路运输调度指挥管理信息系统工程总体方案的批复》，总体设计组开始了 DMIS 一期工程初步设计工作。

1997 年 6 月 11 日，确定了 DMIS 一期工程范围。1997 年 12 月，由运输局组织对上海、北京、济南、郑州等铁路局 TDCS 一期工程方案进行审查。

1998 年以来,铁道部在全路实施 TDCS 一期工程的建设。在铁道部 TDCS 工程建设领导小组的统一领导和各铁路局的大力支持下,经过全路电务工作者和研制单位的共同努力拼搏,TDCS 系统的应用在主要干线已初具规模。

2000 年 4、6、8 月,铁道部运输局基础部分别在北京和南京召开了无线车次号校核系统技术和工程实施的会议,对技术方案的确定、工程实施的步骤、产品生产的进度等进行了具体的安排。

2001 年,铁道部在全路信息化工作会议上做出决定,要求 TDCS 系统一期工程抓紧收尾,全面进行 TDCS 二期工程的建设。

2003 年 11 月,兰州局率先开通覆盖全局所有干线及主要支线的 DMIS。2003 年底,在京沪全线全面实现了 DMIS 功能,全线 100 多个车站全部实现车站值班员用计算机接收阶段计划、调度命令、生成行车日志等功能。

2004 年,基本上形成了铁道部、铁路局调度指挥中心和四大干线(京沪、京哈、京广、京九线)车站基层网。

2005 年,根据铁路信息化总体规划,DMIS 更名为 TDCS(铁路列车调度指挥系统)。运输局基础部提出了以 TDCS 为平台,CTC 为核心,构建我国铁路现代化的调度指挥系统,力争在 2006 年前全路所有繁忙干线和干线装备 TDCS 的建设目标,从而实现我国行车调度指挥现代化的历史性突破。

(二)TDCS 技术特点

TDCS 改变了传统铁路信号的观念,用网络的观点对现有铁路信号专业技术门类进行改造,把传统的区间、车站、编组站三段式信号组织方式改造为国铁集团、铁路局等两级调度指挥中心的控制结构,由国铁集团调度指挥中心局域网、铁路局调度指挥中心局域网、基层网等三层网络结构实现。整个系统具有以下特点:

1. 先进性

系统设计具有高起点,在研制中采用最先进并具有发展前景的技术,如计算机技术、信息技术、智能决策技术、地理信息技术、远程控制技术、网络技术、数据传输技术、多媒体技术等,同时吸收采纳了国外新技术,采用了国际标准及国内外最新产品,使系统整体在一定时期内保持技术领先性。

2. 实时性

TDCS 是实时过程控制和实时信息处理系统,列车在运行过程中对铁路沿线的各种信号灯、道岔、轨道等信号设备的状态显示及位置产生大量的变化信息。这些信息主要是通过基层网的列车运行系统自动采集的,必须及时、准确地向上传递给铁路局、国铁集团的各级调度人员。按照国铁集团信号专业相关标准,在信息高峰的情况下,这一过程延时时间不能超过 10 s;在两级三层的任何一台信息处理机上,这些信息必须实时、有序地进行处理,既不能定时处理,也不能批处理。

3. 安全性

TDCS 是一个闭环系统,采用闭环网络设计,使之从信息采集、传输、处理、方案制定、计划调整、控制决策、命令传输、校核到设备动作循环,不间断执行,整个系统达到“自成体系,安全运行”,确保系统连续稳定运行。国铁集团、铁路局调度指挥中心局域网中均配置了网络防火墙及入侵检测系统、防病毒软件、动态口令等安全防范子系统,确保各级调度指挥中心 TDCS

的安全性，防止黑客攻击、破坏或者窃取有关信息。

4. 可靠性

TDCS 是一个行车调度指挥系统，必须保证 24 h 无间断正常运转。网络及关键设备采用双套冗余设计以及双电源，提供系统容错机制，保证系统连续不间断地稳定运行，保证数据信息的安全性和正确性。同时，系统对网络及设备的运行具有监控和管理能力，对非法用户或计算机病毒入侵具有抵御能力。系统提供可靠的数据备份和恢复手段，提供系统故障恢复功能，在系统故障时尽可能减少数据丢失。

5. 开放性

TDCS 是一个庞大的综合性系统，集成大量的计算机设备、网络设备、打印设备、存储设备、显示设备，开发大量的动、静态数据处理、实时信息处理、智能分析计算统计、界面显示程序，系统采用了符合国际标准和工业标准的开放式系统平台。

6. 可维护性

TDCS 工程涵盖了国铁集团、各铁路局及基层的车站，集成了大量的硬件设备和软件。大量的硬件设施都需要及时进行日常维护、保修，适当的时候也应该进行更新换代工作；铁路每年都有大量的站场改造、大修、运行图调整等工作，造成相关的静态基础数据需要及时进行更新；而且用户在使用过程中也会不断地提出新的需求，需要对软件进行适当的修改升级工作。因此 TDCS 提供方便的维护手段，便于维护和维修，TDCS 应有足够的技术措施保证维护工作不会导致整体系统停机或中断。

7. 互操作性

TDCS 是一个两级三层的系统，由于牵涉的范围广、地域宽，其工程由通信信号研究设计院、铁道科学研究院、卡斯柯公司三家单位在 TDCS 技术总体组的协调下共同承担。由于各铁路局、车站所管辖范围内的线路、车站、调度强度都有很大的差异，不可能对所有铁路局、车站采用同样的软硬件平台，因此，技术总体规范了各铁路局、车站的软硬件平台的标准配置，也组织各建设单位共同形成了网络间的数据传输和交换的格式标准。各单位在 TDCS 设计中考虑了与异种机、异种网的互联，各铁路局之间能够方便地进行数据传输和交换，分布式数据库系统便于访问和维护管理。同时，在保证信息安全的前提下，充分考虑与铁路其他系统之间交换数据的功能。

8. 可扩展性

铁路每年都要进行不同规模的大修、新建，TDCS 设计的范围和规模将会不断扩大，因此，系统设计中充分考虑到今后升级、扩展的能力。同时，TDCS 大量采用了计算机技术、智能决策技术、地理信息技术、远程控制技术、网络技术、数据传输技术、多媒体技术等现代信息技术，这些技术现在也处于高速发展期，需要不断地进行淘汰、更新换代工作。

9. 友好性

TDCS 应用系统设计从方便用户的角度出发，提供了友好的人机界面和方便灵活的使用方法，最大限度地满足了用户需求。

10. 节约性

全路有 TDCS、TMIS（铁路运输管理信息系统）等诸多的管理信息系统，不同的系统有不同的职能和工作范围。TDCS 严格按照国铁集团对各管理信息系统功能和范围的界定，遵循不重复建设、不重复投资的原则，充分利用现有设备，并在设计中预留与其他系统的接口，实现与其他系统的信息共享。

（三）TDCS 功能特点

TDCS 作为其所辖区域铁路行车调度指挥系统，改变了调度人员传统的作业方式，实现了列车运行计划的编制与自动调整，列车计划和调度命令的自动下达，列车运行时分的自动报点，列车运输数据自动统计的各项性能和功能，只有在系统整体架构的设计和每一个具体系统的选型配置上都紧扣先进性、实用性、可靠性、安全性、高效性、实时性、可扩展性、易管理和维护性等系统总体设计要求，才能确保系统在稳定可靠运行的基础上有效实现 TDCS 的功能，整个系统具有以下几个特点。

1. 调度办公无纸化

调度台延续多年的一张图，一支笔，一把尺，一块橡皮的工作模式将被现代化的 TDCS 系统所替代。调度员通过简单点击鼠标即可实现运行线的自动铺画、调整、下达阶段计划和调度命令等操作。列车运行的到发点由系统自动采集，实际运行线自动生成，每班的运行图可打印输出。以计算机替代重复、简单的作业环节，减少调度员的工作环节、劳动强度。

2. 流程管理程序化

通过详细描述列调工作中的设备、规则、方式、流程等条件，由程序智能控制作业流程，规范作业过程管理。

3. 安全检测智能化

强大的防火墙系统和入侵检测系统保证了 TDCS 系统作为行车设备的高度安全性，防止黑客的非法入侵和病毒的侵入。

4. 信息交换网络化

调度员和车站值班员的信息交换全部采用网络传输，替代了原有的电话交流模式，包括计划的下达，到发点的上报，调度命令的下达等信息，采用电话下达的方式一方面工作强度大，另一方面容易造成误报、错报的情况。网络下达高速、准确，以网络技术替代既有的信息采集、交换方式，提高信息交换的效率和质量，提高工作效率。

5. 计划调整自动化

针对 3 h 阶段计划的自动调整，由计算机的自动调整替代调度员人工调整，特别是单线调度区段，极大地减轻了调度员的工作强度，调度员只要把握住几个重点会让策略，进行人工干预，其他工作由计算机完成。通过系统自动调整列车会让计划、智能判别列车运行必须满足的逻辑关系，以一定的方式与车站的信、联设备联结，实现对车站设备的直接自动控制，满足调度集中或半集中的需要。

6. 调度指挥无声化

有了 TDCS 系统，调度员通过计算机网络来下达和获取相关的信息，实现信息的共享，不再依靠电话联系，调度所非常安静，改善了调度人员的工作环境。

7. 设备维护远程化

TDCS 设备可以内置远程维护软件，使获得授权的系统维护人员（如厂家）通过计算机网路或电话拨号网可以在异地登录系统，对分布在全局范围内的设备进行远程维护。远程维护技术的运用为电务设备的集中维护、减员增效提供了非常有效的技术手段。

8. TDCS 调度控制集中化（预留功能）

在调度集中区段，TDCS 系统可以做到几百公里之外的车站全部由调度所来集中控制，调度员在调度台上便可直接控制车站的联锁设备，进行远程作业，可实现车站的无人值守，配以计算机辅助调度，可以实现按图排路，使整个运输调度工作跨上一个新台阶。

二、TDCS 结构及组成

（一）TDCS 总体结构

我国铁路调度指挥管理是以行车调度为核心，以站、段为基础，实行国铁集团和铁路局两级调度指挥管理的体制。为适应现行的调度管理体制，TDCS 设计为一个覆盖全路的现代化铁路运输调度指挥和控制系统，由国铁集团调度指挥中心、铁路局调度指挥中心及基层网组成，如图 2-1 所示。

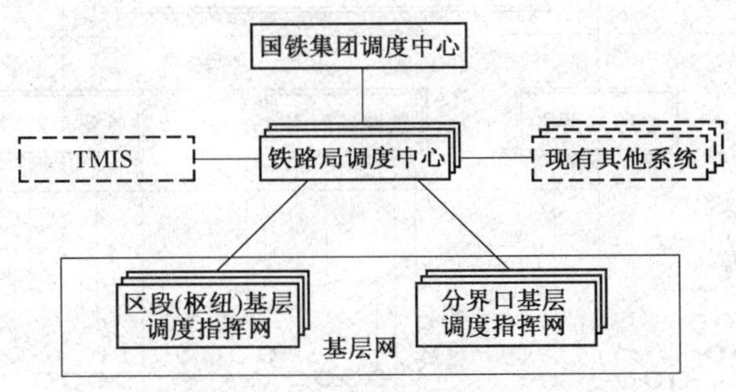

图 2-1　TDCS 整体结构示意图

国铁集团调度指挥中心 TDCS 是为了适应铁路运输发展需要而建立的。它是一个集中式、综合型、透明式的现代化运输调度指挥，是全路运输生产的总枢纽，是综合通信、信号、计算机、网络、多媒体、运输组织等多门学科技术的庞大系统工程。国铁集团调度指挥中心 TDCS 的建设是铁路调度指挥工作现代化进程的起步，其建成极大地改善了国铁集团调度人员的工作条件，提高了行车指挥的技术水平，并且为国铁集团领导的决策提供真实可靠的信息，实现调度指挥工作的现代化管理模式。

国铁集团调度指挥中心处于 TDCS 最高层，是核心部分，是现代化铁路运输调度指挥的心脏。国铁集团调度指挥中心 TDCS 以国铁集团调度指挥中心大楼为主体，构成一个为调度指挥服务的局域网；通过专线通道、数据网链路、路由器与 18 个铁路局调度指挥中心远程连接，进行信息交换，并建立全路有关专业技术资料库。国铁集团调度指挥中心能获得各铁路局分界口、重要铁路枢纽、主要干线等的运输状况和 TDCS 基层网等实时信息。

铁路局调度指挥中心 TDCS 处于第二层，在各铁路局所在地建有铁路局调度指挥中心局域网。铁路局调度指挥中心通过专线通道、数据网链路、路由器与国铁集团、相邻铁路局调度指挥中心远程连接，进行信息交换。铁路局调度指挥中心 TDCS 不仅是一个管理层，同时也是直接调度指挥行车的指挥层，不仅要完成基层网信息的汇总、处理，给铁路局各级调度提供监视，还要按要求将基层信息通过专线通道、数据网链路传送到上层国铁集团调度指挥中心。铁路局调度指挥中心 TDCS 具有列车调度指挥功能，其功能不仅是指挥和管理中心，同时也是行车控制中心，对于部分区段和车站，铁路局控制中心还可在 TDCS 的基础上发展调度集中（CTC），实现对列车进路的自动控制。

最下层是 TDCS 基层网，主要包括车站行车调度指挥系统等。

（二）TDCS 网络体系结构

作为铁路信息化建设的一部分，TDCS 覆盖全国，构成一个非常庞大复杂的广域网系统。TDCS 组网的原则是统一规划、统一标准、合理布局，并要求使用国铁集团统一标准、统一分配 IP 地址和域名。整个 TDCS 网络由局域网和广域网组成，采用成熟的 TCP/IP 技术和多层交换技术组网。

目前网络结构设计通常采用层次化的网络设计原则，TDCS 的网络系统也采用了核心层、区域层、接入层三层结构化设计理念。这样的层次构架正好符合我国铁路运输现行的三级管理体制，即国铁集团指挥中心、铁路局指挥中心、基层调度指挥点三级。TDCS 网络三层结构如图 2-2 所示。

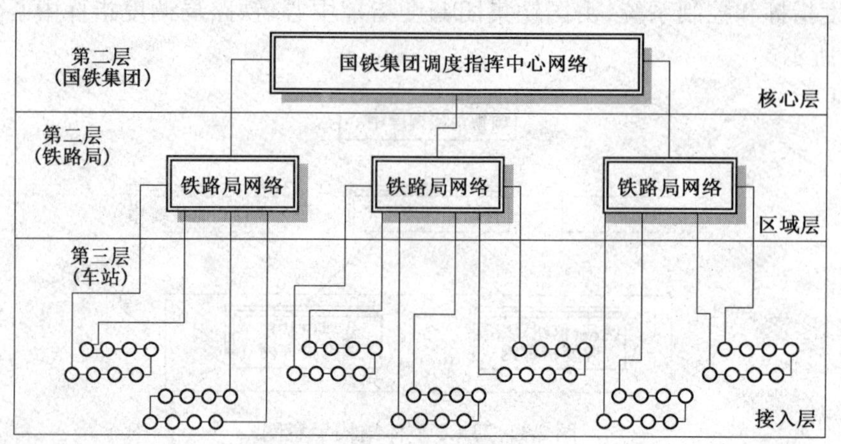

图 2-2　TDCS 网络体系三层结构图

国铁集团中心 TDCS、各个铁路局调度所 TDCS、各个基层信源点各自构成局域网，便于管理和提高数据处理效率等。TDCS 总体网络结构如图 2-3 所示。

国铁集团中心 TDCS 是整个 TDCS 的核心，通过组建广域网与 18 个铁路局指挥中心相连，各铁路局 TDCS 即调度所之间以及调度所与基层调度指挥点之间通过组建广域网进行相互连接，整个网络的基本信息由各个基层调度指挥点采集获得。其中，核心层和区域层共同构成 TDCS 广域网和骨干网。骨干网是网络中担任主要数据传递和交换功能的实体集合，也就是说它既是一种"传输网"，又是一种"交换网"，包括了两个部分网络的功能——数据传输和数据交换，同时还负责较小网络之间的主要通信量。TDCS 通过专线和数据链路构成了庞大的网络体系，通过骨干网可完成整个系统中的大容量信息发送、转接、中继等任务。骨干网由节点和节点互联线路构成，在 TDCS 中，骨干网涵盖了国铁集团调度指挥中心节点、铁路局调度指挥中心节点以及这些节点之间的连接通道。骨干网是整个网络的关键部分，为提高系统可靠性和实时性，骨干网现采用双专线连接，且选用不同物理路由。两路专线则分别连接两套网络设备，通过两路多条专线方式，完成各铁路局调度所至国铁集团中心以及相邻铁路局调度所之间的 TDCS 互相连接。规定骨干网专线通道带宽每条不应小于 2 Mbit/s，网络拓扑结构采用部分网状网结构。网状网结构的优点是线路冗余度大，网络连接可靠性高，相连节点可直接通信；缺点是线路利用率低，网络成本高，另外网络的扩容也不方便，每增加一个节点，需增加多条线路。

1. 核心层

核心层由国铁集团 TDCS 和国铁集团至铁路局的广域网构成，是整个 TDCS 广域网的中枢，要求其安全、可靠，对其各个节点关键部分和功能应做合理地冗余配置。国铁集团 TDCS 至铁路局 TDCS 之间通道采用专线方式或以专线为主用通道、数据网链路为备用通道的方式。从各铁路局调度所直接连至国铁集团中心，并在相邻铁路局间采用迂回通道，构成部分网状网结构。采用完全专线连接方式时，国铁集团节点至铁路局节点间采用专线连接。

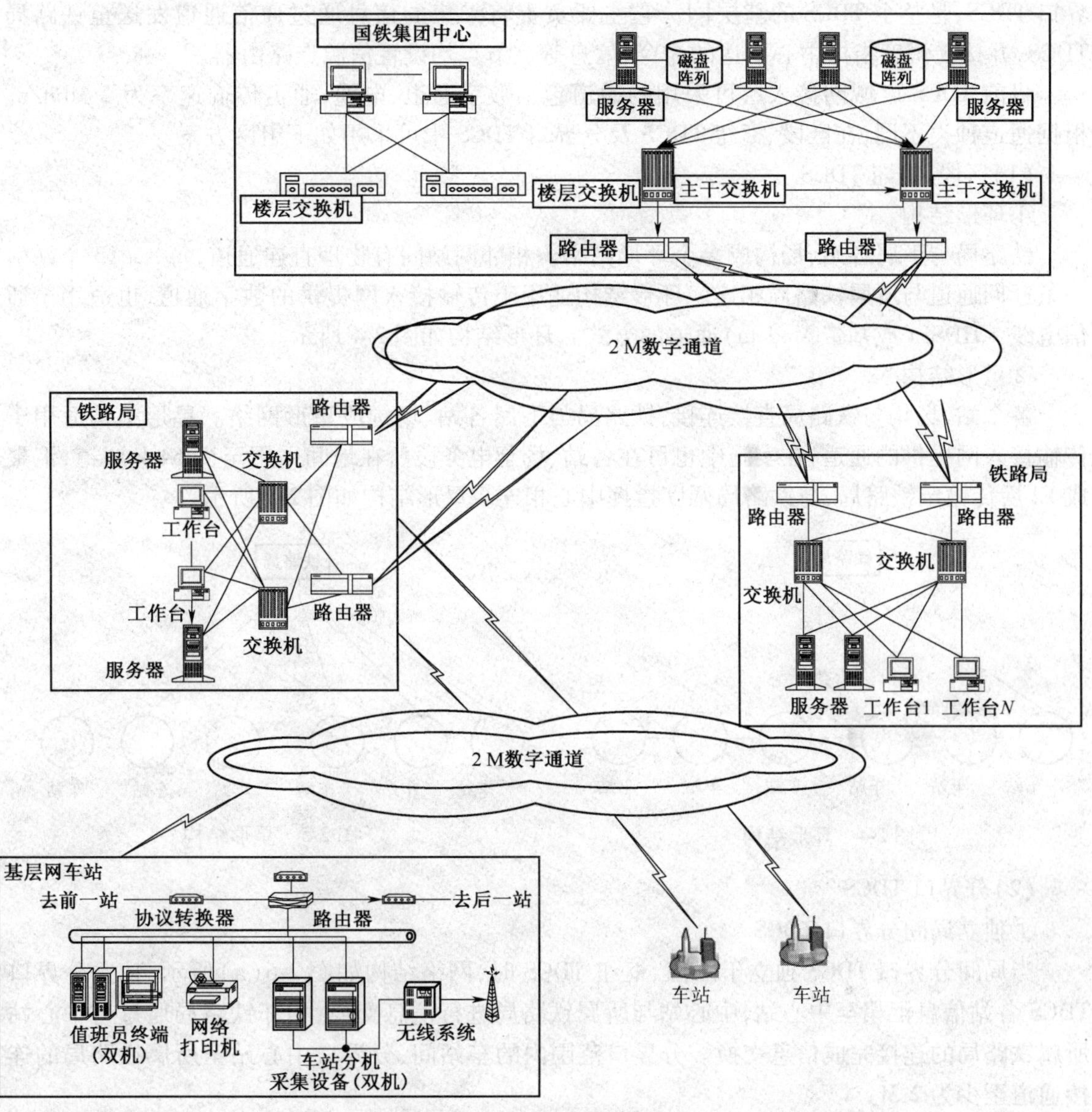

图 2-3　TDCS 总体网络结构图

两条专线分别连接两套设备，选用两条物理路由，最大限度地保证 TDCS 核心层不中断。根据现阶段 TDCS 的信息量，专线通道带宽每条至少为 2 M，今后可视发展采用更高带宽的专线组网。

2. 区域层

区域层由铁路局 TDCS 组成的网络构成，区域层主要负责汇聚接入层各信源点采集的信息上传至铁路局 TDCS、国铁集团 TDCS，并把国铁集团、铁路局下达的调度命令传达至各个信源点。TDCS 广域网区域层涵盖所有铁路局调度指挥中心。区域层在 TDCS 广域网中起着汇聚的作用，因此要求区域层安全可靠、性能优越。各中心关键部分和功能应做合理的冗余配置。

3. 接入层

接入层由铁路沿线信源点（沿线各站、场、段）组成的网络构成，包括区段、枢纽 TDCS 和分界口 TDCS,是整个 TDCS 的基层网。它主要负责将采集的信息通过通信通道发送至铁路局 TDCS,并接受调度指挥中心下达的命令、信息等。节点均设置信源点路由器。

目前 TDCS 广域网接入层可采用的通道包括数字通道、电缆,通道传输速率为 2 Mbit/s。根据通道种类不同,在区段、枢纽 TDCS 及分界口 TDCS 中可采用如下组网方案。

(1)区段、枢纽 TDCS

①环形结构

铁路局与下属各站、场构成多个环形网络。相邻两站间有物理直连通道,每 8 ~ 15 个站引一条迂回通道与所属铁路局相连。环形结构适用于传输接入网提供的数字通道,也适用于通信电线 + HDSL(或基带 Modem)通道的方式。环形结构如图 2-4 所示。

②星形结构

各个站、场均与铁路局直接连接,铁路局与下属各站、场构成星形网络。星形结构适用于传输接入网提供的通道;在实施中也可在各站、场至电务段所在地间采用至少 64 k 通道,汇聚成 El 后传输至铁路局,与铁路局调度指挥中心相连。星形结构如图 2-5 所示。

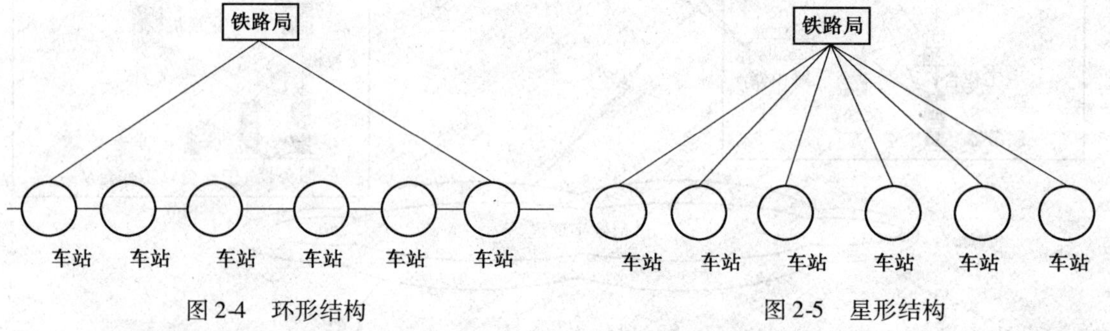

图 2-4 环形结构　　图 2-5 星形结构

(2)分界口 TDCS

①独立局间分界口 TDCS

当局间分界口 TDCS 独立于区段、枢纽 TDCS 时,网络结构如图 2-6(a)所示,独立分界口 TDCS 各站信息汇聚至中心站,中心站与所属铁路局进行信息交换,相邻铁路局通过与中心站所属铁路局的连接完成信息交换。分界口范围内的车站间、分界口中心站至所属铁路局的连接通道至少为 2 M。

②局间分界口、区段 TDCS 一体化

当局间分界口 TDCS 与区段、枢纽 TDCS 一体化时,网络结构如图 2-6(b)所示,相邻铁路局分界口车站不直接相连,通过铁路局间信息交换完成分界口各项功能,局间分界口范围内的车站间、分界口中心站至所属铁路局的连接采用带宽 2 M 的通道。

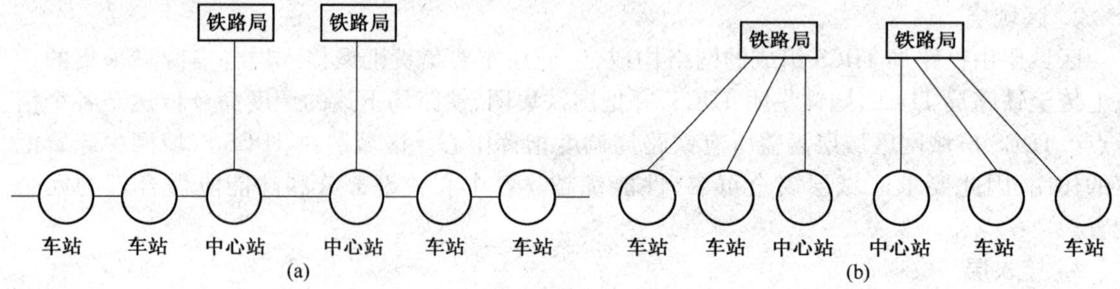

图 2-6 分界口 TDCS 网络结构

任务2　国铁集团调度指挥中心 TDCS

任 务 书

1. 描述国铁集团调度指挥中心 TDCS 的系统网络结构及设备组成。
2. 描述国铁集团调度指挥中心 TDCS 的功能。
3. 描述国铁集团、铁路局及车站保持时间统一的方法。
4. 查阅铁路信号维护规则描述时钟误差要求。

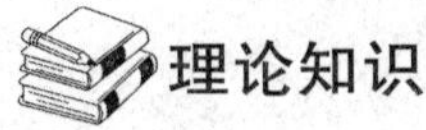

理论知识

一、国铁集团调度指挥中心 TDCS 网络结构

国铁集团调度指挥中心 TDCS 是整个 TDCS 系统重要组成部分,是 TDCS 的最高层系统,它是由高性能、高可靠的计算机网络系统构成。国铁集团调度指挥中心 TDCS 网络结构如图 2-7 所示。

国铁集团调度指挥中心 TDCS 是以国铁集团调度指挥中心大楼为主体,构成一个国铁集团调度指挥中心 TDCS 局域网,并通过 2 M 专线、路由器与 18 个铁路局调度所 TDCS 连接,构成广域网系统。其主要功能是完成相关信息交换,建立全路各专业技术资料库等,获取各铁路局分界口、重要铁路枢纽、主要干线等的运输状况和调度监督等实时信息,为国铁集团领导的决策提供真实可靠的信息,实现调度指挥工作的现代化管理模式。

1. 局域网系统硬件结构组成

国铁集团调度指挥中心 TDCS 网络由主干网和楼层接入网构成。主干网是国铁集团 TDCS 网络系统的核心,用来连接小型机、高性能服务器、路由器设备和楼层接入网交换机、工作站等设备。为使主干网具有支持实时传输、多媒体等高性能,国铁集团 TDCS 采用成熟的 1 000 M以太网技术,传输介质采用光纤,它为各楼层客户及服务器之间提供高速的信息交换通道。各楼层用户网采用高效率的 100 M 以太网构成,满足各种工作站等设备的带宽需求。

网络系统具有冗余和备份能力,可使网络系统不间断运行;采用双网设计,主干网及楼层接入网设置两台核心以太网交换机。服务器和工作站均采用双以太网适配器互相连接,任何两台计算机设备之间都具有两条通信信道。

2. 广域网系统硬件结构组成

国铁集团调度指挥中心使用路由器,通过 2 M 专线通道方式与 18 个铁路局调度指挥中心进行信息交换,遵照《列车调度指挥系统(TDCS)数据通信规程(V2.0)》以 TCP/IP 协议进行信息共享和通信。在国铁集团调度指挥中心设有两套路由器设备,为了节省投资,合理地利用了原有的路由器设备。国铁集团对每个铁路局连接两条 2 M 专线通道,两条通道能均衡信息流量并互为主备,保证远程通信的可靠性。根据今后 TDCS 的发展需要,国铁集团对铁路局还可适当增加 2 M 专线通道的数量。为了实时监视和记录国铁集团 TDCS 与各铁路局 TDCS 通信通道的状态,2 M 专线通道侧还要装设通信质量监督设备。

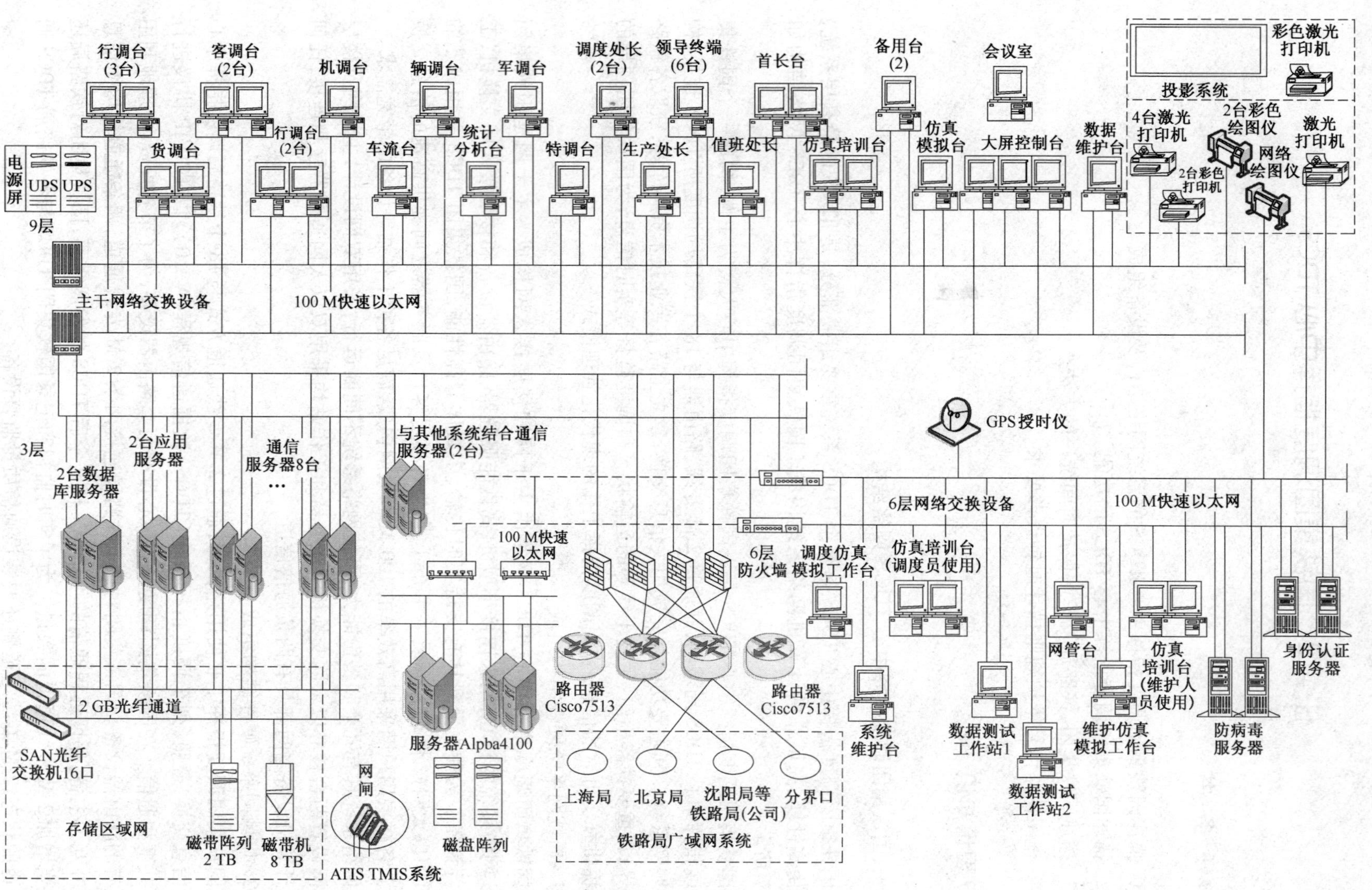

图 2-7　国铁集团调度指挥中心 TDCS 网络结构

二、国铁集团调度指挥中心 TDCS 设备

国铁集团调度指挥中心 TDCS 设备组成如图 2-7 所示，主要包括服务器系统、存储系统、各工作站、网络设备、大屏幕投影系统、网络管理设备、网络安全设备、系统维护、培训设备、行车指挥设备、GPS 时钟系统、电源系统及其他设备等。

1. 服务器系统

服务器是局域网中的重要设备，系统设置 2 台数据库服务器、2 台应用服务器、8 台通信服务器和 2 台信息接口服务器，采用双机冗余方式。所有服务器共享连接一套存储系统（SAN 光纤磁盘阵列和磁带库），对所有工作站提供数据库访问与应用服务。

2 台数据库服务器以及 2 台应用服务器均使用高性能集群软件提供高可用性集群环境。数据库软件包括应用集群、分区、管理工具等组件。数据库服务器和应用服务器将完成系统的最主要任务，如数据库访问服务、文件访问服务、信息处理、数据统计分析、应用软件服务等。每台数据库服务器和应用服务器配置相同，配置 8 个 1.6 GHz 的高性能 CPU，32 GB 内存，4 块 146 GB 硬盘构成本地镜像，2 个 2 G 光纤通道口，2 个 1 000 M 光纤以太网口。

通信服务器采用 8 台高性能 PC 服务器，形成 4 对双机热备系统，实现与 18 个铁路局的信息交换。通信服务器采用高性能 PC 服务器，配置为 2 个 CPU/主频 3.0 GHz/内存 4 GB/2 块 73 GB 硬盘/2 个光纤通道/2 个 1 000 M 光纤以太网口。

2. 存储系统

存储系统包括一套存储区域网（SAN）、光纤磁盘阵列（RAID）和一套磁带库。存储区域网络采用网状通道技术，通过交换机连接存储阵列和服务器主机，建立专用于数据存储的区域网络。RAID 通过在多个磁盘上同时存储和读取数据来大幅提高存储系统的数据吞吐量。在 RAID 中，可以让很多磁盘驱动器同时传输数据，而这些磁盘驱动器在逻辑上又是一个磁盘驱动器，所以使用 RAID 可以达到单个磁盘驱动器几倍、几十倍甚至上百倍的速率。在 RAID 模式中都有较为完备的相互校验/恢复的措施，甚至是直接相互的镜像备份，从而大大提高了 RAID 系统的容错度，提高了系统的稳定冗余性。

3. 工作站系统

工作站由国铁集团调度人员、各级管理人员及维护人员使用。调度人员使用工作站进行日常调度工作，各级管理人员使用工作站行使审批和监督检查的管理职能，维护人员使用工作站实时维护系统。工作站能提供图形界面，它通过网络访问数据库服务器、应用服务器和通信服务器所提供的数据库服务和应用服务。每台工作站配有两块以太网卡，连接两套局域网实现主备工作，确保工作站对服务器的网络访问不会发生中断。

4. 大屏幕投影系统

大屏投影系统由投影仪、投影屏幕、多屏控制器、控制台、配套的音响系统和录放设备等组成。

大屏幕投影系统能集多种信息于一体，提供高清晰度、大画面的宏观显示。大屏幕不仅能宏观地显示调度工作站的显示内容，而且能将活动图像通过网络接口的方式以大画面显示出来，为调度人员及有关负责人提供图形、图像、文字等多种方式的信息。借助于大屏幕投影墙控制系统，操作控制人员能对大屏幕进行控制显示操作。操作控制人员还能将大屏幕授权给某些工作站用户使用，使他们能将各自屏幕上的显示内容送至大屏幕上显示，以供调度大厅的现场人员观看。

国铁集团调度指挥中心大屏幕投影显示墙是由48块67英寸的大屏幕无缝拼接而成的圆弧形大屏幕显示墙，以4×12(高×宽)矩阵排列。大屏幕的划分可根据具体情况来决定，通常将屏幕划分为三部分：中部用于铁路运输状态宏观显示，右边用于站场图形细景显示，左边用于地形地貌、天气情况以及其他信息的显示。也可以将整个大屏幕作为一个具有高分辨率的显示器来使用，如进行重点列车跟踪。

5. 网络管理设备

网络管理设备具有网络拓扑管理、配置管理、性能管理、故障管理、安全管理等功能，对各服务器和网络进行监视和管理。

6. 网络安全设备

网络安全设备包括国铁集团中心与各调度所之间配置的防火墙，漏洞评估，入侵检测，互为主备的防病毒服务器，动态口令身份认证服务器。另外国铁集团中心还配有专用的软件补丁分发系统，局域网内各终端均配置有口令牌，确保TDCS的网络安全和可靠运行。

7. 系统维护、培训设备

系统维护、培训设备包括系统维护台、数据测试工作站、仿真培训台、仿真模拟工作站等。

8. 行车指挥设备

行车指挥设备包括行调台、客调台、行包台、值班处长台、领导终端、调度处长台、生产处长台，此外还有机调台、辆调台、军调台、货调台、车流台等。其中，行调台、客调台、货调台、行包台、首长台、仿真培训台等配置双屏工作站。其他专业调度台配置了单屏工作站，各台显示器采用不小于21英寸的液晶显示器。

9. GPS时钟系统

GPS时钟系统利用全球卫星定位GPS卫星的标准UTC时间，可在全球得到同步的准确时间信号。设备采用Motorola的12通道授时GPS OEM接收机，经信号处理、格式转换等，为用户提供不同标准的时钟信号和同步脉冲。同时，时钟系统内部设置恒温晶体，保证在卫星接收系统出现故障的情况下，仍能提供精确度较高的时钟信息，有效地解决了地理区域跨度给用户带来的时钟同步问题及传统时钟的校准困难、对闰年、闰秒等特殊时间的处理问题。

10. 电源系统

电源系统设有两路电源自动切换功能的电源屏、配电盘、大容量长延时在线式UPS。

11. 其他设备

除前面涉及的局域网、广域网、服务器、工作站以及大屏幕系统外，国铁集团调度指挥中心还设置相关设备，主要有彩色喷墨绘图仪、激光打印机、数字化仪和图像扫描仪等。

三、国铁集团调度指挥中心TDCS系统功能

国铁集团TDCS具备调度实时信息宏观显示、调度实时监视功能、技术资料查询、显示功能、报表统计功能、系统维护及管理功能、用户培训、与TMIS、ATIS(车号自动识别系统)的信息共享、在分界口列车调度指挥管理和跨局客车及行包专列调度指挥管理方面提供了预警和报警等功能，将逐步使国铁集团列车调度指挥从“被动式管理”向“主动式管理”过渡。国铁集团TDCS功能示意如图2-8所示。

1. 列车动态跟踪

列车动态跟踪功能是TDCS的基本功能之一。系统根据铁路局TDCS现场采集的信号设备轨道电路的占用和出清状态判断列车的位置并跟踪，根据铁路局TDCS逻辑跟踪判断并采

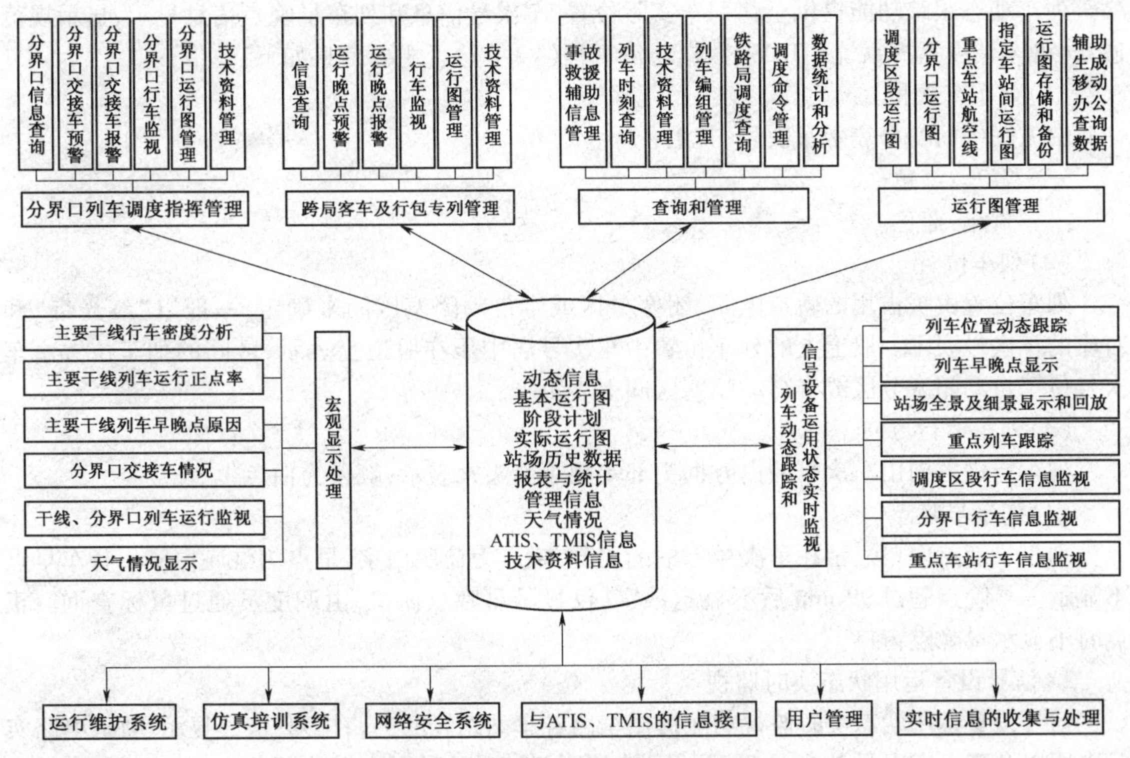

图 2-8　国铁集团 TDCS 功能示意

用无线车次号校核系统进行车次号自动校核获得列车车次号，从而自动进行列车位置的定位和动态实时跟踪。列车动态跟踪如图 2-9 所示。

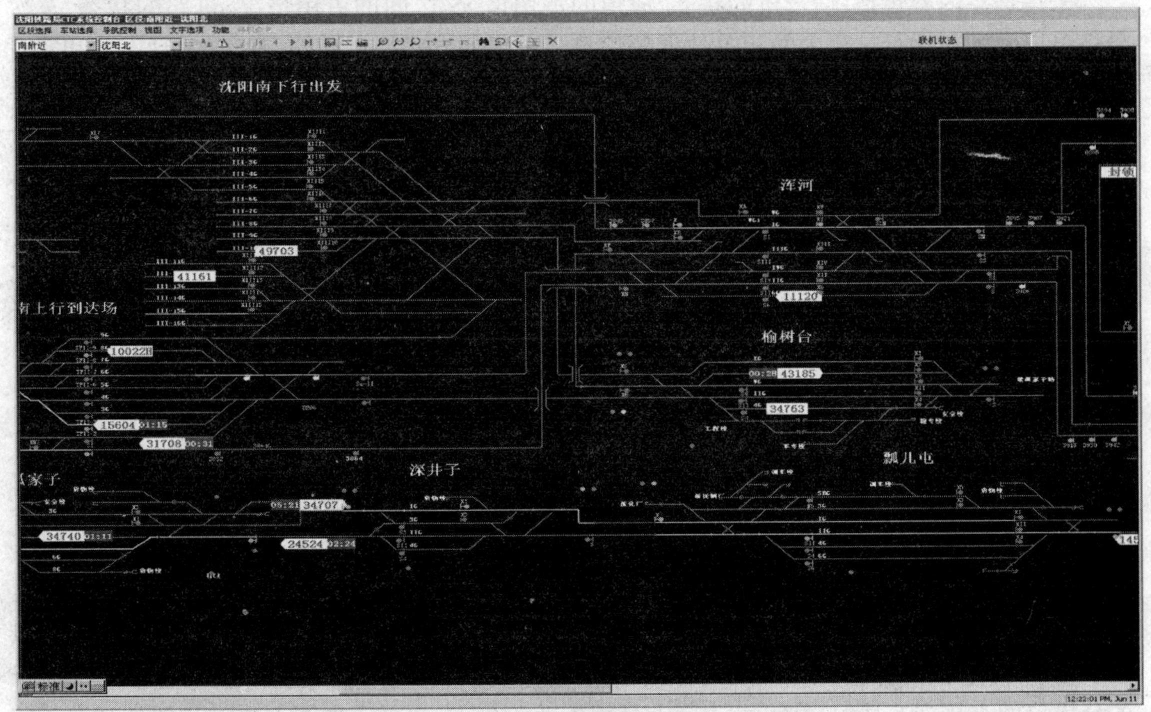

图 2-9　列车动态跟踪

列车动态跟踪功能提供全路列车实际位置、车次号信息和列车早晚点信息显示，显示规范遵守《列车调度指挥系统(TDCS)数据通信规程(V2.0)》。主要信息如下：

(1)列车车次号

白方框中的符号表示车次号，其中：

——客车：红色；

——货车：蓝色。

(2)列车位置

列车位置由被占用的轨道电路、闭塞分区或半自动闭塞区间来确定，一般以“红光带”和对应的车次号表示。股道上的列车位置由车次号居中压在股道上表示，区间的列车位置由车次号位于自动闭塞分区或半自动闭塞区间上表示。

(3)列车运行方向

列车行进方向由车次号的白方框头部等腰小箭头来表示，颜色为白色。

(4)列车早晚点

列车早晚点窗口显示在车次号方框的尾部，晚点为蓝底白字，早点为红底白字。货车早点不显示。早晚点超过 99 min 后不显示数字，仅显示早晚点窗口，由调度员通过鼠标查询。正点时不显示早晚点窗口。

2. 信号设备运用状态实时监视

信号设备运用状态实时监视功能提供全路各车站站场的进路排列、信号显示、轨道电路实际占用以及列车车次号信息的显示。国铁集团 TDCS 通过列车调度指挥(TDCS)、调度集中(CTC)的基层网系统完成对分界口、区段、枢纽的信号设备运用状态的动态数据采集，获得信号设备运用状态的实时信息。

采集信息内容包括：信号机的状态、股道的占用情况、区间的占用情况、进路的状态、车次号信息以及列车运行过程中的相关数据等信息。采集的方式是自动的、真实的、动态的和实时的。基层网信息经过铁路局 TDCS 传送到国铁集团的传输时间小于 10 s。

国铁集团 TDCS 利用各铁路局通过 2 M 专用通道传来的基层网实时信息，以调度区段、分界口、干线重点车站、指定车站间为显示范围，显示信号机、股道、区段、闭塞分区、进路等的状态信息，还显示车次号、限速信息、封锁信息、列车编组顺序信息和小编组信息等。

此外，国铁集团 TDCS 的信号设备运用状态实时监视功能还可以进行 24 h 状态历史回放，调度人员可以根据需要选择对任意一调度区段或者分界口过去 24 h 内的任意时间的信号设备运用状态进行重新显示，用于运输组织分析和事故分析。

3. 列车运行宏观显示

国铁集团 TDCS 完成对分界口、区段、枢纽的列车运行情况和现场状态的动态数据采集、传送和处理，以图形、图像、文字等方式，直观、灵活地向调度人员及有关负责人及时提供准确、可靠和丰富的全路运输状态宏观显示。国铁集团 TDCS 在实现列车运行宏观显示和实时动态统计的基础上，适时提供预警和告警功能，为国铁集团调度指挥中心协调全路运输、科学决策、提高效率、实现现代化管理提供重要手段。

国铁集团 TDCS 采用包含地理信息的电子地图方式宏观显示全路列车运行相关信息。以电子地图形式为底图的列车运行宏观显示画面是调度人员工作时的主界面，缺省情况下显示各分界口的交接列车情况，并可由调度人员根据关注焦点，在电子地图上打开相关的列车运行信息显示、运行图查询显示或报表统计查询等界面。

每幅电子地图画面都支持无级放大、无级缩小、中心放大、中心缩小、区域放大、区域缩小、平移、复原等功能。随着图形的放大,显示内容将越来越丰富,可显示站名、车站中心里程、闭塞分区、信息统计结果等内容,画面之间可以进行相互切换。同时可以从界面中选择相关分界口、车站或者干线区段,并调用列车运行信息显示、列车运行图、统计报表等界面。每幅界面上可以存在浮动窗口,显示相关的统计信息结果。

每幅画面的底图通过 GIS(地理信息系统)配以全路铁路矢量数据,主要包括:铁路局范围、调度区段及干线名称、车站、分界口、枢纽、编组站等。矢量数据按不同类型信息分图层处理,所有信息点位置坐标及属性均保存在数据库或者数据文件中。

调度人员可以随意地以全国铁路或者某个或几个铁路局的铁路线路及其所含的相关车站、分界口为关注焦点,随意进行焦点切换,并可直接深入到车站站场的显示。

同时,国铁集团 TDCS 支持宏观和微观相结合的干线显示方式,对于重点车站进行详细显示,而对于中间站则简化或省略显示,便于调度人员在有限的显示空间内进行有效的监视。

各幅画面的显示风格可以由相关显示参数控制,并可由调度人员进行修改,保存在工作站或服务器数据库中。

国铁集团 TDCS 采用电子地图方式宏观显示全路列车运行相关信息,显示内容包括分界口交接车;干线列车运行正点率;干线行车密度;早晚点原因统计;重点列车跟踪等信息。

(1)分界口交接车

国铁集团 TDCS 以电子地图形式显示全路铁路线路图、分界口名称、分界口标志、上行及下行计划交接列车数、实际交接列车数、未来 3 h 推算信息和相关列车编组信息。

此外,国铁集团 TDCS 还提供分界口列车调度指挥管理功能,进一步提供预警和告警功能。

(2)主要干线列车运行正点率

TDCS 根据列车运行的实际情况,实时计算每一列车的早晚点情况并进行汇总,形成主要干线的列车运行正点率。调度人员以及有关负责人可以针对列车运行正点率信息,对影响列车运行正点的原因进行分析,以便采取相应的措施保证列车正点运行。

①国铁集团 TDCS 以全国地图和全路铁路线路示意图为底图,动态显示各干线正点率。

②国铁集团 TDCS 显示主要干线上的重要车站、调度区段和分界口的正点率,并将其划分为段和点;调度员可修改和指定段、点的划分。

③对于车站而言,每一个车站都可用一个饼图表示正点率,饼图分为四个相等的部分,分别对应下行到达、下行出发、下行到达、上行出发四类列车,如图 2-10 所示。

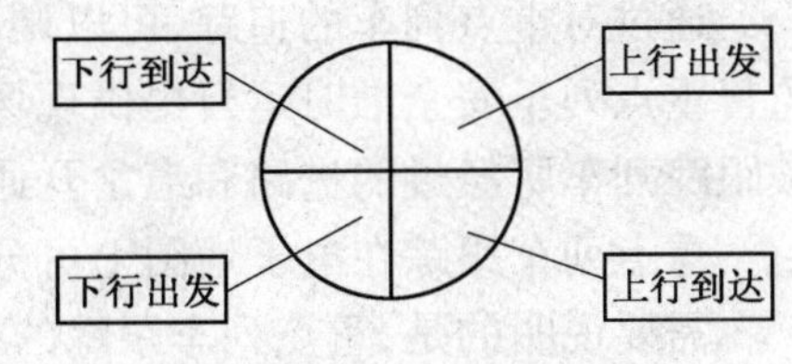

图 2-10 正点率饼图示意图

④系统以该段点站或两点间区段当前时间至 3 h 前上、下行实际接发时间与计划接发时间相比较,得出正点列车总数与总列车数相比的百分率,即正点率。

系统用不同的颜色表示不同的正点率:95% ~100% 为绿色;80% ~95% 为黄色;<80% 为红色。

⑤为使画面清晰,在运行正点率大于 95% 时不显示段点站站名,当正点率小于 95% 时才显示段点站站名。

(3)主要干线列车运行密度

TDCS 可根据列车运行的实际情况,以基本图利用率的表达方式实时计算各主要干线区段实际运行的列车数量,并与基本图列车数量进行比较,计算列车运行密度,为调度员提供形象、宏观的列车运行情况,并可帮助调度人员了解影响列车运行密度的实际原因,以便采取相应措施,尽可能提高列车运行密度,提高线路的运输效能。主要干线列车运行密度分析提供了对关键区段运行密度的统计。

①以电子地图的形式,在铁路干线线路示意图上用颜色表示区段列车密度;

②可全路统计,也可查询某一干线或某个铁路局区段内的行车密度;

③线路段的定义与干线正点率段和点的划分相同;

④线路密度定义为自当前时间起前 1 h 内区段上的列车总数;

⑤区段上的列车总数(包括上、下行)为规定时间段内通过及正在本区段上的列车总数,包括以下部分:从本区段出发的列车,进入本区段的列车,本区段的在途列车;

⑥区段密度的颜色表示:不足—蓝色;正常—绿色;饱和—红色。

国铁集团 TDCS 允许调度人员根据需要修改和指定区段密度的颜色表示。

(4)主要干线列车运行晚点原因

国铁集团 TDCS 依据铁路局列车调度员在铁路局 TDCS 系统上输入的列车运行晚点原因,进行显示、统计和分析,可提供主要干线列车运行晚点原因。

①以全国地图和全路铁路线路示意图的形式显示;

②可全路统计,也可以针对某一干线或铁路局调度区段进行列车运行晚点原因统计;

③对于重点车站,系统用饼图的方式来表示车站内各种晚点原因的统计。

(5)重点列车跟踪显示

重点列车跟踪是指国铁集团 TDCS 内被授权的用户(如值班处长或调度员)可以对所关心的列车(如国铁集团管辖重点列车)运行和列车所在的调度区段、枢纽、车站进行实时跟踪显示,提供对重点列车的全程跟踪能力,可以追踪任何一趟或若干趟列车。国铁集团 TDCS 在电子地图上采用红点或蓝点动态显示所有重点列车的运行位置及前方车站和区间信号设备状态(指有条件的自动闭塞区间)、车次号和早晚点情况。根据被授权的用户的需要,车次号可隐藏。被授权的用户可以通过缩放功能对重点列车所在位置进行逐级细化显示,可先通过电子地图对重点列车进行跟踪和显示,待列车进入车站或枢纽后,再由列车运行监视界面进行细化显示。

通过对重点列车的追踪,可以调出被跟踪列车所在区段位置以及周围有关列车的情况,为监督重点列车安全准时运行提供现场实际状况的第一手资料;值班处长或相关负责人可根据被跟踪列车所经过的进路和道岔开通、锁闭情况,直接掌握重点列车的运行信息。

重点列车跟踪在电子地图上可分层显示,分为:干线上跟踪;区段上跟踪;车站内跟踪。

需要说明的是,重点列车跟踪的权限和监视范围由值班处长需要时进行设定,系统根据登录用户的权限决定跟踪信息是否公开显示。

4. 列车运行时刻显示查询

国铁集团 TDCS 接收铁路局 TDCS 提供的基本图、阶段计划和实际运行图等数据,获得列车运行时刻信息,进行列车运行时刻(列车早晚点、列车到发或通过时刻)的显示和查询。

在调度员输入列车车次号、始发调度日(系统缺省提供当前调度日)和当前所在铁路局等信息后,系统自动搜索各路局传送的相关调度区段的基本图、阶段计划和实际图,查询该列车运行信息,并采用表格方式显示和打印。

列车运行信息包括车次号、始发调度日、始发路局、始发车站、终到路局、终到车站、当前路局、当前位置、各站计划到发时刻和各站实际到发时刻等。

5. 运行图管理

列车运行图是全路组织列车运行的基础,规定了各次列车占用区间的顺序,列车在每个车站的到达、出发和通过时刻,列车在区间的运行时间,列车在车站的停站时间等,是铁路运输工作的综合性计划,是全路列车运行工作的基础。列车运行图包括基本图、阶段计划和实际运行图等。

国铁集团 TDCS 接收铁路局 TDCS 提供的基本图、阶段计划和实际运行图等数据,提供全路各铁路局调度区段列车阶段计划的同步显示,以及列车基本图、实际运行图的查询显示,并按照国铁集团运输调度工作特殊需求,提供多种运行图显示手段。

国铁集团 TDCS 接收铁路局局传送的调度区段基本图,自动拼接生成各分界口、重点车站航空线、指定车站间基本运行图,并采用图形方式显示和打印;定期(3 min)接收路局传送的调度区段阶段计划,生成调度区段阶段计划、各分界口阶段计划、重点车站航空线、指定车站间阶段计划;如定期 12 小时接收路局传送的调度区段实际运行图,则生成对应的实际运行图,采用图形方式显示和打印。

国铁集团 TDCS 可辅助生成移动办公查询用基本图数据,并可在笔记本电脑上按照全路各调度区段、分界口、重点车站航空线、指定车站间四种方式,进行基本图查询显示,便于主管负责人在会议、出差时进行列车调度指挥决策。

6. 调度命令管理

铁路运输组织工作必须贯彻安全生产、集中领导、统一指挥、逐级负责的原则。国铁集团调度员监督、指导全路列车调度指挥,适时发布调度命令。

国铁集团 TDCS 向国铁集团调度人员提供通过计算机网络系统编辑、存储、下达、接收与查询调度命令等功能。

(1)编辑、发送调度命令

调度员通过调度命令管理功能完成调度命令的编辑确认工作。编辑完成后,调度命令立即转入到等待处理队列,等待值班处长审查处理。

受令铁路局终端在接收到国铁集团下达的调度命令后,将会有明确的提示,并由铁路局调度人员进行确认,确认回执将通过国铁集团至铁路局间网络送报国铁集团 TDCS。至此,一个调度命令编辑发送流程完成。

(2)处理未发送调度命令

在值班处长工作站上,系统将自动显示出当前所有未发送、等待审查的调度命令。值班处长对需要发送的调度命令进行逐一审查,确认后系统将自动向指定路局发送该调度命令。在该调度命令未被审批前,编制该命令的调度人员仍然可以对该调度命令进行修改操作。

(3)处理已发送调度命令

系统还可实现对当前用户的所有已发送的调度命令进行整理。

(4)查看当前命令回执

系统将显示出当班调度员所有已发送调度命令回执的最新信息,供调度人员查阅调度命令的下达及处理情况。

(5)查询调度命令历史信息

通过国铁集团 TDCS 下达的调度命令将保存 1 年。调度人员可以根据需要,选择按命令编号或者按发令日期查询历史的调度命令信息,并可以选择按照单条调度命令或者按照多条调度命令的方式进行打印。

(6)打印调度命令

系统可以以文本方式对指定的调度命令进行打印。

(7)铁路局下发调度命令查询

系统可随时查询显示指定铁路局向车站、列车及其他受令终端传送的调度命令信息,包括调度命令内容、发令人员、审批人员、受令人员及下达、接收、确认的时间等。

7. 列车编组管理

国铁集团 TDCS 通过在国铁集团调度指挥中心实现与 TMIS 的结合并辅以铁路局 TDCS 信息和 T/D 结合信息,获得列车编组顺序表信息(运统一),提供列车编组简单的管理功能,实现全路列车简单编组和列车确报信息的查询、显示和打印。

当调度员需要了解指定列车的编组信息时,可通过键盘和鼠标输入车次号、所在铁路局名称,系统将以列表的形式提供列车编组信息显示和打印。

8. 数据统计和分析

国铁集团 TDCS 根据建立的数据库信息和数据进行数据统计和分析,提供铁路局间分界口交接车统计;提供全路各条干线列车运行正点率、列车运行密度和早晚点原因统计等。

9. 技术资料管理

国铁集团 TDCS 提供行车调度相关技术资料管理功能。

技术资料主要包括全国铁路路网图、全路客运营业站示意图、全路编组站图册和示意图、主要枢纽示意图、铁路局间分界口基本列车运行图、救援列车分布信息及列车运行图有关资料等。

(1)系统提供技术资料的查询、信息显示和打印功能。

(2)系统提供技术资料的更新导入功能。

10. 调度命令无线传送

国铁集团 TDCS 提供查询显示铁路局采用无线传输通道(无线列调或 GSM-R)向车站、列车及其他受令终端传送的调度命令信息的功能。

11. 网络安全管理

包括防火墙、入侵检测、动态口令身份认证、防病毒、网络及主机漏洞评估。

12. 时钟校核

国铁集团 TDCS 通过 GPS 高精度授时仪,获取准确的时钟。通过网络配置,能达到自动校时,保持国铁集团、铁路局、车站内所有计算机的时钟同步,国铁集团、铁路局中心系统误差控制在 10 s 以内,铁路局中心与车站误差在 20 s 以内。

13. 网络管理

国铁集团 TDCS 监视国铁集团 TDCS、铁路局 TDCS 和车站 TDCS 网络拓扑结构上的各接点及通信信道的工作状态,能够及时准确地提供故障位置。

国铁集团 TDCS 采用中国国内自主研发的网管系统,在利用 SNMP 技术的基础上,为维护人员提供友好的人机界面进行网络状态监视和管理的工作,监视国铁集团 TDCS、铁路局 TDCS 和车站 TDCS 网络拓扑结构上的各接点及通信信道的工作状态,能够及时准确地提供故障位置。在需要时提供通道的流量和状态等信息。

国铁集团 TDCS 在网管台上显示国铁集团 TDCS 中心局域网 TDCS 路由器、交换机、服务器、工作站等设备的网络状态；显示各铁路局路由器、服务器的网络状态；显示各车站路由器设备的状态。

(1)拓扑编辑

该功能主要面向系统维护人员，为维护人员配置网络拓扑图提供基本功能，包括拓扑对象的添加、删除、属性查看和修改、拓扑图的自动布局、清空等功能。拓扑编辑可以提供拓扑图的基本配置，作为拓扑发现前提条件，并且可以手工补全拓扑发现没能自动发现的内容。

(2)拓扑发现

该功能为系统维护人员配置网络拓扑图提供极大的方便。拓扑发现分为完全拓扑发现和定制拓扑发现。完全拓扑发现根据用户提供的各车站名称及其路由器 IP 地址对整个网络进行搜索，最终生成完整的网络拓扑图。定制拓扑发现将根据用户选择的对象(车站、车站连线或通道、路由器、子网、主机、交换机)进行拓扑发现，以补全或者更新对象的拓扑信息。

(3)网络状态监视

该功能主要面向维护用户，在拓扑图的基础上进行网络状态的实时监视，以红、黄、绿三种颜色及时反映网络设备和通道的当前通断状态，并允许查看各网络接口和通道的实时流量、误码率信息以及实时报警信息。

(4)历史信息管理

该功能主要面向维护用户，提供对报警、流量和误码率统计信息等历史数据的查看、查询、刷新、导出、清空等功能。

(5)网络工具

国铁集团 TDCS 集成了常用的 ping、telnet、tracert 等命令，无需输入 IP 即可方便使用。

(6)全部设备和单站设备实时信息

实时信息将显示所有车站的所有设备(路由器、主机、交换机)的所有接口流量信息(输入流量、输出流量、输入误码率、输出误码率)。

(7)通道流量的实时曲线

选中一条通道连线，可以利用实时曲线菜单命令查看其流量曲线。

(8)报警信息

国铁集团 TDCS 可列出全部的历史报警信息，记录状态发生改变的设备及设备接口情况。

(9)流量信息

国铁集团 TDCS 可列出全部历史流量信息，记录所有接口在每天的实时监视期间输入输出流量的统计值(最大值、最小值和平均值)。

14. 系统维护

国铁集团 TDCS 提供对国铁集团 TDCS 的各子系统运行状态监视、记录和故障报警，以及应用软件和配置数据的更新等运行维护功能，并从运行维护的角度，充分考虑友好性和方便性，提供必要的运维管理工具。

(1)各子系统运行状态监视、记录、故障报警

庞大的系统设备带来大量的维护工作。国铁集团 TDCS 提供的维护管理工具，能对各个子系统及其软件模块运行状态监视、记录和故障报警，既免除了维护人员不断检查和巡视系统所花费的工作量，又准确可靠地提供维护和告警信息。

(2)应用软件程序版本管理

国铁集团 TDCS 中复杂、大量的应用软件程序分布在服务器、工作站中,将构成一个系统运行,但应用软件程序将会随着不同的需求而升级,应用软件程序将产生多个版本,应用软件版本维护工作量将大幅增加。

国铁集团 TDCS 提供的应用软件程序版本管理功能,使每个应用程序在初始运行时向服务器注册自己的版本号,系统对每个应用程序的版本进行维护管理。同时,系统也提供应用程序版本自动升级的功能。

(3)系统配置数据版本管理

国铁集团 TDCS 提供的系统配置数据版本管理功能,在有关配置数据更新时,经系统维护人员确认后,系统配置数据会自动发布到各个服务器和客户端,自动实现配置数据的更新和升级功能。

(4)运行日志管理

国铁集团 TDCS 提供运行日志,对系统运行过程中事件进行记录,供维护人员分析故障和故障原因。

(5)接入数据监视

国铁集团 TDCS 接收各铁路局 TDCS 系统信息,通信协议规范需遵守《列车调度指挥系统(TDCS)数据通信规程(V2.0)》。系统实时分析各路局动态信息是否符合通信规程,并及时给出非法信息报警提示;同时,系统实时监测各路局、车站的信息流,如果超时没有收到相关信息及时给出报警提示。

15. 基础数据维护

引入国铁集团 TDCS 的线路、车站、枢纽、分界口数量众多,每天都要面对诸如车站站场等基础数据的变更,数据维护工作巨大。

基础数据维护功能提供系统所需的各种基础数据(包含 TDCS 静态数据和操作权限数据)的生成和导入更新功能。

国铁集团 TDCS 提供国铁集团中心需要的各种静态数据的验证和导入更新;实现对各厂家静态站场数据的自动拼接,并对重点区段、枢纽提供手工拼接的手段;实现将数据在线更新到调度台及服务器中。

16. 通信质量监督

国铁集团 TDCS 通过配置通信质量监督系统,能够实时监视和记录国铁集团中心与各铁路局中心通信线路状态和通信节点 IP 可达状态,遇故障报警。

17. 分界口列车调度指挥管理

(1)查询和显示功能

国铁集团 TDCS 以全国地图和全路运营线路示意图合成作为电子地图的底图,来宏观显示分界口运输状况,实时统计 18:00 到当前时间各分界口的交接车实际完成情况,并通过对计划运行图、日班计划和实际运行图进行比较分析,提供分界口信息查询和宏观显示功能。

①当前时刻各分界口交接列车列数和辆数动态统计

国铁集团 TDCS 实时统计当前时刻各分界口交接列车车列数和辆数。显示信息可按上行和下行分类,包括交接列车列数(客车列数、货车列数)、货车辆数(重车数、空车数)。

②未来 3 h 分界口交接车信息推算

国铁集团 TDCS 根据分界口阶段计划和相关的列车编组信息自动推算未来 3 h 分界口交

接车信息，并进行显示。

③列车编组信息查询

当调度员需要了解指定交接列车的编组信息时，可通过键盘和鼠标输入车次号、所在铁路局名称，系统将以列表的形式提供列车编组信息显示。

④分界口施工信息查询

调度员可以通过鼠标在电子地图中或列表中选择分界口名称，采用列表方式或电子地图方式进行分界口相邻区段封锁信息和限速信息显示。

⑤列车运行时刻查询

在调度员输入列车车次号、始发调度日（系统缺省提供当前调度日）和当前所在铁路局等信息后，系统自动搜索各铁路局传送的所有调度区段的基本图、阶段计划和实际图，查询该列车运行信息，并采用表格方式显示。

⑥各分界口站及邻站行车信息监视

根据调度员的选择，系统提供分界口相关车站（共 5 站）的行车信息监视功能，包括各种信号设备（信号机、轨道电路、道岔表示、闭塞分区等）的运用状态监视和列车动态跟踪监视。

⑦各分界口计划和实际运行图绘制及存储

系统定期接收各铁路局传送的阶段计划和实际运行图，自动拼接绘制形成分界口阶段计划和实际运行图，并以图形的形式进行分界口计划和实际运行图信息显示、存储和打印。

⑧各分界口行车信息历史再现

国铁集团 TDCS 自动记录各分界口行车表示信息，可以采用指定的倍速和指定的时间回放，再现当时的行车信息。

(2)分界口交接车预警

系统在每个分界口旁显示该分界口上、下行交接列车数和辆数，实际动态交接列车数和辆数/计划交接列车数和辆数；当实际和计划发生偏离时，以黄色闪光的形式显示当前的预警。调度员可针对每个铁路局每个分界口单独设置预警的门限值。

国铁集团 TDCS 在收到铁路局传送的阶段计划时，将分界口两侧相邻调度区段的阶段计划进行比较，如存在列车交接时刻、车次等方面的不一致或冲突问题，将在电子地图上分界口处采用黄色闪光预警，调度员可以点击分界口名称，具体查看冲突预警情况。

调度员可针对每个铁路局每个分界口单独设置预警的各种门限值及相关参数，如交接时刻允许相差范围、分界口两侧各区间运行时间等。

(3)分界口交接车报警

国铁集团 TDCS 在每个分界口旁显示该分界口上、下行交接列车数和辆数，实际动态交接列车数和辆数/计划交接列车数和辆数；并以红色闪光的形式显示当前的报警。调度员可针对每个铁路局每个分界口单独设置报警的门限值。

(4)行车信息监视

①枢纽行车信息

国铁集团 TDCS 提供分界口两端编组站所处枢纽地区的行车信息监视功能。包括各种信号设备（信号机、轨道电路、道岔表示、闭塞分区等）的运用状态和车次号动态跟踪显示。

②分界口行车信息

根据调度员的选择，系统提供分界口相关车站（5 站）的行车信息监视功能，包括各种信号设备（信号机、轨道电路、道岔表示、闭塞分区等）的运用状态和车次号动态跟踪显示以及上

(下)行交车、上(下)行接车的计划数量和实际数量。

③行车信息再现

国铁集团 TDCS 将自动记录行车表示信息,可以采用指定的倍速和指定的时间回放,再现当时的行车信息。

(5)分界口列车运行图管理

详见运行图管理。

18. 跨局客车及行包专列管理

国铁集团 TDCS 可对跨局客车及行包专列进行列车调度指挥管理,提供信息查询、晚点预警和晚点报警、行车监视、运行图管理和技术资料查询等功能。

(1)信息查询功能

①铁路局旅客列车及行包专列运行时刻查询

国铁集团 TDCS 可查询跨局旅客列车及行包专列的运行时刻。

②晚点跨局旅客列车及行包专列列表显示

国铁集团 TDCS 可以按指定的铁路局、列车车次、时间范围等信息,以表格方式显示以下晚点列车信息:始发晚点、终到晚点、接口运行晚点、交口运行晚点等。

③跨局旅客列车及行包专列正点率统计

国铁集团 TDCS 可以按指定的铁路局、时间范围等信息,以表格方式显示跨局旅客列车及行包专列的运行正点率,包括:始发正点率、终到正点率、接口运行正点率、交口运行正点率、总运行正点率。

④晚点跨局旅客列车及行包专列日统计

国铁集团 TDCS 可以按指定的铁路局、时间范围等信息,对跨局旅客列车及行包专列运行晚点进行日统计,包括以下内容:始发晚点、终到晚点、接口运行晚点、交口运行晚点、总运行晚点。

(2)跨局旅客列车及行包专列晚点预警、报警

①始发晚点预警、报警

国铁集团 TDCS 可以按指定的铁路局、列车车次、时间范围等信息,对跨局旅客列车及行包专列的始发晚点进行预警、报警。

②终到晚点顶替

国铁集团 TDCS 可以按指定的铁路局、列车车次、时间范围等信息,对跨局旅客列车及行包专列的终到晚点进行预警、报警。

③接口运行晚点预警、报警

国铁集团 TDCS 可以按指定的铁路局、列车车次、时间范围等信息,对跨局旅客列车及行包专列的接口运行晚点进行预警、报警。

④交口运行晚点预警、报警

国铁集团 TDCS 可以按指定的铁路局、列车车次、时间范围等信息,对跨局旅客列车及行包专列的交口运行晚点进行预警、报警。

(3)行车信息监视

调度员在电子地图中选择任意车站,国铁集团 TDCS 提供该站的行车信息监视功能,可以根据调度员指定任意车站组合显示信息监视功能,并可复示路局调度员调度区段信息显示。

(4)旅客列车及行包专列运行图管理

国铁集团 TDCS 实现旅客列车及行包专列运行图管理,按照分界口、调度区段、重点车站、

指定两个车站站间四种模式对基本图、阶段计划和实际运行图等内容进行显示、存储和打印。

(5)技术资料查询

国铁集团 TDCS 提供铁路客运营业站示意图、跨局旅客列车时刻表等技术资料的显示和打印功能。

19. 事故救援辅助信息管理

国铁集团 TDCS 可进行事故救援辅助信息管理。

在事故状态下,国铁集团 TDCS 为各种应急预案最大限度地提供事故救援辅助信息并进行管理,通过分析已掌握的各种计划信息、列车运行信息、信号设备状态信息及相关施工、限速、封锁信息以及调度人员输入的信息,实时显示各种与事故有关的信息和画面。

(1)按照相关铁路运输调度规则,系统通过自动分析各铁路局的实际运行图、阶段计划,自动定位事故救援列车的位置,并跟踪显示。

(2)系统能对事故现场列车情况、救援列车运行情况以及必要的技术资料进行显示和查询,为事故救援提供辅助的信息管理功能。

20. 用户信息管理

用户信息管理实现用户登录、用户注册、用户注销。用户信息管理界面如图 2-11 所示。

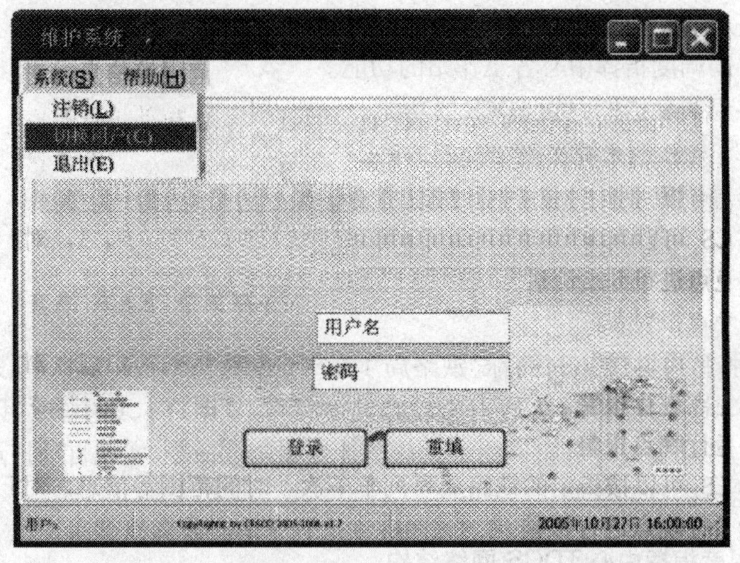

图 2-11　用户管理界面

各级用户进入系统时必须输入姓名或 ID 号、密码进行登录,登录成功后才可以继续操作。系统将通过登录得到操作人员的姓名、ID 号、用户类型、等级、数据授权范围、登录时间等信息。系统将以此信息为基础进行有关操作权限、操作记录的管理。

系统支持动态身份识别和静态身份识别两种登录方式。具体登录方式可由指定人员确定。系统管理员可以完成新用户的注册工作。用户完成操作时可以进行注销操作,也可以直接退出系统。

21. 仿真培训

国铁集团 TDCS 分别提供对调度人员和维护人员的仿真培训功能。

(1)通过模拟仿真技术,在调度人员仿真培训终端上,实现对调度人员的培训,仿真实现系统的各项功能,有助于调度人员熟悉系统操作,提供操作水平,并能模拟调度命令下达的仿真功能。

(2)通过模拟仿真技术,在维护人员仿真培训终端上,通过维护人员仿真培训软件,对维护人员进行系统维护操作方法的仿真,有助于维护人员熟悉系统操作、提高操作水平,并能通过模拟设备故障来提高维护人员对各种故障的解决能力。

22. 气象信息系统

气象信息系统提供铁路沿线天气情况的实时信息,使调度能了解铁路沿线的天气灾害情况,有效地组织铁路运输生产。气象信息系统包括:

(1)铁路沿线天气情况显示;

(2)铁路沿线天气情况预报。

任务3　铁路局调度指挥中心 TDCS

任 务 书

1. 描述铁路局调度指挥中心 TDCS 系统结构及设备组成。
2. 描述铁路局调度指挥中心各工作站的功能。
3. 描述铁路局调度指挥中心 TDCS 的功能。
4. 描述 TDCS 与其他系统实现结合的方法。
5. 讨论铁路局调度指挥中心 TDCS 信息传输过程。

理论知识

铁路局调度指挥中心 TDCS(简称"铁路局 TDCS",也称"调度所 TDCS")是 TDCS 系统最重要的组成部分。铁路局 TDCS 实现对全铁路局的行车进行实时、集中、透明指挥,用自动化的手段调整运输方案,通过计算机网络下达行车计划和调度命令,实现自动报点和车次号自动跟踪、列车实际运行图自动绘制。

一、铁路局调度指挥中心 TDCS 网络结构

铁路局 TDCS 采用双网系统,系统重要设备如服务器、交换机和路由器等的软硬件均为双套冗余。主要由中心机房设备、调度所设备和远程工作站设备三大部分组成,铁路局 TDCS 通过主、备路由器,经主、备 2 M 通道与所管辖的车站基层网、相邻局 TDCS 以及国铁集团中心 TDCS 连接互相交换信息。铁路局 TDCS 各功能台通过交换机与路由器相连,构成主、备星形连接局域网,实现信息交换与共享。

铁路局调度所设备间通过网卡和交换机相连,构成调度所中心局域网,实现调度所内部数据的交换,且网络速率不低于 100 Mbit/s。调度所 TDCS 与辖区范围内的车站通过路由器构成广域网。系统采用 2 M 数字通道,将铁路局与所管辖车站连接构成多个环形网络,按要求每 8 ~ 15 站构成一个环形网络,且增加一条迂回通道与调度所相连。因此网络上任何一个节点均可顺时针和逆时针同时两个方向进行数据传输,迂回传输的功能有效的保证当系统通道一

处发生故障时，不影响系统的正常工作，提高数据传输系统的可靠性。铁路局调度指挥中心TDCS网络结构如图2-12所示。

二、铁路局调度指挥中心TDCS设备

铁路局TDCS设备组成如图2-12所示，按照设备放置地点不同可以分为：中心机房设备、调度所设备和远程终端设备。

1. 中心机房设备

中心机房设备包括数据库服务器、应用服务器、通信服务器、网络交换机、网络管理工作站、系统维护工作站、电源屏设备、防雷设备和远程通信设备。

(1)数据库服务器

数据库服务器由小型机、高分辨率彩色显示器、键盘、鼠标等设备组成。主要完成各种信息的存储和分析统计，如基本运行图、实际运行图、阶段计划、运行图自动调整以及各种分析统计报表。数据库服务器采用双机配置，共享一台磁盘阵列，构成集群环境，实现负荷均衡。任一台数据库服务器的故障都不影响系统的运行。

(2)应用服务器

应用服务器是整个铁路局TDCS网的核心设备之一，列车运行信息的分析、3 h阶段计划的编制、实际运行图的保存等主要处理工作都在应用服务器完成。

由于应用服务器的重要性，所以在硬件方面设置两套高性能的服务器，实现完全的双机热备方式工作，确保硬件系统稳定运行，每套服务器配置两块自动镜像并且可热插拔的SCSI硬盘，确保数据存储的可靠性，如果硬盘故障，可以采用在线方式更换。此外，应用服务器配置双套热插拔电源模块，尽量减少故障的可能，配置三块网卡，其中两块用于网络通信功能，与铁路局网络交换机相连，另外一块作为双机热备的数据交换通道。在软件方面，采用Linux、Windows等操作系统。应用软件主要包括列车运行表示系统、车次号自动跟踪系统、运行图处理系统、数据交换系统等。

(3)通信服务器

通信服务器用于铁路局中心系统和各个车站系统、相邻铁路局、国铁集团之间的数据交换功能。

在硬件方面，设置双套高性能的PC服务器，实现完全的双机热备方式工作，确保硬件系统的稳定运行。在软件方面，配置各种负责通信功能的应用软件。

(4)与TMIS接口通信机

TMIS和TDCS的接口常称为T/D结合。TMIS是铁路运输管理信息系统，包括车站管理信息系统、货票系统、货运营销与生产管理系统等。TDCS则主要完成信息管理和实时控制，以实时采集的列车动态运行数据为基础，实现列车的调度监督管理。

与TMIS接口通信机通常采用2台高性能的PC服务器，双机采用串联方式工作，一台接入TDCS网络，一台接入TMIS网络，中间采用高速串口通信。服务器配置2块100 Mbit/s网卡，采用Windows操作系统，配置各种负责通信功能的应用软件。

(5)网络交换机

为了通信更加可靠，整个铁路局局域网采用双以太网结构，设置两套带宽不小于100 M的网络交换机，每套交换机网端口数不低于48个，所有铁路局局域网工作站均配备两块网卡，可以分别与两套交换机连接。

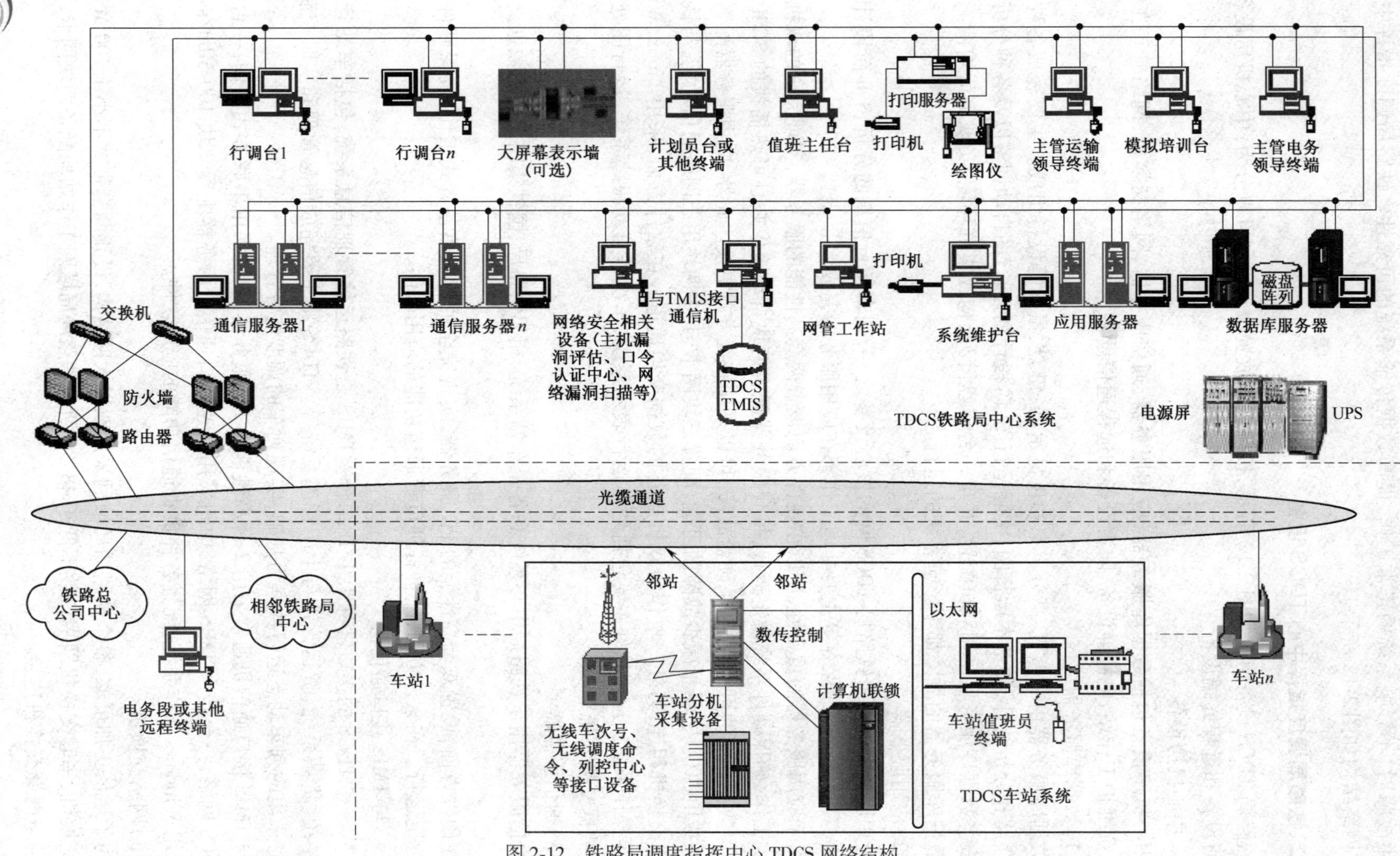

图 2-12　铁路局调度指挥中心 TDCS 网络结构

网络传输协议，遵照《列车调度指挥系统（TDCS）数据通信规程（V2.0）》执行。网络拓扑结构，采用交换式以太网，星形网络结构。这种结构的特点是：克服了总线结构中总线故障引起网络整体瘫痪的可能；单个用户的故障不会影响整个网络的运行；结构简单，便于网络的建立与重新配置；便于控制与管理；每个客户独享 100 Mbit/s 带宽；允许网络进行重新配置；网络管理系统可对各用户端口进行控制。

（6）网络管理工作站

在中心机房中设置网络管理工作站，系统维护人员可以在工作站监视整个铁路局 TDCS 网络的运行状况，其主要功能包括设备自动搜索、网络拓扑图、图形化管理、网络设备状态的监视等，同时还可以对网络设备进行流量分析、统计、远程配置等维护工作。工作站主机采用 PC 机，配两块 100 M 网卡和一台大屏幕显示器，安装 Windows 操作系统和网络管理软件。

（7）系统维护工作站

在中心机房中设置系统维护工作站，维护人员可以在工作站了解系统各设备的工作状态和列车运行情况。工作站主机采用 PC 机，配两块 100 M 网卡和一台大屏幕显示器，安装 Windows 操作系统和网络管理软件。系统维护台主要功能包括：负责按调度区段所管辖车站的实际网络拓扑形状显示车站调度监督终端设备工作状态、通信传输通道工作状态的监视与维护，提供车站码位表具体监视车站信息网的实际信息，其中包括车站信号设备的工作状态和报警信息，维护系统将所有的监视记录存放于系统数据库中。系统维护台界面如图 2-13 所示。

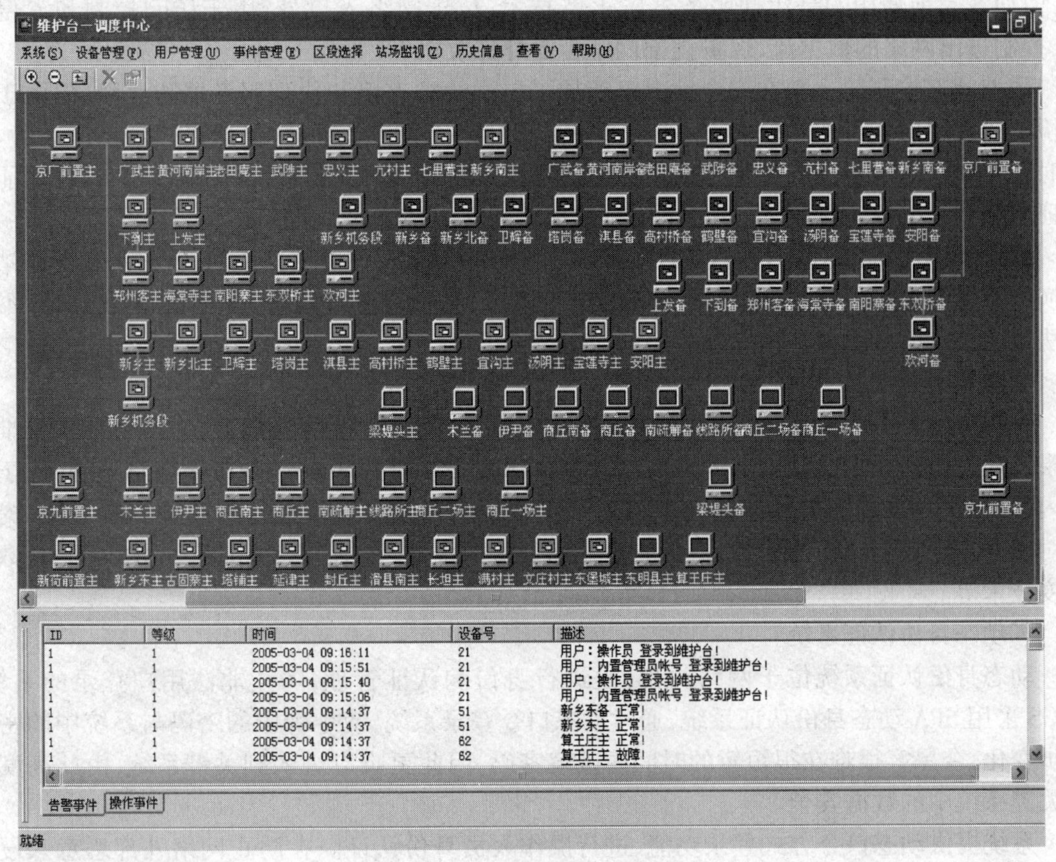

图 2-13　系统维护台界面

(8)电源屏设备

铁路局局域网上的服务器和工作站等设备均依靠电源屏供电。电源屏提供电源稳压、与设备间的隔离、双路电源的自动与人工切换以及断电报警功能。双路电源的切换时间小于0.15 s,输入电压可以是220 V或380 V。为了保证给调度所设备提供高质量、有效可靠的净化电源,并在电源切换时使系统设备正常工作不受影响,电源屏外接双热备的大容量延时在线式UPS。

(9)防雷设备

防雷设备包括电源防雷和通信防雷。电源防雷安装在电源屏的前端,用于保护电源屏免受外部不良电压或电流的损坏。如果远程通信使用了室外电缆,则需要在通道线的接入端加装通信防雷设备。

(10)远程通信系统

远程通信系统由四台路由器和若干调制解调器构成,两台路由器负责与车站进行远程通信;另外两台路由器负责与相邻铁路局、国铁集团进行远程通信,采用2M专线通道方式。调制解调器实现与铁路局下辖站段远程终端的通信。

(11)网络安全设备

网络安全设备用于网路安全管理,主要包括防火墙、防病毒系统、动态身份认证及漏洞扫描系统。

①防火墙

TDCS目前使用的是代理服务器防火墙技术,位于网络入口处,用于访问控制和入侵检测,控制进出网络的数据流,保护内部网络免受外部攻击。

虽然状态检测防火墙在安全性上已超越了包过滤防火墙和代理服务器防火墙,但由于状态检测防火墙的实现成本较高,且不易管理,所以目前在实际使用中仍然以代理型产品为主。同时基于对系统成本与安全技术成本的综合考虑,选择性地使用某些检测型技术,这样既能够保证网络系统的安全性需求,同时也能有效地控制安全系统的总拥有成本。

铁路局调度所TDCS对国铁集团TDCS与铁路局TDCS、相邻铁路局间、铁路局和所属站段交换的数据包进行过滤,对铁路局中心的连接状态、会话等进行检查,保护铁路局TDCS不受非法攻击及访问的影响。

②防病毒系统

病毒本身是令人头痛的问题,而随着网络的发展,又出现了网络病毒,为网络带来灾难性后果。病毒防治技术必须安装病毒防治软件,TDCS安装的是SAV企业版防病毒系统,位于网络内部,保护客户端不被病毒感染。SAV企业版防病毒系统可以进行毒防护内容过滤,提供针对网络安全攻击全面的保护,提供先进的病毒防护服务,包括“行为阻截”技术、seeker、数字免疫技术等。

③动态身份认证系统

动态身份认证系统位于网络内部,是进行身份和认证管理,防止非法用户登录的系统。TDCS采用SPA动态身份认证系统、通过动态口令登录系统,使令牌中的密码与系统中的密码同步变化,令黑客很难在很短暂的时间内破解密码,因此更难以进入到关键系统,由此高度保护关键系统中的数据安全。

系统提供动态口令方式登录功能,进行操作人员身份认证。在防止网络外部恶意入侵的同时,也能防止网络内部越权操作或恶意破坏。调度人员凭身份认证口令牌提供的动态口令密码进行登录操作,有效地防止了内部越权操作或恶意破坏。

系统采用的身份认证技术是实现资源访问控制的重要手段,是落实网络安全策略的保证。使用动态密码验证,能实现高强度的身份鉴别。

④入侵检测

入侵检测系统对各铁路局 TDCS 网络中的入侵行为特征进行检查,一旦发现符合已知攻击行为特征的数据包,入侵检测系统立即断掉该连接并进入相应的管理员定义的处理系统。

⑤漏洞扫描系统

TDCS 的漏洞扫描系统位于网络内部,其原理是根据已知的安全漏洞知识库,对目标可能存在的安全隐患进行逐项检查。漏洞扫描系统可扫描网络中存在哪些安全隐患、脆弱点,并对网络安全漏洞进行评估,针对发现的网络安全漏洞提供详尽的检测报告和切实可行的网络安全漏洞解决方案,使系统管理员在黑客入侵之前将系统可能存在的各种网络安全漏洞修补好,避免黑客的入侵造成不同程度的损失。漏洞扫描系统基本上可分为基于主机和基于网络两种,主机型主要关注软件所在主机上存在的风险漏洞,而网络型则是通过网络远程探测其他主机的安全风险漏洞。

2. 调度所设备

调度所设备包括行车调度台工作站、计划员台工作站、调度主任工作站、主任助理工作站、值班主任工作站、分析室工作站以及机调、货调、局长等工作站和大屏幕系统。

(1)行车调度台工作站

在各个行车调度台设置工作站,为调度员提供各种运输指挥中需要的功能。主要包括监督列车运行,当需要时可以自动或人工调整列车运行计划,完成列车阶段计划的调整及下达。调度命令的编辑、下达、查询。接收局管内各车站运行列车的到发点、现场设备的状态、安全监督等信息;自动完成列车运行图描绘。工作站配置多屏显示卡、两块 100 M 网卡和 3 ~4 台液晶显示器,并按照需要配置音箱和打印设备。工作站上安装 Windows 操作系统、列车运行显示系统、调度命令系统和列车调度系统程序。

(2)计划员台工作站

在计划员工作室设置计划员工作站,主要完成对基本运行图、日班计划进行查阅、编辑、显示、输出等操作。可以调出实际运行图信息、实时行车运行表示信息、车站以及调度区段的运输状态。硬件由 PC 工控机、显示器、网络接口、两块 100 M 网卡构成。软件除安装操作系统外,还安装调度监督系统软件和运行图分析系统软件。

(3)调度主任工作站

在调度所主任室设置调度主任工作站,为调度所主任提供列车实时显示和运行图分析功能。工作站主机采用 PC 工控机,配置两块 100 M 网卡和一台液晶显示器,安装 Windows 操作系统、列车运行显示系统和运行图分析系统程序。

(4)主任助理工作站

在调度所设置主任助理工作站,为调度所主任助理提供列车实时显示和运行图分析功能。工作站主机采用 PC 工控机,配置两块 100 M 网卡和一台液晶显示器,安装 Windows 操作系统、列车运行显示系统、调度命令和运行图分析系统程序。

(5)值班主任工作站

在调度所值班主任室设置值班主任工作站,为调度所值班主任提供列车运行显示、运行图分析、运行图打印和调度命令功能。工作站主机采用 PC 工控机,配置两块 100 M 网卡、一台液晶显示器、激光打印机和彩色喷墨绘图仪,安装 Windows 操作系统、列车运行显示系统、调度命令系统和运行图分析系统程序。

(6)分析室工作站

在分析室设置分析室工作站,为调度所分析室人员提供运行图分析功能。工作站主机采用 PC 机,配置两块 100 M 网卡和一台液晶显示器,安装 Windows 操作系统和运行图分析系统程序。

(7)其他工作站

根据各铁路局的实际情况,在统计室、机调、车流、客调、货调、局长等处安装工作站的配置与分析室工作站配置相同。

(8)大屏幕系统

为了提供宏观的行车信息显示,可在铁路局调度大厅设置大屏幕投影显示系统或马赛克表示盘设备,投影系统和表示盘内部均设置驱动终端。

3. 远程工作站设备

远程工作站设备包括机务段(折返段)、车务段调度命令工作站和电务段调度工作站。

(1)调度命令工作站

在机务段(折返段)、车务段设置调度命令工作站,提供调度命令接收和打印功能,工作站配置一台显示器、路由器和激光打印机,安装操作系统和调度命令接收系统的程序。

(2)电务段调度工作站

在电务段设置电务段调度工作站,显示列车运行、车站信号设备等信息,并可进行站场显示历史回放。配置一台显示器和路由器,安装操作系统和列车运行显示系统程序。

三、铁路局调度所 TDCS 系统功能

铁路局调度指挥中心直接指挥行车,实时掌握铁路局调度区段的组成车站、各分界口、各编组站、各枢纽的列车运行情况、信号设备显示状态,并进行宏观显示,完成阶段计划的调整及调度命令的生成和下达等功能,进行信息汇总、处理,向国铁集团及相邻铁路局 TDCS 提供行车信息。铁路局 TDCS 可以利用显示器或大屏幕所显示的干线宏观图、区段宏观图对现场进行监视,对重点列车进行追踪,进行列车运行正点率统计和列车运行密度统计分析。同时在铁路局调度指挥中心,提供 TDCS 与 TMIS 的接口,实现两系统间信息的共享。

铁路局 TDCS 实现以下功能:

- 干线列车运行秩序的宏观显示功能;
- 铁路局管内列车运行实时监视和历史查询功能;
- 列车运行图管理功能;
- 调度命令功能;
- 自动完成列车追踪功能:
- 车站自动报点功能;
- 列车紧跟踪报警功能;
- 仿真培训功能;
- 具有完善的帮助系统;
- 与 TMIS 的有关界面和接口。

1. 干线列车运行秩序的宏观显示

(1)地理信息子系统

地理信息子系统显示的主要内容为铁路局管内的宏观地图，按铁路线的实际走向显示铁路局管辖范围内的铁路设施设备位置和信息；统计列车正点率并显示和打印输出；实时动态监视主要干线上各调度区段的列车运行正点率情况，采用不同颜色的线条和文本表示正点率情况；统计列车运行正晚点现象并显示和打印输出；统计列车运行密度并显示和打印输出；实时动态监视主要干线列车运行密度，采用不同颜色的线条和文本表示不同的列车运行密度；跟踪重点列车，系统按照用户选定的列车，自动显示该列车的运行位置、正点和晚点情况。在显示过程中，具有放大、缩小、平移功能，用户可以按不同运行方向、不同车种等类别选择关心的信息，以做到突出重点，兼顾全局。

(2)信息查询

按系统提供选择时间段、列车种类和调度区段等手段对列车运行正点率、正点和晚点现象、运行密度以及当前列车实际运行情况等信息进行查询。

显示及查询干线运输状况；提供干线列车运行正点率、干线列车运行晚点原因及分析、干线行车密度、重点列车跟踪等实时信息的显示及查询。

(3)对分界口运输状态宏观监视

交接列车情况显示，在地理图分界口位置处用不同的颜色、图表和文本动态显示交接车情况；交接列车汇总表显示、查询和输出，系统按 6 h 一阶段自动统计交接车汇总表，并存入系统数据库；列车运行时刻表显示、查询和输出；列车正点和晚点定时报告，系统提供用户按分界口、定时间隔设置系统自动显示早点和晚点的属性，当设定的时间到达时，系统自动弹出对话框显示早晚点情况；分界口及邻站调度监督表示信息显示及历史情况再现；统计报表查询输出，正点和晚点统计、时刻表等运输统计报表的显示、查询和打印输出；计划/实际运行图的显示。所有的以上各项内容的输出格式都与《铁路运输调度规则》一致，系统还提供放大、缩小、平移、上下行、客货车、十分格、二分格、小时格等选择工具，用户可依据实际需要选择关心的信息。

2. 列车运行实时监视和历史查询

(1)站场表示信息实时显示

铁路局 TDCS 利用基层网提供的信息，通过表示屏/背投作为大屏幕及高分辨率显示器，为调度员提供调度区段内行车信息的细景表示，实时模拟显示所辖区段内车站和区间列车运行信息并在有关终端实现列车车次号追踪显示。

①表示屏/背投显示

行车信息全景显示以马赛克表示屏/背投作为大屏幕显示设备，将该区段管辖范围内站场信息和行车信息显示给调度员。这些信息包括：该区段内各车站及区间铁路线路的平面布置、信号机的位置、信号机状态、列车位置及车次号、列车运行方向、进路的占用与出清。全景显示对站场平面进行简化显示，一般不显示信号机名称、道岔号、轨道名称，画面使调度员感觉简洁、清晰、舒适，可一目了然地了解整个调度区段的行车情况。

②显示终端显示

调度员台可设置多台液晶显示屏，用于显示详细站形，在有大表示屏/背投显示全景的情况下，可设一台显示屏。调度员可通过软件的菜单项选择查看部分车站的列车运行情况，站场显示可随意放大缩小，并可根据实际需要同时显示调度区段内所有站或某一个站。

调度员台显示屏的显示内容分为静态信息和动态信息。

静态信息：

- 车站网络布局、区间线路模拟表示；
- 信号机布置；
- 站名及信号设备名称；
- 道岔名称；
- 股道号。

动态信息：

- 进站信号机信号状态；
- 出站信号机信号状态；
- 调车信号机信号状态；
- 区间信号机信号状态；
- 列车接车、发车进路；
- 轨道电路状态；
- 列车运行方向；
- 车站股道状态；
- 区间闭塞分区状态；
- 列车车次号及实际早、晚点时间。

以上的显示方式所采用的符号、颜色以及不同信号设备和进路状态表示均以《列车调度指挥系统(TDCS)数据通信规程 V2.0)》为准。

(2)区段、邻台信息透明显示

区段透明是指调度员在本台就可以看到区段列车运行情况和股道使用情况。

邻台信息透明是系统内部每个调度台的显示范围除本调度区段所辖的主站站场外，均可显示相邻调度区段的相邻车站和区间的信息。

这样调度员不仅可以了解本辖区现场的实际状况，而且能够直观地了解相邻两端车站和区间的列车运行情况和站场设备状况，更合理地下达列车运行计划，正确办理车站接发列车进路和信号开放时机，合理安排调车作业。

(3)列车运行回放

用户可以选择工具条上的“回放”按钮，在弹出的对话框中填入起始时间、结束时间和回放速度，点击“确定”按钮，系统会将记录文件中的列车历史运行情况自动回放，如果用户在回放过程中需要改变回放速度，可以点击工具条上的“回放速度”按钮，用户可以在回放过程中点击工具条上的“暂停”、“停止 ”按钮来控制回放，如图 2-14 所示。

3. 列车运行图管理

列车运行图的管理主要包括基本运行图的维护、阶段计划的生成及自动调整、实际运行图的绘制、行车计划下达到车站、操作与数据记录等功能。

列车运行图的设计完全符合国铁集团发布的《铁路技术管理规程》(包括普速铁路部分和高速铁路部分)和《铁路运输调度规则》等各种规定，包括符号、颜色、文字和操作过程。同时，在规定中没有详细描述的功能，TDCS 依据用户实际情况，结合计算机系统的特点进行合理设计。

(1)基本运行图维护

基本运行图是国铁集团颁发的年度运输计划中的列车运行图，是所有计划的基础。TDCS 的基本运行图维护系统，可以完成基本运行图的铺画、转换、修改和打印功能，在实现了 TDCS/TMIS 结合的铁路局，基本运行图的数据也可以由 TMIS 来提供。

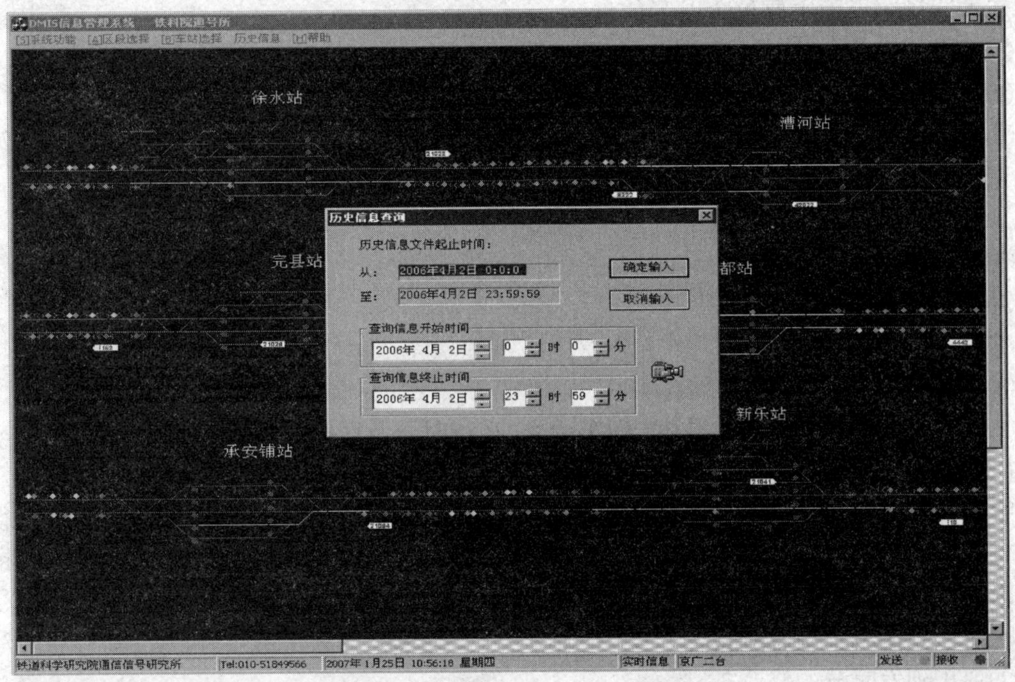

图 2-14 列车运行实际状况历史再现

基本运行图输入、修改操作均采用脱机方式,可在计划台或维护台终端进行,输入或修改时自动进行运行图的系统性检查,即合法性检查,包括检查列车到发时序、停站股道占用位置、站间运行时间逻辑、上坡道停车等的合法性。

为维护基本运行图的严肃性,基本运行图的更新由专人在得到系统的授权之后进行。完成数据维护工作后,用户可以选择何时向服务器上传、更新基本运行图数据。计划员台和调度员台提供基本运行图的调阅和打印功能。基本图调阅窗口如图 2-15 所示。

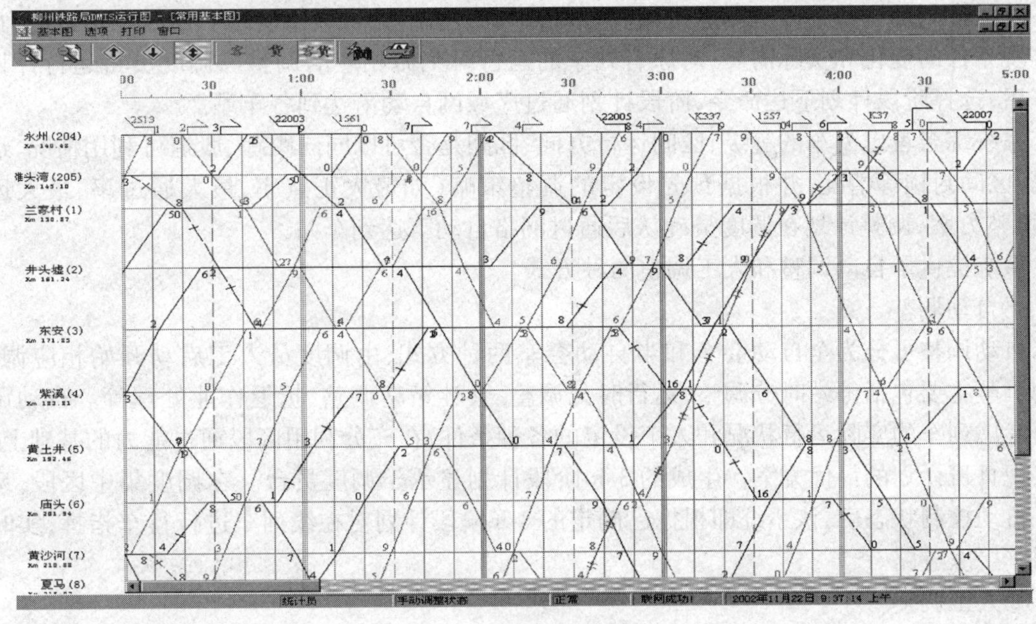

图 2-15 基本图调阅窗口

基本运行图界面主要包含以下信息：

①列车信息(包括车次、类别、运行等级)；

②区间运行时分(列车类别、运行时分、起停附加时分)；

③列车时刻表(车次、站名、到达时分、出发时分、停车原因、货物列车始终端站名及摘挂作业)；

④车站的股道运用；

⑤站场数据；

⑥车站作业间隔时分；

⑦线路状态数据；

⑧有关运输管理信息；

⑨区间最大通过技术能力数据(列车种类、运行时分及区间最大运行速度)。

(2)阶段计划的生成和实际运行图的绘制

阶段计划以日班计划为基础，结合列车运行的实际情况进行编制，其目的是按计划行车，并随时处理突发情况(如区间停车、列车晚点、设备故障等)。阶段计划可以由系统自动铺画，也可以由调度员人工修改。

阶段计划的编辑内容有：

①列车到发时分的修改；

②列车增开；

③列车停运；

④列车信息的变更；

⑤股道和区间禁用的指定；

⑥慢行区段的指定等；

⑦系统根据列车自动采点的情况自动描绘实际列车运行线，并生成实际列车运行图。

(3)列车运行计划调整

阶段计划的调整是以实际运行图和日班计划为基础，为最大限度地利用区段通过能力，根据客观条件的变化和实际需要，对原有列车的运行时刻做相应的调整。调度员将运行计划调整好后，选择阶段计划下达命令，阶段计划通过广域网自动下达到各车站。

系统综合考虑列车的等级、区间运行方向、区间是否可以同向跟踪、股道可利用情况、运行间隔、区间封锁等情况，并根据预先设定的调整策略(如最大正点率、最大通过率、最大运能等)调整方案，调整计划在调度员确认后通过网络自动下达到车站。

系统提供了自动调整和人工调整两种方式。

①自动调整

自动调整可分为全自动会车和半自动会车两种方式，由调度员人工启动开始相应调整。自动调整主要包括停站时分调整、运行时分调整、会让策略调整、折返作业处理等。自动调整全面考虑列车的实际运行状况和人工设定的各种条件，在充分利用区段通过能力的基础上，给出实现日班计划的最优方案。生成的 3 h 阶段计划显示于调度员台。在调度集中区段，系统进入自动控制状态后，该系统即根据已确定的 3 h 阶段计划对在线列车进行行车指挥，实时办理列车接发进路。

②人工调整

调度员可以随时通过人工编辑的办法对阶段计划进行改变，以达到列车运行调整的目的，人工调整主要包括停站时分调整、增减列车、列车始发站变更等。

(4)行车计划的下达

①日班计划的下达

系统允许调度员或计划员根据当日行车工作计划以及其他实际情况，调出基本运行图数据，并通过人机对话在基本运行图数据的基础上进行相应的修改和调整，形成日、班计划运行图。班计划由计划员按表格方式或图形方式输入修改，同时 TDCS 具备自动接收 TMIS 发送的日班计划的功能(实现 TDCS/TMIS 结合)。

班计划包括如下子项：到发计划、区间封锁、施工慢行。其中到发计划已根据基本图自动生成。班计划输入完成后形成班计划文本，由调度员下发至相关站段，相应人员(段调度或车站值班员)收到班计划后，要进行签收确认。

②3 h 阶段计划的下达

系统在进行 3 h 阶段计划的人工调整时，从优化原则考虑，调度区段(包括枢纽)是全局调整的。每个调度台调整后，将调整后的阶段计划自动传递到相邻的调度区段。

经调度员确认后的 3 h 阶段计划以及自动形成的所辖范围内的各站甩车作业计划命令，实时传递至车站子系统终端，使车站值班员可以及时了解列车的作业计划，便于值班员协助调度所进行行车指挥工作，值班员收到班计划后，要进行签收确认。阶段计划下达窗口如图 2-16 所示。

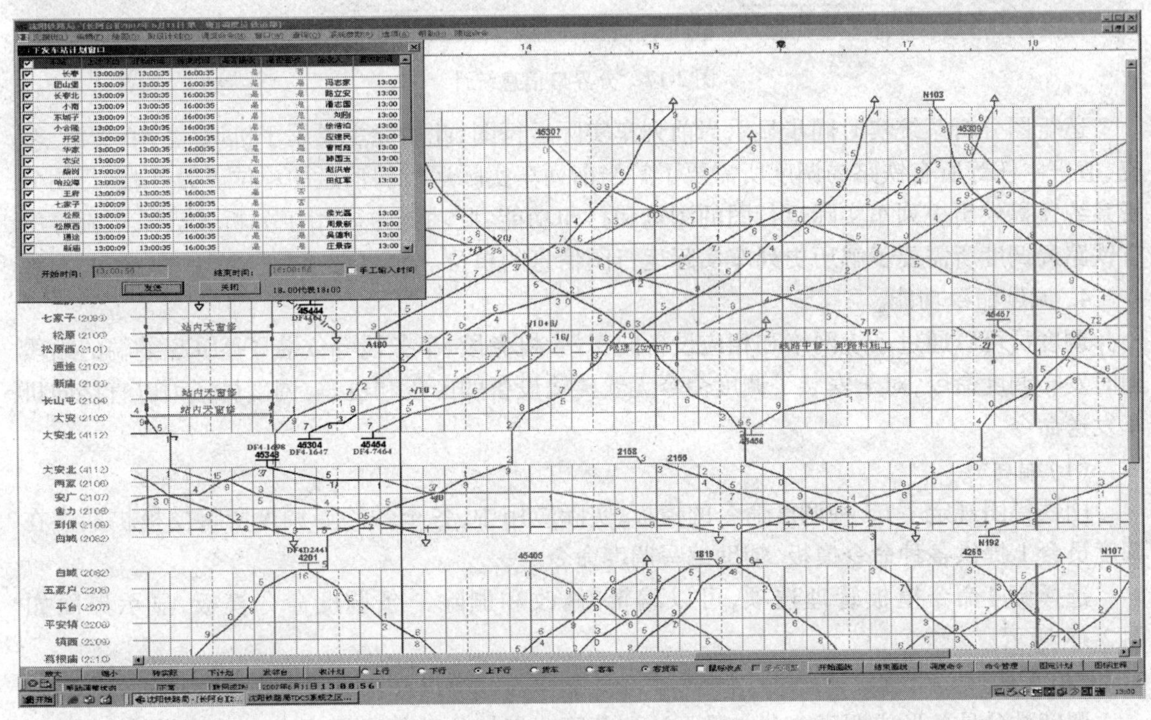

图 2-16　阶段计划下达窗口

(5)操作与数据记录及统计处理

系统记录调度员的所有动态操作，同时详细记录系统的报警信息，报警信息分等级列出，重要报警信息必须经调度员确认后方可消失。

系统还提供运行图统计、分析的功能。系统提供快捷方式随时输出 24 h 以内的统计报表。统计报表的内容包括:到发正点率日报表、运行正点率日报表、列车旅行速度和技术速度统计等。对于铁路局分界口,可以对分界口的信息进行统计,如图 2-17 所示。

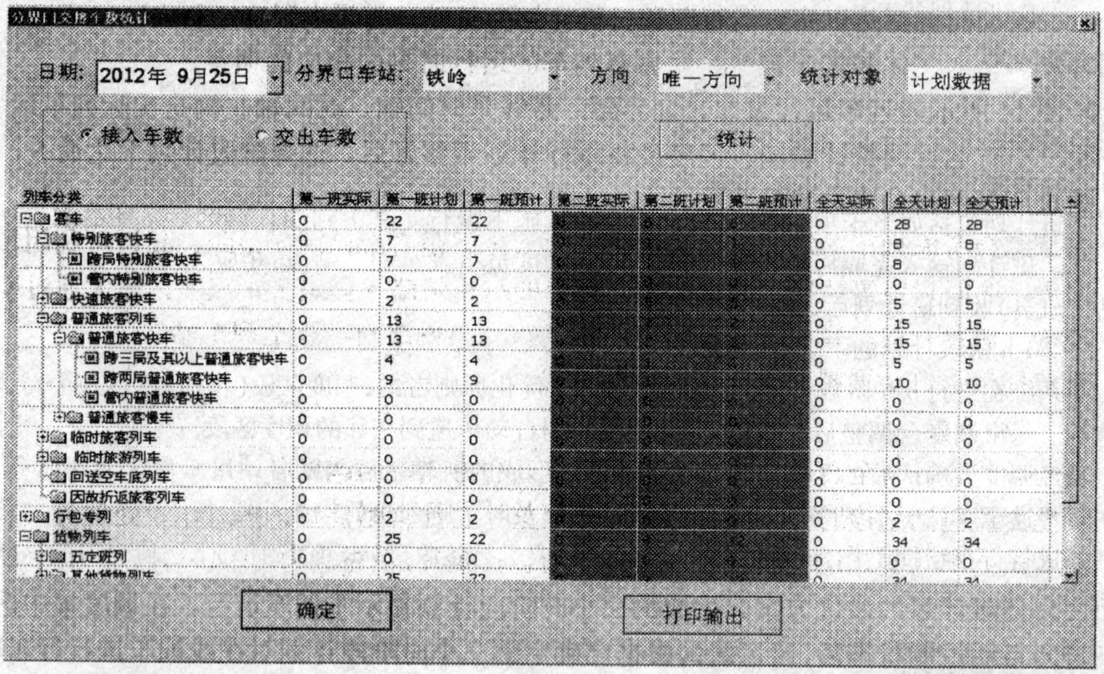

分界口交接车数统计

日期: 2012年 9月25日 分界口车站: 铁岭 方向 唯一方向 统计对象 计划数据

接入车数 交出车数

统计

列车分类	第一班实际	第一班计划	第一班预计	第二班实际	第二班计划	第二班预计	全天实际	全天计划	全天预计
客车	0	22	22	[illegible]	[illegible]	[illegible]	0	28	28
特别旅客快车	0	7	7	[illegible]	[illegible]	[illegible]	0	8	8
跨局特别旅客快车	0	7	7	[illegible]	[illegible]	[illegible]	0	8	8
管内特别旅客快车	0	0	0	[illegible]	[illegible]	[illegible]	0	0	0
快速旅客快车	0	2	2	[illegible]	[illegible]	[illegible]	0	5	5
普通旅客列车	0	13	13	[illegible]	[illegible]	[illegible]	0	15	15
普通旅客快车	0	13	13	[illegible]	[illegible]	[illegible]	0	15	15
跨三局及其以上普通旅客快车	0	4	4	[illegible]	[illegible]	[illegible]	0	5	5
跨两局普通旅客快车	0	9	9	[illegible]	[illegible]	[illegible]	0	10	10
管内普通旅客快车	0	0	0	[illegible]	[illegible]	[illegible]	0	0	0
普通旅客慢车	0	0	0	[illegible]	[illegible]	[illegible]	0	0	0
临时旅客列车	0	0	0	[illegible]	[illegible]	[illegible]	0	0	0
临时旅游列车	0	0	0	[illegible]	[illegible]	[illegible]	0	0	0
回送空车底列车	0	0	0	[illegible]	[illegible]	[illegible]	0	0	0
因故折返旅客列车	0	0	0	[illegible]	[illegible]	[illegible]	0	0	0
行包专列	0	2	2	[illegible]	[illegible]	[illegible]	0	2	2
货物列车	0	25	22	[illegible]	[illegible]	[illegible]	0	34	34
五定班列	0	0	0	[illegible]	[illegible]	[illegible]	0	0	0
其他货物列车	0	25	22	[illegible]	[illegible]	[illegible]	0	34	34

确定 打印输出

图 2-17　分界口信息统计

运行图分析系统实时同步显示当前列车实际运行图,此功能主要用于机调、客调、货调、车流、值班主任等所有铁路局调度所需要了解当前列车实际运行图信息的单位。另外,运行图分析系统还提供历史列车实际运行图的浏览和打印功能,此功能主要用于分析、统计、车流等所有铁路局调度所需要了解历史列车实际运行图信息的单位。

4. 调度命令功能

调度员可以通过系统网络和相应设备向车站、机务段、车务段等安装了 TDCS 终端的站段随时发布调度命令,对于安装了调度命令无线传输设备的区段和机车,调度员还可以直接向机车发送命令。

(1)编写

国铁集团规定了 63 种调度命令的模板,实际应用中,各个铁路局调度所将模板扩展为在调度员台上提供各种命令模板,辅助编写调度命令。

选择调度命令模板管理选项,可以编辑、修改和删除一条调度命令模板,显示界面如图 2-18 所示。

(2)下达

调度员台具备形成调度命令并且下达到其管内车站的功能。调度命令采用模板方式,调度员只要对选定的模板进行简单的编辑就可以产生其所需要的调度命令。选择需要下达的车站后就可以将调度命令发送。一旦车站值班员签收,调度员就可以明确知道此调度命令已经准确无误地传送到受令车站。显示界面如图 2-19 所示。

调度员可以首先选择一条命令模板,对命令内容进行编辑,然后指定受令单位,命令号由系统自动生成,点击对话框中的“发往车站”按钮,调度命令将下达到各车站,如果是需要值班

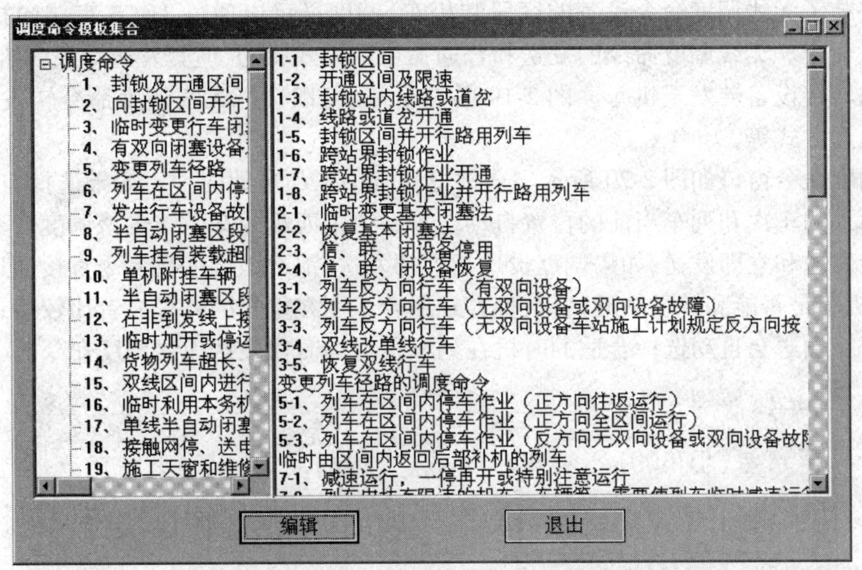

图 2-18　调度命令模板窗口

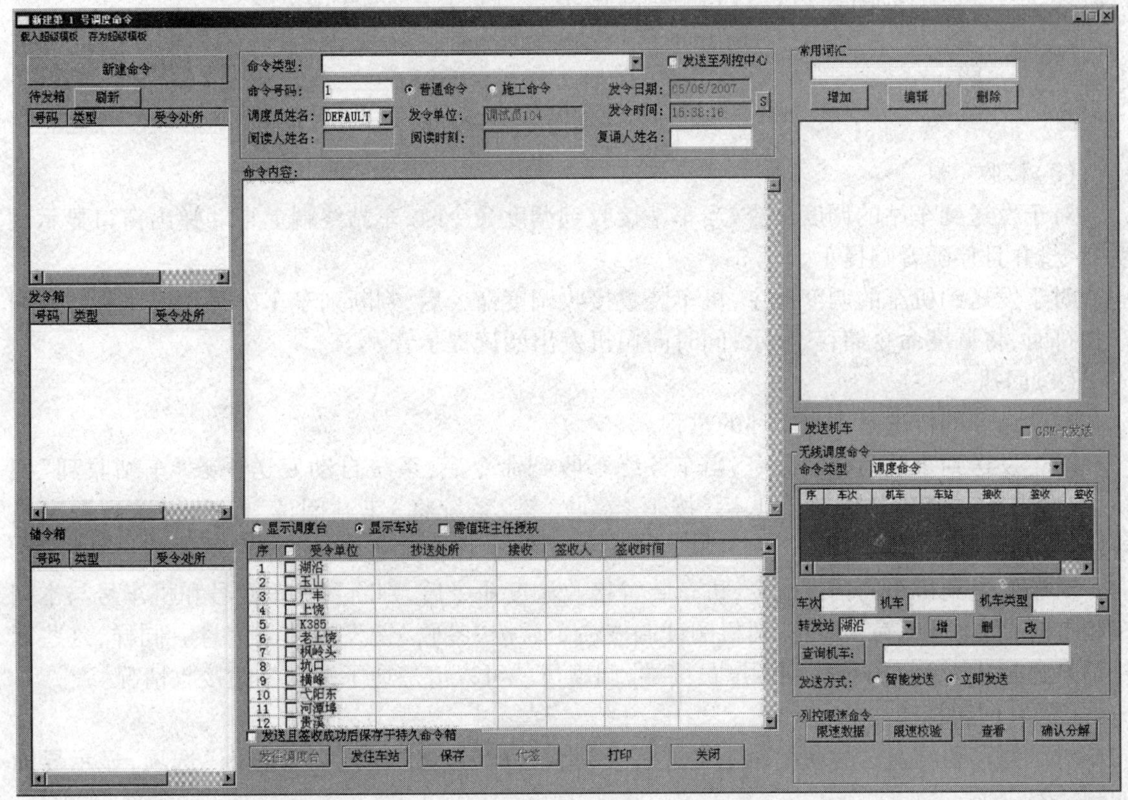

图 2-19　调度命令编辑及下达窗口

主任审核的调度命令,可以选择将命令先发往值班主任终端,值班主任确认后,系统将调度命令下达到车站。

为方便输入,调度命令下达显示框右侧列出了常用词汇,调度员只需将光标移到输入词汇的位置,用鼠标选中需要的词汇并双击,即可在需要的位置显示出词汇。

对于安装了无线调度命令设备的区段和机车，调度员可以通过 TDCS 直接向机车司机发送无线调度命令。无线调度命令的发送和普通命令的方式相同，但其发送对象为机车，而且必须通过车站转接设备转发至机车。图 2-19 的右下侧，可以选择无线调度命令转发车站、选站方式以及发送方式等。

无线调度命令窗口如图 2-20 所示。选站方式有手工和自动两种。如果选择自动选站，系统会根据输入的车次和列车当前的位置自动选择一个最匹配的车站转发该调度命令。发送方式分为智能发送和立即发送，如果调度员选择立即发送，那么该调度员命令直接通过转发站发送，而不管机车是否能和转发站通信，这种方式适合于用在停靠的列车或者比较接近该转发站的列车。智能发送会自动选择合适的时机在列车接近的时候发送无线调度命令。

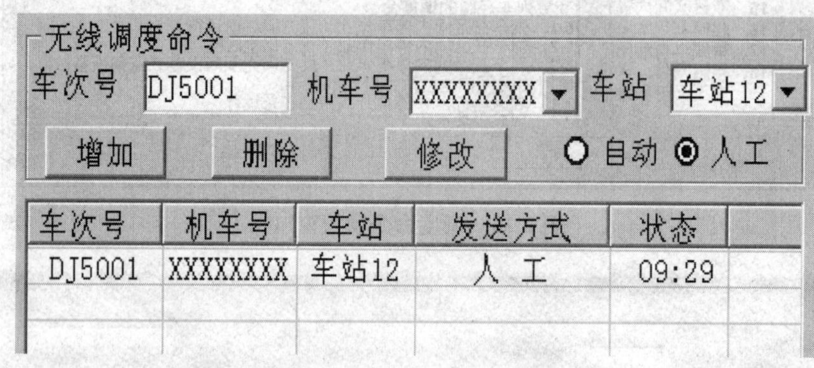

图 2-20　无线调度命令窗口

(3)接收

对于发送到车站的调度命令，当车站接收到调度命令时，车站终端上自动弹出窗口显示调度命令，并且伴随音响提示。

对于发送到机车的调度命令，机车装置接收调度命令后，判断列车车次号和机车号与本列车相符时，将调度命令储存、显示，同时向司机发出阅读提示音。

(4)回执

调度命令的传送是一个闭环的过程。

对于发送到车站的调度命令，当车务终端收到命令后，系统自动发送一条“车站收到”回执信息，当车站值班员阅读确认后，按下“签收”键，系统将“车站阅读”信息传送到调度员终端。

对于发送到机车的调度命令，机车装置接收调度命令后，判断列车车次号和机车号与本列车相符时，发送自动确认信息，司机阅读调度命令后按“签收”键发送签收信息。同样，这些回执信息通过 TDCS 网络传送到调度员终端，调度员就可以清楚地了解命令的接收情况。

(5)查询和打印

对于保存和已发送的调度命令可进行查询和打印，点击“调度命令查询”选项，显示界面如图 2-21 所示。

在该窗口中，可以在收令箱(收到其他调度员的命令)、发令箱(发送而未签收完的命令)、储令箱(签收完的命令)、持久命令箱(调度员指定的签收完的命令)、车站 PC 储令箱(收到的车务终端请求调度命令)或待发箱(调度员预先编辑的命令)中查看命令信息并进行重发或打印等操作。用户选择所有查询的时间范围后，查询结果显示在图 2-21 上部的列表框中，在该列车框中选择一条命令，命令的详细内容和发送接收情况显示在查询结果列车框下面的区域中。

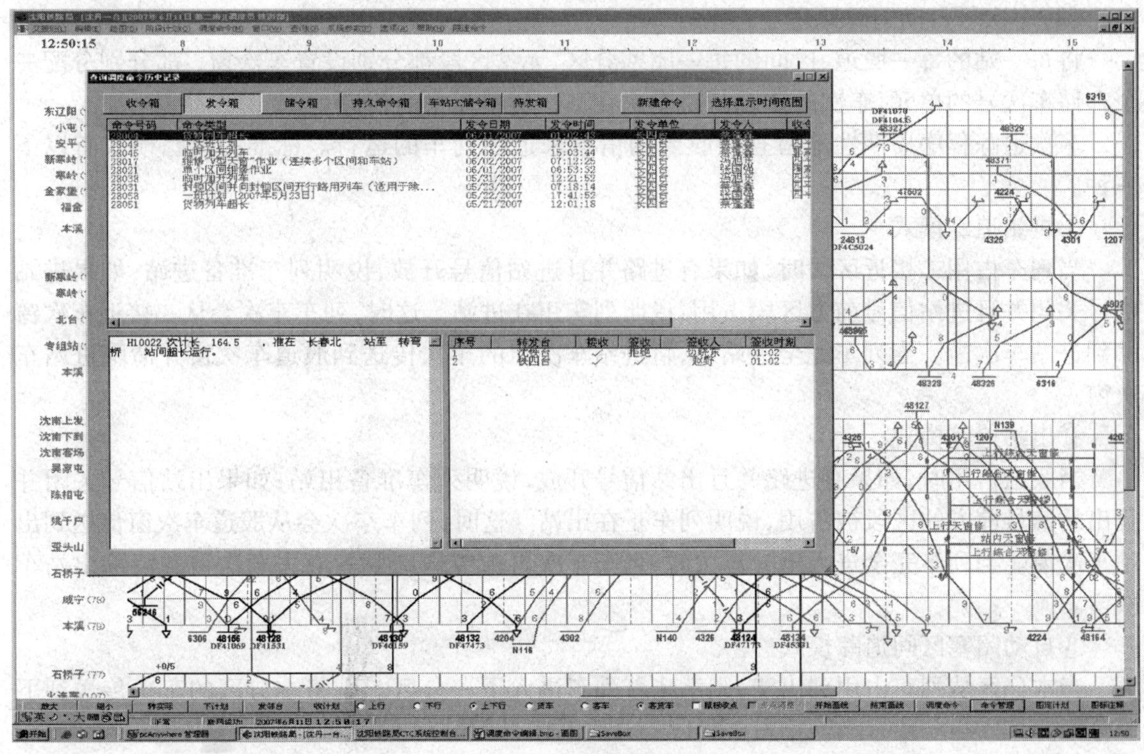

图 2-21　调度命令管理窗口

5. 列车自动追踪

系统可以根据列车的运行状况和信号设备状态对列车车次号进行自动跟踪，并采用无线车次号系统进行车次号自动校核。车次号自动追踪是根据信号设备状态(占用、锁闭、信号开放)判断列车位置并随着列车的移动而不断移动列车车次，从而达到标识列车、自动采集列车到达、出发时刻的目的。无线车次号校核是在机车和车站的联络过程中，向车站发送唯一标识列车的信息，车站无线设备收到信息后传送给 TDCS 基层设备，由 TDCS 基层设备校核车次的正确性，这是确保车次可靠性的保障措施，也是 TDCS 技术的关键。下面简要介绍无线车次号校核系统的原理。

(1)产生车次号的方法

①来源于相邻调度区段

凡是从相邻区段驶入本调度区段的列车，其所带的列车车次号将直接被 TDCS 识别并在本系统中跟踪列车的运行。

②由无线车次号校核系统产生

系统接收到无线车次号校核系统的信息，可以产生列车车次号。

③由计划生成

客车匹配计划生成，货车按 3 h 计划中的列车运行次序匹配生成。

④由调度员在调度台上输入

调度员可以在调度台站场显示界面直接输入车次号。

⑤由车站值班员人工输入

如果车站有始发列车或由支线进入本线的列车，其车次号可由车站值班员在车站终端人工输入。

(2)车次号自动追踪原理

将每一站的每一股道、区间的每一闭塞分区、无岔区段都分别设置车次窗，都分别分配一个存储车次号的单元，车次的跟踪就是车次在车次号单元中的传递。

车次追踪程序周期性地检查接收到的信息来追踪列车的运行。标准的追踪模式有以下三种。

①进站追踪模式

当列车占用二接近区段时，如果有进路并且进站信号开放，说明列车准备进站；如果进站信号关闭并且进站信号前方区段占用，说明列车正在进站。这时，列车车次会从二接近车次窗移到进站车次窗。当列车完全进站后，将进站车次窗的车次传送到股道车次窗并清除进站车次窗。

②出站追踪模式

当股道占用时，如果有进路并且出站信号开放，说明列车准备出站；如果出站信号关闭并且出站信号前方的区段被占用，说明列车正在出站。这时，列车车次会从股道车次窗传送到出站车次窗。当列车完全进入第一离去时，列车车次再被传送到第一离去车次窗并清除出站车次窗。

③自动闭塞区间追踪模式

当本分区从列车占用到出清，则意味着列车进入下一分区。则将本分区的车次传送到下一分区。

(3)无线车次号自动校核原理

无线车次号自动校核是指列车运行监控装置记录的机车运行数据信息，不断地在机车安全信息综合检测装置(TAX 箱)的总线上发布，TDCS 数据采集单元便可从公共数据中提取对无线车次号有用的信息。在捕获到进站、出发位置信息时(作为触发信号)，即将车次号、机车号、机车速度、机车位置、总重、计长、辆数等列车信息传送给车次号编码器，车次号编码器进行纠检错处理，经机车电台调制后，单向传给车站电台。在进站、出站信号机处，机车电台向车站电台单向连续传送 2 次。第一次是在收到车次号信息立即传送；延迟 3～5 s 后(在 3 s 和 5 s 之间随机选取)传送第二次。如果 TDCS 数据采集单元需要机车电台传送车次号信息时，机车电台正在通话，机车电台则将话音与数据信号同时调制一起发出。无线车次号的引入，大大提高了车次号的正确率，减少了人工输入、修改车次号的工作量。无线车次号校核如图 2-22 所示。

(4)无线车次号与车次号自动追踪的软件处理过程

车站设备接收无线车次号后，通过网络传输到车次追踪程序。车次追踪程序通过无线车次号中的公里标找到若干对应的列车信号机，根据信号机找出列车过路，并判断进路的方向是否与车次号中的相同。对于接车进路，当进路已经有列车占用，直接变更列车的车次号；如果进路没有占用，将进路对应的车次号变更为无线车次号发送的车次号，列车压入进路时，车次号自动变更。对于发车进路，当进路已经有列车占用，直接变更列车的车次号；如果进路没有占用，可以沿着进路始端反向查找列车，找到列车后，变更车次号。

列车在始发站的情况比较特殊，在始发站 TDCS 收到列车的无线车次号信息中，公里标为 9999999。这样就不能根据公里标来判断，因此需要从始发站的实际情况做一些特殊的处理。例如，某始发站的处理逻辑如下：

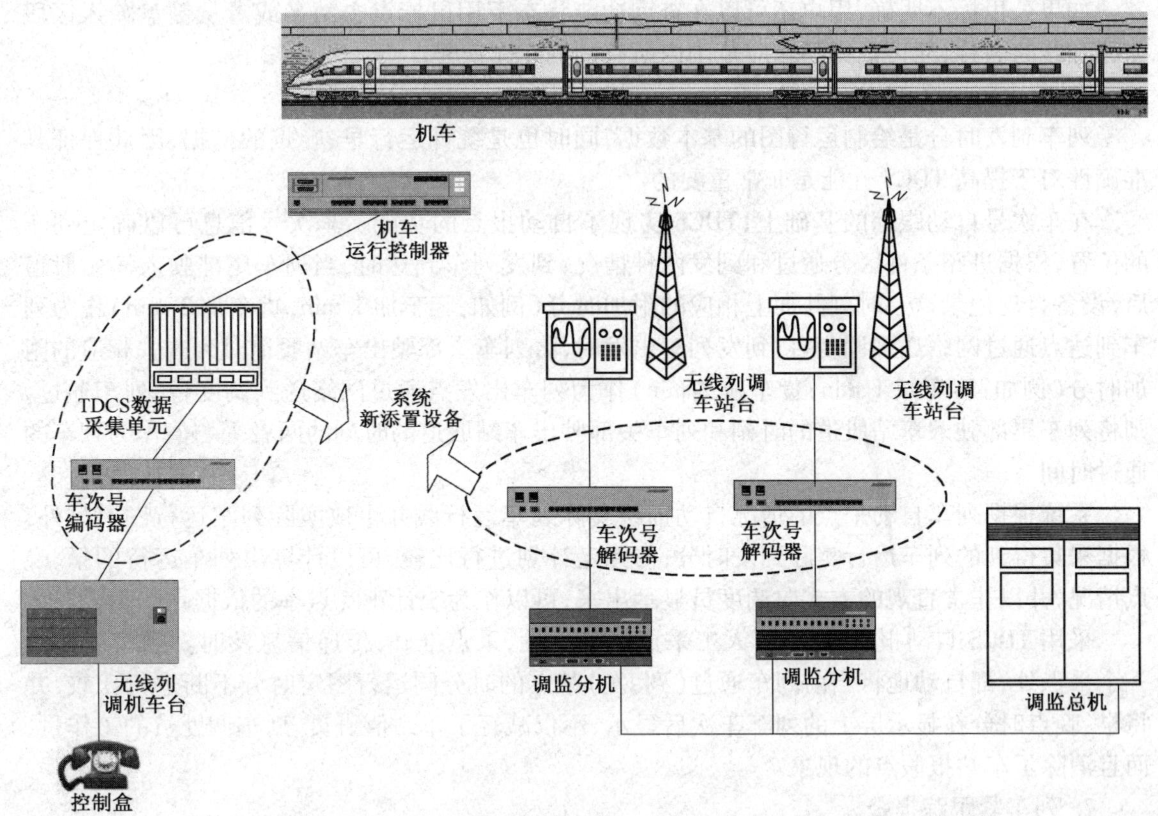

图 2-22　无线车次号校核示意图

①车次号为 66666 和 66665 的是机务段内的机车，不处理；

②客站只处理客车的车次号，货站只处理货车的车次号；

③车站已经有相同车次的无线车次号不处理，因为机车回库时也会发送车次号；

④其余情况下，公里标是 9999999 的无线车次号，根据车次号判断运行方向，找到出发进路和列车，直接把无线车次号赋给列车。

(5) 车次号显示

车次号在表示设备上的车次窗内显示。随着列车在车站与区间之间的移动，车次号将跟随列车所在的位置显示于车站股道内车次窗和闭塞区间内的车次窗。车次窗将始终跟随列车做相应的移动。车站内每一股到发线均设有车次窗，用来显示列车车次号及早、晚点时刻。列车车次号将自动在闭塞区间与车站之间，调度台之间以及调度所之间进行传递。

(6) 车次号的查询

①根据已知车次号查询列车的位置

如果想快速了解某列车车次所在的具体位置，用户不必在各显示屏上逐一寻找，而只需运用系统提供的车次号查询列车位置的功能，即以菜单方式选择车次号查询功能，在输入车次号后进入“查询”即可在显示屏上得到列车位置的具体信息，该信息包括列车所在位置的前方车站及前方信号机的坐标位置。

②根据信号点位置确定其附近位置

如果想要了解接近某信号机附近的列车的车次号，同样可以以菜单方式选择车次号查询功能，在输入公里标后，列车车次号即显示于相应公里标附近。

如果公里标不明确，用户还可以在查询功能状态下用鼠标点击站名或者从键盘输入区段名称和线路名称，便可以得到相应范围内所有的列车车次号。

6. 车站自动报点

列车到发时分是绘制运行图的基本数据，同时也是统计运行早、晚点的依据，因此保证其准确性对于提高 TDCS 性能是非常重要的。

在车次号自动跟踪的基础上，TDCS 实现了自动报点的功能。车次号信息可以确定列车的位置，根据进路条件区分通过和到发两种情况：到发列车到达时，当列车尾部驶入车站股道后，设备自动记录这一时刻并加上相应的附加时分（例如：客车加 1 min，货车加 2 min）作为列车到达点通过网络送到调度台；到发列车出发时，将列车头部驶出车站股道时刻减去相应的附加时分（例如：客车减 1 min，货车减 2 min）作为列车出发点通过网络送到调度台；列车通过，则将列车尾部驶入车站股道的时刻和列车头部驶出车站股道的时刻的两者平均值作为列车的通过时间。

系统根据列车自动采点的情况自动描绘实际列车运行线并生成实际列车运行图。另外，根据采集得到的列车运行实际到发时分，与图定计划进行比较，可以计算出列车运行的早、晚点情况，并以非常直观的方式向调度员显示出来，可以作为统计正晚点率的依据。

采用 TDCS 自动报点，克服了人工采点的随意性，采点准确，传递信息及时。列车通过每一个采点处，都自动地将当前列车通过（到、发）某点的时分同运行图定时分不断进行比较，并将早、晚点时分在显示屏上的列车车次后显示，不仅减轻了车站值班员、列车调度员的工作量，而且消除了车站报假点的现象。

7. 列车紧跟踪报警

对于处于紧跟踪状态的列车车次窗上给出闪烁显示，同时用文字给出紧跟踪报警，待调度员确认后消失。

8. 仿真培训功能

铁路局 TDCS 提供了培训台，在调试阶段，可以在线进行仿真调试，在开通使用过程中，可以作为模拟调度台对调度所各级行车指挥人员进行岗位技术培训。

9. 帮助维护功能

铁路局 TDCS 能够监视铁路局管内基层网系统的工作状态。TDCS 在铁路局中心设置有系统维护台和网管软件。通过维护台和网管软件，维护人员可以实时了解调度中心和各个车站设备的工作状态，当设备出现故障时，维护台发出报警信号，维护人员可以及时处理，TDCS 可以对故障原因进行分析，帮助维护人员进行故障定位。

铁路局 TDCS 还提供远程维护功能，可以实现对所有网络设备，尤其是采集设备内部状态进行实时跟踪和远程维护。维护人员可以在任何时间查看指定设备的运行状况，并提供关于该项设备的运行状况记录报告。

10. 与 TMIS 的界面和接口

TDCS 和 TMIS 是两个相互独立的铁路运输信息系统，但在铁路局运输调度指挥中心和车站部分功能交叉。T/D 结合系统的主要功能就是在确保 TDCS 和 TMIS 两个系统安全的前提下，实现 TDCS 和 TMIS 的信息共享。T/D 结合示意图如图 2-23 所示。

TDCS 与 TMIS 间采用公共数据库，完成两者之间的数据交换，实现系统间的数据共享。数据交换服务器与 TMIS 之间采用网络连接，加设防火墙等安全技术。数据交换服务器与 TDCS 之间设置双通信前置机，通信前置机之间使用串口连接，采用专用通信程序。为了控制

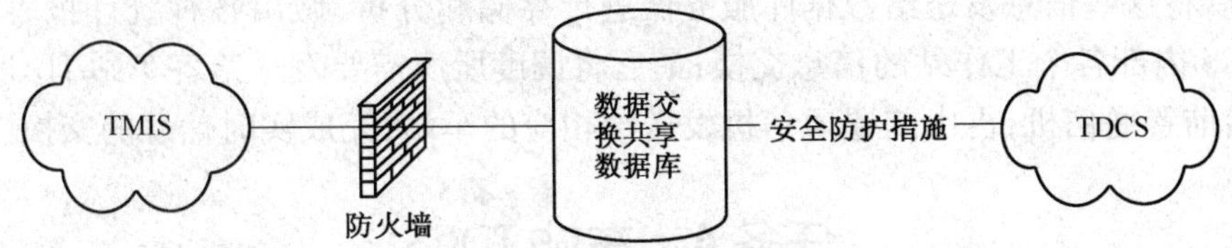

图 2-23　T/D 结合示意图

数据安全,在数据库中建立了 tims 和 dmis 两个用户。规定 TDCS 提供给 TMIS 的数据存放在 dmis 用户中,且由 TDCS 负责数据的维护操作,TMIS 对该用户中的数据只有读取权限;同样,TMIS 提供给 TDCS 的数据存放在 tmis 用户中,且由 TMIS 负责数据的维护操作,TDCS 对该用户中的数据只有读取权限。TDCS 与 TMIS 的接口如图 2-24 所示。

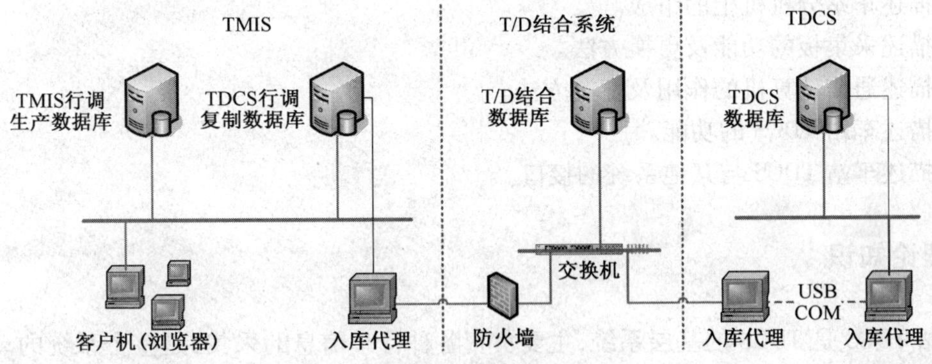

图 2-24　TDCS 与 TMIS 的接口

TDCS 向 TMIS 传送的数据包括实际运行图和阶段运行计划、区间天窗修、区间慢行、区间封锁、车站封锁、车站慢行、车站现在车、调度命令、甩挂车、列车小编组、邻台计划数据交换运行线、邻台数据交换拒绝运行线。

TMIS 向 TDCS 传送的数据包基本运行图、邻台计划数据交换运行线、邻台数据交换拒绝运行线、列车编组(确报)信息。

四、铁路局调度指挥中心 TDCS 信息流程

铁路局调度指挥中心 TDCS 信息流程如图 2-25 所示。车站子系统发送的信息经 2 M 专用通道进入调度所网络,由通信前置机收集,进行数据格式转换打包后通过调度所局域网送到通信服务器。通信服务器进一步对收集的车站信息进行数据处理,并将信息发送给相应的各个

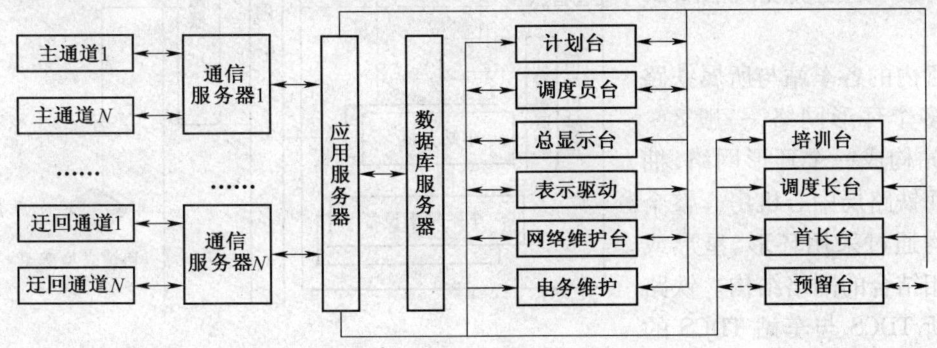

图 2-25　调度所 TDCS 信息流程

工作站；然后将这些信息发送给数据库服务器进行存储和分析，做出各种统计报表，同时完成调度所 TDCS 内部各个工作站的信息交换；最后将调度所所需要发送给各车站 TDCS 的信息打包后发送给前置通信机，再由前置通信机发送给相应的车站，完成实时信息的交换。

任务 4　车站 TDCS

任 务 书

1. 描述车站 TDCS 局域网的结构及设备组成。
2. 描述车站分机机柜的组成。
3. 描述采集板的功能及更换方法。
4. 描述通信计算机的作用及配置方法。
5. 描述车站 TDCS 的功能。
6. 描述车站 TDCS 与其他系统的接口。

理论知识

车站 TDCS 是 TDCS 的基层系统，主要负责各种行车信息的采集，是整个系统的动态信息源。如列车到发点的采集和各种信号设备运行状态以及变化；进行机车调度命令的无线传输；向调度所提供所需信息，并接受调度所下达的命令、信息等。车站 TDCS 主要包括车站分机、车务终端、网络设备、电源设备、防雷设备、联锁系统接口设备和无线系统接口设备等。

一、车站 TDCS 网络结构

车站 TDCS 通过集线器自身构成一个局域网，实现车站内部的数据交换。车站 TDCS 局域网与相邻车站 TDCS 局域网或与调度所 TDCS 局域网的连接通过路由器、协议转换器或调制解调器以及 2 M 数字通道实现，如图 2-26 所示。

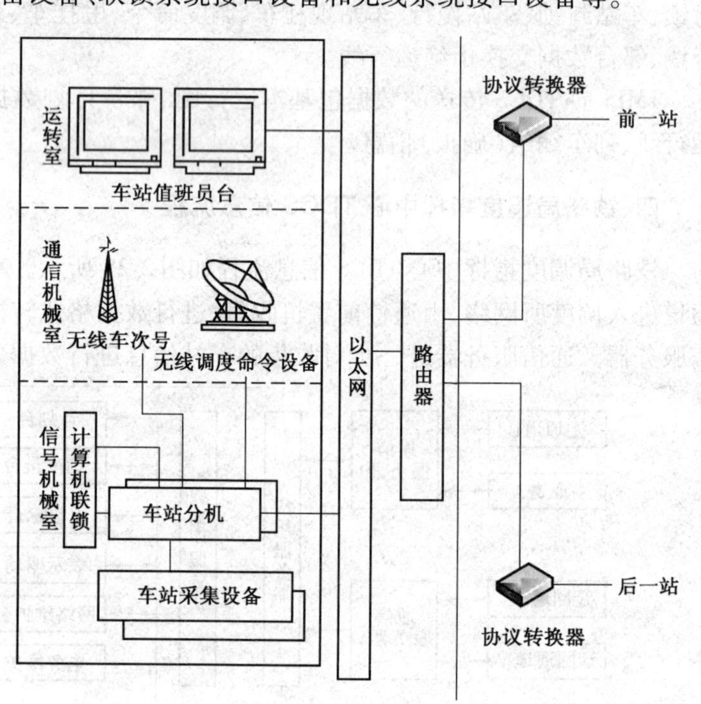

图 2-26　车站 TDCS 网络结构示意图

局管内的各车站与所属铁路局构成多个环形网络，一般 8 ~ 15 个车站构成一个环形网络，抽一个头回铁路局中心机房。整个网络结构通过采用环形、星形或星环形相结合的网络结构。铁路局调度所 TDCS 与车站 TDCS 的结构关系如图 2-27 所示。电务、机务、站调等远程终端设备通道为实回线时，长度应小于 5 km，可采用高速基带调制解调器(HDSL 等)传输方式接入最近车站的 TDCS 网络设备上。TDCS 系统基层网站间和基层网到铁路局调度指挥中心的系统构成广域网，实现远程信息的交换和共享。

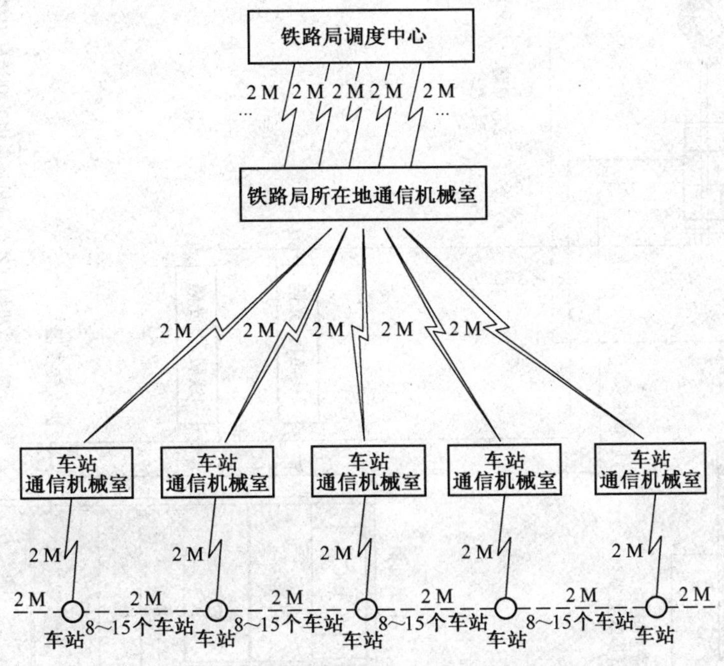

图 2-27　TDCS 中心与车站基层网连接关系示意图

二、车站 TDCS 设备

车站 TDCS 由车站分机机柜、车站通信计算机、车务终端(车站值班员台)、网络设备(路由器、调制解调器、集线器、协议转换器)、电源(电源转换开关、配线盘、UPS)设备、防雷设备、联锁系统接口设备和无线系统接口设备(与无线调度命令、无线车次号校核设备)等组成。从布局来看，车站 TDCS 设备通常是核心设备在信号机械室，主要终端设备在运转室，无线通信设备在通信机械室，通过接口设备实现连接。在不同的铁路局或不同的线路，因 TDCS 上道时间有先后，也因设计单位不同，其车站 TDCS 设备的连接有一些不同之处，但其基本连接关系是相同的。典型车站 TDCS 设备布局与连接示意如图 2-28 所示。

由图 2-28 可以看出，车站 TDCS 系统主要由车站分机采集及控制设备、车站计算机网络设备、车站值班员终端三部分组成。

由于 TDCS 系统各生产厂家不同，设备略有差别，这里以中国铁道科学研究院通信信号所研制的车站 TDCS 为例进行介绍。

(一)车站分机采集处理设备及功能

1. 车站分机采集处理设备组成

车站分机采集设备主要完成信息采集及信息处理发送功能，是车站分机的最基本功能，是 TDCS 的一项重要处理功能。

车站分机采集处理设备主要由中央采集控制单元、开关量采集设备及相应的机柜和机笼组成，采用通用的 485 串行总线技术，设计为积木式结构，中央采集控制单元由以单片机为主

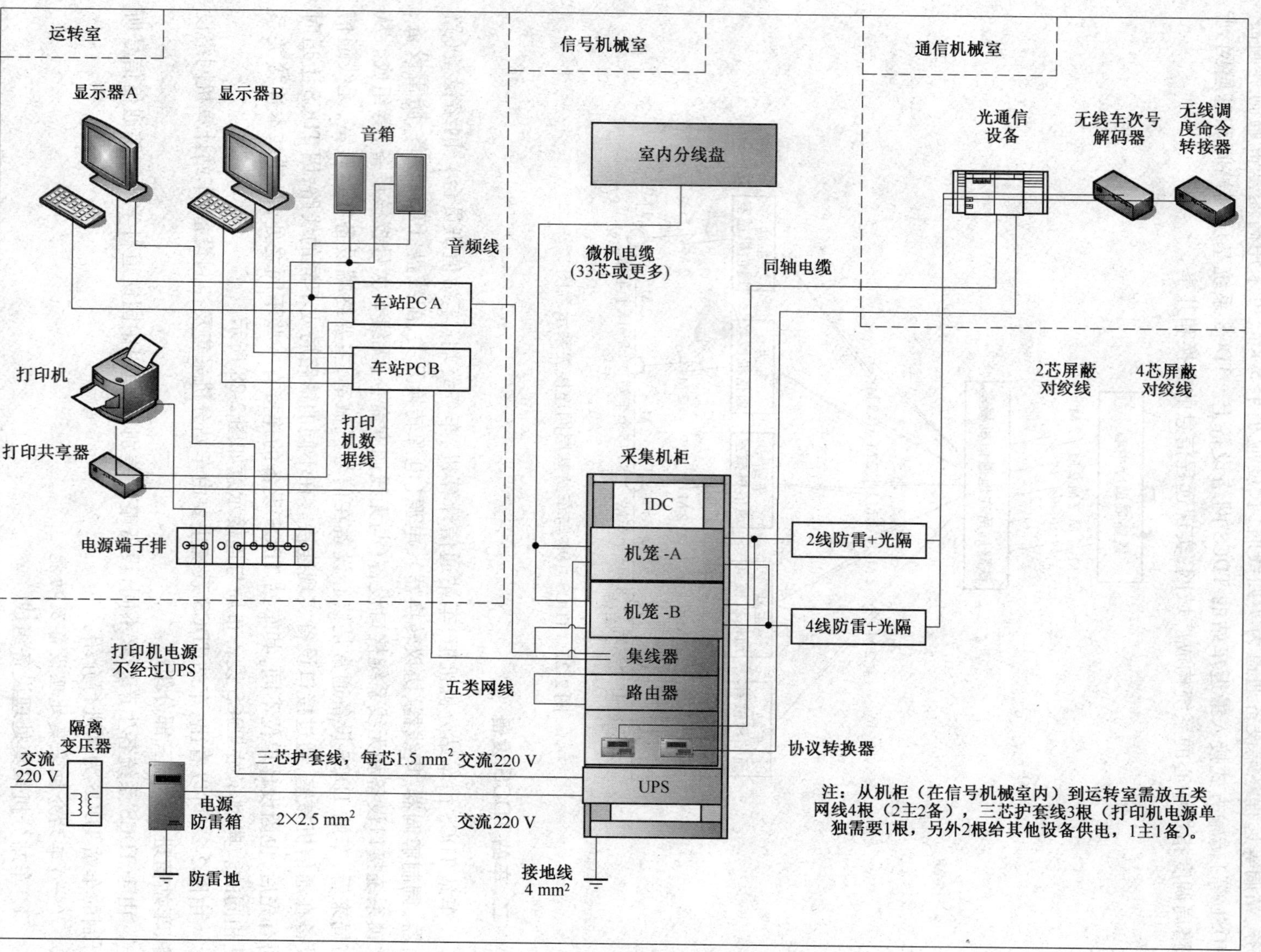

图 2-28　车站 TDCS 设备连接示意图

的电路板——采样控制板(CPU 板)和采样板(SMP 板)组成,放置在车站分机机柜的上半部分,主要用于继电联锁车站行车信息的开关量采集,每个中央采集控制单元由一块采样控制 CPU 板和若干块采样 SMP 板组成,CPU 板和 SMP 板之间通过总线母板进行连接,为保证系统连续可靠地工作,分机采集及控制设备由两套互为热备的双机系统 A 机、B 机组成主备机共用一块主母板,通过主母板的采样输出串行口 COM_1 与车站通信计算机的 COM_3 相连,而主备机的切换则由倒机电路板(DUAL)完成。车站分机主机柜一层和二层如图 2-29 所示。

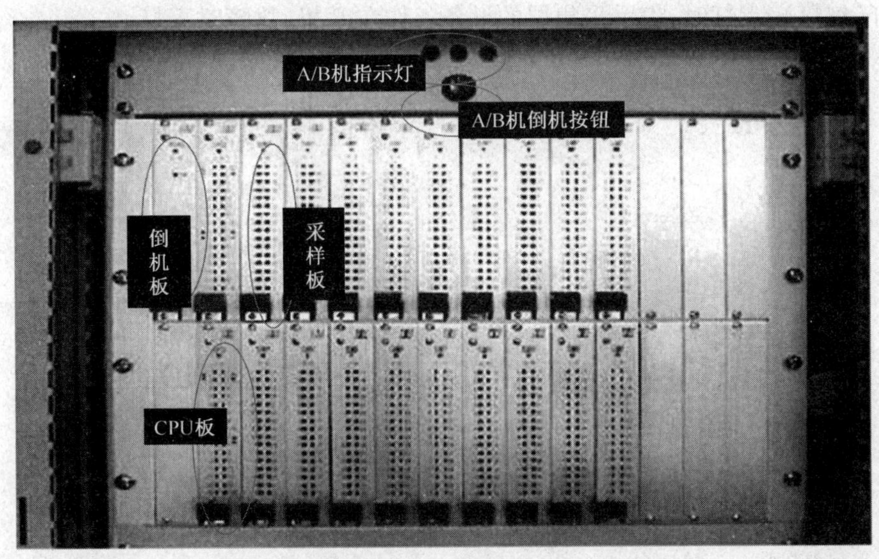

图 2-29　车站分机主机柜一层和二层示意图

2. 中央采集控制单元

采集系统的主要功能电路板有:倒机(DUAL)电路板、采样控制 CPU 电路板、采样 SMP 板。

(1)倒机(DUAL)电路板

倒机电路板主要完成双机采集系统的人工/自动主备机切换功能,由双击切换开关和采样系统母板上 A 机和 B 机的倒机继电器组成。

车站分机采集系统的主备机切换设备为机柜面板上方的倒机切换开关,如图 2-30(a)所示,有自动和人工两种方式,在切换开关上有一个白色的标志指向选择的工作机,当白色标志线对向 A 时表示 A 机处于工作状态,采样信息由 A 机输出,但不能在其故障时切换到 B 机。此时 A 机的工作指示灯显示绿灯。切换开关若指向自动位置,则自动指示灯显示绿色,A、B 指示灯的其中一个也会显示绿色,表示采样信息由 A(或 B)机输出,故障时自动切换到 B(或 A)机。一般情况下将主备机切换开关置于自动转换的位置,即采用自动倒机方式,用来监视采样控制 CPU 板、采样板 SMP 板、电源等设备的工作状态,使系统自动选择是将 A 机还是 B 机作为工作主机。当主机工作不正常或故障时,让热备机做工作机,并发出声、光报警,完成主备机的切换。

倒机电路如图 2-30(b)所示,A 机灯、B 机灯同时只能亮一个灯,在"自动"倒机的条件下,只有 CPU 板停止扫描时才能完成双机的自动切换。在进行系统维护时,可将主备机切换开关置于人工转换的位置,即采用人工倒机方式,目的是便于人工选择工作机,对备机的 CPU 板或 SMP 板进行维护和处理,人工倒机时,系统同样发出声、光报警,需由人工清除。需要注意的是，双套系统共用一个采样输出串口与通信机相连，若采样信息输出串口损坏时，可以把采样输出串口直接插在 A 机或 B 机的 COM_1 口或 COM_2 口上，只是此时不再具有双机功能。

如图 2-30(a)所示，DUAL(倒机)面板上有 3 个指示灯，分别表示为：

工作灯(黄灯)：位于 DUAL 下方用于指示 DUAL 数的工作状态，工作正常时点灯，故障时灭灯。

A 机灯(红灯)：点灯时，表示采集层的设备工作在 A 机，故障时灭灯。

B 机灯(红灯)：点灯时，表示采集层的设备工作在 B 机，故障时灭灯。

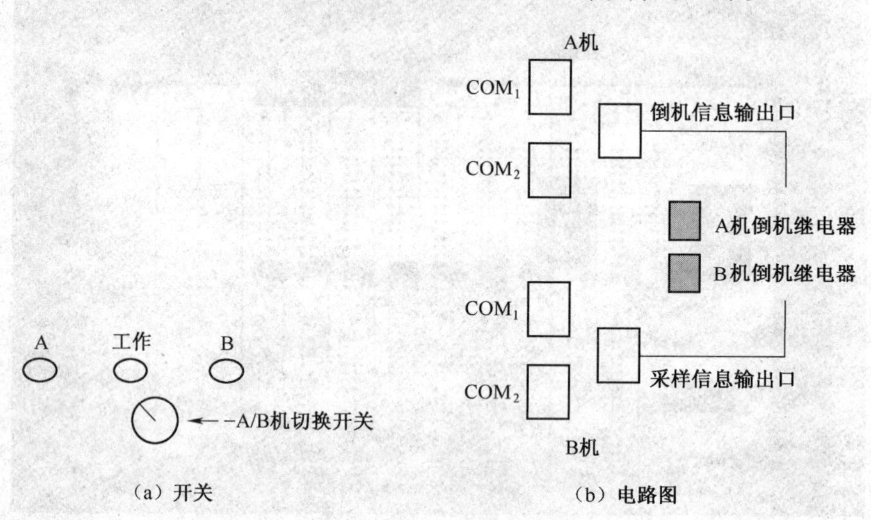

图 2-30　倒机电路

(2)采样控制 CPU 电路板

CPU 板(见图 2-31)用于向采样板发送采样命令，一定时间后，再向采样板发送采样回送命令，完成一个周期的采样。CPU 板也对该周期内的采样信息进行处理，有变化的信息立即通过母板上的串口发送给通信计算机，不变的信息等待一段时间后，顺序发给通信计算机。板子正面面板指示灯用于监测 CPU 板与采集板的通信状态，采集信息等，便于进行维护检查。

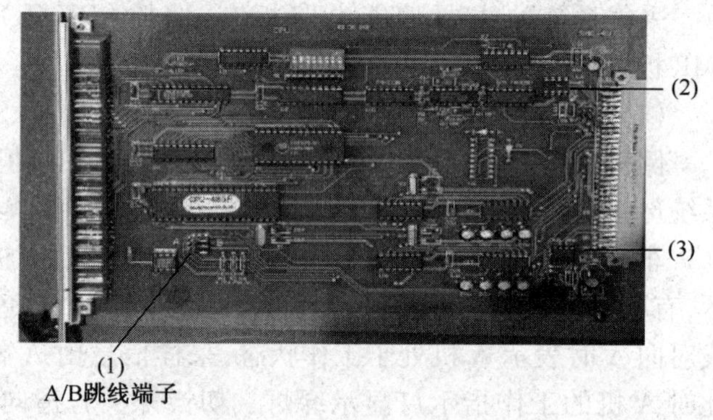

图 2-31　CPU 板卡

①CPU 板 A/B 机区分

A 机和 B 机的 CPU 电路板是通用的，可以通过设置 CPU 板的内部跳线 485 接口芯片所在的位置和芯片的位置来区分是 A 机板[在位置(2)]还是 B 机板(在位置[3])。如图 2-32 所示，CPU 板为 B 机采样控制板的设置。此时，(1)的跳线端子(即 485 位置)置于右侧，即图中 B 的位置，芯片插置于(3)的位置，(2)的位置空闲。若是 A 机的 CPU 板，(1)的跳线端子应该置于左侧，即图中未插的位置，芯片置于(2)的位置，(3)的位置空闲。

②CPU 板面板指示灯含义

CPU 板的面板共有 33 个指示灯，点亮时该指示灯代表的信息对象有效，对应信息位为

"1"。根据这些指示灯点灯情况可以分析其工作状态，指导维护工作。如图 2-33 所示。

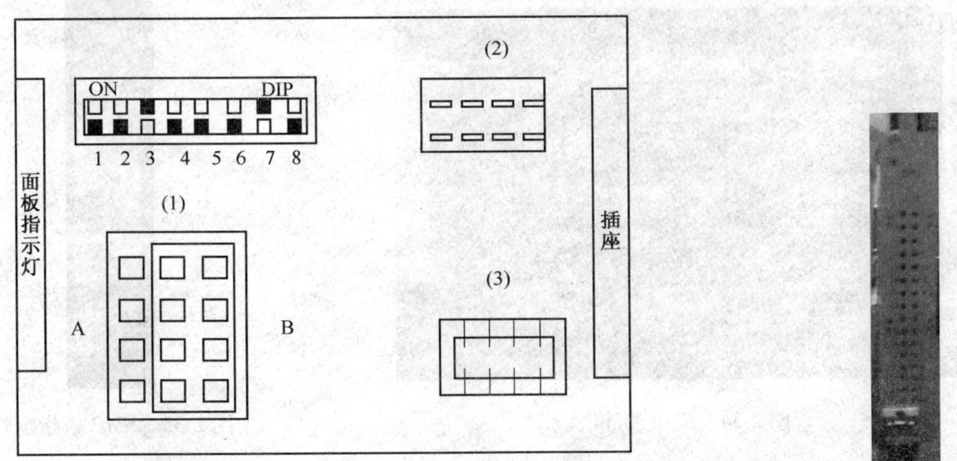

图 2-32　CPU 板、采样板 A/B 板的区分

图 2-33　CPU 板指示灯

工作灯（黄灯）：位于 CPU 下方，用于指示 CPU 板与 SMP 板之间通信工作状态，闪烁为通信工作正常。故障时灭灯或稳定灯光。

站号指示灯 1 号 ~8 号（绿灯）：每个车站分机在系统中都有唯一的站号，CPU 板通过拨动 8 位 DIP 数字开关（红色）使自己拥有唯一的站号，OFF 为 1，ON 为 0，并且驱动相应站号指示灯点亮。

板数指示灯 9 号 ~16 号（红灯）：与上类似，点一个或几个指示灯，点灯的数字相加就是采集板的板数。例如：本采集系统最大板号为 5，则 9 号（代表数字 1）和 1 号（代表数字 4）亮灯点亮，两数字的和为 5，即本系统采用了 5 块采集板。

扫描指示灯 17 号 ~24 号（绿灯）：点灯表示 CPU 对 SMP 进行信息的采集，有几块 SMP 板，该灯就按二进制数循环点灯。各灯代表的值与板号数指示灯相同。

测试指示灯 25 号 ~32 号（红灯）：点灯表示系统进行自检，在 1 ~2 min 内如果哪一块 SMP 没变化，就进行故障测试。

③车站分机地址

每个车站分机在系统中都应有唯一的站号，CPU 板通过拨动 8 位 DIP 数字开关（红色）使自己拥有唯一的站号。

（3）采样 SMP 板

采样 SMP 板（见图 2-34）接到 CPU 板的采样命令时，对站场信息进行采样。当再次收到 CPU 板呼叫自己的回采命令时，将采到的站场信息传送给 CPU 板。采样 SMP 电路板的数目是根据采集信息的规模而定的，每块采样板最多可以采集 32 位开关量信息。分机主机柜带 CPU 板的采集层最多可以安装 12 块 SMP 板，因此采集层一层的最大采集量为 $12 \times 32 = 384$ 个开关量，当采集对象超过 384 个时，需要加扩展层。

同 CPU 板一样，A 机的采样板和 B 机的采样板电路完全一致，用于减少备用模块的数量和简化使用方法。

SMP 板故障需要更换时，应该注意将更换为 A 系统工作的 SMP 板要通过跳线设置成 A 系统状态，若是更换 B 系统工作的 SMP 板要设置成 B 系统状态。更换时可以采用热插拔方式，但是更好的做法是更换采样板前倒机再更换比较好。

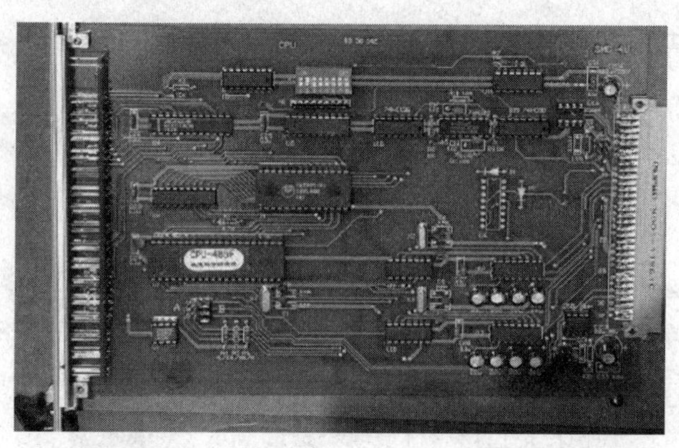

图 2-34　SMP 板卡

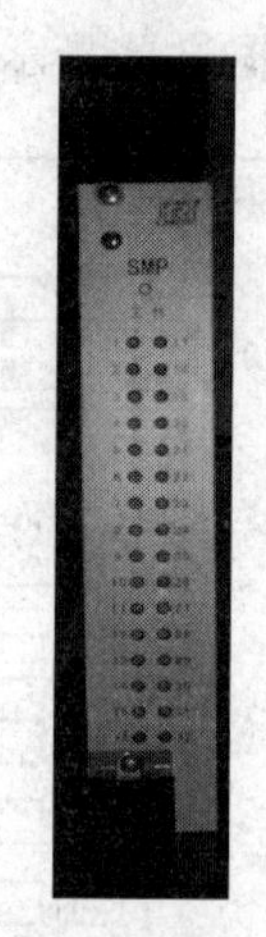

图 2-35　SMP 板指示灯

①采样 SMP 板面板指示灯含义

同 CPU 板一样，SMP 板面板上有 33 个指示灯，点亮时说明输入对象有效，对应信息位为“1”。根据这些指示灯点灯情况可以分析其工作状态，指导维护工作。如图 2-35 所示。

工作灯（黄灯）：位于“SMP”下方，用于指示本采样板与 CPU 板之间通信工作状态，闪烁为通信工作正常。

32 个信息位指示灯（红灯）：对应信息表可以查看采样信息位的有无，如果信息位有效，对应该位的发光二极管应该点灯，如果信息位无效，则不点灯。

第一块 SMP 板的 1～8 位表示灯为系统预留，其中 1 点灯表示 A 系统工作，2 点灯表示 B 系统工作，3 点灯表示 A 系统或 B 系统故障倒机功能在自动状态。

② SMP 板的采样门限和采样回路电源选择

如图 2-36 所示，采样门限跳线端子的作用是限制回路中的直流或脉冲电流干扰，如图中的跳线端子设在 3 V，则可保证低于 3 V 的干扰电压不会被采集。如干扰电压较大，可提高门限电压值，如 8 V 和 12 V。右边的跳线为该采样板采集信息的公共回线，系统最多允许三种不同采样回线的信息存在，但每块板采集的信息必须是同一类。如果采集信息是 JZ 电源，则跳线端子设在 JF 端上。采集信息是 KZ 电源，则跳线端子设在 KF 端上。采集信息是 +12 V 电源，则跳线端子设在“＊”位置上，这三个位置是与外部采样回线在机柜中电源配线板的接线位置一一对应。

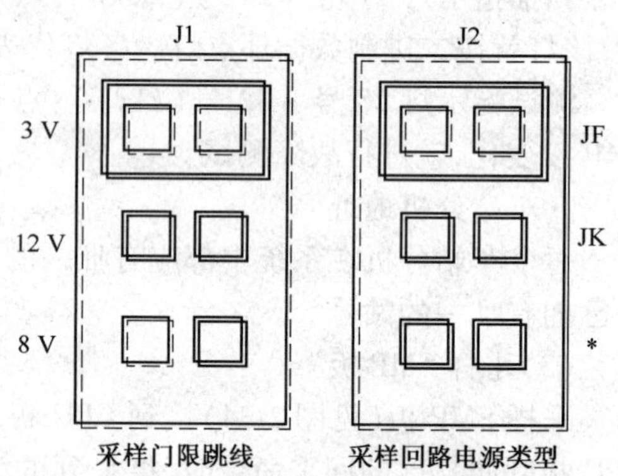

图 2-36　采样门限和采样回路电源选择

3. 基础信息的采集

（1）采集内容

车站分机采集的有关车站和区间现场设备的动态行车表示信息是整个 TDCS 的基本信息源，也是 TDCS 与其他系统进行数据共享的主要信息。采集系统采集的动态信息主要包括车站信号设备的状态及变化、区间信号设备的状态变化，车站信号设备信息主要包括信号机的开放与关闭状态、道岔区段的状态显示、双线单向区段的接、发车方向表示等状态、股道的占用及空闲状态、主灯丝断丝、挤岔报警等。区间信号设备信息主要包括通过信号机的开放与关闭状态、自动闭塞分区的空闲和占用状态、半自动闭塞的状态表示灯等。

(2)采集电路

轨道的占用与空闲、信号机的开放与关闭、道岔的定位与反位等信号设备状态信息均为开关量。因此可以采用光电耦合器来完成电气隔离和模/数转换,同时保证不影响联锁设备的正常工作和获得可靠开关量信息。信息采集单元电路如图 2-37 所示。

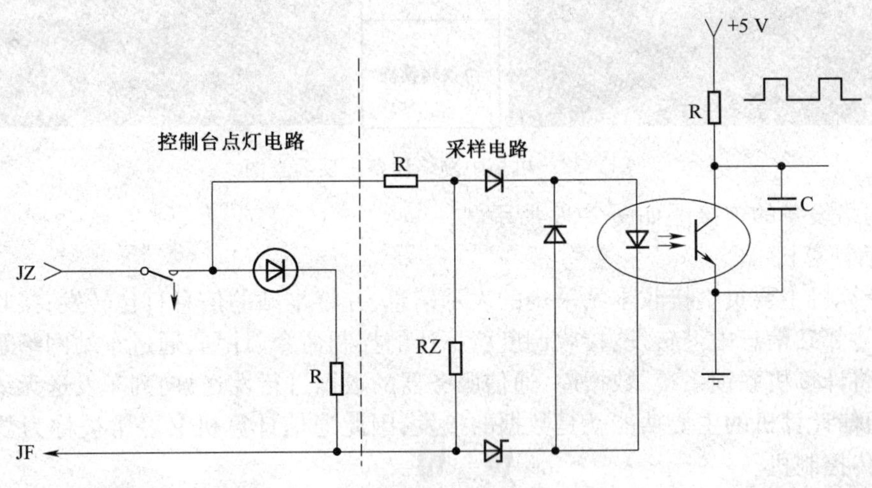

图 2-37 信息采集单元电路

(3)采集方法

对于继电联锁车站的车站设备采样原则是能通过控制台表示灯采集到的信息尽量选择采集控制台表示灯信息。这些开关量的采样点设计在信号机械室室内分线盘上,从分线盘的 18 柱端子上直接采集条件端子上的信号联锁设备状态信息,然后通过 32 芯电缆送到站机机柜中采样板,信号通过采样板上的光电耦合完成 TDCS 与继电联锁系统的隔离和采样信息的模数转换,采集到车站联锁设备状态的信息。

对于安装 ZPW-2000 系列设备的区间,区间信号机的表示信息(L、U、H)和区间轨道占用表示信息(H)可以直接从区间组合的侧面端子采集到,同控制台表示灯信息在室内分线盘 18 柱端子上采集的方法类似,采样信息通过 32 芯通信电缆送到 TDCS 站机机柜中的采样板,通过采样板上的光耦完成采样信息与区间设备的电气隔离和数模转换。

如果继电联锁车站安装了集中监测系统,可以通过集中监测系统中的计算机串口直接与 TDCS 站机中的交换机或通信计算机连接,实现数据共享,直接获取基础信息源。

对于安装计算机联锁的车站,有关车站信号设备的信息均可通过计算机联锁直接得到相关信息,无需采集接口电路。

(二)车站系统网络设备的组成及作用

如图 2-38 所示,车站系统的网络设备主要包括通信计算机(数传控制单元)、网络集线器、路由器、协议转换器、调制解调器、多串口智能通信卡、网卡、网络安全、通信质量监督等设备,放置在信号机械室的车站分机机柜里。

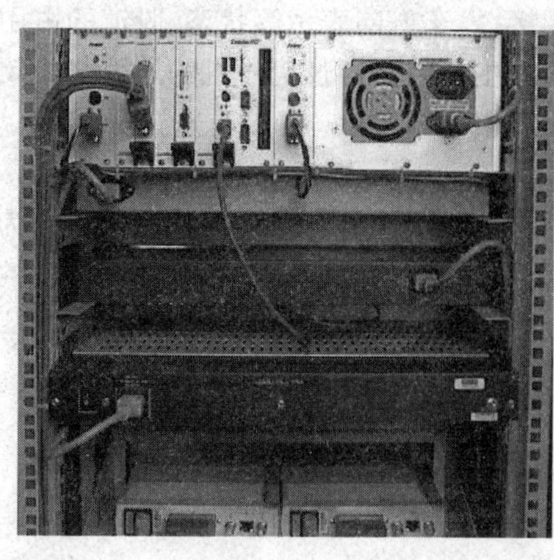
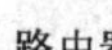

图 2-38　机柜中网络设备正反示意图

车站网络设备的连接图如图 2-39 所示。

1. 通信计算机

通信计算机主要负责接收本站采集的表示信息，并将本站的信息打包转发；接收处理邻站的信息，并将邻站信息中继转发；接收调度所下达的控制命令、计划，通过车站网络系统转发给车务终端；将计算机联锁系统、数据库、通信服务器的数据进行发送，向列车发送无线调度命令等功能。通信计算机的主要功能就是数据的接发，因此通信计算机又经常被称为数据传输单元，也叫数传控制机。

通信计算机采用工业控制计算机，是整个车站系统的核心设备，主要由主模块、显示器模块、串口扩展模块组成。

(1) 主模块

该模块集成了计算机的全部功能，硬件包括软驱、USB 串口、通用串口、打印机接口、键盘接口、鼠标接口、RJ45 以太局域网接口等，网卡的连接线插在 HUB 口上，连接线为直连线形式，网线制作标准为 EIA/TIA-568B。

(2) 显示器模块

该模块用于提供连接显示器的标准 15 芯 D 型插座，系统平时不接显示器，只有在发送故障时，通过该插座连接显示器协助判断故障点。

显示器显示画面可以提供本站站号、IP 地址、与前后相邻车站系统的信息交换情况、与本站站机系统的信息交换情况、本站信息采集情况等，为故障判断提供信息。

(3) 串口扩展模块

该模块有一个 62 芯孔式 D 型插座，通过配套的转换电缆，提供最多八个 RS232 标准的 25 芯针式 D 型串口，该模块是智能多口通信卡，不但增加了计算机串口的数量，而且具有缓存功能。8 个串口对应的串口在机柜中为 $COM_3 \sim COM_{10}$。接口间的通信如图 2-40 所示，采集板 1、采集板 2 为车站的两套互为热备的信息采集系统，该串口模块的串口 COM_3 作为采样信息输入接口（P_1 口），与采集板上的采样信息输出串口 COM_1 用 RS232 标准电缆相连；串口 COM_9 作为无线车次号信息输入接口（P_7 口），通过 RS232/422 使有源转换器与地面无线接收台相连；串口 COM_8 作为与车站站机即车站行车信息显示终端（车务终端）计算机通信的接口（P_6 口）；串口 COM_7（P_5 口）作为与集中监测进行通信的接口。此外，通信计算机中装有网卡，通过网络接口（协议转换器、集线器、路由器）设备与主干网通信，实现车站 TDCS 与铁路局 TDCS 的连接。

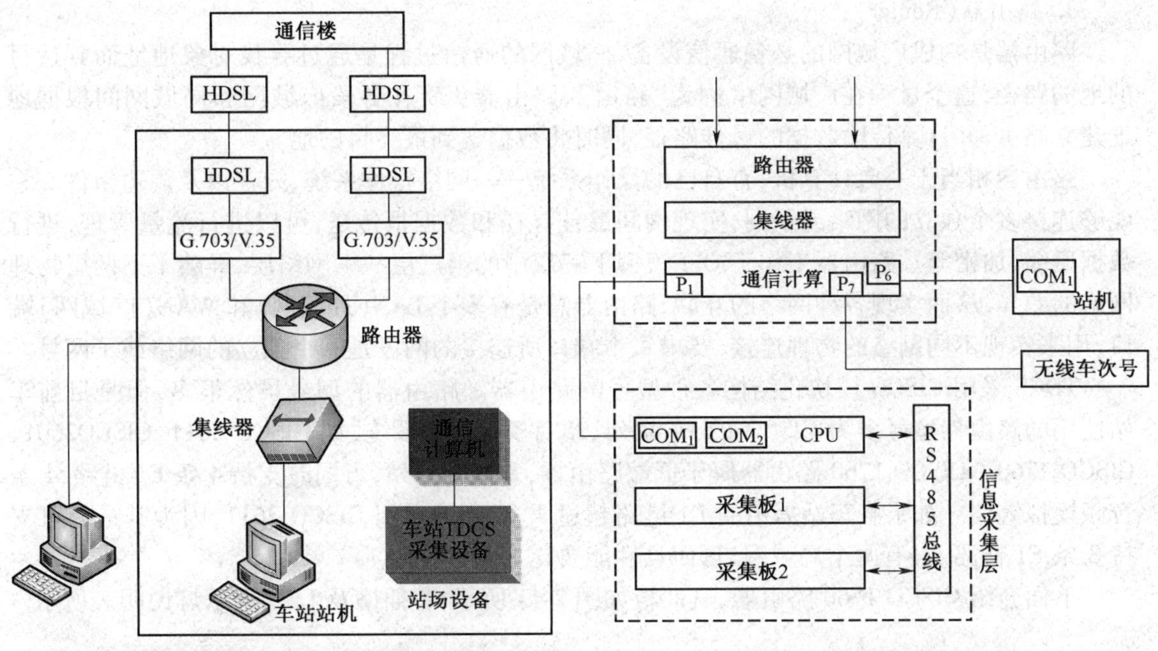

图 2-39　车站 TDCS 网络设备的连接　　　　图 2-40　接口间通信

2. 交换机或集线器

在 TDCS 站机系统中，交换式集线器的端口分别与通信计算机的网卡、路由器的以太网接口、车站运转室车务终端机的网卡相连，构成车站局域网，完成端口间的信息交换。某车站网络集线器端口的具体链接如图 2-41 所示。

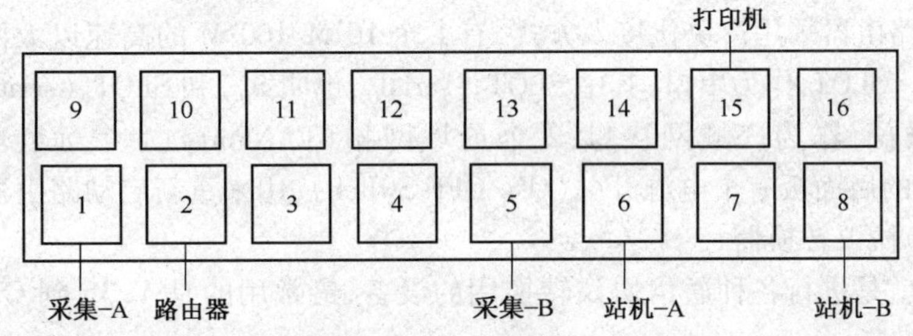

图 2-41　某车站网络集线器端口分配图

图 2-42 所示为某站 TDCS 所采用集线器的面板实物图。通过观察面板上与集线器（或交换机）连接端口的指示灯是否发亮，可以判断网络连接是否正常。对于 10 M/100 M 自适应集线器（或交换机）而言，还可通过连接端口指示灯的不同颜色来判断被连接的计算机是工作在 10 M/bit/s 状态下，还是在 100 Mbit/s 状态下。

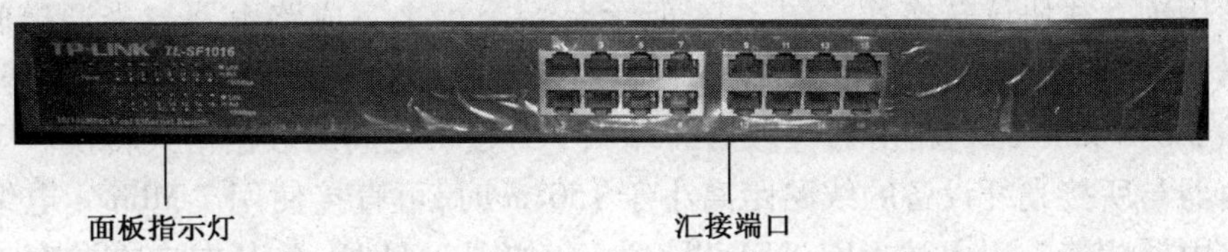

图 2-42　某站 TDCS 系统集线器面板

3. 路由器(Router)

路由器是构成广域网的必备通信设备,广域网的通信过程是通过寻找对象地址而到达目的地的路径,这个过程在广域网中称为“路由”,路由器负责在各段广域网和局域网间根据地址建立路由,并计算传输数据的最佳路径,同时将数据送到最终目的地。

路由器相当于一台计算机,有自己的操作系统——网络操作系统,内存以及周边组件。它能够连接多个独立的网络或子网,实现网间最佳寻径和数据报传送,可以进行流量管理,进行数据压缩、加密等。路由器工作于 OSI 模型下三层中的第三层——网络层,屏蔽了下两层物理网络的差异,从而实现各种网络的互联,路由器总是有多个 LAN(局域网)和 WAN(广域网)端口,用来实现不同网络的物理连接,要求每个端口所连接的网段是一个独立的网络或子网号。

TDCS 采用 CISCO 模块化结构各种型号的路由器。路由器的型号虽然很多,但是目前车站使用的路由器型号多为 CISCO 的 17 系列、25 系列和 26 系统,如 CISCO 2611、CISCO2501、CISCO 1760。CISCO 1760 路由器属于低端路由器,常用在车站,可同时支持 4 条 E1 链路,4 条音频模拟链路。如果某车站需用的 E1 链路超过 4 个,则常采用 CISCO 2611,因为其最高可支持 8 条 E1 链路,且有两个局域网口,而且性能要比 17 系列高。

下面介绍 CISCO 1760 路由器,其面板如图 2-43 所示,各插槽及 LED 表示灯说明表所示。

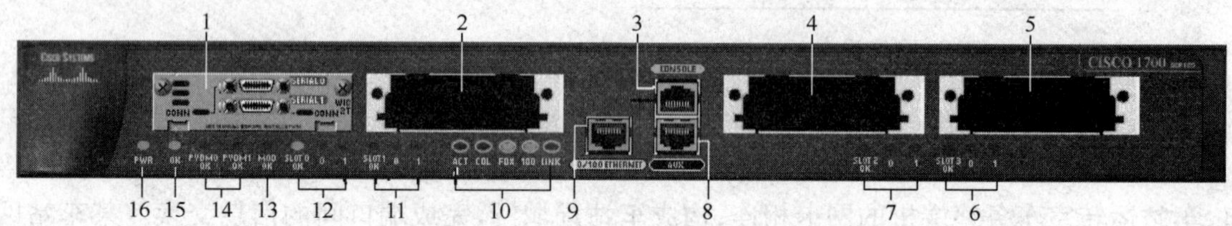

图 2-43 CISCO1760 路由器

CISCO1760 路由器采用模块化接入方式,有 1 个 10 M/100 M 的高速以太网 RJ45 接口;4 个扩展槽 $SLOT_0 \sim SLOT_3$ 作为串口,其中 $SLOT_0$($serial_0$,也叫 S_0)和 $SLOT_1$($serial_1$,也叫 S_1)是高速串口卡的槽位,作为广域网接口;2 个局域网扣(LANPort);1 个远处联机控制端口(AUX)。路由器的后面板有个电源开关(ON/OFF Switch),用来重新启动路由器。

4. (E1 接口)协议转换器

协议转换器就是进行各种通信协议转换用的设备,最常用的是 V. 35 到 G. 703 的协议转换器。

E1 数字通道常用的接口模式标准是 G. 703 模式,而路由器常用的接口模式有 V. 35、RS232、RS422 等模式,所以就涉及选用怎样的广域网通道接口与路由器接口进行连接的问题。为了使得参数保持一致,防止数据通道的不通、失步等情况,在路由器接口和广域网通道接口之间需要接口协议转换器,将数据转换为可以识别的模式,完成 V. 35/G. 703 模式之间的互相对接。

车站常用独立式协议转换器。图 2-44 所示是一个用来完成路由器与光通道间,即 V. 35 与 G. 703 接口之间数据格式转换的 E1 接口协议转换器,它类似一个线路的收发器,主要应用于 E1 通道(2 048 kbit/s)与路由器等数据终端(DTE)接口之间的数据格式转换。

当路由器与所接光纤设备的线路距离小于 150 m 时,可直接使用 2 Mbit/s 电缆通过协议转换器与路由器相连。以上述 RIC - EI 设备为例,如图 2-44 所示,从左向右共有 4 个插座,1 个 220 V 的电源接口,用于提供设备所需电源;1 个 34 芯孔式 V. 35 接口,通过专用的 V. 35 线

图 2-44　协议转换器面板及背面接口

缆与路由器的广域网接口连接;2 个分别标有 75 Ω TX(发送)和 75 Ω RX(接收)的 BNC(同轴电缆)插座,用于与运营商 2 Mbit/s 光设备进行连接。协议转换器面板上设有指示灯,因厂家不同,指示灯的数量和布置也略有不同,但主要指示灯有如下几种,其主要指示灯示意图如图 2-45 所示,含义表 2－1 所示。

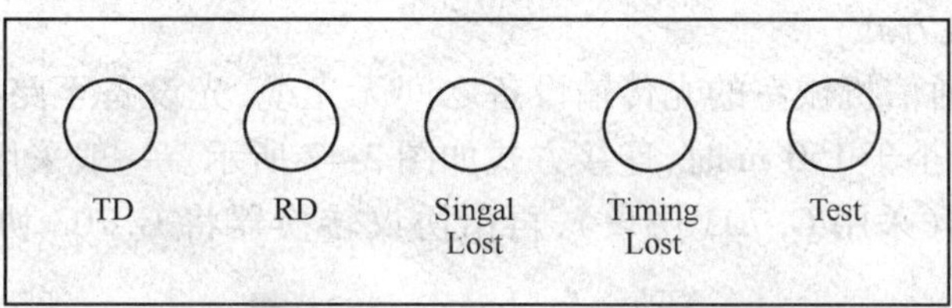

图 2-45　协议转换器主要指示灯示意图

表 2-1　协议转换器面板指示灯说明

指示灯名称	着灯颜色	含　义
PWR	绿灯	电源指示灯,设备加电正常
TD	黄灯	发送指示灯,表示正在向 G. 703 口发送数据
RD	黄灯	接收指示灯,表示正在接收从 G. 703 口发来的数据
Signal　Loss	红灯	当协议转器没有侦测到本端 BNC 接头上的 2 Mbit/s 信号时,即接收不到该 G. 703 口上的数据时,此灯亮,说明此线路没有连接好
Test	红灯	本地环路已激活(还回测试用)
Timing　Loss	红灯	设备没有同步或时钟丢失时,灯亮

目前调度中心还是沿线车站都有使用此类似协议转换器的,但调度中心以及部分站场常用架式协议转换器,如前所述。

5. 高速基带调制解调器(HDSL)

当路由器与 2 M 光设备间的线路距离大于 150 m 但小于 5 km 时,因为信号衰耗过大,所以不能通过协议转换器直接与 2 M 电缆连接,必须通过一对 HDSL 转换成路由器与光设备连接。HDSL 设备之间采用一对普通铜芯通信电缆连接,在光设备一侧为 G. 703 模块(两个 BNC 即同轴电缆插座),在路由器一侧为 V. 35 接口模块(一个 34 芯插座)。

6. 车站网络接口的连接方式

为了使车站 TDCS 与车站其他系统以及所属铁路局构成广域网,完成 TDCS 的数据传送和信源采集,车站路由器根据从车站信号机械室到通信机械室之间连接的不同传输介质,有三种可选用的连接方式：光纤连接方式、细同轴电缆连接方式、实回线连接方式，连接方式原则上采用光纤通信，条件不具备时再采用同轴电缆连接方式或实回线连接方式。

(1)光纤连接方式

该方式适用于信号机械室到通信机械室的光传输设备之间有光缆，光设备至路由器采用 2 Mbit/s 数字通道，通过光纤收发器直接用光缆连接。如图 2-46 所示。

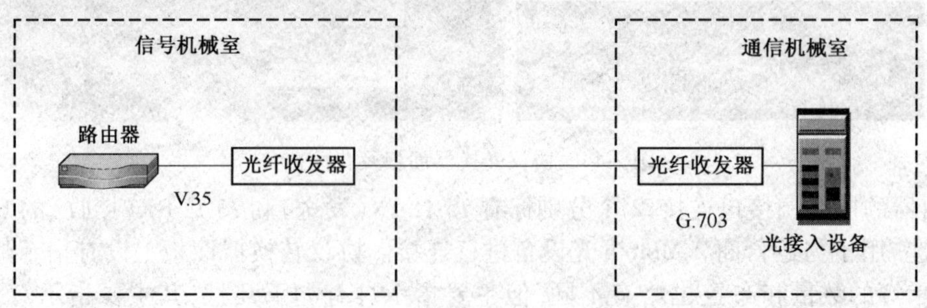

图 2-46　光纤连接示方式意图

(2)同轴电缆连接方式

当信号机械室到通信机械室的光传输设备之间无光缆，光设备至路由器采用 2 Mbit/s 数字通道，并且当其距离小于 150 m 时，连接方式如图 2-47 所示。一般采用一对同轴电缆(一收一发)接入协议转换器(采用 G. 703 协议)，再由协议转换器将 G. 703 协议转换为 V. 35 协议接入路由器。

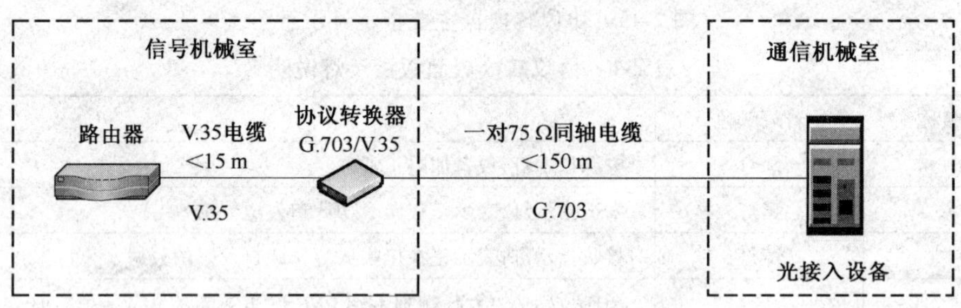

图 2-47　同轴电缆方式连接示意图

(3)实回线连接方式

当信号机械室到通信机械室的光传输设备之间无光缆，光设备至路由器采用 2 Mbit/s 数字通道，并且当其距离大于 150 m，小于 5 000 m 时，采用如图 2-48 所示连接方式。

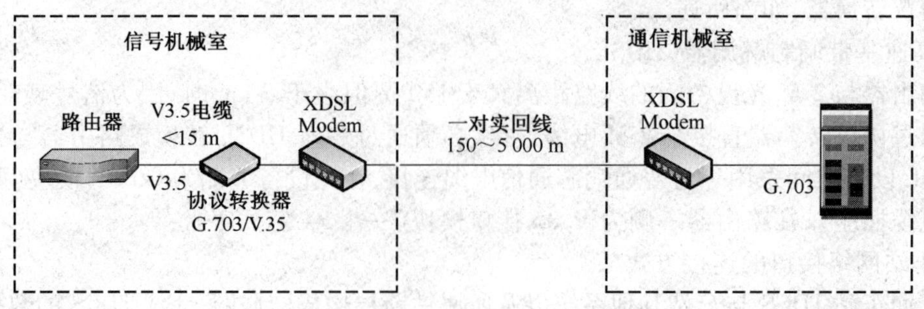

图 2-48　实回线方式连接示意图(一)

在信号机械室与通信机械室布线距离大于 150 m 时，超过了 G. 703 的传输距离限制，需增加 XDSL Modem 来增加传输距离。XDSL 是各种类型 DSL(Digtial Subscribe Line 数字用户线路)的总称，包括 ADSL、RDSL、SDSL、IDSL 和 HDSL 等。各种 DSL 技术最大的区别体现在信号传输速率和距离不同，以及上行信道和下行信道的对称性不同两个方面。本系统常用 HDSL，即高数据速率数字用户线路，数据速率可达 1.5～2 Mbit/s。

(4)特殊连接方式

在一些特殊场合，不经过光接入设备时，可使用如图 2-49 的连接方式。

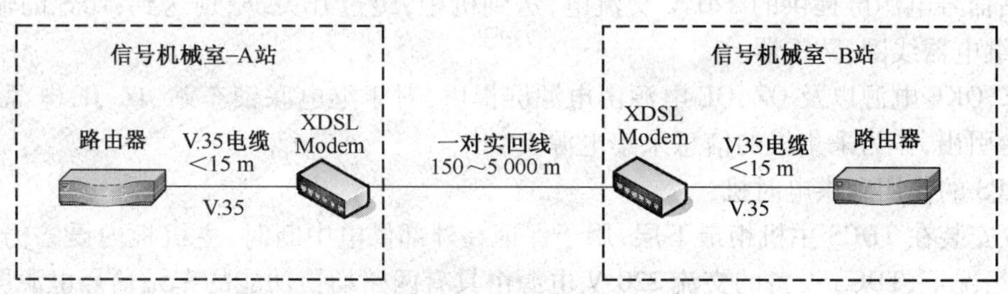

图 2-49　实回线方式连接示意图(二)

7. 通信计算机接收发送数据流程

由采集机 CPU 板将从采集板采集接收到的数据通过其串口 COM_1 发送到通信计算机的扩展串口 COM_3，通信计算机将由串口 COM_3 接收到的采样信息进行处理后，通过交换集线器发送给路由器，再由路由器通过协议转换器进行协议模式转换，然后将车站采集的信息发送到主干网上，路由器的高速端口同时转发前后相邻车站的信息。

另外，通信计算机提供无线接口，接收无线车次号信息，向无线列调系统发送调度命令，车站通信计算机通过串行通信接口 COM_9 同无线车次号设备相连，接收车站无线车次号信息同时，车站通信计算机通过串行通信接口(一般采用 RS422)同无线调度命令发送装置相连，发送无线调度命令。

(三)车站电源设备和防雷设备

1. 电源的供给和设备的放置

车站 TDCS 设备电源系统放置在车站分机机柜的最下层，主要包括电源防雷、UPS、电源切换电路等设备。由车站信号电源屏提供具有两路切换功能的 220 V 交流电，送到 TDCS 分机机柜作为机柜的输入电源，并通过机柜内熔断器输出到机柜内配电盘，提供给车站 TDCS 各用电设备使用。车站 TDCS 电源系统如图 2-50 所示。

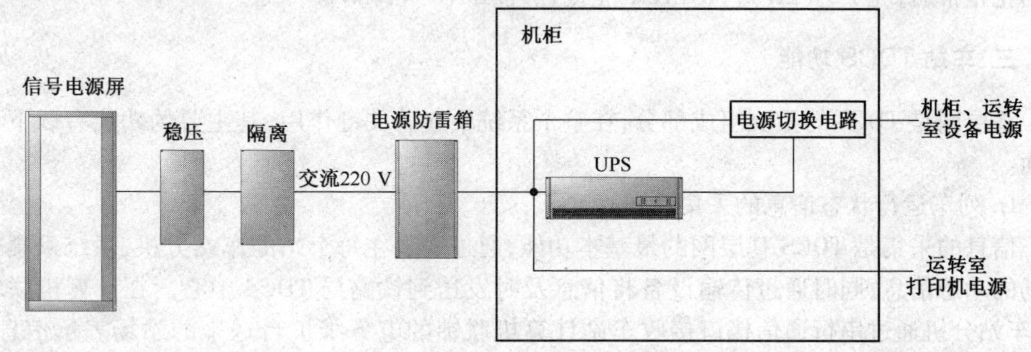

图 2-50　车站 TDCS 电源系统

2. 配电盘的组成

配电盘由电源防雷、保护地线、电源线、采集电源线、机柜内部的电源线等构成，如图 2-51 是车站 TDCS 机柜电源配电盘示意图，从右到左依次是：220 V 电源防雷组合、220 V 输入配线端子、UPS 火线输出开关、旁路继电器、UPS 火线输出配电端子、UPS 零线输出配电端子、工作地配线端子，交流 220 V 直供火线配电端子、交流 220 V 直供零线配电端子、采样电源 JZ、采样电源 JF、采样电源 QKZ、采样电源 QKF、采样电源 QZ、采样电源 QF、交流 220 V 直供电源插座等。

车站信号电源屏提供的 220 V 交流电，送到机柜，经过开关，分别送到：UPS 的输入端、非 UPS 端、继电器线圈、防雷器。

QKZ、QKF 电源以及 QZ、QF 电源由电源屏提供，对于继电联锁车站，JZ、JF 电源一般直接从控制台引出，作为采集机的信息采集电源。

3. UPS 的作用和供电时机

UPS 安装在 TDCS 主机柜最下层，用于保证在外部供电中断时，主机柜内设备仍能正常工作，一般情况下，TDCS 设备的交流 220 V 电源由具有两路切换功能的车站信号电源屏提供，旁路继电器平时是靠 UPS 的输出保持吸起，UPS 火线和零线输出配电端子直接连到 UPS 的输出。当 UPS 故障时，旁路继电器落下，UPS 火线和零线输出配电端子由交流 220 V 直供，同样保证主机柜内设备仍能正常工作，但此时将完全依靠外部电源供电。

(四)值班员终端

车务终端系统采用双机热备的方式，实物如图 2-52 所示，即两台互为备份的计算机同时运行，在正常的情况下，其中一台显示本站和临站的站场信息，另一台显示运统报表的界面，两台机器的界面可以相互切换。当其中一台发生故障时，可以使用另外一台，而不会造成数据的丢失。当故障机恢复正常后，两台机器间自动同步数据，以保证数据的一致性。车务终端主要用来实现邻站显示、站间透明，车次号人工输入与校核、调度命令接收与上传、运统二和运统三显示及打印等功能。

车务终端的连接情况如车站 TDCS 设备连接示意图 2-28 所示，其中集线器和 TDCS 分机位于车站的机械室内。其他设备安装在车站运转室。主备计算机通过网线连接到集线器上。无线车次信息可以通过 NPORT 同时传到两台采集机。

NPORT 是通过把 RS422 串口标准的数据转换为网络标准的数据的设备，NPORT 一端接运营商的 RS422 串口线，另一端接网线；上图 2-52(b)中绿色为接线端子，是可以和 NPORT 分离的，更换时不需要重新安装线，只需将接线端子拔下安装在另一个 NPORT 即可。NPORT：初始化正常后，亮 POWER 灯、READY 亮橙色灯、LINK 亮绿灯。

三、车站 TDCS 功能

基层网是 TDCS 的重要组成部分，在整个系统中起着关键作用，其主要的功能有以下几个方面。

1. 列车运行状态信息的采集和传送

信息的采集是 TDCS 基层网的最基本功能，通过安装在每个站的车站分机，系统采集得到现场的动态信息，同时通过传输设备将信息及时发送到铁路局 TDCS 中心。在计算机联锁车站，车站分机通过串行通信接口接收车站计算机联锁的电务维护台送来的站场表示信息(状态和控制信息)；在继电联锁车站，车站分机采集信号联锁设备的状态信息。在继电联锁车

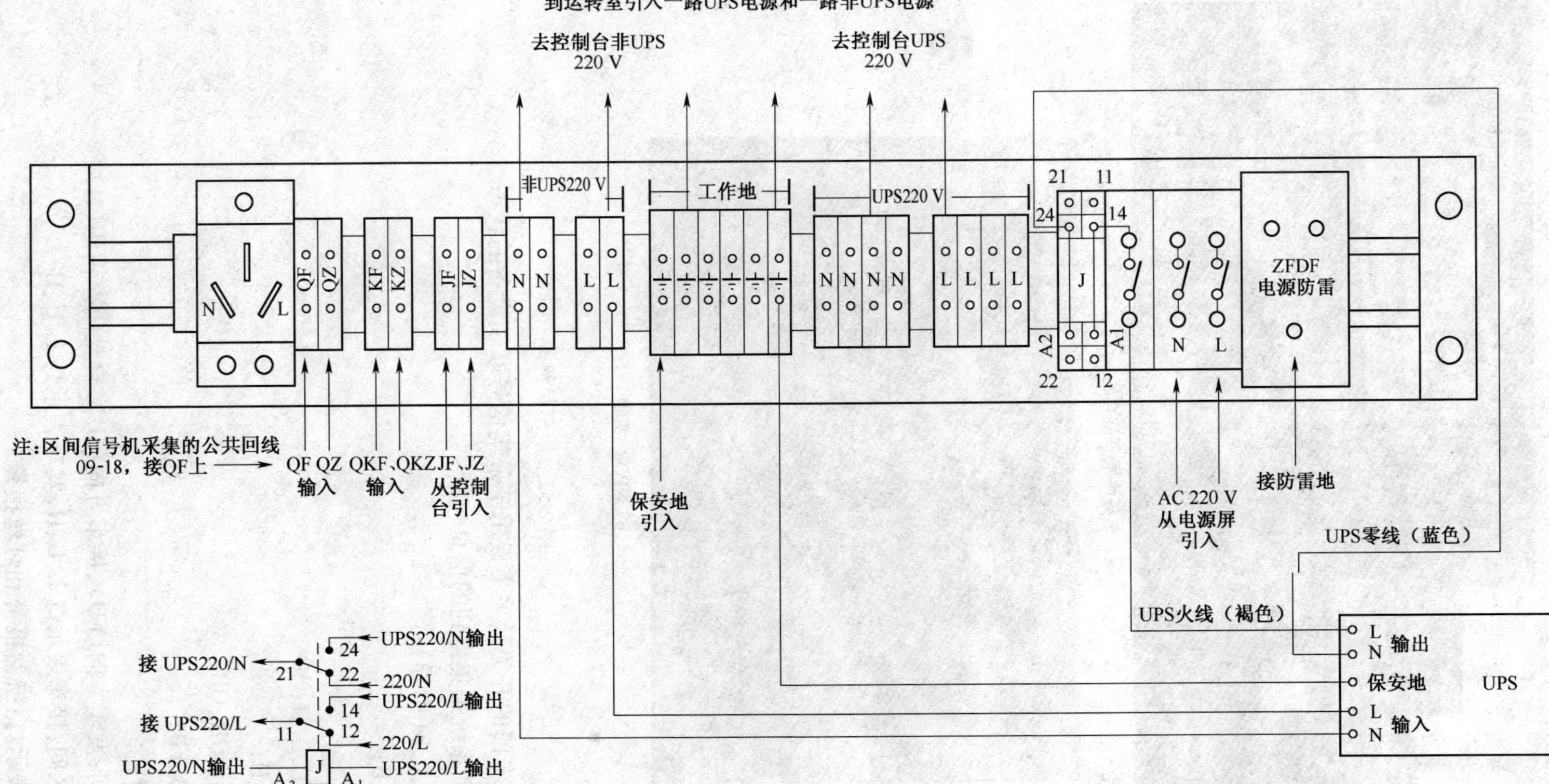

图 2-51 车站 TDCS配电盘组成

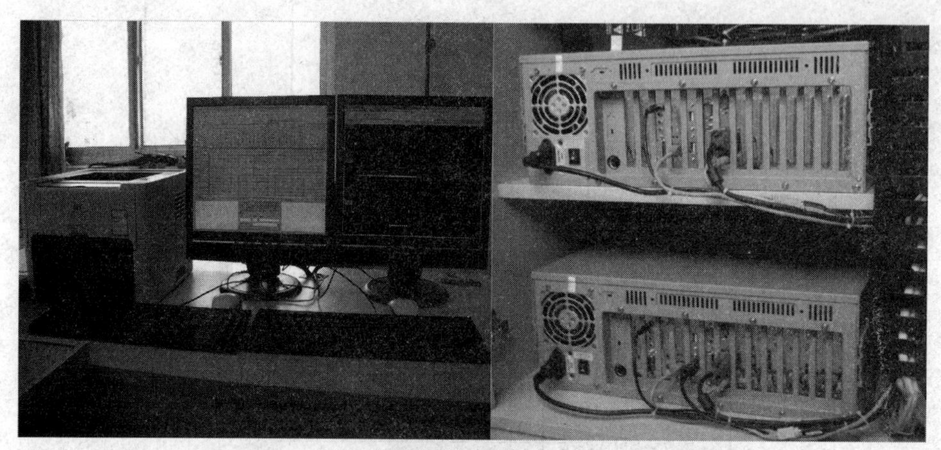

（a）车务终端系统实物

（b）NPORT实物

图 2-52　值班员终端

站，车站分机设有专门的开关量采集板用于采集信号联锁设备的状态。

从计算机联锁系统采集得到的信息包括：

进站信号：H、L、B（引导）；

出站信号：L、B；

调车信号：B；

区间信号机：L、U、H；

股道表示：B、H；

道岔区段表示：QH、QB；

道岔表示：DB、FB；

接近、离去：H；

自动闭塞区间：发车方向（FD）、接车方向（JD）、自动闭塞占用（H）；

半自动闭塞区间：接车表示灯 L、U、H，发车表示灯 L、U、H；

控制台其他表示灯：挤岔报警和灯丝报警。

2. 显示本站和邻站信息

TDCS 通过安装在每个车站的车站值班员终端为车站值班员显示区间信号的开放情况以及列车在区间的运行情况，使值班员能够准确掌握所有区间列车的实际运行位置和运行速度等信息，对于提前做好接发车准备工作和提高线路的通过能力非常有利。除了显示区间信息以外，值班员终端还显示邻站信息。通过安装在控制台旁边的彩色显示器，显示出上行和下行方向临近车站的实时信息，扩大了值班员的视野，同样有利于值班员提前做好接发车准备工作和提高线路的通过能力。

车站值班员终端可显示与本站控制台站型一致的本站及相邻车站、相邻区间的有关行车表示信息；同时可根据配置文件设置站场显示位置、站场显示方向、站场的垂直和水平放大比例，还可实时显示本站采集系统的码位信息。车站 PC 站间透明界面如图 2-53 所示。

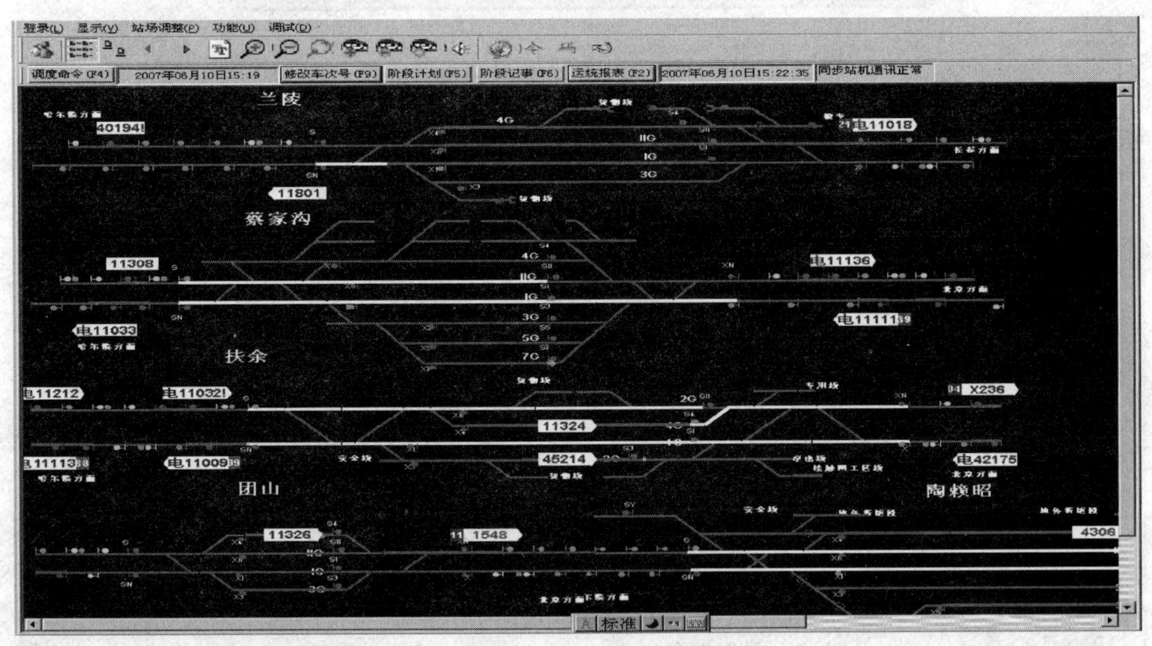

图 2-53　车站 PC 站间透明界面

3. 阶段计划的签收和打印

当调度中心向车站发送调度命令时，阶段计划签收按钮将会闪烁并有声音报警，说明已收到阶段计划，车站值班员应进行签收。车站值班员可对调度员下达的阶段计划进行签收，并可进行查询和打印。阶段计划签收后，即显示在行车日志（运统二、运统三）上。车站 PC 签收阶段计划如图 2-54 所示。

4. 调度命令的签收和打印

车站值班员可对调度命令进行接收、签收、存储、查询和打印。当调度中心向车站发送调度命令时，调度命令签收按钮将会闪烁并有声音报警，说明已收到调度命令，车站值班员应接收此调度命令。调度命令签收后即自动存入车站系统，车站值班员可进行查询和打印。车站调度命令管理窗口如图 2-55 所示，调度命名签收窗口如图 2-56 所示。

5. 无线车次号校核

由于车次号的准确性直接关系到 TDCS 的性能，因此，无线车次号校核的要点是将机车的

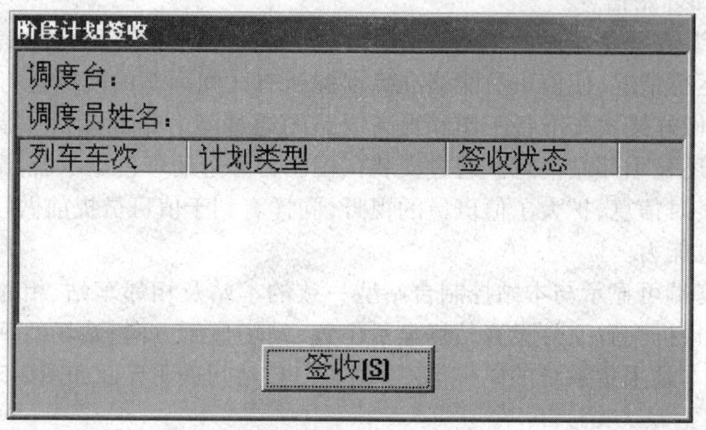

图 2-54　车站 PC 阶段计划签收

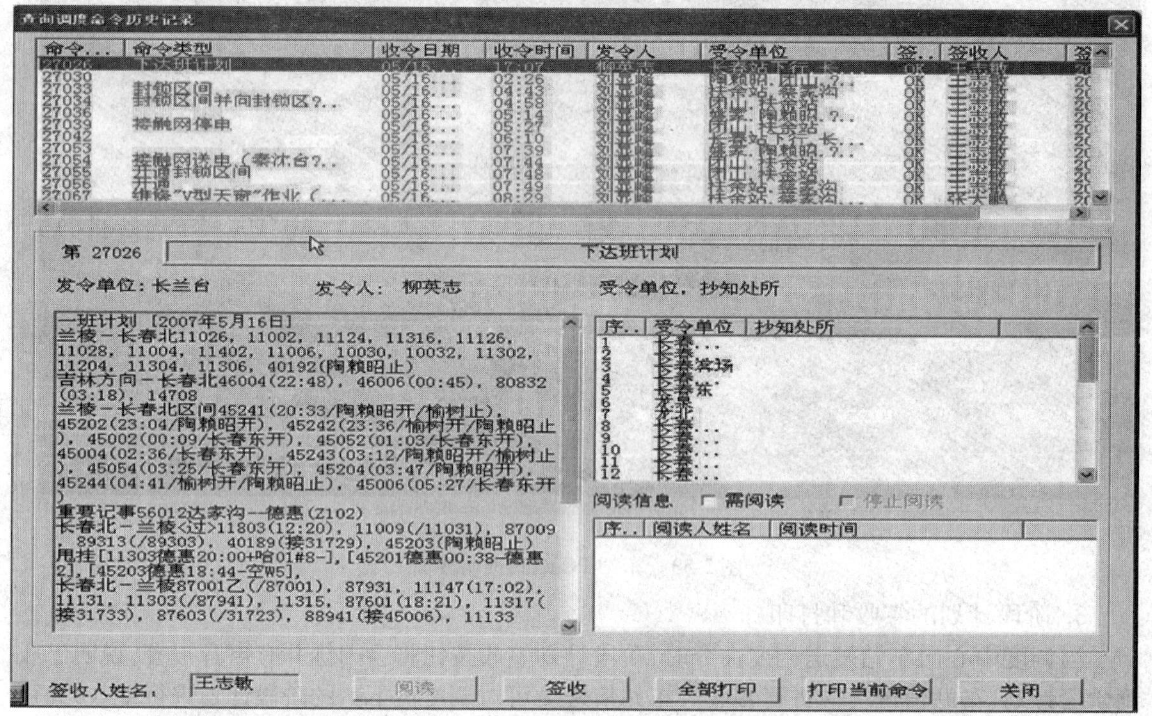

图 2-55　车站调度命令管理窗口

列车运行监控装置提供的与车次有关的信息，发送到车站的无线列调设备，再送到 TDCS 的基层网设备。

无线车次号信息发送分为列车始发、列车进站和列车出站三部分。

(1)列车始发：列车始发时，当车头经过对标点时，应发送列车车次号、列车运行公里标、列车运行速度、机车号、总重、换长、辆数、机车类型、始发标志等信息。

(2)列车进站：列车进站时，当车头距离进站信号机小于 50 m 时，发送列车车次号、列车运行公里标、列车运行速度、机车号、总重、换长、辆数、机车类型、进站标志等信息。

(3)列车出站：列车出站时，当车头距离出站信号机小于 50 m 时，发送列车车次号、列车运行公里标、列车运行速度、机车号、总重、换长、辆数、机车类型、出站标志等信息。

系统根据接收到的车次号信息，校核确认车站、运行方向及相关进路，从而确认或生成列车车次号。采取这种技术可以有效地提高车次号的准确性，对于保证 TDCS 各项功能的使用具有重要意义。

6. 车次跟踪及自动报点

车站分机可通过列车占用和出清轨道电路的变化实现对列车车次的自动跟踪，实现列车的自动报点，并可显示列车的早点、晚点时分。自动报点窗口如图 2-57 所示。

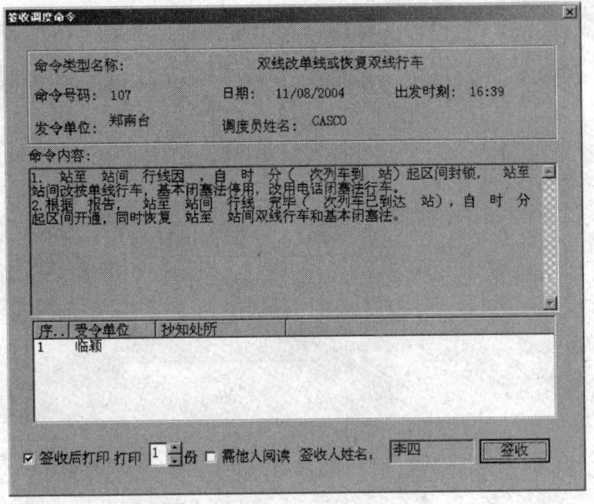

图 2-56 调度命令签收窗口

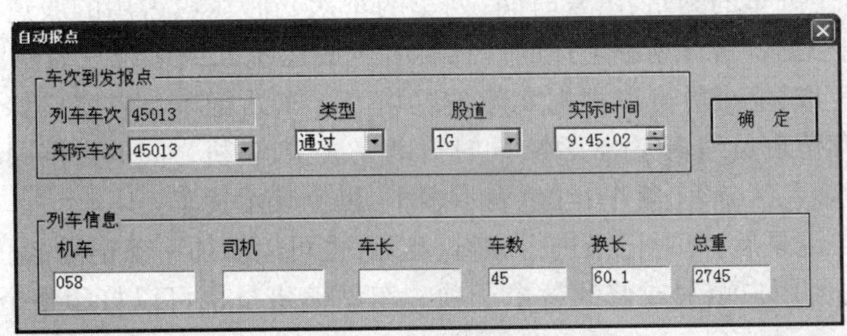

图 2-57 自动报点窗口

7. 车次和到发点的人工管理

在始发站，车站值班人员通过值班员终端输入列车车次。TDCS 具有软件车次跟踪功能，能够根据轨道电路光带的变化，实现车次号的自动传递，但是由于多种原因，可能会造成信息丢失、时序错误等现象。尽管 TDCS 针对以上情况采取了很多处理措施，但是还不能保证百分之百的准确率，所以专门在 TDCS 终端上提供了修正车次号的手段，当车次追踪出现错误时可以进行人工修改。TDCS 允许值班员通过终端设备输入、更改列车车次号，车站值班员可进行人工报点，也可对到发点进行修改。车次号修改和人工报点窗口如图 2-58、图 2-59 所示。

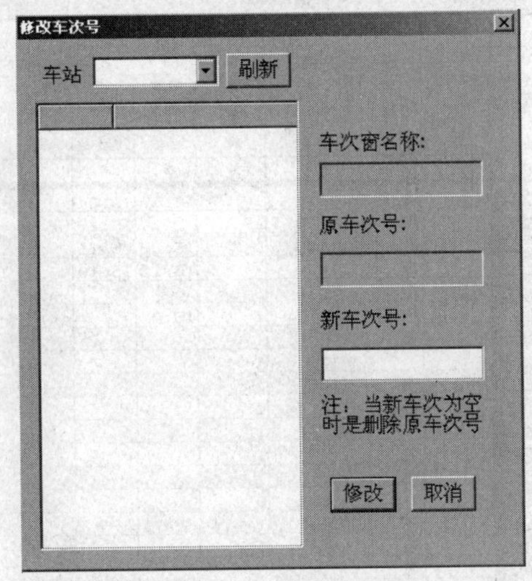

图 2-58 车次号修改窗口

8. 调度命令无线传送功能

TDCS 可将调度员拟写的调度命令、车站值班员拟写的行车凭证通过无线通道发送到机车，车站值班员终端判断选择合适时机进行命令发送，并具有命令发送、回执检查、自动重发、报警提示等功能。

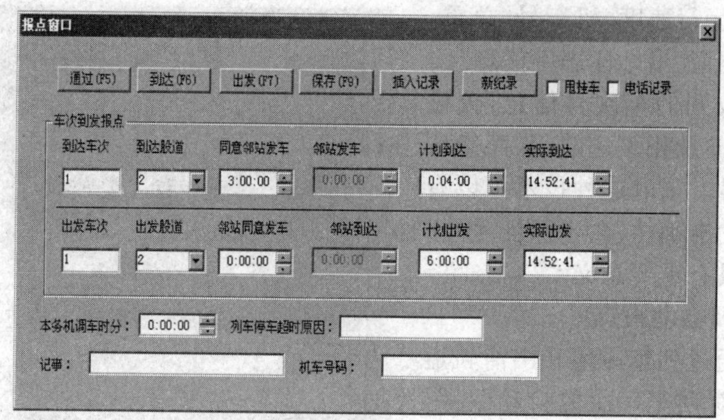

图 2-59　车站 PC 人工报点窗口

9. 行车日志(运统二、运统三)的管理

TDCS 自动产生列车的到站、出发时间,列车的车次、到发点、占用的股道显示在 TDCS 终端上。TDCS 终端根据日班计划和上述的信息实时生成运统二或运统三表格。表格中其他一些项目无法自动生成,值班员可以根据实际情况填写。车站行车日志窗口如图 2-60 所示,车务终端会自动保存值班员编辑完的表格,同时自动完成主、备机之间的数据同步。

在表格中,用颜色区分客、货车:红色表示客车,黑色表示货车。

用户选中一条记录后,可对记录进行编辑、删除,也可以添加一条记录,编辑和添加时重新弹出一个对话框,由用户填写或修改各个子项。车站值班员也可以打印整个运统二、运统三报表。

文件(F)　显示(V)　功能(U)　帮助(H)

调度命令(F4)　2007年06月10日15:25　阶段计划(F5)　阶段记事(F6)　☑ 自动排序　☐ 自动报点

	方向	到达：是否电力	到达：列车车次	到达：接车股道	到达时分：同意邻站发车	到达时分：邻站出发	本站到达：规定	本站到达：计划	本站到达：实际	出发：是否电力	出发：列车车次	出发：发车股道	出发时分：邻发站同意车	本站出发：规定	本站出发：计划	本站出发：实际	邻站到达
	1	2	3	4	5	6	7	8	9	10	11	12	13	14	15	16	17
11111		电	11111	1	14:57	15:04	--:--	--:--			11111	1		15:59	15:28		
11308		电	11308	1		15:13	--:--	--:--			11308	1	15:19	12:44	15:30		
11113		电	11113	3	15:05	15:11	--:--	15:35			11113	3		16:55	18:18		
11009		电	11009	3	15:12	15:19	--:--	15:42			11009	3		15:44	18:24		
11018		电	11018	3		15:21	--:--	15:45			11018	3		15:13	16:47		
42175		电	42175	1	15:21		--:--	--:--			42175	1		15:49	15:49		
K554		电	K554	1			--:--	--:--			K554	1		15:58	15:58		
K130			K130	1			--:--	--:--			K130	1		16:09	16:10		
X105		电	X105	1			--:--	--:--			X105	1		14:06	16:17		
T157		电	T157	1			--:--	--:--			T157	1		16:26	16:30		
K57		电	K57	1			--:--	--:--			K57	1		16:43	16:40		
K170		电	K170	1			--:--	--:--			K170	1		16:44	16:44		
11115		电	11115	1			--:--	--:--			11115	1		17:24	16:54		
40194			40194	3			19:01	16:56			40194	3		19:35	19:27		
11011		电	11011	1			--:--	--:--			11011	1		16:14	17:04		
11138		电	11138	1			--:--	--:--			11138	1		17:08	17:08		
80201		电	80201	3			17:16	17:16			80201	3		17:37	17:37		
11324		电	11324	1			--:--	--:--			11324	1		17:18	17:18		
11310		电	11310	1			--:--	--:--			11310	1		13:36	17:29		
D25																	

图 2-60　车站行车日志窗口

10. 现存车管理

车站值班员可以在车站 TDCS 终端上输入车站运用车(站存车、现在车)信息,这些信息包括存车股道、车辆的类别和辆数、车辆的去向和说明,如图 2-61 所示。车站运用车信息的上报有利于调度员掌握车站的站存车和现车的情况，更好地组织货运。

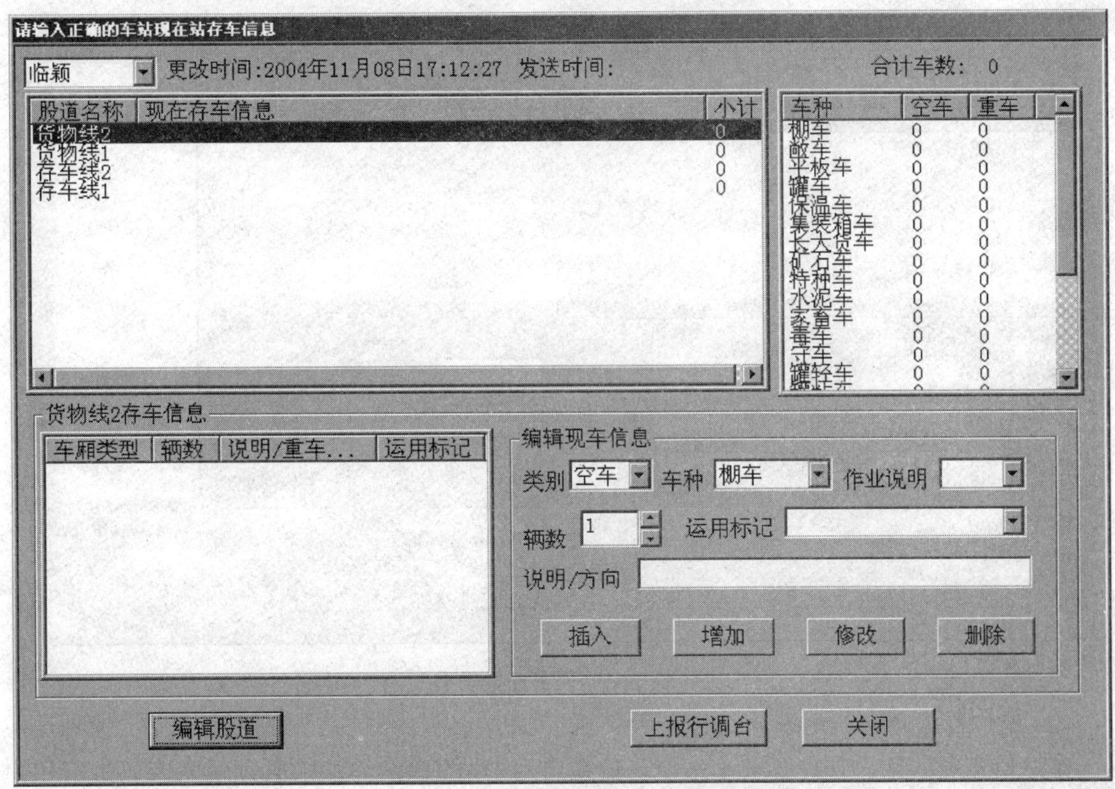

图 2-61 车站现存车输入窗口

11. 甩挂车作业和列车速报表

车站值班员可接收调度员下发的列车甩挂车信息，并可进行存储和查询。这些信息的获得有利于调度员和车站值班员对车站甩挂车作业的指挥。甩挂车作业管理如图 2-62 所示。

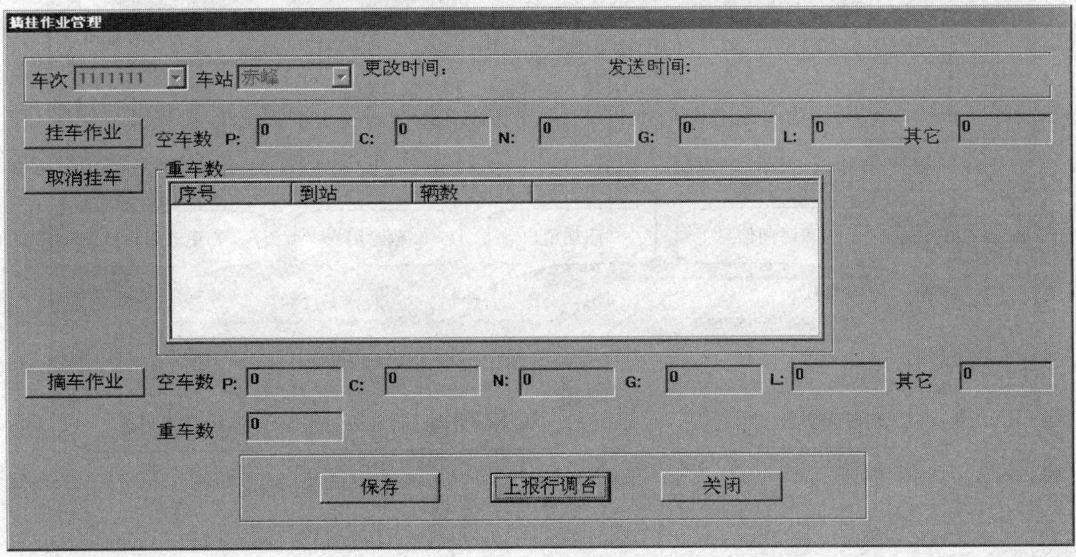

图 2-62 甩挂车作业管理

车站值班员可输入列车速报表（列车简单编组），用于调度员的行车指挥以及运行图和统计报表的绘制和打印。列车速报表如图 2-63 所示。

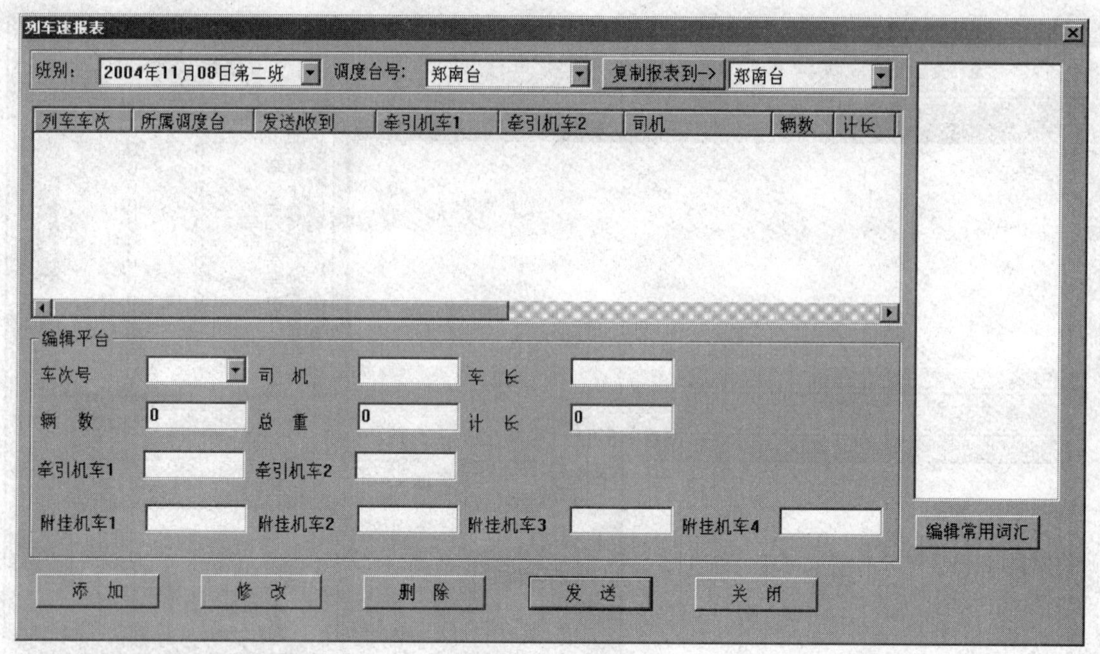

图 2-63 列车速报表

12. 用户管理和辅助功能

车站值班员的用户管理要求车站值班员在启用车站 TDCS 终端前必须输入密码进行用户登录,保证车站调度工作的严肃性,避免误操作和其他人员的非法使用。车站 PC 用户管理界面如图 2-64 所示。

车站 TDCS 终端还提供了常用词汇输入和声音提示等辅助功能。

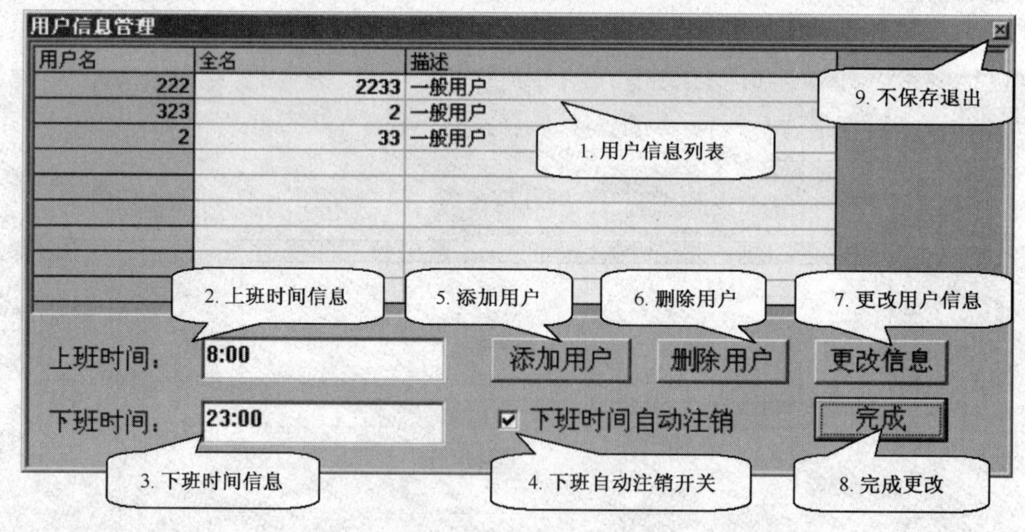

图 2-64 车站 PC 用户管理界面

四、车站 TDCS 与其他系统接口

TDCS 在基层网与其他信息系统间接口主要有:与车站联锁系统的接口(包括计算机联锁

和继电联锁系统）接口、与无线车次号设备的接口、与无线调度命令系统的接口、与集中监测系统的接口、与列控中心的接口、与 GSM－R 的接口。

1. TDCS 与计算机联锁系统的接口

在目前的应用中，有两种接口设置方法可以直接获得计算机联锁设备的状态和联锁系统的数字信息。一种方法是通过串行通信接口连接，一种方法是通过网络获得车站联锁系统关于信号设备的动态信息。

通过串行通信接口连接方法如图 2-65 所示，由计算机联锁厂家提供一个可以和 TDCS 相连的串口，一般在计算机联锁电务维修机或上位机上提供一个串行接口，用 9 孔插头连接该串口，经光电隔离，通过 RS232/422 转换设备，另一端与 25 孔插头的车站通信计算机的 COM 口连接。这样车站通信计算机就可以直接接收从计算机联锁电务维修机（或上位机）串口送来的站场表示信息。

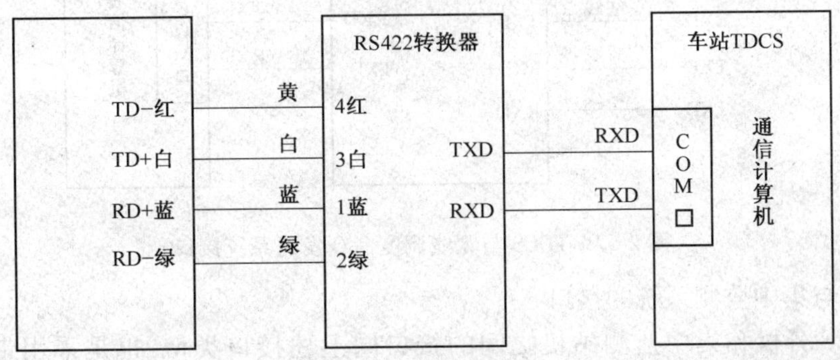

图 2-65　TDCS 与计算机联锁系统的接口

通过网络完成信息交换的方法，是从计算机联锁的电务维修机（或上位机）的 RJ45 以太网接口引出一条网线接到 TDCS 车站分机机柜里的集线器，然后通过集线器和通信计算机的网卡相连，从而通过网络来得到车站联锁关于信号设备的动态信息。

2. TDCS 与无线车次号设备的接口

车站 TDCS 分机通过串行通信接口（一般采用 RS422 接口）同无线车次号设备相连，接收无线车次号信息。由机车的发送设备发送出有关车次的信息，传送到通信机械室的接收解码器。由于无线车次号接收解码器与车站 TDCS 分机采用 RS422 接口连接，需要进行接口转换。如图 2-66 所示，由通信设备将有关车次信息的通信线以接收正、负极线送到 TDCS 车站分机机柜里，然后将这两根线接到有源 RS422/232 转换器上。RS232 一侧接到通信计算机卡串口上。

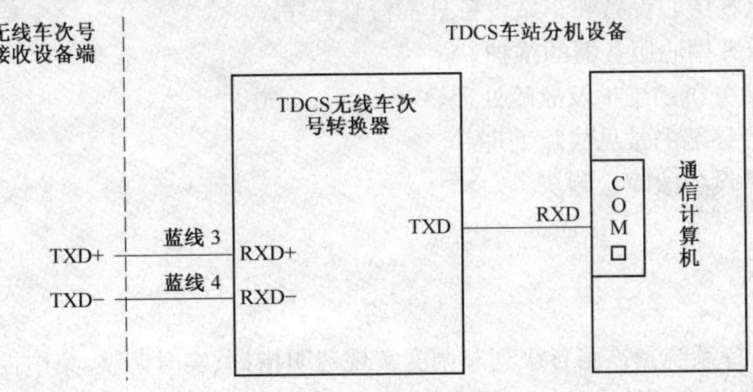

图 2-66　TDCS 与无线车次号设备的接口

3. TDCS 与无线调度命令发送系统接口

车站 TDCS 分机通过串行通信接口(一般采用 RS422 接口)同无线调度命令发送装置相连,向列车发送无线调度命令。无线调度命令系统需要一个有线和无线的转换过程,调度所调度命令生成后经调度所通信服务器、调度所协议转换器、光缆到车站 TDCS 的通信计算机、有源转换器,再到无线调度命令设备端进行无线转发。调度命令转发设备通过串口线,采用 RS422 的方式与车务终端主机连接,两个系统间的接口也存在 RS422/232 转换问题,如图 2-67 所示。

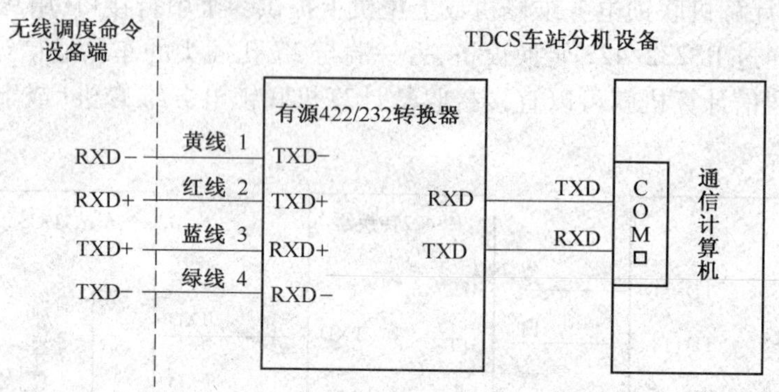

图 2-67　TDCS 与无线调度命令发送系统接口

4. TDCS 与集中监测系统的接口

车站 TDCS 分机和集中监测站机之间的接口同上述接口类似,也是采用带光电隔离的 RS422串行接口连接,接口示意图与图 2-67 类似。

5. TDCS 与车站列控中心的接口

TDCS 与列控系统的车站列控中心有接口,为了保证传输质量,采用 RS422 标准与 TDCS 车站通信计算相连。连个系统间的接口也存在 RS422/232 转换问题,转换方法同上述类似。

任务 5　TDCS 设备维护与故障处理

任 务 书

1. 描述 TDCS 中心设备和车站设备日常检修程序。
2. 描述 TDCS 中心服务器的维护。
3. 描述车站分机的维护及故障处理。
4. 描述车务终端的常见故障处理。
5. 描述网络设备故障检测。

理论知识

列车调度指挥系统是铁路各级列车调度实现透明指挥、实时调整、集中控制的现代化信息系统,它采用现代化信息技术,融会通信、信号、计算机、网络、多媒体等技术,是保证行车安全、

提高运输效率、改善行车指挥人员工作条件的重要行车设备,也是铁路信号的基础设施。

TDCS 由国铁集团、铁路局中心局域网及车站基层网组成,具有点多线长、布局成网、分散维护、集中使用的特点,维护管理必须树立全程全网的观念,实行统一指挥、分级管理、分工负责、密切协作的工作制度,加强基层建设,做好各项基础工作,不断提高维护管理水平。

一、TDCS 设备检修作业程序

TDCS 设备检修作业程序包括调度中心设备检修作业程序和车站检修作业程序,检修作业包括日常维护和集中检修。以下内容参考武汉铁路局电务系统关于 TDCS 设备检修作业程序。

(一)TDCS 中心设备检修作业程序

1. 日常养护

日常养护工作周期要求每天 1 次或多次。日常养护工作内容如下:

(1)计算机外观检查

需检查的设备包括服务器、前置机、维护台、调度台、网络安全机柜等,检修内容如下:

①各部外观清洁、机箱、机柜通风良好。

②主控机、显示器、鼠标、键盘、网络等插接件插接牢固。

③工作表示灯显示正常。

④无错误及报警提示。

(2)软件运行检查

需检查的设备包括服务器、前置机、维护台、调度台等,检修内容如下:

①应用软件运行正常。

②磁盘剩余空间正常。

③网络状态正常。

④无错误及报警提示。

(3)网络安全日常维护

需检查的设备包括防病毒服务器、漏洞评估、防火墙等,检修内容如下:

①漏洞评估、动态口令、防病毒服务器网络状态检查。

②每周病毒库升级。

③查看病毒库威胁日志。

④防火墙两级通道状态检查。

⑤每月对漏洞评估系统进行一次升级,对漏洞评估对象进行一次漏洞评估,并生成一套评估报告,进行分析。

(4)网络互联设备外观检查

需要检查的设备包括路由器、交换机、集线器、调制解调器等,检修内容如下:

①工作指示灯显示正常。

②通信通道插座及配线无松动,接触良好。

③设备运行正常,声音无异常。

④表面清洁、无尘土。

⑤每日值班人员通过网管系统全面查巡网络连接状态是否良好。

(5)电源设备外观检查

需检查的设备包括电源屏、配电柜、UPS 电源等,检修内容如下:

①盘面整洁、外观良好,各指示灯正常,仪表指示正确。

②各种器材运用状态良好,无过热现象、无异声、无异味、无异状。

③UPS 无报警信息。

④测试电源一、二路输入电压。

⑤测试 UPS 输出电压。

(6)大屏机、大屏幕外观检查

①设备运行正常,声音无异常。

②鼠标、键盘等外围设备正常工作。

③工控机、显视屏控制主机、显视屏分配器大屏幕开关位置正确,工作表示灯显示正常。

④大屏幕显示正常,应用程序运行图标正确。

⑤无错误及报警提示。

2. 集中检修

集中检修工作周期建议每月 1 次。集中检修工作内容如下:

(1)计算机检修

①机柜内部清洁。

②配线整齐无破皮,插接件紧固、良好。

③主机运行正常,主、备服务器能正常切换。

④服务工作站数据清理。

⑤防静电措施良好。

⑥防尘措施良好。

⑦加锁良好。

(2)网络互联设备检修

需检查的设备包括路由器、交换机、集线器、调制解调器,检修内容如下:

①内部螺丝紧固,不松动。

②电源插头、插座插接牢固,接触良好。

③线把捆绑整齐,标号明确、清晰。

④风扇工作正常。

⑤路由器、交换机热备功能良好,切换正常。

⑥主、备通道接收、传递信息正常。

(3)电源设备检修

需检查的设备包括电源屏、配电柜、UPS 电源等,检修内容如下:

①屏内各部件清洁。

②各部螺丝紧固,螺帽、垫片齐全。

③闸刀安装牢固,作用良好。

④配线整齐清洁,无破皮、无接地,焊接良好,套管不脱落。

⑤逐台检查各种器材插接良好,安装牢固。

⑥两路电源自动、手动转换可靠,相序一致。

⑦UPS 电源检修内容及方法严格按随机使用手册及有关规定执行。

⑧地线测试:计算机联锁防雷地线接地电阻不大于 4 Ω,其他地线(如安全地线、逻辑地线等)应符合设计规定。

(4)大屏机、大屏幕检修

①各种插接件插接牢固、不松动。

②各种线把捆绑整齐、无破皮。

③大屏机、大屏幕及外围设备内、外部清洁。

④过滤网清洗。

⑤机柜风扇工作正常。

⑥屏内灯管无老化及破损现象。

⑦机柜门、锁良好。

(二)TDCS 车站设备检修作业程序

1. 日常养护

日常养护工作周期要求每天 1 次或多次。日常养护工作内容如下:

(1)终端 PC 机外观检查

①各部外观清洁,机箱、机柜通风良好。

②主机、显示器、鼠标、键盘、网络等插接牢固。

③屏幕站场图及应用程序运行图标显示正确。

(2)采集机柜外观检查

①采集机各板指示灯工作正常。

②各采集板上表示灯闪光频率正常。

(3)通信设备检查

①协议转换器、路由器、交换机、集线器(调制解调器)指示灯工作正常。

②通信通道插座及配线无松动、接触良好。

2. 集中检修

集中检修工作周期建议每月 1 次。集中检修工作内容如下:

(1)机柜内部检查。

(2)机柜内部清洁,加封、加锁装置良好。

(3)各部螺丝紧固,螺帽、垫片齐全。

(4)配线焊机牢固,插接件紧固、良好。

(5)防静电措施良好。

(6)防尘措施良好。

(7)测试电源工作电压。

(8)UPS 电源检修内容及方法严格按随机使用手册及有关规定执行。

(9)工控机通风口清洁。

(10)设备及电源接地良好。

(11)定期更换易损耗器材(如 UPS 电源、计算机电源、风扇、硬盘)。

二、TDCS 设备维护

(一)铁路局调度指挥中心 TDCS 设备维护

1. 数据库服务器的维护

数据库服务器作为 TDCS 数据存储的重要设备,可运行 DB2、ORCALE 等数据库管理程序,应用服务器利用网络操作数据库。数据库服务器上安装了 HACMP 软件,用以实现双机热备。

HACMP 是 IBM 提供的高可靠性群集系统软件。HACMP 的工作原理是监控主机及网络、网卡的状态。在一个 HACMP 环境中有 TCP/IP 网络和非 TCP/IP 网络。TCP/IP 网络指应用客户端访问的公共网。非 TCP/IP 网络指 RS232 串口连接,在两个节点间提供点到点的连接,用于在 TCP/IP 子网失效事件发生时控制信息和心跳信息的传递。

作为双机系统的两台服务器(主机 A 和 B)同时运行 HACMP 软件。两台主机系统(A 和 B)在整个运行过程中,通过"心跳线"相互监测对方的运行情况(包括系统的硬件运行、网络通信和应用运行情况等)。一旦发现对方主机的运行不正常(出故障)时,故障机的数据库应用服务器就会立即停止运行,本机(故障机的备份机)就会立即在自己的机器上启动故障机的数据库应用服务,把故障机的数据库应用服务及其资源(包括用到的 IP 地址和磁盘空间等)接管过来,使故障机的数据库应用服务器在本机继续运行。数据库应用服务和资源的接管过程由 HACMP 软件自动完成,无需人工干预。当两台主机正常工作时,也可以根据需要将其中一台机上的数据库应用服务器切换到另一台(备份机)上运行。

(1)开机顺序

数据库服务器采用共享的外部磁盘柜作为存储媒质,磁盘柜使用 RAID5 技术保证数据安全。必须先打开磁盘柜电源,后启动数据库服务器。如果没有按照顺序启动,会导致数据库服务器不能访问磁盘柜,需要重新启动数据库服务器。

(2)启动数据库

如 DB2 数据库,以 db2 用户输入 db2start 命令,如果显示" The database manager is already active"或者"The database manager start successfully",说明数据库系统启动正常。

2. 应用服务器的维护

应用服务器采取了双机热备机制,正常工作状态下双机一主一备同步运行,在主机出现异常情况下备机自动切换为主机。目前主要采用 IBM 的小型机作为应用服务器,安装 AIX 操作系统。

(1)开机

开机时先打开终端的电源开关,再打开服务器电源开关,此时服务器的电源指示绿灯恒亮,等待大约 3 min,该过程中终端屏幕上先出现满屏乱字符,后出现系统初始化信息(英文),系统启动完成后出现用户登录提示:

Aix version 5

(C) Copyrights by IBM and by others 1982,2004

Console login:

(2)用户登录

AIX 系统必须用户登录后才能使用;目前可用的用户名有两个:

tdcs　密码: tdcs (一般情况下应以 tdcs 登录)

root 密码: * * * *

输完用户名后按回车出现 (注: 在 AIX 系统里严格区分大小写字符)

tdcs's password:

此时输入密码,后按回车(注: 密码字符不显示)

若登录成功,则出现系统提示 $ 提示符(若以 root 登录, 则出现 # 提示)。

(3)启动程序

只有以 tdcs 用户登录才能正确启动程序。

①运行程序:$./R

如果上面的操作不能正确启动程序,在$提示符后输入:cd/db/TDCS/TDCS/run

②确认当前目录是否为运行目录,输入: $ pwd

若显示 /db/TDCS/TDCS/run,正确。否则,重新进入运行目录。

③重新运行程序:$./R

服务器程序启动后,界面显示如下:

MASTER　　　　　　　　　　CASCO SIGNAL LIMITED　　　　　　　　04/09/2003

STANDBY DOWN　　　　　　　　　　　　　　　SYSTEM Ver 2.00

22:00:00

SYSTEM MESSAGE

---

(4)退出程序

当需要退出程序时,可以在上述界面上按 F10,在弹出的提示中输入 y 并回车。

连续按 Ctrl + C 键,直到出现命令提示符为止。

(5)关机

在命令提示状态下:(若服务器程序正在运行, 则按 CTRL_C 终止程序,出现用户登录提示,以 TDCS 用户重新登录进入命令提示行)

输入命令

shutdown

等待大约 3 min,当屏幕最后出现如下

－－－－－－－ Halt completed －－－－－－－－

时,服务器关机完成,此时服务器电源指示绿灯慢闪(仅在这种情况下,才可以切断服务器电源输入)。

或输入 shutdown －r 或 reboot 并回车(在超级用户下才可以用)重新启动系统。

或输入 shutdown －F 回车后快速关机。

或输入 shutdown －Fr 回车后快速启动。

注意:不可直接关服务器电源,这属于非法操作,有损于机器,可能导致服务器不能正常启动!

(6)服务器双机切换

服务器为双机热备,当前正在运行的是主机,另一台为备机,正常运行时,服务器程序界面左上角显示程序运行状态,上面一行 MASTER 表示主机,STANDBY 表示备机,下面一行显示对方状态。

服务器所有的主备机状态含义如下:

① 单机运行时主机状态有　　MASTER

　　　　　　　　　　　　　　STANDBY DOWN

② 双机运行时主机状态有

- MASTER

STANDBY　DOWN 表示备机已退出,未运行

- MASTER

STANDBY　SYNC 表示备机刚运行,正在同步数据中

- MASTER

STANDBY　UP 表示备机已运行,此时可以切换

③ 双机运行时备机状态有

- STANDBY

MASTER　UP 表示正常,此时可以切换

- STANDBY

MASTER　SYNC 表示备机刚运行,正在同步数据中

界面下方是信息窗口,滚动显示程序运行信息。如果显示不正确,需要按“Esc”键进行刷屏。主备机程序会自动切换,当主机程序退出时,备机自动起为主机。若备机没有运行,则主机显示:STANDBY DOWN。

如要人工进行切换,则要通过切换开关实现。

(7)IBM　AIX 操作系统下常用命令

①Telent 命令的使用

Telent 提供以仿真方式连接到主机系统的终端连接方法。它允许登录到远程计算机并下载或者发布文件。

②ftp 命令的使用

ftp 提供基于字符连接到服务器并传送文件的方法。它允许登录到远程计算机并下载或者发布文件。

③ls[-l][文件通配符]

ls 用于显示某一个目录的内容或者某一个文件的属性,相当于 DOS 系统的 dir 命令。不带任何参数,将会显示出目前目录中所有文件。参数 -l:可以显示更多的文件属性,如文件存取权、文件拥有权者、文件大小、文件最后更新日期。文件通配符用于描述一类文件,如 dac *. dat 为以 abc 开头且后缀为 dat 的所有文件。

④cd 目录名

cd 用于将目前的目录转移到所定义的目录去。使用“cd…”来转移到上一层目录。与 DOS 系统的 cd 命令一致。

⑤Clear

Clear 用于清屏,相当于 DOS 系统的 cls 命令。

⑥Date

Date 命令用于显示或者更改时期和时间。不带任何参数,它将会显示出当前的时期和时间。

⑦Whoami

Whoami 命令用于显示当前的用户名称。

⑧Su -[用户]

Su 命令用于切换当前的用户。不带用户名时,为切换到超级用户。

⑨Ipconfig 和 Ifconfig 命令的使用

Ipconfig 和 Ifconfig 用于查看网络接口的配置,主要包括 IP 地址、子网掩码以及网关等。

Ipconfig 命令用于 Windows 系统，Ifconfig 命令用于 Unix 和 Linux 系统。Ifconfig – a 命令显示当前机器上的网卡设置。

⑩硬盘使用空间的判断

命令“df”用于显示文件系统空间使用情况。

命令“df – g”用于以 G 为单位显示硬盘空间。

a. 程序运行状态的判断

命令“ps – afe | grep cadsys”可以查看主机程序的运行状态，其显示内容如下：

Dmis　6230　6988　10　Nov 21　0　137:56.　/cadsys config. def　0xlffff　0

Dmis　6988　6728　0　Nov 21　0　0:00.　/cadsys config. def　0xlffff　0

b. 需要注意的问题

AIX 系统命令区分大小写，请注意输入命令的正确性；AIX 系统下不同的用户具有不同的权限，请注意输入命令时当前的用户是否具有操作权限。

3. 通信前置机的维护

(1)通信前置机的安装

①安装 NT/2000 系统；

②安装网卡驱动程序，并设置 IP 地址；

③安装显卡驱动程序，并设置分辨率到 1 024 ×768 ×256；

④安装 NT/2000 的 Pack(补丁)；

⑤复制通信前置机的 TDCS 目录到 C：盘；

⑥复制最新的数据 st_dat. rst 到 C:\TDCS\RUN 目录；

⑦如果双机运行，则需要一根直连 RS232 串口线连接两机的热备端口配线:2 – 3，3 – 2，5 – 5，7 – 8，8 – 7(DB9 接口)。

(2)通信前置机的操作

①启动系统

运行程序启动文件 C:\TDCS\DLL\TDCS. cmd 即可启动通信前置机程序，建议在桌面上建立程序启动文件的快捷方式，这样只要双击桌面上的相应图标即可启动程序。

②退出系统

选择主菜单“权限”→“退出”，在弹出的对话框中点击“退出应用程序”即可。

4. 调度台的维护

调度台为高性能的图形工作站，安装有多屏卡用于多屏显示站场信息等。在日常硬件维护上以计算机维护的方式进行日常检修和维护，同时需要准备若干后备调度台，以备在调度台故障时替换使用。在软件故障处理方面可查看调度台常见问题处理部分。

(二)车站 TDCS 设备维护

1. 车站分机维护

车站分机为双机热备设备，在日常巡视时需要观察其主备机情况，并做相应记录，并与上一次记录做对比，统计其是否进行过热备切换，如进行过热备切换，可分析其原因。可查看目前的备机程序是否正常启动；期间计算机联锁设备是否进行过相应的倒切等。

(1)车站分机开机步骤

TDCS 分机：打开分机柜内 UPS 电源→将电源模块中的自动/手动开关打到手动→打开 A 机和 B 机电源→按压黄色告警消除按钮清除告警→倒机板面板上 A 同步灯和 B 同步灯同时

闪烁时，将自动/手动开关打到自动→打开调制解调器电源。

(2)车站分机关机步骤

正常情况下不必关机，如遇电源屏停电、封锁施工或UPS故障的情况下需要关机，则步骤与开机时相反。简而言之，就是先关计算机和外部设备电源，再关UPS电源。

需要单独关闭A机时，应先将开关打到B机手动，然后再关闭A机电源；需要单独关闭B机时，应先将开关打到A机手动，然后再关闭B机电源。

(3)车站分机双机切换(倒机)

自动方式下，按压工作机(主机)终端板上的复位按钮(RESET键)即可实现切换，切换后按压黄色按钮清除告警。

手动方式下，按压电源箱上另一机(备机)的手动按钮即可实现切换，切换后按压黄色按钮清除告警。

(4)车站分机远程登录维护

车站分机可使用Telent命令进行远程登录维护，登录和退出步骤如下：在系统维护台上打开DOS命令窗口，在命令行窗口运行Telent命令(telent + IP地址)，如：C：\ telent 192. 168. 3. 45，出现login提示后，输入用户名toot出现Password提示后，输入登录口令root，若出现提示符bash -2. 05#表示登录成功；维护操作完成后，必须退出远程登录，运行命令exit。

重启系统：运行命令 reboot；

查看进程：运行命令 ps x；

查看目录与文件 改变当前目录：cd + 目标目录；

列出当前目录下的文件：ls；

检测通信状况：通过ping命令可检测车站分机与目标地址的通信状况，如ping 192. 168. 1. 4。

2. 车务终端维护

(1)车务终端启动

车务终端由两台工控机和两台显示器组成，在计算机启动后，车务终端软件会自动启动，当显示屏上显示站场表示、运统报表和调车作业单时表明车务终端启动成功(有可能根据用户要求只启动其中一至两个界面，如：车站信号员没有运统报表界面；车站综合维护员只有站场表示界面)。

车务终端必须保证24 h连续运行，车站值班员不能将其随意退出。同时，严禁车站值班员在车务终端上进行与本系统无关的操作。

用户不慎将车务终端退出或计算机显示蓝屏后，需要重新启动，请按以下步骤操作：

①同时按下CTRL、ALT和DEL三个按键，出现如图2-68所示对话框。

②用鼠标左键单击“关机(S)”按钮，系统将弹出如图2-69所示关机对话框，选取“重新启动”，然后单击“确定”按钮，等待计算机重新启动后，即可重新进入启动成功的界面。

(2)退出程序

系统设置了自启动，正常情况下无法将程序退出。为保证系统安全使用，车站PC屏蔽“任务管理器”，如图2-69所示。异常情况下管理员可以退出程序，恢复桌面，进行系统维护。方法为：在车站PC的菜单中选择“调试”，如图2-70所示。

选择“系统维护”弹出如图2-71所示对话框。

在对话框中输入正确密码后资源管理器被打开，运行D：\stpc\gpcres. cmd后注销，即可恢

图 2-68　车务终端启动对话框

图 2-69　车务终端重启对话框

图 2-70　调试对话框

复“任务管理器”。在“任务管理器”中将 daemon. exe 和 stpc. exe 的进程结束,就可以退出执行程序。

图 2-71　输入密码对话框

恢复使用时,点击 D:\stpc\gpcset. reg,修改注册表文件。再次注销计算机后将只运行 stpc. exe,并屏蔽桌面等。

(3)运行文件列表

车站 PC 的所有程序文件和数据文件均在 D:\stpc 目录下,程序文件包括:

主程序　　stpc. exe

辅助程序　　ShowRunStatisticReport. exe

动态连接库

ind_disp. dll ip. dll layoutdll. dll ossystem. dll

Phasenote. dll Phaseplan. dll report. dll share. dll

Sharedialog. dll

控件文件

tview. ocx Msflxgrd. ocx

由于 GPC 程序用 Vc60 编译,因此下列 VC 的共享库文件必须在 \WINNT\SYSTEM32 目录下(或 C:\stpc 下)

MFC42D. DLL MFCN42D. DLL

MFCO42D. DLL MSVCRTD. DLL

数据文件、配置文件和特殊控制文件包括:

数据文件:

st_dat. rst	站场逻辑描述文件
name_idx. * * *	站场图显示描述文件(* * *是站号)
tle_io. * * *	码位表示文件(* * *是站号)

配置文件:

Config. def	主配置文件,配置所有有关参数
Layout. ini	站场图显示文件,配置所有显示站场位置
StationName. ini	站名文件,记录本区段所需格站站名及站号
Subao. ini	列车速报表配置文件
Report. def	运统报表配置文件,配置运统报表格式
ip. cfg	与逻辑处理有关的配置
station * * * client. cfg	与车站 AIO 通信的配置文件(* * *是站号)
stationcbl1. cfg	
stationcbl2. cfg	与两台通信前置机通信的配置文件
modulefile	目录保存调度命令模板

特殊控制文件:

GPCSET. REG	将系统设为专用方式的命令文件
GPCRES. REG	将系统设为桌面普通方式的命令文件
DAEMON. EXE	远程控制服务程序
St. dat	远程控制服务程序配置文件

(4)更改计算机网络设置的方法

①更改计算机名

在桌面上右键单击“我的电脑”图标,在下拉菜单中选择“属性”,在弹出的对话框中选择“网络标识”属性页,如图 2-72 所示。

点击“属性”按钮,系统弹出“标识更改”对话框,如图 2-73 所示。在“计算机名”下的编辑框中更改计算机名,更改完成后点击“确定”。

②更改计算机的 IP 地址

在桌面上右键单击“网上邻居”图标,在下拉菜单中选择“属性”,在弹出的窗口中右键单击“本地连接”图标,在下拉菜单中选择“属性”,系统弹出“本地连接 属性”对话框,如图 2-74 所示。

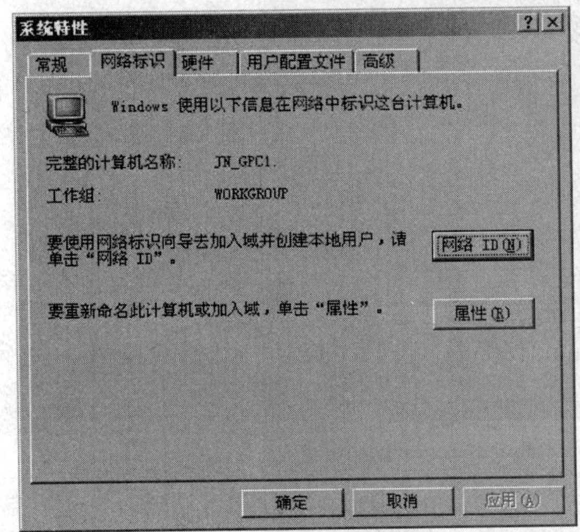

图 2-72　网络标识界面

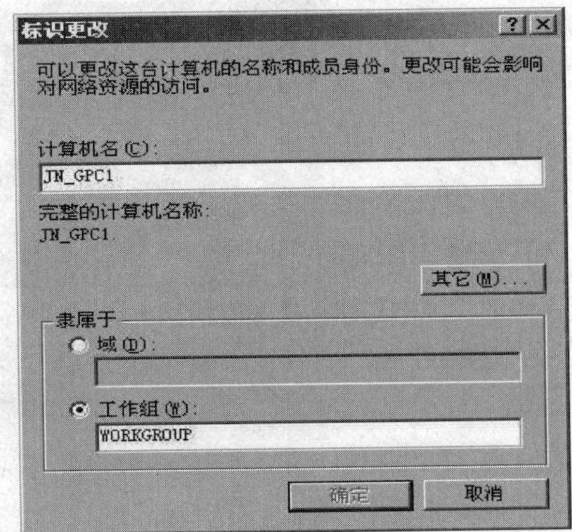

图 2-73　更改计算机名界面

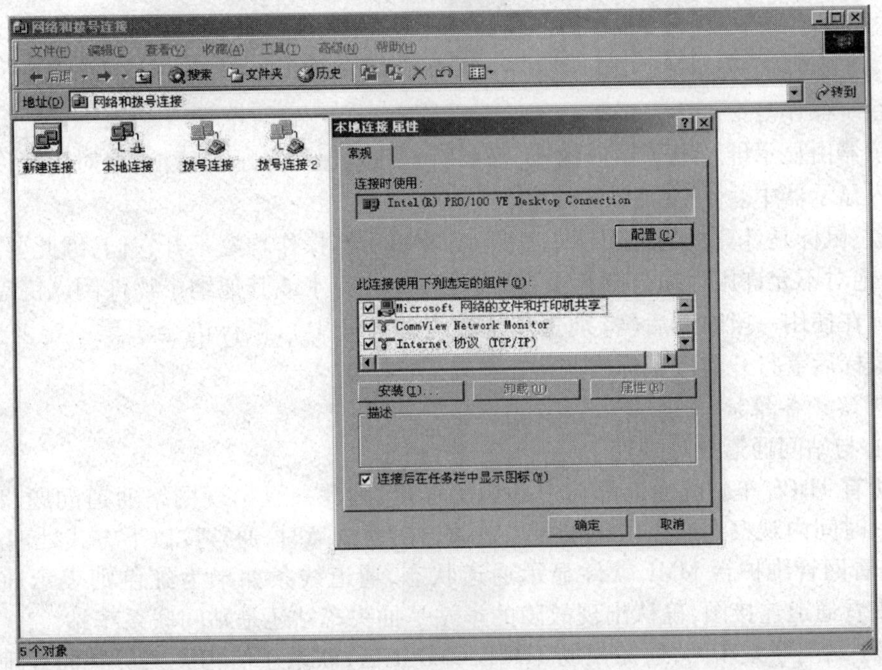

图 2-74　本地连接界面

在该对话框中双击“Internet 协议（TCP/IP）”，弹出配置协议属性的对话框，如图 2-75 所示。

确认选择了“使用下面的 IP 地址”，在下面的编辑栏中输入新的 IP 地址和默认网关，子网掩码一般都默认为 255. 255. 255. 224，无需更改。

(5)车务终端计算机维护要求

①为保证系统可靠运行，车务终端开机后，绝对不允许值班员玩游戏。

②为保证计算机系统不受到病毒感染，绝对不允许使用计算机上的软盘进行任何操作。

③当计算机由于某种原因需要关机时，要按照车务终端使用说明书的步骤正常关机(同时按 CTRL + ALT + DEL)，而不能直接关闭计算机电源来关机，因为直接关闭计算机电源会破

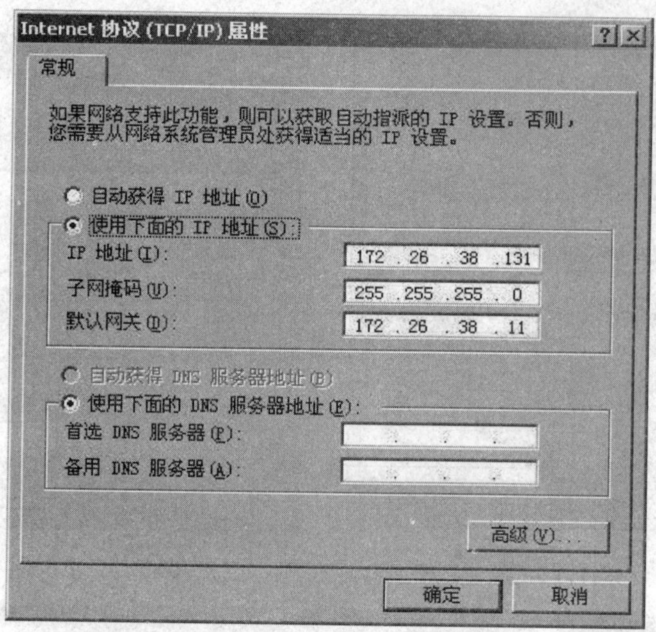

图 2-75　IP 地址配置界面

坏计算机系统操作。

④显示器由显示屏及电子器件构成，需要特别注意保持显示器清洁，绝对不允许将水或其他液体倒入显示器中。

⑤键盘、鼠标是计算机的常用输入工具，计算机所有操作均离不开它们，因此要保持鼠标、键盘清洁，绝对不允许用力敲打键盘及鼠标，更不允许将水或其他细小物件倒入键盘中。

⑥鼠标在使用一段时间后（特别是灰尘较多的环境中），鼠标内会积累一定灰尘，这时可以定期将鼠标后盖打开清理鼠标内灰尘。

（三）网络设备维护

1. 中心与站间通道故障处理

由于所有 TDCS 车站的通道都与中心机房连接，因此一旦出现网络通道问题，TDCS 中心将可以第一时间内观察到通道出现报警。在通道出现故障时，通常按以下方式处理。

（1）查看网管维护台 MMI 软件显示通道状态，通道线条如果为红色则表示通道出现故障。然后查看通道连接图，确认出现故障的车站是抽头车站还是站间联系车站。

（2）对于站间联系车站，通知现场 TDCS/CTC 工区，联系通信相关人员共同处理，TDCS 中心协助配合。

（3）对于中心抽头车站，确认故障车站的名称，查看《中心机房配线图——远程通道径线图》，确认该通道接入中心协议转换器的位置以及接入中心路由器端口位置。然后找到协议转换器，观察协议转换器闪灯是否正常，利用网管维护台查看路由器位置，确认是否通道故障。

（4）通知通信传输室，查看通道是否有报警。

（5）确认故障后，首先判断故障是由于设备原因还是通信通道故障问题。测试通道比较简单的方法是做环处理，其方法如下：

甩开通信通道及防雷同轴电缆，利用自环线对协议转换器做环回，利用网管维护台 Telent 登录到路由器，查看该端口是否能看见自环（looped），如能看到环，则说明设备没有问题；如看不到环，则是协议转换器或路由器故障，此时查看路由器及协议转换器的各指示灯状态，据此判断故障部位。

(6)排除设备问题后,从中心往车站依次让通信运营单位协助做环测试。依次顺序为:防雷输入端,通信中心传输室,通信车站中转,通信车站通信机械室。车站端也同样做环测试。最终查出问题出在哪一段线路,进行有针对性的处理。

(7)通道处理完成之后,需要对通道处理结果进行确认。首先确认协议转换器显示正常;其次确认路由器端口和线路协议显示正常;通过网管维护台 telent 登录到路由器 ping 大数据包,观察丢包情况是否存在。正常情况下,是不允许有丢包现象存在的。

2. 站间通道故障检测

站间通道连接如图 2-76 所示,检查通道连接状况,可以使用通道检测仪和登录到路由器查看两种方法,如图 2-77、图 2-78 所示。

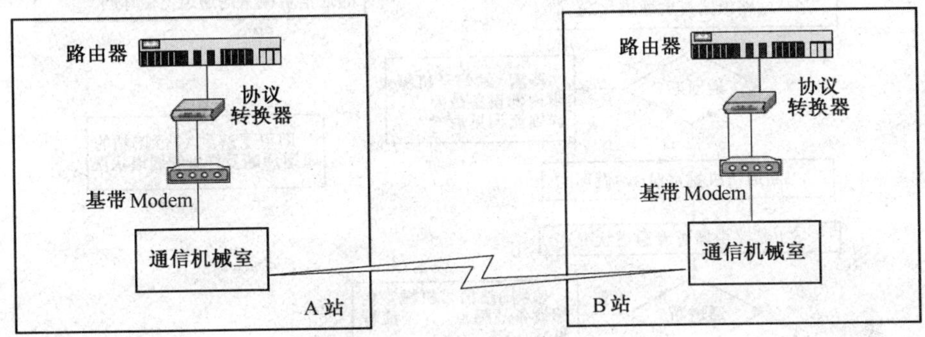

图 2-76 站间通道连接示意图

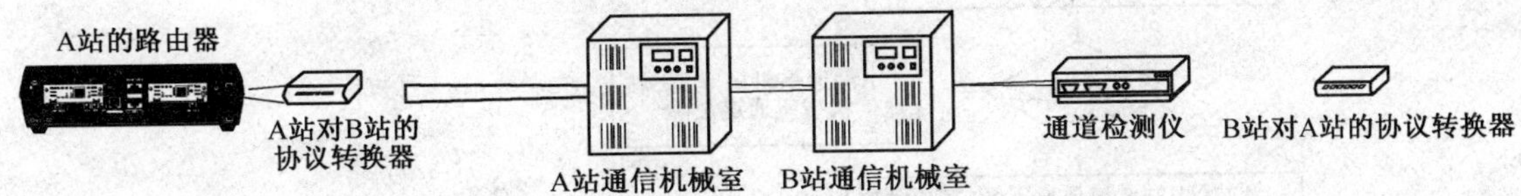

图 2-77 有通道检测仪时 A 站到 B 站通道调测示意图

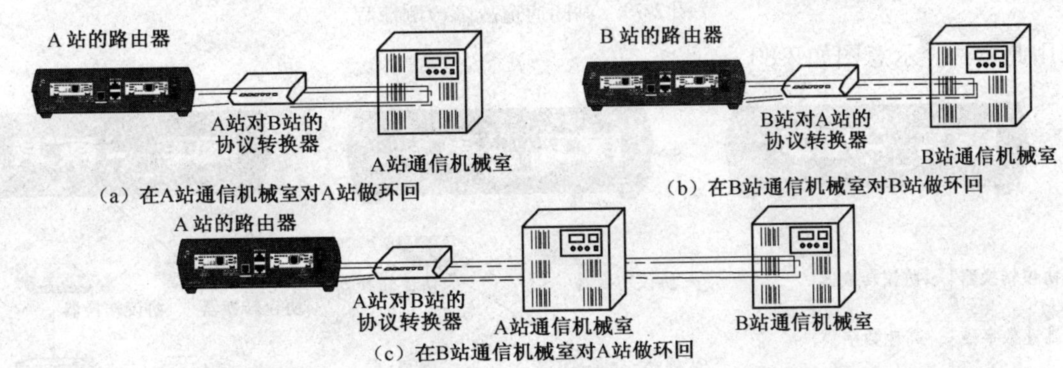

图 2-78 无通道检测仪时 A 站到 B 站通道调测示意图

具体流程如图 2-79 所示。

3. 信号机械室内部网络设备故障检测

如果从通信机械室向外的通道没问题,通道故障就很可能出在信号机械室内部的网络设备上,这时就需要对机械室内部的网络设备进行故障检测,一般采用替换法,即用正常的设备替换可能有故障的设备,逐步找出故障所在。因为每个信号机械室至少有两条通道,所以可以

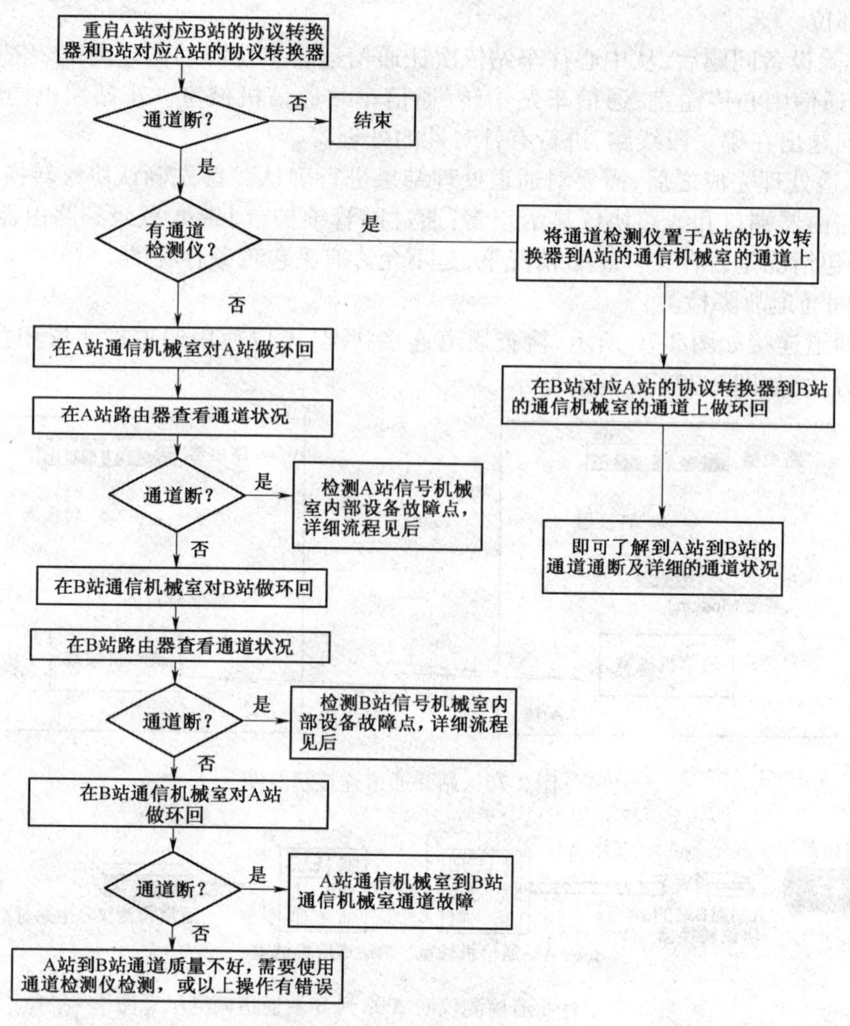

图 2-79　站间通道故障检测流程

采用此方法。示意图如 2-80 所示。

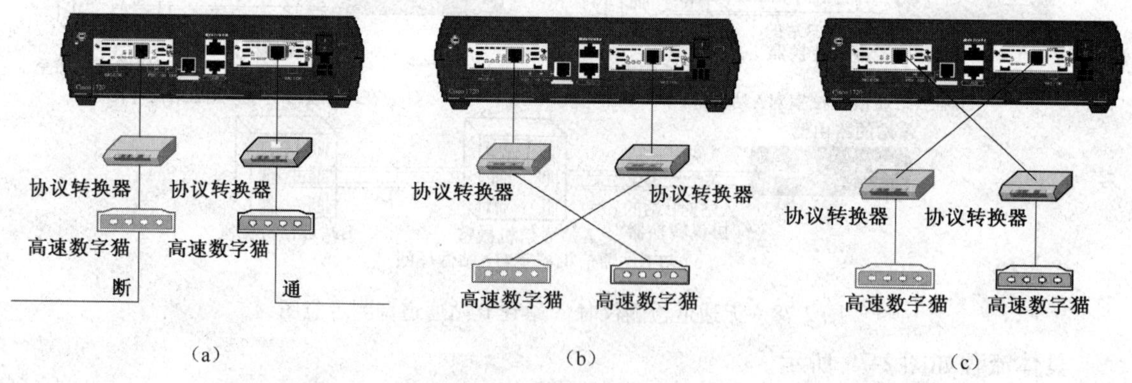

图 2-80　信号机械室内部网络设备故障检测示意图

其中图 2-80(a)表示原始的故障状态,即左边通道断开,右边通道正常联通状态。左边通道不通的原因可能有:协议转换器到铁通的通信故障、协议转换器故障、路由器端口故障。如何确定故障,具体操作流程如图 2-81 所示。

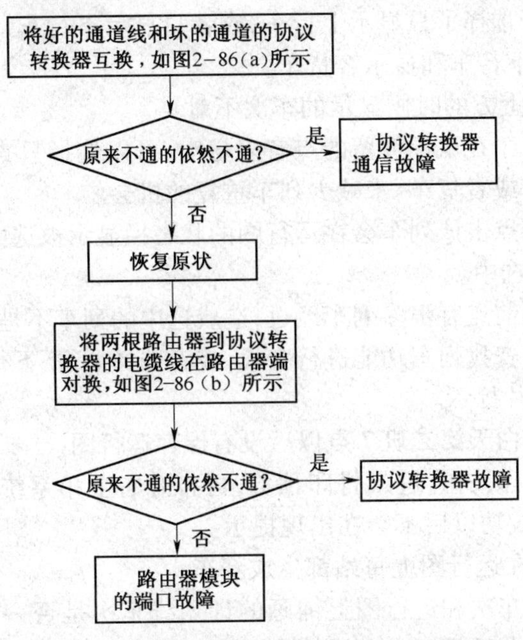

图 2-81 信号机械室内部网络设备故障检测流程

三、TDCS 故障处理

(一)调度台常见问题处理

1. 终端从站场图界面右键点击"运行图"菜单,运行图不出现。

原因分析:此时运行图被最小化。

分析与处理:

(1)按 Windows 键,出现任务栏,然后用鼠标点击运行图即可。

(2)按键盘 ALT 不放,连续按 TAB 键,当运行图图标被选中(出现方框)后,松开键盘即可。

(3)按 CTRL + ALT + DEL,点击任务管理器,在任务管理器的应用程序标签中选中运行图程序,在右键菜单中选择前置,或者切换置,或者最大化。

2. 点击新建调度命令菜单,新建调度命令对话框不出现。

原因分析:一般为调度员将该对话框拖动到了下方,导致找不到。

处理方法:在屏幕下方仔细查找新建调度命令蓝色标题栏,并拖到屏幕中央。

3. 点击调度命令管理菜单,调度命令管理对话框不出现。

原因分析:调度命令管理对话框被最小化或对话框被不小心拖动到了屏幕下方。

处理方法:在屏幕左下角查看调度命令管理对话框是否被最小化,如果是,点击还原按钮,如果不是,在屏幕下方仔细查找调度命令管理对话框蓝色标题栏,一般为调度员将该对话框拖动到了下方,导致找不到。

4. 运行图显示只有一部分车。

处理方法:查看是否选择了只显示上行车,或者只显示下行车,或者只显示了客车或者货车。

5. 手工绘制的时候在图上不显示当前正在绘制的车。

处理方法:查看是否选择了只显示上行车,或者只显示下行车,或者只显示了客车或者货车。应该选择成显示上下行车和显示客货车。

6. 鼠标移动到列车上方的时候显示的车次不对。

原因分析:一般是由于在鼠标停留的点有多趟车,可以选择只查看上行车,或者只查看下行车,或者只显示了客车或者货车,来减少列车重复的机会。

处理方法:可以直接点击该列车会在运行图的状态栏显示被选中列车的车次和机车号。

7. 需要的列车无法选中。

原因分析:由于在当前点有很多列车经过,造成选中的列车不是调度员希望的列车。

处理方法:可以使用查找列车功能进行查找,或者选择上行、下行、客车、货车分开显示。

8. 总是出现保存图片提示。

原因分析:调度员在白天第二班7点以后没有保存运行图。

处理方法:可以按打印按钮,进入打印预览,再打开右上角系统命令,存为图片,出现“保存运行图成功”的提示,成功以后不会在出现提示。

9. 每次自动报点后在运行图上每站都生成新车。

处理方法:看站场图车次和运行图上铺画的计划线车次是否一致,如数字0和字母O是否混淆,或看运行图车次前后是否有空格等等,若有这类错误,把错误的车次改正即可。

10. 自动报点以后在运行图上面没有生成新车。

原因分析:一般为在当前报点时间8 h以内有相同车次的列车。

处理方法:可以通过铺画后面开行列车的计划线来解决。

11. 机车号不正确。

处理方法:通过列车编组找到不对的记录,输入正确车次号以后点击修改按钮。如果上述不起作用,可以选中列车在列车右键菜单中选择“牵引/附挂机车”进行输入,后者输入的机车不会在编组中显示,但是在运行图上面显示。

12. 按了运行图打印按钮可是运行图没有打印出来。

处理方法:按打印按钮进入了打印预览窗口以后,还要在右上角“系统命令”菜单中按压“打印输出”方可。

13. 数字输入不了。

处理方法:小键盘是否按下了NUMLOCK键,如果当前在中文输入法状态,请查看是否使用了全角输入。

14. 列车线形不对。

处理方法:可能使用了有悖于《铁路运输调度规则》规定的车次,可以在列车右键菜单中选择列车属性更改列车种类。

15. 行调台输入法调不出来,汉字输入不上。

处理方法:用CTRL + 空格切换至上次的输入法,或者用CTRL + SHIFT切换至要用的输入法,如果CTRL + SHIFT无效,使用ALT + SHIFT进行切换,如果还无效,可以关闭新开的窗口后重新打开。一般各个调度台都已经装好了常用的所有输入法。

16. 程序有异常行为。

处理方法:请退出程序重新登录。每次换班时应该退出程序重新登录。

（二）车站分机故障处理

1. 采集板故障分析判断

故障现象：A 机与 B 机同一槽位上下两块板的某个灯位显示不一致。

分析与处理：首先根据配线表与采样板灯位的关系，判断出该灯位对应的采集对象和过渡零层端子位置，然后可以用在过渡零层测量电位的方法，或用倒机后观察该对象在站机屏幕的显示与控制台的表示是否一致的办法，来判断哪一块采样板故障。

故障现象：A 机与 B 机同一槽位上下两块板所有采样板的灯都不亮。

分析与处理：此时如果其他设备工作正常，站机显示除本站信息看不见外，相邻站的信息都能看见，则应考虑判断为采样电源熔断器熔断或断线，更换分机柜后面的 JF 24 V 熔断器或换线后即可恢复。

2. 通信板故障分析判断

故障现象：

①某一个或几个 Modem 的 TR 灯不亮。

②本站或相邻站无信息或信息显示不正常。

③无线车次号接收不到。

分析与处理：以上故障如果经倒机后排除，则一般可以判断为通信板故障。

3. CPU 板故障分析判断

故障现象：发现倒机板上 A 机或 B 机同步灯不亮或常亮。

分析与处理：有可能是 CPU 板出现故障。

4. 倒机板故障分析

故障现象：自动或手动倒机不能正常实现。

分析与处理：有可能出现了倒机板故障。

5. TDCS 车站分机其他常见故障分析判断

故障现象：车站值班员看不到本站信息，但邻站值班员能看到本站信息。

分析与处理：可能是倒机后故障不能排除，可能为分机柜至站机通道线断线或串口隔离器故障。

故障现象：上电后显示器指示灯不能由黄变绿。

分析与处理：可能是显示器与计算机数据线接触不良或其他器件接触不良。

故障现象：显示器突然黑屏，重启后仍然不能进入系统。

分析与处理：可能是显示器或计算机硬件故障。

故障现象：本站所有无线车次号都接收不到，倒机后不能排除故障。

分析与处理：车站无线接收装置或分机柜内无线车次号电平转换器故障；也可能是两者之间通信线接触不良或短线故障。

6. 信息表示故障

站场信息表示维护分为两种，一种为计算机联锁站信息表示，另一种为 6502 继电联锁站信息表示。下面就这两种情况分别进行说明。

（1）计算机联锁站：对于计算机联锁站，TDCS 是通过 CPU 板的通信串口与计算机联锁维修机的通信串口相连来进行数据传送的，不需要使用采集板采集站场信息，所以计算机联锁站没有采集板。

①如果本站的站场信息全无表示，则可通过以下手段进行故障判断。

a. 检查 CPU 板是否正常工作;

b. 检查 CPU 板与计算机联锁系统的串口通信线;

c. 重启计算机联锁维修机。

②若是看不到邻站站场图,则邻站采集故障。

③站场个别信息表示不对,则按以下方法处理:

首先查找图纸,找出表示不对地方的码位、机柜端子号及采集位置。如 SII-L 灯在控制台已经开放显示绿灯,但在 TDCS 显示终端上显示非绿灯状态,则根据图纸查出机柜的端子号,用万用表交流档对采集端子及相应的回线端子测量,看是否有 24 V 左右的电压,如有,则可能是机柜内部配线问题或 SMP 板问题,需更换 SMP 板或查找机柜配线。如没有 24 V 左右的电压,则属于现场配线采集的问题,有可能是采集线断、采集位置错误或采集线在上机柜端子时卡线皮了。

(2)6502 继电联锁站:对于 6502 继电联锁站,TDCS 是通过分线盘或控制台的连接线来采集信息的,需要使用采集板来进行站场信息的采集,使用的采集板的数量由该站站场图需要显示的信号设备的开关状态量的总数量决定,每个站因信号设备及站场图显示信息的不同所使用的 DIB 板的数量也不尽相同。如果本站某个光带表示或信号表示出现故障,则可通过以下手段进行故障判断。

①检查 NPC 板是否正常工作;

②检查 DIB 板是否正常工作;

③对照本站码位表查出出现故障现象所处的 SMP 配线端子,用万用表测量该端子与对应电源回线间的电压,看电压是否正常(正常为 24 V 左右),如电压正常,则可能为 DIB 采集端子的问题;如电压不正常,则查找从 SMP 端子到采集点间的连接线是否已经断线或者混线,如连接线正常,则故障很可能在采集的信号设备上。

(三)车务终端常见故障

车站值班员终端设备连接示意如图 2-82 所示。

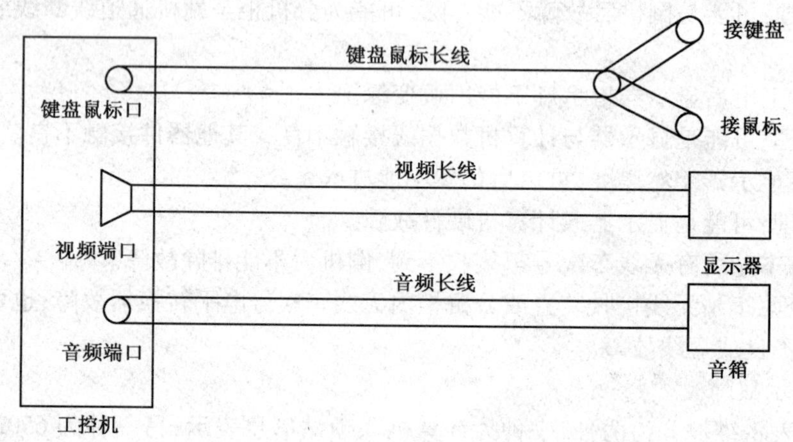

图 2-82　车站值班员终端设备连接示意图

1. 键盘鼠标不好用

车务终端的键盘鼠标是通过键盘鼠标延长线把键盘鼠标与工控机的键盘鼠标端口连接起来的。出现故障时首先检查连接线的各结合部分是否连接紧密,键盘鼠标长线与工控机端口是否插紧，在运转室的一拖二转接头（俗称小辫子）与长线及键盘鼠标是否插紧，一切正常故障还未恢复，可重新启动计算机。如以上操作故障还未恢复，则需要把键盘鼠标延长线甩开，把一拖二转接头及键盘鼠标直接接在工控机的键盘鼠标端口上，如故障恢复，则是键盘鼠标长线的问题，需要更换键盘鼠标长线。如故障还未恢复，则把一拖二转接头及键盘鼠标接在计算机上，如验证键盘鼠标设备良好，则是工控机键盘鼠标端口的故障，工控机需返修。

2. 显示器显示不良

主要故障现象有显示器点不亮，图像显示不清晰，显示缺颜色。发生故障时首先检查视频长线与工控机及显示器接触是否良好，如接触良好，故障未恢复，则把显示器直接接在工控机的视频接口上，如故障恢复，则是视频长线的问题，需更换视频长线。如故障未恢复，则把显示器接在一台好的计算机上，如显示正常，则是工控机显卡故障，需返修；如显示还不正常，则是显示器本身的故障，需返修。显示器故障的原因有遭雷击、硬件损坏及寿命到期等。

3. 没有语音提示

首先检查音频长线与工控机及音箱接触是否良好。如接触良好，则把音箱直接接在工控机的声卡接口上，如故障恢复，则是音频长线的故障，需更换音频长线。如故障未恢复，则把音箱接在一台声卡良好的计算机或收音机等设备上，如音箱不起作用，则是音箱故障，需返修。如音箱是好的，则是声卡故障，一种是声卡硬件故障，一种是声卡驱动故障。首先重启工控机，如故障未恢复，则首先重装声卡的驱动，驱动程序在工控机的 D:\Cmi8738 - 6ch 下。如驱动程序装好后故障依然未恢复，则需更换声卡。

4. 打印机故障

（1）不能打印

①检查打印机电源是否良好，打印机电源开关（应在“1”档）是否在开通状态；

②打印机是否有纸；

③网线指示灯是否亮绿灯（打印机通过一根网线与机械室的 HUB 相连，要保证打印机的网线指示灯与对应的 HUB 端口都亮绿灯）；

④重启打印机；

⑤重装打印机驱动（驱动程序在工控机 D 盘 wzz1320n 目录下）。

（2）不能打印当前任务

造成的原因可能是先前所进行的打印操作由于缺纸等原因造成打印任务未完成，点击车务终端行车日志界面菜单重新登录，清空打印任务，再进行当前操作。

（3）正常进出纸，但无内容

检查硒鼓有没有碳粉，更换硒鼓。

（四）车站软件常见问题

每一位值班员在接班时首先一定要牢记重新登录系统，核对自己的值班员代号与姓名，准确输入自己的密码。因为一旦忘记登录，系统就会继续以上一班值班员姓名签收调度命令、阶段计划及行车日志。

1. 站场无动态表示

（1）所有车站均无表示，可能有以下原因：

①本计算机的时间与标准时间有较大的误差；

②本计算机与车站集线器连接网线松动或网线断路。

（2）除本站外其他车站均无表示，可能有以下原因：

①本站与其他车站网络中断；

②其他车站的车站分机均故障。

(3)某一个车站无表示，可能有以下原因：

①此车站与外界的网络中断；

②此车站的车站分机故障。

2. 站场图出现错误的车次号

车站值班员必须随时观察进入到本站列车的车次号是否正确，一旦发现不正确车次号或没有车次号时，车站值班员必须及时修改或输入正确的车次号；车站值班员在输入车次号操作时一定要注意将计算机的输入方式切换到英文方式下，并且将键盘上的 Caps Lock 键按一下(选择大写输入方式)，然后再输入车次号，同时注意在输入 T、K 或 X 开头的车次号时，字母与其后的车次号不能有空格，必须连续，如 T17、K57、X2 为准确输入，而 T17、K57、X2 则为不正确输入(有空格)。

3. 阶段计划相关问题

当阶段签收按钮变为红色并且不停闪烁时，值班员要及时签收阶段计划，并核对阶段计划车次和到发点是否正确；阶段计划自动填写到行车日志，由于有时候实际行车与阶段计划行车存在不一致现象，对行车日志中实际没有开行的计划列车要及时删除。

4. 调度命令相关问题

当调度命令签收按钮变为红色并且不停闪烁时，值班员要及时签收调度命令，并核对打印出来调度命令内容、签收人及发令人的姓名是否正确；调度命令无法签收，可能是与中心的网络中断，或中心发送调度命令的机器没有启动。

5. 行车日志相关问题

(1)某次列车没有报点，可能有以下原因：

①车站表示失缺；

②未在站场图及时输入正确车次号；

③在行车日志选择了只显示上行或下行列车信息。

(2)某次列车的股道错误，可能有以下原因：

①调度所下达的阶段计划股道错误；

②自动报点的股道错误；

以上原因需要值班员在行车日志中修改。

6. 其他操作相关问题

无法进行预告、同意邻站发车等相关操作，可能有以下原因：

①与中心网络中断；

②该列车的邻站信息错误，可在列车信息菜单中修改相关邻站。

7. 不能修改行车日志

可能用户没有登录。

8. 站存车相关问题

不能输入车站存车信息，可能有以下原因：

①存车股道信息为空，需要用管理员登录编辑存车股道；

②用户没有登录。

复习思考题

1. TDCS 是什么系统？主要功能由哪些？
2. TDCS 有哪些特点？
3. TDCS 的网络体系结构分为哪几层？
4. 国铁集团调度指挥中心 TDCS 有哪些主要设备？
5. 国铁集团调度指挥中心 TDCS 主要有哪些功能？
6. 铁路局 TDCS 主要包括哪些设备？
7. 铁路局 TDCS 具备哪些功能？
8. 铁路局 TDCS 的广域网连接对象有哪些？试画出与车站 TDCS 的广域网连接路径。
9. T/D 结合是指什么？试描述 T/D 结合的目的和方案。
10. 无线车次号校核有哪几种方法？
11. TDCS 基本运行图维护主要包括哪几个方面？
12. 基本运行图包括哪些内容？
13. 调度命令的功能是怎样实现的？
14. 如何下达调度命令？
15. 车站基层网主要包括哪些设备？
16. 车站基层网的主要功能有哪些？
17. 车站 TDCS 与计算机联锁、无线车次号、无线调度命令、集中监测数据传输接口是如何规定的？相互之间传送哪些信息？
18. 通信计算机、网络集线器、路由器、协议转换器、调制解调器各起什么作用？
19. 车站分机采集 A、B 机如何倒机？
20. 采集板故障需要更换时，应注意哪些问题？
21. TDCS 车站采集系统 CPU 板与 SMP 板之间是怎样定时通信的？
22. 基层网设备采用什么网络结构？与铁路局 TDCS 中心之间是如何连接的？
23. TDCS 站间透明的主要功能是什么？
24. 看不到本站的战场图应如何处理？看不到邻站的站场图应如何处理？
25. 如何采集继电联锁和计算机联锁的信息？如何采集区间信号设备的信息？
26. 如何检测站间通道故障？
27. 判断通道好坏，首先要考虑什么因素？
28. 当网络不通时，如何通过协议转换器的状态来简单判断故障原因？
29. 分析站场信息表示故障的原因及相应的处理方法。
30. 简述车站与中心网络中断故障处理步骤。
31. 简述调度台软件和车务终端软件常见问题。

项目三　调度集中(CTC)系统维护

知识目标

1. 熟悉 CTC 系统体系结构；
2. 熟悉调度中心 CTC 系统构成；
3. 熟悉车站设备的系统构成；
4. 熟悉调度中心 CTC 各工作台的功能；
5. 熟悉各工作台的主备机切换方法；
6. 了解各工作台的使用方法及功能；
7. 熟悉网络通道的布置和用途；
8. 掌握调度中心网络系统的构成；
9. 熟悉各终端设备的功能；
10. 熟悉各种显示或表示灯的含义；
11. 熟悉电务维修机的使用方法；
12. 熟悉 CTC 系统与其他系统结合的方法；
13. 无人车站设备故障处理的方法。

技能目标

1. 会判断网络通道故障并能进行处理；
2. 会使用远程求助；
3. 会使用电务维护管理功能；
4. 会使用调车作业管理；
5. 会使用控显 CMI；
6. 会使用信息终端功能；
7. 能按标准程序对各行调台 PC 机进行开机关操作；
8. 能按标准对系统结合设备进行维护；
9. 会进行无人车站设备故障处理。

任务1　CTC系统认知

任 务 书

1. 描述 CTC 系统的概念。
2. 描述 CTC 系统的特点。
3. 讨论 CTC 系统在国内外的应用。
4. 讨论 CTC 系统的发展趋势。

理论知识

调度集中(Centralized Traffic Control,CTC)系统也称分散自律调度集中系统,是调度中心(调度员)对某一区段内的信号设备进行集中控制、对列车运行直接指挥、管理的技术装备。分散自律调度集中系统是综合了计算机技术、网络通信技术和现代控制技术,采用智能化分散自律设计原则,以列车运行调整计划控制为中心,兼顾列车与调车作业的高度自动化的调度指挥系统。

调度集中在国际上是各国铁路普遍采用的一种行车指挥技术装备,是铁路运输生产指挥现代化的重要手段,取得了很好的运用业绩。调度集中通过宏观大场面监控指挥,不但可以起到安全正点调控、提高铁路运输生产效率的作用,而且具有改善行调工作环境、提高劳动效率、减员增效的显著作用。因此调度集中系统在世界发达国家得到了广泛的应用。日本调度集中营业里程占总营业里程的近 90%;美国一个调度集中中心控制范围达到 7.2 万 km;法国高速铁路、加拿大和北美的重载运输,已经全部实现综合指挥调度;印度和韩国也有 70% ~80% 的铁路实现了调度集中控制,调度集中技术在国外相对比较成熟。

一、我国调度集中系统的发展

我国调度集中系统的发展经历了漫长而曲折的过程,1962 年我国在宝成线宝凤段首次安装了继电式极性频率制调度集中,1969 年开始采用晶体管分立元件的 DD-1 型调度集中,以后又出现 DD-2 型、DD3-F 型、集成电路的 DD-3 型等,但因修建复线、区间无空闲检查设备、设备不配套、工作不稳定等原因,调度集中于 20 世纪 70 年代末相继停止使用,进入 20 世纪 80 年代,调度集中在微机化及相应设备的研究上取得了突破性进展,由大规模集成电路代替分立元件。

20 世纪 90 年代引进美国的调度集中系统,由此开始研制适合我国国情的调度集中系统,我国自行研制的采用微处理技术的 D4 型调度集中,1990 年在宝成线宝凤段试用,同期 D5 型调度集中在大秦线安装调试完毕,但因各种原因,控制部分没有开通使用。之后为了加快我国调度集中的发展,缩短国内外的差距,引进美国(GRS)的微机调度集中系统,但最终由于系统功能不能适应我国的路情没能开通使用。

自 20 世纪 70 年代以来研制的各种类型的调度集中系统,虽然取得了一定的成功,但应用效果都不明显,基于当时的系统设计水平和配套装备等原因,这些系统大部分已不再使用。这些系统一般称之为传统的调度集中系统。

二、传统的调度集中系统存在的问题

调度集中系统通常由中心子系统、通信子系统和车站子系统组成，是典型的集中式控制模式，系统的主要功能是列车运行的集中监视及列车进路的控制，而传统调度集中在我国铁路的应用效果大都不理想，主要原因如下：

一方面，传统调度集中系统由于不具备调车进路远程控制和智能化控制的功能而需车站值班员办理调车进路，无法实现车站行车指挥人员无人化。同时在应用中还存在车站和行车调度指挥中心频繁交换控制权的问题，难以适应我国铁路客货运混跑调车作业量大的运输特点。

另一方面，由于行车指挥一直停留在一张纸、一支笔和一部电话的传统人工指挥阶段，使调度集中的使用只停留在人工控制阶段，一个助理调度员需要控制几个甚至十几个车站，工作负担和责任都较以往更大，这更加影响了调度集中的使用。

另外，由于长期以来受技术水平、装备水平的限制，包括车次号的传输和校核、运行图的自动生成和调整，以及无线传输技术等关键技术的智能化程度不高等原因，调度集中在我国的发展一直十分缓慢，出现了几乎所有的为数不多的调度集中系统最终都被当作调度监督使用的局面。

显然，由于上述各种原因，调度集中技术在我国的发展严重滞后，这也严重妨碍了我国铁路信息化的发展。为了突破目前调度集中在我国发展的落后局面，除了要进行运输体制相应的变革之外，还必须要突破下列技术瓶颈：

- 研究适应我国铁路运输状况的使行车和调车可靠自动隔离的协调控制方法；
- 全面实现利用计算机进行运行图编制和调整，实现指挥智能化；
- 完善地面到机车信息传输配套技术，使其满足调度集中发展的要求。

为了达到上述要求，我国铁路信号专家提出了大力推广“分散自律”的新一代调度集中系统。

三、分散自律调度集中系统的诞生

分散自律概念最初源自日本东京圈城市铁路控制系统。由于日本是地震多发国家，为了使控制中心在遭受地震袭击瘫痪后，车站还能在一定时间内正常接发列车，日本东京圈城市铁路控制系统特别在车站设立了自律计算机，通过接收控制中心下达的运行计划，在与中心通信中断后自行接发列车。

为了解决行车和调车相互干扰的问题，必须实现在不影响列车运行的原则下，允许控制中心和车站通过调度集中系统自主进行调车的功能。这对于调度集中系统来讲是一种功能的分散，不同于传统意义上调度集中系统的集中控制，而是出现了分布式控制的功能。因此，如果通过在车站设立自律机来完成按照列车运行计划和站细正常接发列车以及协调列车、调车冲突的功能，将完全可以实现列车和调车作业的统一控制。这一原则即为“分散自律” 控制原则。因此，分散自律概念和日本铁路控制系统既相近，又有很大不同。

分散自律调度集中系统是综合了计算机技术、网络通信技术和现代控制技术，采用智能化分散自律设计原则，以列车运行调整计划控制为中心，兼顾列车与调车作业的高度自动化的调度指挥系统。分散自律调度集中系统采用计算机分布式网络控制技术、信息化处理技术，将列车运行调整计划下传到各个车站自律机中自主自动执行；在列车运行调整计划的基础上，解决列车作业与调车作业在时间与空间上的冲突，实现列车和调车作业的统一控制。

分散自律调度集中系统采用分布式计算机控制技术，它最突出的特点是整个系统的目标和任务事先按一定的方式分配给子系统，然后由子系统间通过数据通信进行信息交换和相互协调，独立完成目标或任务。分布式系统可以有效降低整个系统的风险，在对子系统设备要求不高时，可以降低整个系统的造价，但如果对子系统设备性能和可靠性有过高要求，将有可能大大增加系统的造价。分布式系统的子系统容易实现通用化与系列化，系统的扩充也很方便，还可以对系统进行重构，实时地动态分配与管理系统，以适应不同的环境和用户的要求。分布式系统的实时性能很好，响应速度快，这主要得益于子系统只处理本系统的信息，通常不受传输延迟的影响。但是，分布式系统中各子系统的硬件和软件方面都有一些特殊问题需要处理，系统总体的调度、协调和优化更是极为复杂，增加了整个系统的复杂程度，处理不好有可能降低整个系统的可靠性。分布式系统数据通信量非常大，对通信设备的可靠性和安全性有很高要求，子系统间通道或子系统本身的故障会严重影响其他子系统的工作，从而降低系统的可靠性。

分散自律调度集中系统具备了调车进路远程控制和智能化控制的功能，有效解决了车站与调度中心频繁交换控制权进行调车控制的问题，非常适合我国铁路客货列车混跑、调车作业量大的运输特点，在我国具有广阔的发展前景。

新一代分散自律调度集中系统是建立在 TDCS 技术平台上的自动控制系统，它的设计在世界上是独一无二的，具有世界先进水平。新一代分散自律调度集中系统的投入运用，标志着我国在行车调度指挥自动化领域进入了世界先进行列。

在铁路现代化发展中，必须建立以 TDCS 为平台，以 CTC 为核心，以行车指挥自动化为目标，构建我国铁路现代化的调度指挥管理系统，以达到提高运输效率、保证行车安全、减员提效的目的。

新一代 CTC 调度集中应在已建成的 TDCS 基础上加快发展，充分利用 TDCS 的车次号自动输入校核、运行图自动描绘、调度命令自动下达等技术成果，做好国铁集团与铁路局、车站既有设备的结合。坚持引进国外先进成熟的关键技术和自主研发相结合，重点研发调车分散自律和进路智能化控制功能，尽快在工程中取得突破，做到高起点、高安全、高可靠、统一制式、统一标准，为全面发展 CTC 奠定基础。

四、分散自律调度集中系统发展现状

随着铁路信息化建设的加快，国铁集团对调度集中系统的发展提出了具体要求：发展新一代调度集中系统是铁路信息化建设、实现铁路电务技术装备跨越式发展的重要内容。我国铁路具有路网分布范围广、客货运混跑、行车密度大、作业复杂等特点。新一代调度集中系统必须能够适应我国铁路的这些运营特点。

（一）分散自律调度集中系统的特点

（1）在实现列车进路集中控制的基础上，进一步实现调车进路的集中控制，适应我国铁路客货混跑、不能完全取消调车作业的运输特点。

（2）采用“分布自律”技术，使调度集中系统的列车和调车进路自动、可靠隔离，解决频繁放权的弊端，提高系统的可靠性。

（3）根据列车到发早晚点、加开、停运等变化情况，自动调整运行图，自动排列进路，实现

智能化控制。

（4）采用冗余技术，具备完善的自诊断功能，实现系统的高可靠性。

（5）在调度集中区段，要合理调整既有行车调度指挥模式和管理范围，实现列车运行集中控制和减员增效。

（二）调度集中的应用

2003年8月，确定了我国新一代调度集中系统的第一个技术性指导文件——《分散自律调度集中系统技术条件（暂行）》。该文件的颁布，确定了新一代调度集中系统的基本技术要求和模式，进一步规范了调度集中系统的研制开发，明确了我国调度集中系统的发展方向。

文件颁布以后，各研制单位都积极开展工作，加快了实施步伐，在原有传统调度集中系统的基础上，按照新的技术条件要求进行改进。

2003年11月，第一套由中国通号集团公司合资企业卡斯柯信号公司研制的新一代分散自律调度集中系统FZk－CTC在青藏公司西宁—哈尔盖调度区段投入试运行。2004年5月，通过原铁道部技术正式审查后全面投入正式运用。

西哈新一代CTC系统覆盖青藏线西宁—哈尔盖区段全长173 km，17个车站，全线为单线计轴自动闭塞区段。该系统完全符合铁路总公司当时提出的"以TDCS为平台、CTC为核心的技术原则"，在系统设备配备上考虑对既有TDCS设备的充分利用和优化结合。

西哈新一代CTC结合既有TDCS系统，实现了以下主要功能：

（1）利用计算机编制和调整列车运行计划；

（2）依据列车运行计划自动控制车站列车进路；

（3）调车进路的自律控制（人工和自动）；

（4）对电气集中和计算机联锁车站的全覆盖控制；

（5）通过计算机网络对站段自动下达调度命令并确认；

（6）调度命令、行车凭证以及列车预告信息到机车的无线传输；

（7）自动编制运统二（运统三）；

（8）按照站细规定自动接发列车；

（9）网络安全、网络病毒和网络动态密码的防护等。

新一代CTC系统适用于不同牵引动力、运行速度、运量、线路类型的区段与枢纽地区。对于不办理客货运业务、调车作业量较小的车站，系统通过调度中心远程控制车站列车和调车进路，实现车站行车岗位无人化。系统根据列车运行计划和调车作业计划，自动调整运行图，在列车进路集中自动控制的基础上，实现调车进路的集中控制和所有涉及安全的按钮集中控制，并最终达到车站无人化作业。通过采用分散自律技术，使列车进路和调车进路自动、可靠隔离，实现列车和调车作业控制权协调统一，从根本上解决频繁放权问题，提高系统的可用性。加之系统严格的互控条件，减少了人工作业条件下的作业误差，更加提高了系统的安全性。通过减员增效，可以达到优化运输生产组织结构，改革现有运输生产组织模式的目的。

继2004年5月青藏铁路西宁—哈尔盖FZk－CTC通过铁道部技术审查后，胶济线FZk－CTC调度集中系统工程自2005年7月开始工程建设，2006年11月顺利通过了铁道部的技术审查，2007年1月，胶济线调度集中系统正式开通。标志着中国繁忙铁路干线第一次成功实现了分散自律调度集中系统的调度指挥。实现了CTC技术条件规定的各项功能，能够满足我国铁路繁忙干线复杂的运输组织、紧张的运输生产需求，技术上具有重大突破，整体提升了我国铁路行车指挥自动化程度。

胶济线共计37个车站，其中28个车站有专用线，8个车站有干、支线接轨。全线为四显示自动闭塞，双方向运行，反向运行为自动站间闭塞；旅客列车最高运行速度为200 km/h、货物列车最高运行速度为120 km/h；图定旅客列车38～48对，货物列车50～65对，摘挂列车3对。淄博、东风、青岛为区段站，青岛西为编组站。

胶济线“分散自律调度集中（FZk-CTC）系统”的特点如下：

（1）胶济线CTC系统第一次实现在繁忙干线列车高密度运行条件下，列车运行信号按计划自动控制。通过试验验证可以充分说明CTC系统完全可以实现更高列车运行密度下的信号自动控制。

（2）胶济线CTC系统第一次实现在双线、四线及多方向的情况下，列车信号按计划自动控制。为高速铁路、客运专线实现调度集中指挥打下了基础、开创了先例。

（3）胶济线CTC系统第一次在繁忙干线实现调度指挥内容的变革。对调度中心列车调度员、助理调度员及施工调度员的工作内容进行了全新的界定，赋予中心调度员更大、更直接的调度指挥权限，使调度员承担更大的责任。

（4）胶济线CTC系统第一次实现200 km/h动车组按计划对信号进行自动控制和追踪监控。第一次设计出动车组运行信号自动开放的合理时机。

（5）胶济线CTC系统第一次实现在繁忙干线列车作业和调车作业的统一管理。中心通过编制列车计划、合理安排股道，实现列车作业的有序合理运行。车站通过编制调车作业计划，实现调车作业的进行。中心和车站均具备调车计划编制功能，使列车和调车作业更合理、有序。实现“调度中心应用平台”和“车站应用平台”的完整统一。而在传统CTC系统中，调度员是不能控制调车作业的。

（6）胶济线CTC系统第一次实现将大型编组站及区段站纳入调度集中控制。创造性地提出了“大型编组站、区段站对列车到发线调整的功能”，使得大型编组站、区段站的车站值班员能够更加合理、高效地安排到发线的运用。同时，在完成股道运用的修正后，通过自律机最终实现大型编组站、区段站的列车信号自动控制，从而实现调度集中指挥的统一性、完整性。

（7）胶济线CTC系统第一次实现对动车组下达临时限速控制命令的试验。在调度中心，施工调度员通过CTC系统拟制、校核、下达动车组临时限速命令，然后，车站值班员选择合理时机通过CTC系统把此临时限速命令下达到“车站列控中心”，并通过车地间安全通信最终完成对动车组的临时限速。

（8）胶济线CTC系统第一次实现在一个调度区段内的TDCS指挥车站和调度集中指挥车站的合理统一。使得调度集中系统具有更强的适应性，能够更加灵活地适应运输组织与调度区段的不断整合。

（9）胶济线CTC系统第一次实现调度集中控制车站轨道电路分路不良区段的系统解决方案。通过对分路不良轨道电路区段设置不同的表示方式、运用提示、空闲确认及对道岔区段、股道的不同控制方式，实现列车在分路不良区段的安全控制，最大限度地提高了列车运行的控制效率。

（10）胶济线CTC系统第一次探索出在繁忙干线建设CTC系统的成功经验。从工程建设到运输模式创新，从系统调试到运输综合试验，积累了一套适合中国铁路繁忙干线CTC系统建设的成功经验，为全路繁忙干线建设调度集中（CTC）系统起到示范作用。

由中国铁路通信信号集团公司研究设计院通过原始创新并借鉴发达国家的成熟运用经验而精心研制的新一代FZt－CTC型分散自律调度集中系统，于2007年4月，在全路六大干线之一的沪昆线（湄池至新塘边区段）开通运行，该系统能够满足我国铁路繁忙干线复杂的运输组织、紧张的运输生产需求以及时速 200 km 以上提速的要求，同时也为我国其他繁忙干线实现调度集中指挥打下了坚实的基础。

2004 年年底，北京交大微联科技有限公司、北京铁路局、日本信号株式会社、北京交通大学运输学院、北京交通大学电子学院组成 CTC 联合体，按照技术条件研发成功了交大型调度集中系统（简称 FZj－CTC）。该系统采用了先进成熟的计算机技术、网络技术和控制技术，实现了调度集中系统的各项功能，具有更高的安全性、可靠性和可维护性。

调度集中系统的正常运行需要众多信息化、数字化设备的可靠支持。就我国目前铁路建设的发展水平，仍然有许多设施不能满足调度集中系统的推广和应用。加快计算机联锁、TDCS 的建设，为调度集中系统的运用创造基本条件是目前的一项重要工作。我国的计算机联锁系统经过近 20 年的发展，已基本成熟，特别是 2001 年铁路总公司对计算机联锁市场整顿以后，我国的计算机联锁系统进入了一个稳步发展的时期，多种型号的计算机联锁系统在铁路现场得到了广泛应用。铁路总公司已经确定将计算机联锁系统作为我国今后新建和改建车站的首选方案，这将进一步促进我国计算机联锁系统的发展。近年来，TDCS 基本实现了全路全覆盖的目标，这些都有力地促进了铁路运输管理现代化和铁路运输指挥现代化的建设，同时也为调度集中系统的建设奠定了基础。

调度集中是建立在计算机网络上的现代化运输调度管理方式，与传统的调度管理模式不同，在调度计划的下达和执行、调车与列车作业隔离、分散自律模式和非常站控模式等方面都有严格的区分和作业要求。传统的调度作业方式、作业步骤和作业要求，在很大程度上存在与调度集中的不相适应。通过新建调度集中线路，逐步摸索与调度集中系统相适应的作业方法和要求，并形成调度集中作业标准，对下一阶段调度集中系统的顺利推广与应用极为重要，同时新的作业标准，对研制和生产单位改进系统，提高系统的可用性也具有积极的指导作用。

调度集中是铁路现代化建设的必然要求，是实现铁路运输组织科学化、信息化、智能化的基本措施。发展新一代调度集中系统，加快铁路调度集中的建设步伐，是我国铁路实现快速发展的重要内容。新一代调度集中系统的发展，必将提高我国铁路现代化装备水平，在促进铁路运输组织方式改革、提高客货运输服务质量、缓解运能和运力之间的矛盾、增加铁路运输企业经济效益中发挥重要作用。

任务 2　CTC 系统结构

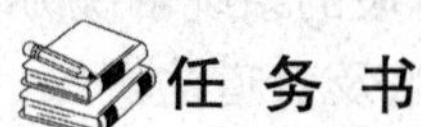
任务书

1. 描述 CTC 系统体系结构。
2. 描述 CTC 系统和 TDCS 的区别和联系。
3. 描述分散自律的概念。
4. 描述 CTC 系统的网络结构。

理论知识

新一代调度集中(CTC)即智能型分散自律调度集中。相对于传统调度集中具有比较明显的优势,分散自律型调度集中采用计算机分布式网络控制技术、信息化处理技术、调度智能决策、实时遥控、故障—安全和信息安全技术,使调度集中控制范围内所有列车作业纳入列车运行调整计划自动管理,具备列车进路自动选排功能和部分非正常条件下接发列车功能以及降级处理措施。进行调车作业时不需要控制权转换,解决了在客货混跑的条件下列车和调车作业的协调问题。调车作业进路排列和信号开放的时机,车站自律机根据机车乘务员的请求自动安排,司机室安装的调度命令无线传输系统专门设有供机车乘务员使用的调车进路要道请求按钮,系统可利用列车运行空档自动办理,并可为进路指令的执行做好准备,以及人试排进路的功能。同时调度指挥中心可向车站、机务段调度、乘务室等部门和机车乘务员下达调度命令(含许可证、调车作业通知单等)。系统还实现了自我诊断、维护智能化、运行日志保存、查询和打印等功能,可以对所有的人工操作进行完整地记录、查询、回放和打印。系统实时监控电源状态,停电时应自动保存列车、调车作业等重要信息。在保证网络安全的条件下,根据国铁集团关于新一代分散自律调度集中系统建设的有关要求可与其他相关系统联网,实现数据资源共享。

新一代调度集中最典型的特点是分散自律,“分散”指设备分散、功能分散、危险分散。系统不仅做到总分机之间能互相传送信息,而且邻站也能互相传送信息,如果车站分机与调度所总机通信中断,车站分机能自动进行列车跟踪,并在一定时间内仍能进行列车进路控制。“自律”就是把列车计划与调车计划很好协调,从而实现系统对联锁设备的控制。

分散自律控制系统是将列车运行调整计划下传到各个车站自律机中自主自动执行,在列车运行调整计划的基础上,解决列车作业与调车作业在时间与空间上(进路预计占用时间、避让车次、相关联锁条件等)的冲突,实现列车和调车作业的统一控制,系统采用智能的车站分机,在正常情况下,系统对接发列车的进路实现自动控制,车站值班员不控制列车进路,只通过本地控制台控制调车进路或只输入调车计划,利用列车间隙,对联锁设备进行调车进路控制。只有系统故障时,车站值班员才通过非常站控方式,转换到联锁控制台,利用联锁控制台对接发列车进路以及调车进路进行控制。

“分散自律”系统的优点是,当车站与调度中心通信中断时,车站系统仍然正常工作,一定时间仍可根据行车计划按图排路,车站值班员(操作员)仍可进行人工操作,由于有了自律机的调车作业和列车作业的冲突检测,使得列车进路和调车进路可以有序并行办理,解决了传统调度集中频繁交换控制权而导致的效率低下的问题,使得分散自律调度集中系统具有较强的实用性。

分散自律调度集中系统硬件结构分为铁路局调度指挥中心及车站调度集中分机两级结构,由调度中心子系统、车站子系统及网络通信子系统三部分构成,总体结构图如图 3-1 所示。

一、调度中心子系统

分散自律调度集中系统控制中心一般设在铁路局调度中心,负责控制整个调度区段列车的运行。调度中心子系统是 CTC 系统中完成行车指挥功能的核心,主要设备包括:数据库服务器、应用服务器、通信前置服务器、接口服务器、系统维护工作站、网络管理工作站、GPS 时

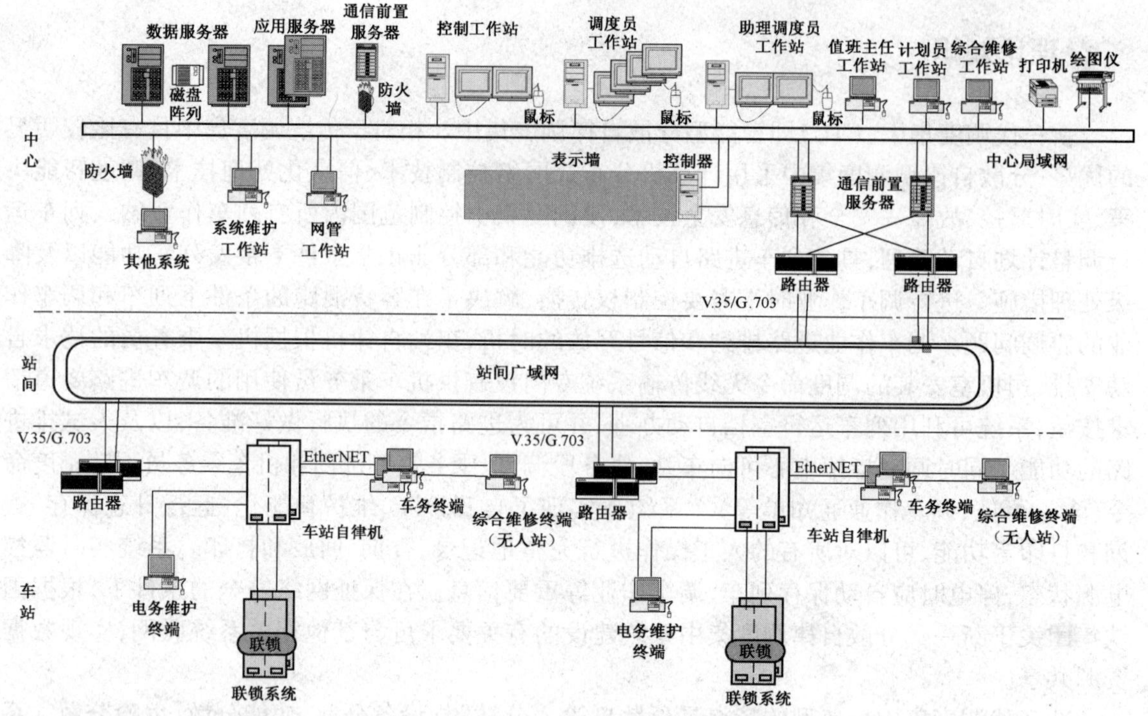

图 3-1 系统总体构成图

钟、电源及防雷设备、网络安全防护设备、调度员台、助理调度员台/操作员台、综合维修工作站、值班主任工作站、$N+1$ 备份工作站、培训工作站、计划员台、打印机、绘图仪等，它们分设在机房和调度台。

二、车站子系统

车站子系统是 CTC 系统的控制节点，完成进路选排、冲突检测、控制输出等核心功能。主要设备包括车站自律机、车务终端、综合维修终端、电务维护终端、网络设备、电源设备、防雷设备、联锁系统接口设备、无线系统接口设备等。车站采用局域网结构，与 CTC 中心和邻站通过广域网连接。

三、网络子系统

调度集中根据传输通道的不同，按以下优先级顺序组网：

（1）不同物理路径单独光纤的独立专网组网方案；

（2）不同物理路径专用链路的数据网组网方案；

（3）既有 TDCS 网络补强组网方案；

（4）新建客运专线和高速铁路采用不同物理路径单独光纤的独立专用组网方案。

通信协议可采用 TCP/IP 协议，专网时可采用专用协议，系统不得采用 TCP/IP 协议与其他系统联网，应采用带光电隔离的 RS232、RS422、RS485 等通用通信方式与其他系统设备相连。

网络子系统是调度中心子系统和车站子系统联络的桥梁，分为局域网和广域网两部分，车站和中心均采用相同的网络结构。局域网采用双交换机构成的 100 M 双网，广域网采用

G. 703 协议构成 2 M 的双环网络并通过两套路由器实现与局域网双网的交叉互联。网络基本连接方式如图 3-2 所示,各站和中心的路由器 A 通过串联的方式构成环网 A,路由器 B 串联构成环网 B,在路由器之间加装 G. 703 协议转换器限制网络带宽为 2 M。交换机与路由器之间采用互联的构成方式,保证任何一台路由器或交换机故障时仍能够保证网络通信的正常。

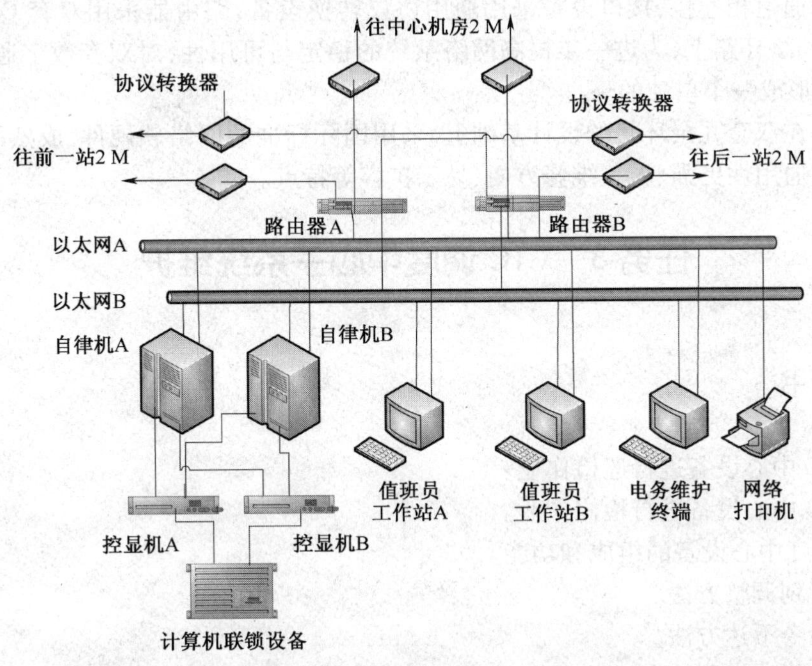

图 3-2　网络基本连接方式

网络子系统由网络通信设备和传输通道采用迂回、环状、冗余等方式构成双环网络,由调度中心局域网、车站局域网、站间广域网组成。

(一)调度中心局域网

调度中心网络系统由 2 台高端 CISCO 公司的网络交换机作为局域网网络主干,采用 TCP/IP 网络协议,构成双冗余网结构的交换以太网,调度所设备以及总机房设备之间采用以太网交换机和智能集线器连接。每台交换机有 24 个 100 M 口,服务器、客户机与交换机之间采用 100 M 的以太网。

调度中心双冗余网的结构在系统稳定性、可靠性上均优于普通的双网络结构。

普通双套网络结构,对于每一个网络节点对应的是两个不同的硬件节点与软件节点,即在软件上每一个网络节点对应的是两个独立的 IP,要实现两套网络的热备必须依赖专用软件对两个不同的 IP 进行不断的侦听来处理,同时在网络上双倍的 IP 地址也使应用软件的复杂性极大地提高,从而使系统稳定性与可靠性降低。

双冗余网的结构,对于每一个网络节点对应的是两个不同的硬件节点,单节点内部把两个不同的硬件节点系统虚拟为一个软件节点,即一个 IP 地址,在双套网络之间的切换在每个节点内部系统完成,不需要专门软件支持,同时也极大地降低了应用软件的复杂性,从而使系统的稳定性与可靠性增强。

(二)车站局域网

车站网络系统同样以调度中心网络模式由 2 台 CISCO 公司的网络交换机作为局域网网

络主干，采用 TCP/IP 网络协议，构成双冗余网结构的交换以太网。

（三）站间广域网

站间网络连接是 CTC 系统贯彻中心行车调度指挥的纽带，中心到车站及车站之间采用独立光纤构成冗余自愈环状连接的专用网；在整个网络中，每个节点局域网均以双套广域网接口与双独立光纤通道相连接，接口设备采用通用协议转换设备，路由器采用双套 CISCO 高端路由器；在整个网络环路上，为进一步提高网络系统的稳定与可用性，对双套数字通道采用每 N（$N<12$）个站形成一个单独的环。

整个网络在双套冗余环状的设计基础上，采用国际标准的网络软硬件、成熟的技术，使得整体系统具有通用性更强、施工维修方便、易于扩容等特点。

任务3　CTC 调度中心子系统维护

任 务 书

1. 对 CTC 中心设备进行巡检作业。
2. 对 CTC 中心设备进行检修作业。
3. CTC 调度中心设备的组成和功能。
4. 列车计划调整方法。
5. 调度命令下达方法。
6. 车次号修改和删除方法。

理论知识

调度中心子系统是 CTC 系统中完成行车指挥功能的核心，同时也提供在非常情况下的人工控制功能及调车作业的计划编制、进路控制功能。

一、CTC 调度中心系统构成

调度中心子系统主要由系统服务器（包括数据库服务器、应用服务器、通信服务器）、大屏幕背投显示墙、调度员工作站、助理调度员工作站、控制工作站、值班主任工作站、综合维修工作站、培训工作站和系统维护工作站等。在中心局域网上，配置网络打印机和绘图仪，作为各种电子记录、统计报表和运行图的输出设备。

（一）中心机房设备

由数据库服务器、应用服务器、通信前置服务器、远程维护服务器、D/T 数据交换服务器、电务维护工作站、网管工作站、网络接口与交换设备、维护台、网络防火墙、防雷设备组成。

1. 数据库服务器

数据库服务器为运行在 UNIX 操作系统下的集群系统，由两台高性能 IBM 服务器及共享磁盘阵列组成，共享磁盘阵列配置多路电源，磁盘阵列中的所有磁盘均能带电拔插，故障盘更换时不需要停机，更换 RAID 组中的磁盘后能自动同步和数据恢复，使数据具有高度安全性。数据库服务器主要用来保存分散自律调度集中系统的数据，包括运行图数据、车站信息、区段信息等基础静态数据表，以及计划数据、调度命令、站场表示信息、实际运行图等动态数据。采用Oracle数据库平台构建CTC中心数据库，在数据库表间建立适当的约束关系，保证数据的完整性，并具备完善的数据备份和恢复机制，实际运行数据要保存12个月以上。

2. 应用服务器

应用服务器是整个系统的核心，配备两台IBM高性能服务器，双服务器互为热备，主、备机在故障情况下能自动切换，保证单机故障不影响整个系统的正常工作。每个服务器配置三块100 M网卡，其中两块用于网络通信功能，与中心网络交换机相连，另外一块作为双机热备的数据交换通道。

应用服务器用来完成运行图的自动调整，负责整个系统的数据收发、数据处理以及数据储存等工作，并负责向CTC中心所有工作站提供行车信息、列车编组信息、车次号跟踪信息、列车报点信息等，并保存到数据库服务器。

3. 通信前置服务器

通信前置服务器配备两台高性能服务器，用于完成CTC调度中心与车站子系统之间的信息交换。每套服务器配置两块自动镜像并且可热插拔的SCSI硬盘，确保数据存储的可靠性。如果硬盘故障，可以采用在线方式更换。每个服务器配置三块100 M网卡，其中两块用于网络通信功能，与铁路局网络交换机相连，另外一块作为双机热备的数据交换通道。

4. 时钟服务器

整个系统中设置一台时间服务器，在时钟服务器中安装有GPS时钟授时仪，该服务器通过串口与GPS授时仪相连，以获取精确的卫星时钟基准，为整个CTC系统提供统一的时钟源信息。时钟服务器上有时钟校对程序，保证CTC网络系统中所有的车站终端和调度终端每隔一段时间（时间可以设定）向时间服务器校时，这样每个终端都是GPS时间。校时采用网络校时协议（NTP），这种协议考虑到了终端与时间服务器之间传输数据的时间。

5. 电务维护工作站

电务维护工作站配备一套带多屏显示的高性能工作站，用于电务维护部门对整个系统运行状况的监视。系统维护工作站配备为一套高性能计算机，主要用于系统设置、调试和技术支持；在授权的情况下，具有远程维护与技术支持功能。同时具有监视系统的运行状况的功能，对系统、现场设备运用情况，操作命令，报警信息进行记录、分析、回放、输出和打印，运行信息的记录保存时间为13个月。

6. 接口服务器

主要功能是完成CTC系统与其他系统的数据交换

（1）无线闭塞中心（RBC）接口服务器

与无线闭塞中心进行通信的接口。

（2）相关接口通信服务器

与客专、铁路局以及其他CTC/TDCS系统接口。CTC/TDCS接口服务器一般由两台服务器构成，工作模式为双机热备，每台服务器配置双网卡。铁路局内CTC调度区段的信息需要由TDCS送往国铁集团及相邻铁路局；CTC与铁路局铁路运输管理信息系统（Transportation Management Information System，TMIS）进行交换数据也要通过TDCS进行；CTC调度区段与TDCS调度区段往往要在调度台之间或邻局调度台间进行信息交换，为实现上述数据交换的目的，可利用CTC/TDCS接口服务器进行。

(3)GSM－R通信服务器

在配置GSM－R的调度区段需设置GSM－R接口服务器，GSM－R接口服务器由两台高性能服务器组成，采用双机热备的工作模式。每台服务器配置双网卡，与CTC中心其他设备双网互联。CTC通过防火墙与GSM－R系统网络连接。GSM－R作为无线综合通信平台，CTC可通过GSM－R实现进路自动预告、无线调度命令传输（含行车凭证）、无线调度作业单传输、无线调车机车信号和监控、无线车次校核、列车停稳以及列车完整性报警等功能。

(4)临时限速接口通信服务器

高速铁路设有专门应用于临时限速（TSR）的服务器，则CTC与其需要结合，由此增加与临时限速系统服务器系统接口。

(5)国铁集团中心通信服务器

与国铁集团通信接口。

(6)其他应用系统接口

与牵引供电及电力调度系统、旅客服务系统、动车组调度系统、异地备份中心等应用系统的预留接口。

7. 网管工作站

网管工作站配备为一套带双屏显示的高性能工作站，配高可靠网管软件。具有诊断报警功能，提供网络拓扑图状态、通道的信息流量和网络连接等信息。网管工作站配置双网卡，与CTC中心其他设备双网互联。

8. 网络接口与交换设备

网络接口与交换设备安装在中心机房的网络柜中，由CISCO高性能交换机及双以太网口路由设备组成。

9. 网络安全系统

网络安全系统由第三方提供，表3-1是CTC系统网络安全设备数量的建议配置标准，各铁路局可以结合自身情况适当增加或减少设备数量。CTC网络安全设备的连接示意如图3-3所示。

表3-1　CTC系统网络安全设备数量表

部署位置	部署系统	设备数量	单位
CTC中心	防火墙及入侵检测系统	4	台
	动态口令身份认证中心	2	台
	网络防病毒控制中心	2	台
	主机型漏洞评估中心	1	台
CTC中心	网络型漏洞扫描器	1	台
	身份认证口令牌	300	块
	防病毒客户端许可	80	个
车站	防火墙系统	2	台/车站
	身份认证口令牌	5	块/车站
	防病毒客户端许可	4	个/车站

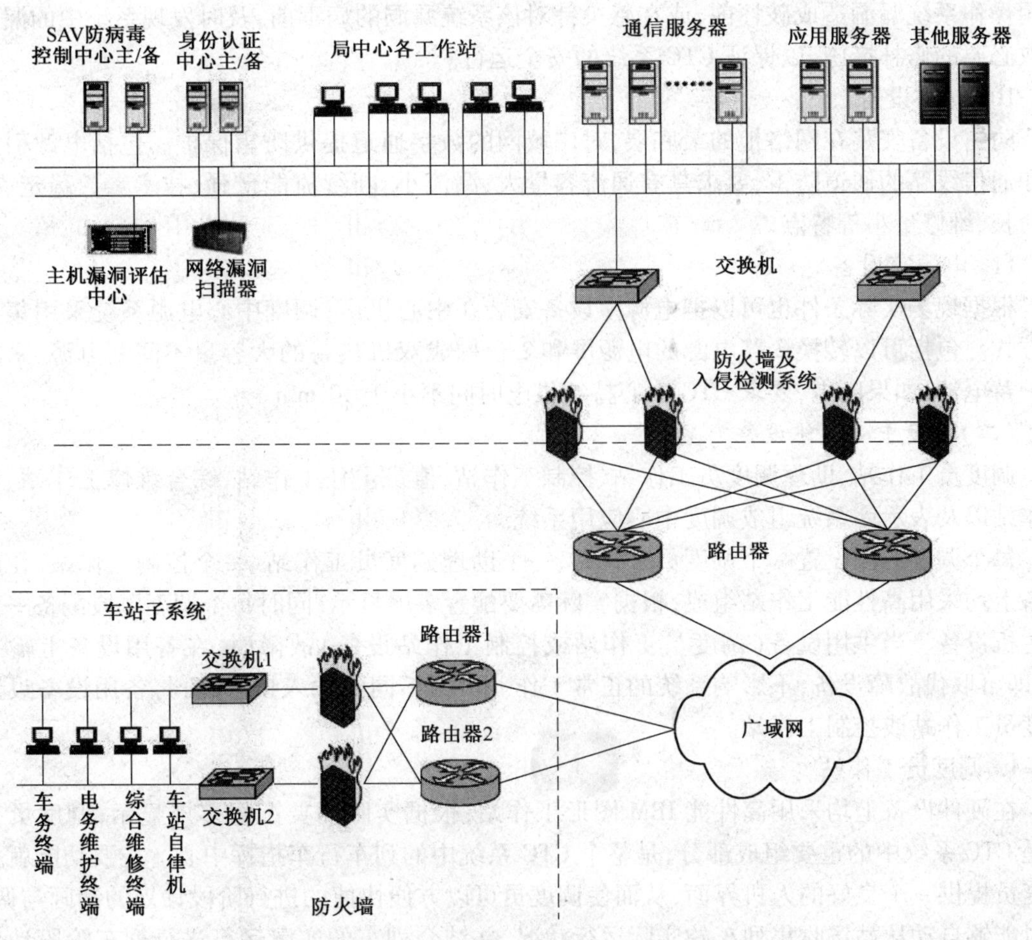

图 3-3　CTC 网络安全设备连接示意图

在铁路局中心,共有两台路由器和两台网络交换机进行交叉连接,完成互相备份的作用。如系统构成图中所示,建议在路由器和网络交换机之间安装两组共四台 Sidewinder 防火墙及入侵检测系统,来完成网络的交叉连接和双热备,充分保障网络的安全性和高可靠性(两台也可完成功能,但不能实现交换机和路由器之间防火墙的双热备,防火墙故障会造成此条网络瘫痪)。

在铁路局中心,部署 2 台 SAV 防病毒服务器,互为主备。通过 SAV 服务器对网络中的服务器、终端和车站终端统一安装 SAV 客户端、统一管理、统一升级病毒库、统一报表和分析,实时的对网络中的病毒进行监控和查杀。

在铁路局中心,部署两台动态口令身份认证服务器(Safe Word Server),形成热备及负载分担。客户端的请求按照配置的比例被自动分配到两台认证服务器上,用以降低单台服务器的工作负载,从而提高系统的运行性能。当某台认证服务器出现故障时,另外一台服务器零间隙、无延时自动接管原故障服务器的认证服务,直到故障服务器恢复正常。无论在正常工作状态下,还是发生单机故障,系统的每台服务器上均可以独立完成全部的系统管理任务,真正实现动态口令身份认证系统的高可用性。

在铁路局中心,部署一台主机型安全漏洞评估中心和一台网络型安全漏洞扫描器。两台安全漏洞评估设备可以从多角度、全方位对网络中的关键服务器进行漏洞分析及评估,在黑客利用操作系统漏洞造成破坏前,或在感染针对该系统漏洞的病毒前,及时发现系统中的漏洞并采取必要的修补措施,以保证 CTC 系统的安全运行。

10. 防雷设备

防雷设备安装在网络柜的最底层,对广域网的数字通道提供防雷保护。包括电源引入防雷和通信线路的通道防雷,要求具有通流容量大、漏流小、断续流能量强、技术参数稳定、使用寿命长、维修量小等特点。

11. 电源室设备

根据现场实际条件也可以把电源室设备安装在中心机房;调度中心电源系统采用集中供电方式。包括可以转换 2 路电源的电源屏和 2 台构成双机热备的大容量不间断电源,采用免维护蓄电池,如果断电,要求 CTC 中心持续供电时间不小于 30 min。

(二)调度中心其他设备

调度员工作站、助理调度员工作站、控制工作站、值班主任工作站、综合维修工作站、培训工作站以及表示墙系统组成调度中心应用系统。

每个调度区段设置一个调度员工作站、一个助理调度员工作站、一个控制工作站,在硬件设备上均采用高性能工作站组成,根据实际需要配置多屏显示;同时每个调度区段配备一套备用主机设备。当主用设备(调度员工作站或控制工作站设备)故障时,在备用设备上输入口令,即可取代故障设备,不影响系统的正常工作。根据不同的输入口令,可将备用设备设置为调度员工作站或控制工作站。

1. 调度员工作站

在硬件设备上均采用高性能 IBM 图形工作站,根据实际需要配置多屏显示;调度员工作站是 CTC 系统中的重要组成部分,是整个 CTC 系统中的列车行车指挥中心。主要功能就是为调度员提供一个良好的人机界面,从而使调度员可以方便快捷的进行阶段计划的铺画与调整,同时能够自动从站场收集列车的实际运行状况,并结合列车的实际运行进行列车阶段计划的修改与调整,并实时的将调整后的计划下达到车站,其调度命令的流程如图 3-4 所示,从而实现科学、高效、合理的列车运行行车指挥。

(1)具有阶段计划生成、实际运行图绘制、行车计划下达到车站、调度命令下达到车站和机车、运行图的操作与编辑修改等功能,可以按照指定的时间间隔或列车等方式以不同的颜色绘制或打印输出阶段计划和实际运行图。

(2)提供列车运行阶段计划的自动调整及人工调整功能,人工调整的优先级高于自动调整,系统自动调整的运行方案,经调度员确认修正后下达执行。自动调整的内容包括站停时分、运行时分调整、会让策略调整、折返作业处理等。人工调整的内容包括站停时分调整、增减列车、列车始发终到站变更、通停变更等。列车运行阶段计划调整中综合考虑列车等级、区间运行方向、区间是否可以同向跟踪、股道的可利用情况、运行间隔、区间封锁、区间慢行等情况确定调整方案。

(3)自动进行列车运行计划的冲突检测,包括区间冲突、车站间隔时间冲突、站线冲突、咽喉接发车进路冲突,确保行车计划的安全性。

(4)提供站线使用方案的可视化编辑工具,自动根据站线属性和列车属性约束车站列车接发车线路和咽喉进路。

(5)自动接受列车报点信息。

(6)自动接受并定点引入计划台下达的班计划。

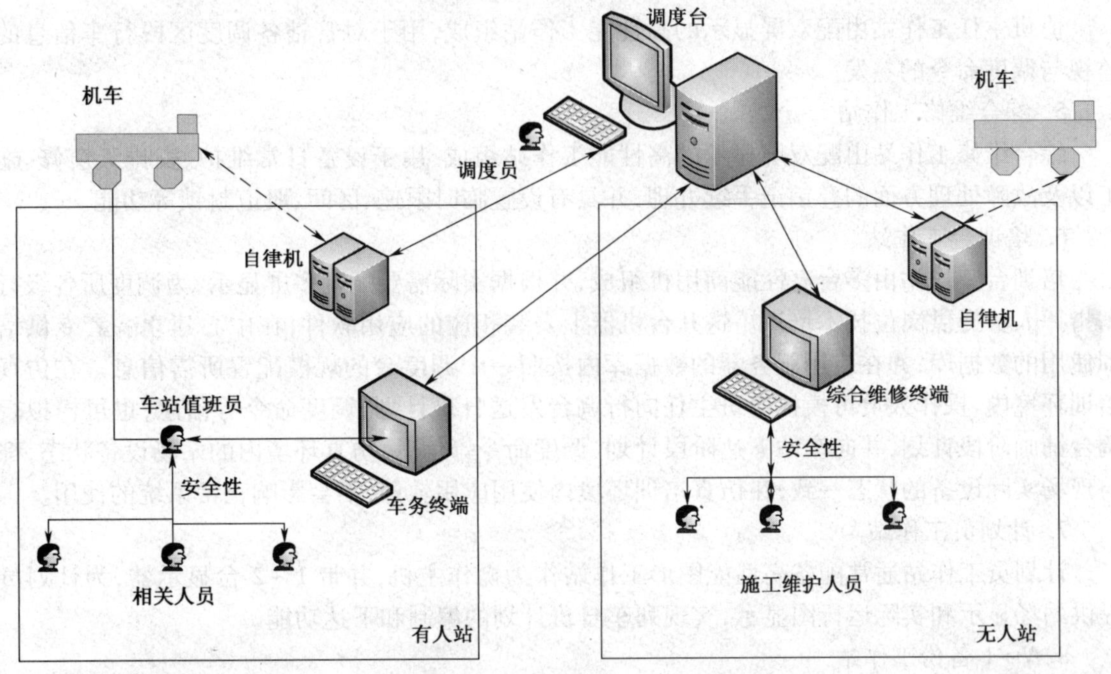

图 3-4　调度命令流程

(7)向所属各站下达班计划、列车阶段调整计划并接收回执。

(8)操作与数据记录及统计处理。所有动态操作、系统报警数据应自动显示并记录、打印;调度员的询问操作则根据调度员的选择进行记录、打印。报警分等级列出,重要报警必须经调度员确认方可消失。

(9)根据各车站列车运行计划和实际运行到、发点完成自动报点功能,按车站进行列车运行早晚点统计。

(10)调度命令的编辑、下达、维修调度命令的审批,接收调度命令回执。系统提供各种模板辅助调度命令的编写,系统根据受令处所自动向相应的车站或机车下达调度命令;车站值班员终端和机车调度命令终端接收到命令后自动采用可视化方式显示命令内容并且提供声音提示功能;系统提供设备回执和人工回执;系统提供命令打印及查询功能。

(11)调度命令、时刻表、站存车、列车编组及网络通信日志的查询。

2. 助理调度员工作站

在硬件设备上均采用高性能 IBM 图形工作站,根据实际需要配置多屏显示;助理调度员工作站主要实现无人站调车作业计划的编制、调整、指挥以及在自律约束条件下调车进路的人工办理等调车相关功能。主要由站场图信息显示模块、调车计划的制定模块、调车进路的直接操控模块、自律机调车进路的人工修改模块、调车计划的下达模块构成。

3. 控制工作站

控制工作站在硬件设备上均采用高性能 IBM 图形工作站,根据实际需要配置多屏显示;主要实现调度中心人工进路操作控制、闭塞办理、非常处理的功能,对不在列车调整计划中的进路进行远端操控(主要指对无人站的试排进路、道岔清扫等),也对 CTC 系统自动排列的进路由于其他非人为原因被联锁取消时进行远端修正。

4. 值班主任工作站

值班主任工作站由配双屏显示的高性能工作站组成,用于对管辖各调度区段行车信息的监视与调度命令的签发。

5. 综合维修工作站

综合维修工作站由配双屏显示的高性能工作站组成,用于设备日常维护、安排天窗修、施工以及故障处理方面的登销记手续办理,并具有设置临时限速、区间、股道封锁等功能。

6. 培训台工作站

培训台工作站由多台高性能商用机组成,并根据实际需要配置多屏显示,为调度所各级行车指挥人员提供岗位技术培训。这几台机器上安装相应的应用软件,在中心建立一套专供培训使用的数据库,并在应用服务器的数据库内按照一个调度台的规模配置所需信息。在仿真培训环境内,操作人员可模拟值班主任向行调台发送日班计划、调度命令等信息,也可模拟行调台铺画阶段计划,并向车站下达阶段计划、调度命令等信息,仿真环境内的站场设备状态,都与现场实际设备的状态一致,在仿真培训环境内使用应用软件,不会影响正常系统的使用。

7. 计划员工作站

计划员工作站通常配备高性能图形工作站作为操作主机,并带 1~2 台显示器,为计划员提供站场显示和实际运行图显示,实现列车日班计划的编制和下达功能。

8. $N+1$ 备份工作站

用于列车调度台工作台、助理调度台工作站或综合维修工作站的备份工作站,该工作站上安装有各个工作站的所有应用软件,当其中任意一台工作站发生故障时接替其工作。

9. 打印机和绘图仪

调度中心的一台网络绘图仪,作为共享设备执行各工种的实际运行图的绘制和其他相关报表的绘制。

10. 表示墙系统

表示墙系统由一套显示转换驱动工作站与专业的大屏背投设备组成。

二、CTC 中心巡检作业标准

(一)作业流程图(图 3-5)

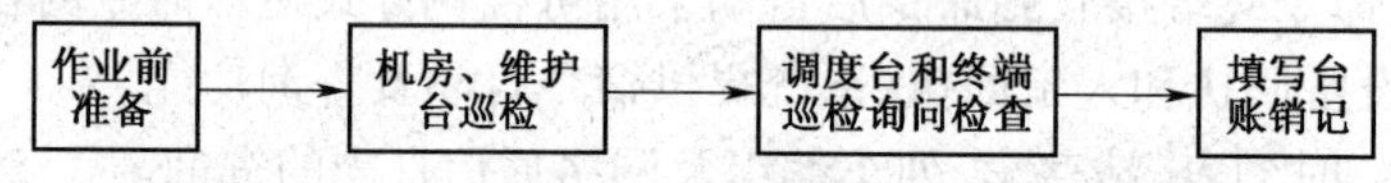

图 3-5　CTC 中心巡检作业流程

(二)巡检作业程序、项目、内容及技术标准

1. 作业前准备

(1)召开作业准备会,工长或巡检负责人布置巡检任务,明确工作内容;

(2)组织开展安全预想,布置针对性措施;

(3)穿好工作服及绝缘鞋,携带必要的工具、仪表。

2. 机房、维护台巡检

(1)检查机房温、湿度,确认无异常,无异声、异味,设备及器材表面无过热现象;

(2) 检查电源屏运行正常,无报警信息,指示灯显示正常;

(3)检查 UPS 负载、风扇工作、开关状态正常,无报警信息,指示灯显示正常;

(4)检查服务器面板指示灯状态正常,无报警,风扇工作正常;

(5)检查路由器、协议转换器、调制解调器状态正常,无报警,风扇工作正常;

(6) 检查各调度台、终端网络连接正常;

(7) 检查主通道状态良好,掌握主通道误码率、流量信息;

(8) 检查各远程终端连接良好,各车站信息无中断,各调度台车次跟踪正常;

(9)实时跟踪校核各站运行信息;

(10)查看系统运行日志,检查系统时钟走时误差并校对时钟。

3. 调度台和终端巡检

(1)访问使用人员并掌握设备运行情况(包含调度台无线调度命令发送、接收情况);

(2)检查设备(包含非机房网络集线器、调制解调器、明线布放网线等)运行环境、状态是否良好,专用电源无外接非 TDCS 设备。

4. 填写台账

巡检完毕,认真填写各类台账。

(三)安全控制措施

严格执行“三不动、三不离、三预想”安全制度。

三、CTC 中心检修作业标准

(一)作业流程图(图 3-6)

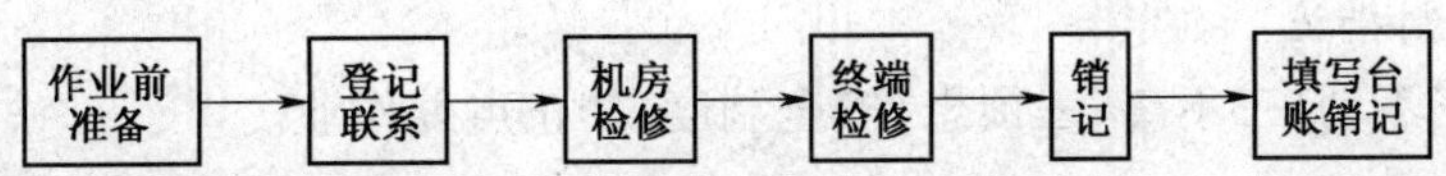

图 3-6 CTC 中心检修作业流程

(二)检修作业程序、项目、内容及技术标准

1. 作业前准备

(1)召开作业准备会,工长或检修负责人布置巡检任务,明确工作内容;

(2)组织开展安全预想,布置针对性措施;

(3)穿好工作服及绝缘鞋,携带必要的工具、仪表;

(4)访问行车调度员,了解设备运行情况,如果有不正常现象需详细询问故障现象,做好记录。

2. 登记联系

(1)中心工区联系人员到调度所值班主任台(相关行调台)登记,经调度所值班主任(调度员)签认后开始工作;

(2)中心工区联系人员必须按照铁路信号维护规则、《铁路技术管理规程》《行车组织规则》有关要求和《电务部门作业在“运统 46”上登记、销记用语》样板,在《行车设备检查登记簿》(运统 46)内登记。

3. 机房设备检修

(1)检查机房温、湿度,确认无异常;

(2)检查电源屏指示灯、开关状态正常,部件无过热现象,各设备接插件良好、固定螺丝紧固,内部清扫;

(3)测量电源屏输入输出电压、电流,无异常;

(4)检查UPS负载、风扇工作、开关状态正常,查看报警日志有无报警记录;
(5)测试UPS充放电正常;
(6)检查服务器面板指示灯状态正常,无报警,风扇工作正常,各设备接插件良好;
(7)检查路由器、协议转换器状态良好,各设备接插件良好;
(8)检查铭牌、标识、USB封口良好;
(9)检查各服务器切换正常;
(10)检查防火墙接入、甩开正常;
(11)检查机房室内环境,保持清洁。

4. 终端检修

(1)检查主机板卡、线缆接插良好,内部清洁;
(2)检查铭牌、标识、USB封口良好;
(3)检查系统时钟,误差不超过30 s;
(4)检查显示器显示良好,无闪烁;
(5)检查车次跟踪、调监显示正常。

5. 销记

复查完毕,会同调度所值班主任确认设备良好后按标准用语销记。

6. 填写台账

检修完毕,认真填写各类规定填写的台账。

(三)安全控制措施

严格执行"三不动、三不离、三预想"安全制度,禁止点外作业。

四、调度中心设备操作

调度集中(CTC)系统控制中心利用现代新技术,为铁路信号系统的网络化、综合化、智能化奠定了基础,为铁路运输的变革提供了条件,减轻工作人员的工作负担,降低了劳动强度,掌握其操作程序,从人机界面获得各种信息,为快速处理各种设备故障提供了很好的保证,也对信号维护人员提供了方便。

目前,我国铁路使用的CTC系统主要有FZk－CTC、FZt－CTC、FZh－CTC及京津城际上使用的西门子CTC等型号的CTC,本书将以FZt－CTC为例介绍调度集中系统的设备操作。

(一)中心控显系统

CTC中心控显终端(Control Monitor)是CTC系统中的一部分,在行调台、助调台和值班主任台上安装CTC控显终端,主要完成信号设备显示与操作、车次信息显示与维护、进路表显示与操作、轨道电路分路不良显示与操作、轨道电路供电状态显示与操作、调车权限转换与权限卡控、列车停稳状态显示与操作、列车安全防护标识显示与操作、临时限速状态显示、历史数据记录与回放等功能。

系统启动后,弹出登录对话框,车站值班员输入工号,系统自动匹配输出用户姓名,此时输入正确的密码,可进入系统。用户登录界面如图3-7所示。

点击菜单【系统】下的子菜单【注销】,弹出注销对话框,输入正确的当班值班员密码后弹出登录框,锁定操作界面;车站值班员再次输入工号和密码,进行登录,如为接班值班员进行登录,则完成交接班,如图3-8所示。

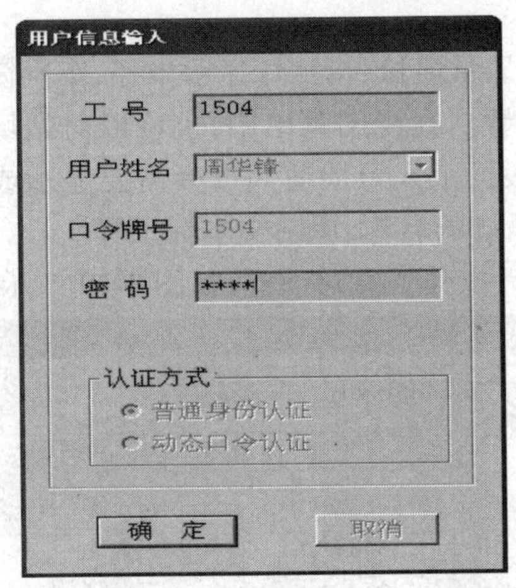

图 3-7 登录框

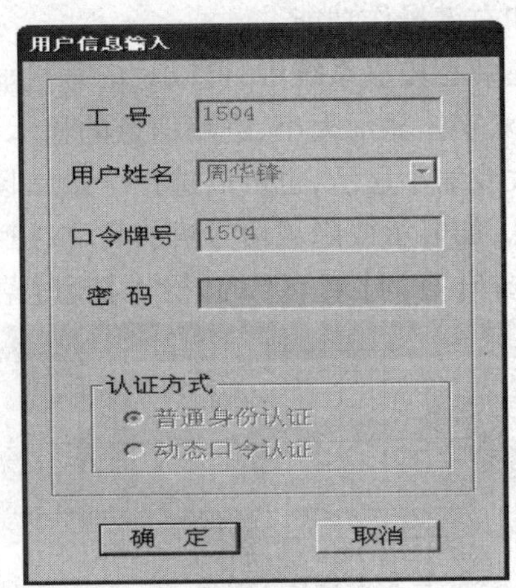

图 3－8 注销框

系统启动后，进入控显程序主界面，位于程序界面最上方为菜单栏，接下来将逐条说明各个菜单的操作方法。

CTC 控显界面由标题栏、菜单栏、工具栏、功能按钮栏、站场显示区、进路表显示区、状态栏等组成，如图 3-9 所示。

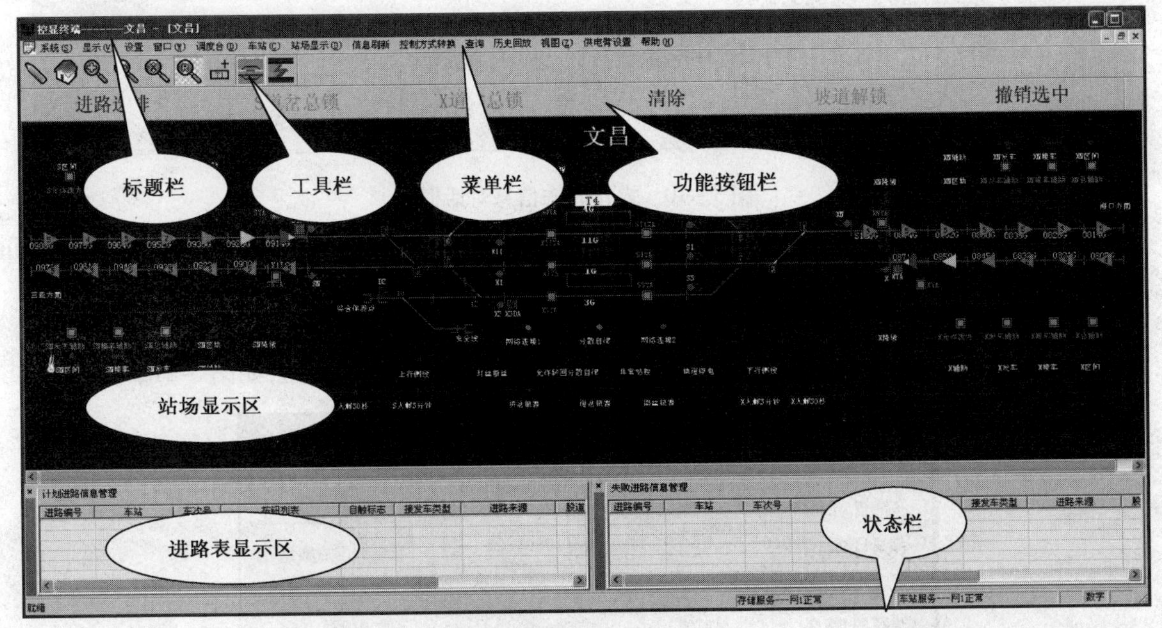

图 3-9 CTC 控显界面

菜单栏中提供的菜单有系统、显示、设置、窗口、站场缩放、站场显示、调度台、车站、信息刷新、控制方式转换、供电臂管理、查询、历史回放、帮助。工具栏提供选择、全景图、放大、缩小、缩放至窗口高度、恢复原窗口、车次号放大两倍显示、信息进路信息窗口等功能。

站场显示区提供设备状态的显示，是车站值班员的主要操作界面。显示的信息包括车站名、站场状态（错误状态、正常状态）、列车运行状态、所有站场设备及设备对应的名称、设备状态、网络连接状态等。站场显示区显示的视图分为全景视图和单站视图，其中全景视图显示本站及相邻车站的各种信息，单站视图提供单个车站的各种信息。站场显示区提供鼠标的单击、双击和右键操作功能。

在中心控显系统中，可以对信号机显示半径、按钮显示边长、指示灯显示半径、车次窗口显示大小、字体显示大小、进路信息的显示都可以进行设置。在视图菜单中，也可以对站场图进行放大或缩小显示，也可以选择全景站场显示。也可根据个人习惯适当选择需要显示或隐藏的信息，如显示或隐藏信号机的名称、道岔的名称、指示灯的名称、单站文本标识等。

选择【查询】菜单下的【操作日志】菜单项，弹出统计操作信息对话框，如图 3-10 所示。

操作日志信息

开始时间：2011-12-28 18:05:33　调度区段：东环台　操作类型：全部操作类型

结束时间：2011-12-29 18:05:33　单位名称：东环台　查询　打印　关闭

序号	操作时间	单位名	操作人	操作模块	操作类型	内容
1	2011-12-29 10:4...	东环台		控显终端	车次号操作	弹出对话框：提示用户[]确认...
2	2011-12-29 10:4...	东环台		控显终端	车次号操作	弹出对话框：提示用户[]确认...
3	2011-12-29 10:4...	东环台		控显终端	车次号操作	用户[]确认[万宁 D2018次列车...
4	2011-12-29 10:4...	东环台		控显终端	车次号操作	用户[]确认[万宁 9003次列车...
5	2011-12-29 10:4...	东环台		控显终端	车次号操作	弹出对话框：提示用户[]确认...
6	2011-12-29 10:4...	东环台		控显终端	车次号操作	用户[]确认[琼海 1121次列车...
7	2011-12-29 15:4...	东环台		控显终端	车次号操作	删除车次：车站[琼海]，轨道[...
8	2011-12-29 15:4...	东环台		控显终端	车次号操作	删除车次：车站[神州]，轨道[...
9	2011-12-29 15:4...	东环台		控显终端	车次号操作	删除车次：车站[万宁]，轨道[...

操作内容

删除车次：车站[琼海]，轨道[IG]，车次[1121,下行,非电力,机车:000+00000 总重:0.00 换长:0.00 辆数:0,]

图 3－10　操作日志信息对话框

在【操作类型】、【调度区段】和【单位名称】的下拉列表中选择所要查询的操作类型、调度区段和单位名称，并设置所要查询的操作日志的时间起点与终点，点击【查询】，搜索出符合条件的操作日志信息。

选择【历史回放】菜单下的【历史回放】菜单项，弹出历史回放对话框，如图 3-11 所示。

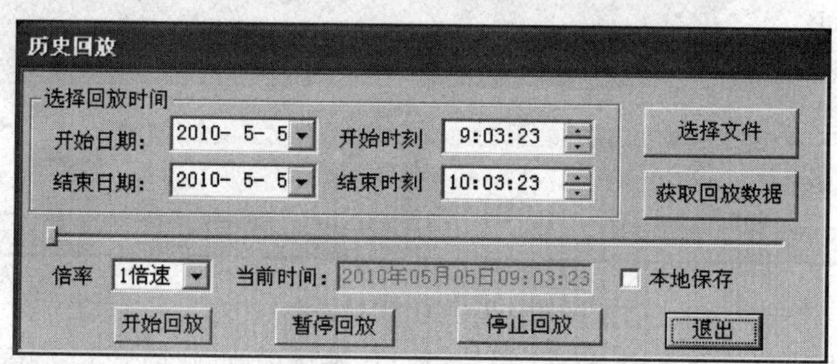

图 3-11　历史回放对话框

选择回放时间。选择【开始日期】、【开始时刻】和【结束日期】、【结束时刻】。点击获取回放数据，弹出获取回放数据对话框，如图 3-12 所示。

1. 信号设备操作

(1)列车进路人工办理

排列列车进路时，按顺序左键单击【进路始端信号机】、【进路终端信号机】，点击信号机以

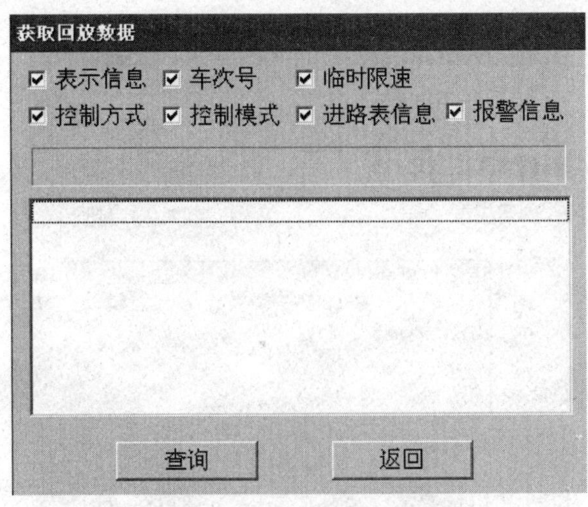

图 3-12　获取回放数据对话框

后，信号机边框显示为绿色表示已经选中。之后再左键单击工具栏上的【进路选排】按钮。若选择的进路在进路表中不存在，系统将提示出错信息。提示信息如图 3-13 所示。

图 3-13　错误提示信息

如果进路表中包含此进路，则弹出提示对话框图 3-14，提示进路的始端按钮和终端按钮。

图 3-14　确认提示信息

点击图 3-14 中的【是】，弹出输入列车进路信息对话框，如图 3-15 所示。在【列车车次】中输入列车车次，输入车次号后会自动提示列车类型，并可以选择列车是【电力机车】还是【超限车】。在【提示信息】中显示站细检查结果。在【列车车次】中输入车次号 11111，在【列车类型】中提示“货车”。在【提示信息】中显示“进路检查通过”，表示可以排列此进路。

点击【确定】下达列车进路人工排列命令到自律机。自律机将再次检查命令是否可执行。如果自律机检查不通过，弹出自律机的提示信息对话框，对话框中显示下达命令失败的原因。其他控制命令下达到联锁系统之前，自律机如果检查没有通过，也会弹出自律机提示对话框。对话框中内容为控制命令下达失败的原因，如图 3-16 所示。

如果自律机检查通过，将下达控制命令到联锁系统，联锁排列进路成功后，则在站场中显示进路信息。如果联锁系统排列进路超时，则弹出自律机回执对话框，提示排列进路失败原因。进路显示如图 3-17 所示。

如果在【列车车次】中输入车次号 1485，在【列车类型】中提示“跨局普通旅客列车”。在

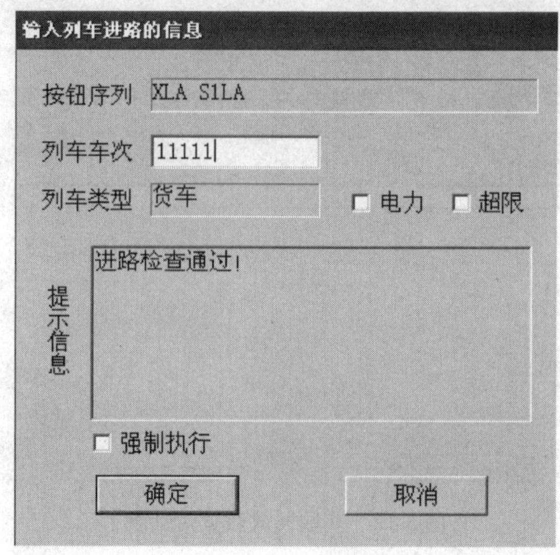

图 3-15　列车进路消息框

图 3-16　自律机提示信息

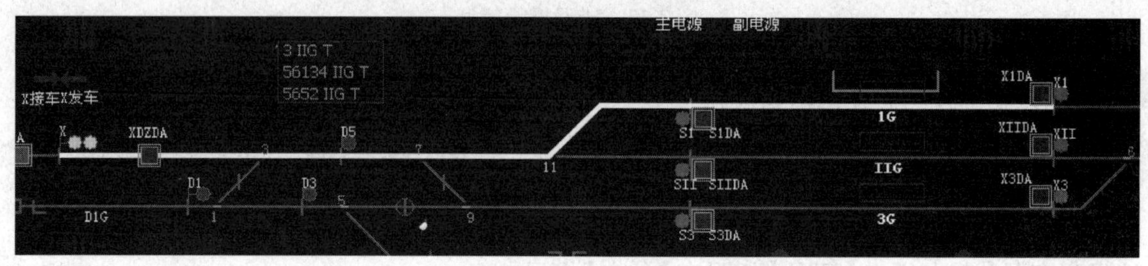

图 3-17　接车进路

【提示信息】中显示“股道 3G：不能停客车！进路检查没有通过，需要强制执行！”。此时如果要继续排列此条进路，勾选对话框中下方的【强制执行】，如图 3-18 所示。

点击【确定】下达列车进路人工排列命令，执行成功后，将排列出列车进路，并开放相应信号机，需要说明的是，如果要排列需要强制执行的进路，在不勾选“强制执行”复选框时不能下达。进路显示如图 3-19 所示。

在排列变更进路时，需要增加选择变更按钮。按照“始端按钮→变更按钮→终端按钮”的操作顺序进行操作，才可以排列出变更进路。

例如，排列接车进路 XLA—S4LA，基本进路通过 27/29DC，如图 3-20 所示。

排列变更进路通过 11/13DC，操作顺序为按顺序点击按钮 XLA—D23A—S4LA 排列变更进路，如图 3-21 所示。

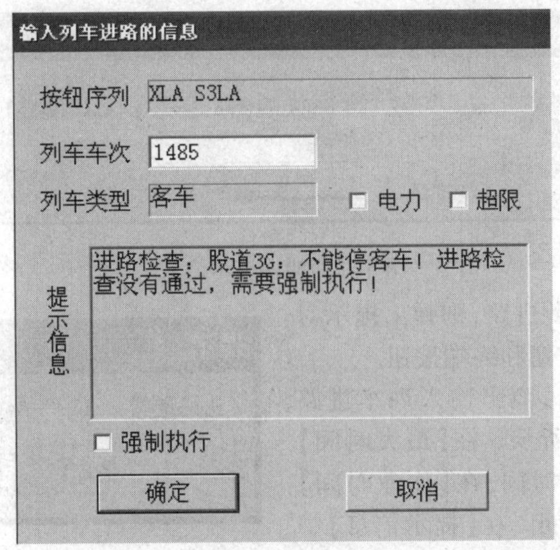

图 3-18 列车进路消息框

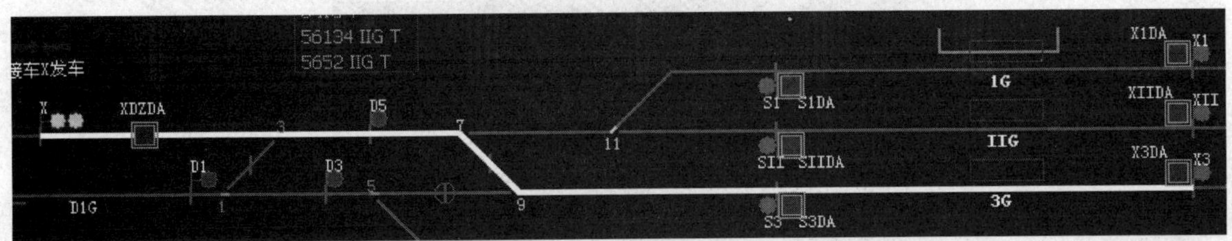

图 3-19 接车进路

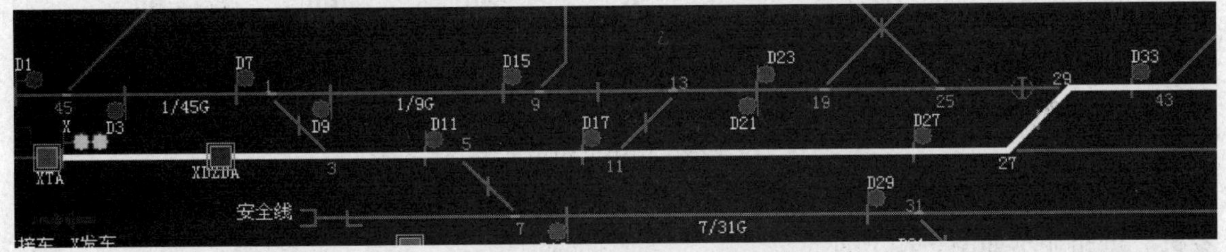

图 3-20 基本接车进路

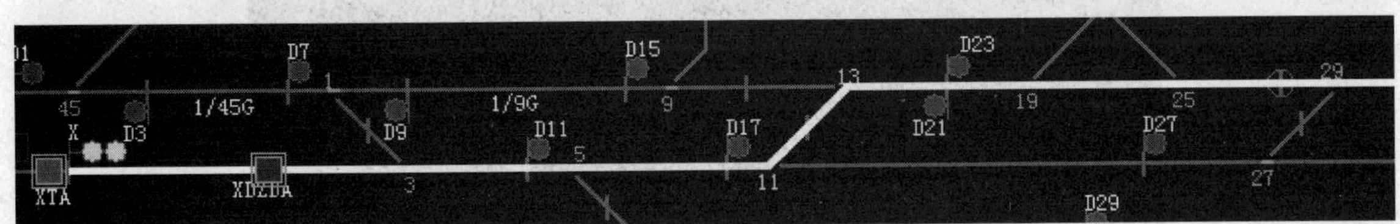

图 3-21 变更进路

(2)调车进路人工办理

排列调车进路时，单击【调车始端按钮】、【调车终端按钮】，点击信号机以后，信号机边框显示为绿色。之后再单击工具栏上的【进路选排】按钮。若选择的进路在进路表中不存在，系统将提示出错信息。提示信息如图 3-22 所示。

图 3-22　错误提示信息

如果进路表中包含此进路，则弹出提示对话框，提示进路的始端按钮和终端按钮。

图 3-23　确认提示信息

点击上图中的【是】，弹出输入列车进路信息对话框，如图 3-24 所示。在【最大时间】中显示调车允许的最长时间，在【作业时间】中显示输入调车作业时间。在【提示信息】中显示列调车冲突检查结果。

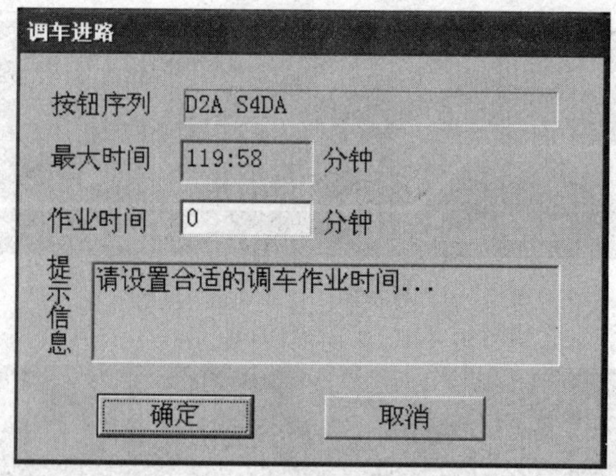

图 3-24　调车进路消息框

点击【确定】下定调车进路人工排列命令，执行成功后，将排列出调车进路，并开放相应信号机。进路显示如图 3-25 所示。

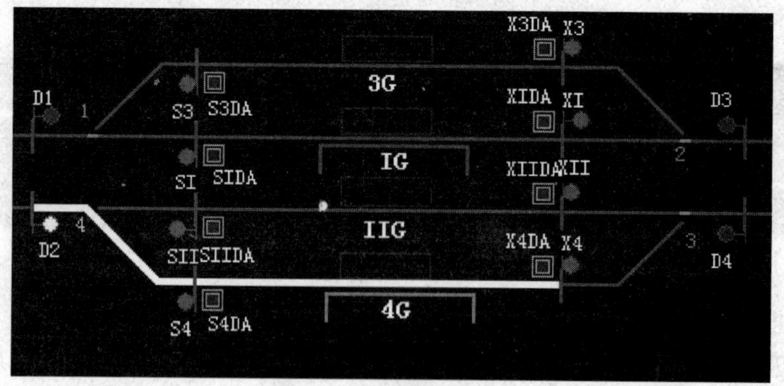

图 3-25　进路显示

调车变更进路办理的原则上均应分段办理，单击始端信号机、变更信号机和终端信号机完成办理。

(3)进路人工取消

调车进路和列车进路的人工取消操作相同。鼠标右键点击进路始端信号机,弹出信号机右键菜单,选中【总取消】菜单项。对于出站兼调车的信号机为始端的,将弹出选择按钮进路始端信号按钮的对话框,如图3-26所示。

选择正确的始端按钮后,弹出控制命令下达确认提示对话框,如图3-27所示。点击【是】,下达总取消命令,执行成功后,取消列车进路。

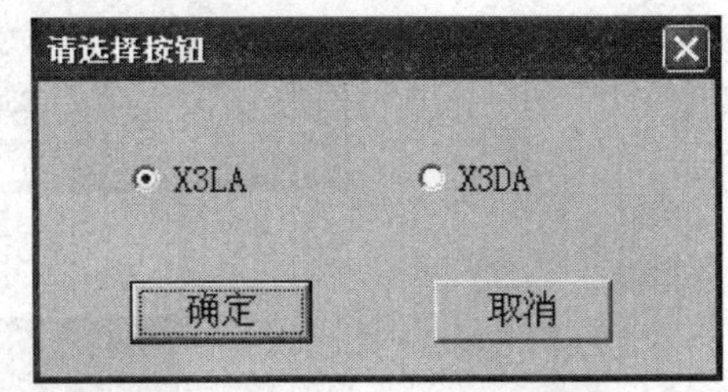

图3－26　按钮选中对话框

(4)进路人工解锁

接近区段有车占用的情况下,侧线列车发车30 s后进路解锁;列车接车及列车正线发车3 min后进路解锁。调车进路和列车进路的人工解锁操作相同。鼠标右键点击进路始端信号机,弹出信号机右键菜单,选中【总人解】菜单项。对于出站兼调车的信号机为始端的,将弹出选择按钮进路始端信号按钮的对话框。选择正确的始端按钮后,弹出控制命令下达确认提示对话框,如图3-28所示。点击【是】,下达总人解命令,执行成功后,人工解锁列车进路。

图3-27　提示信息

图3-28　提示信息

(5)信号重复开放办理

排列进路后,始端信号机应该处于开放状态。如果排列进路后出现信号故障,将会关闭始端信号机如图3-29所示。

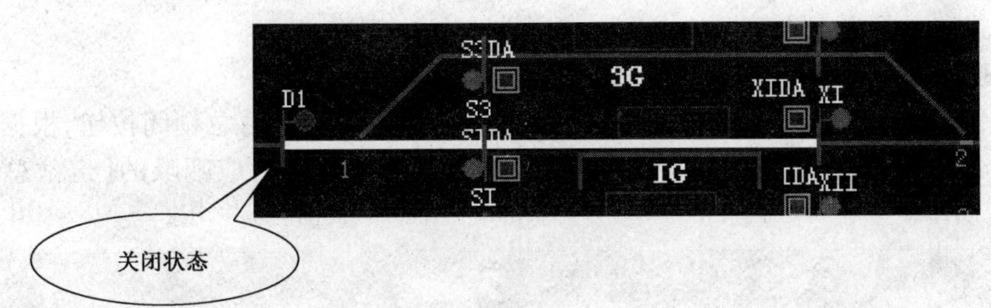

图3-29　始端信号机关闭

调车进路和列车进路的信号重开操作相同。鼠标右键点击进路始端信号机,弹出信号机右键菜单,选中【信号重开】菜单项。对于出站兼调车的信号机为始端的,将弹出选择按钮进路始端信号按钮的对话框。选择正确的始端按钮后,弹出控制命令下达确认提示对话框。点击进路始端信号机,弹出菜单,如图3-30所示。

点击【是】,下达信号重开命令。执行成功后,重新开放进路始端信号机,如图3-31所示。

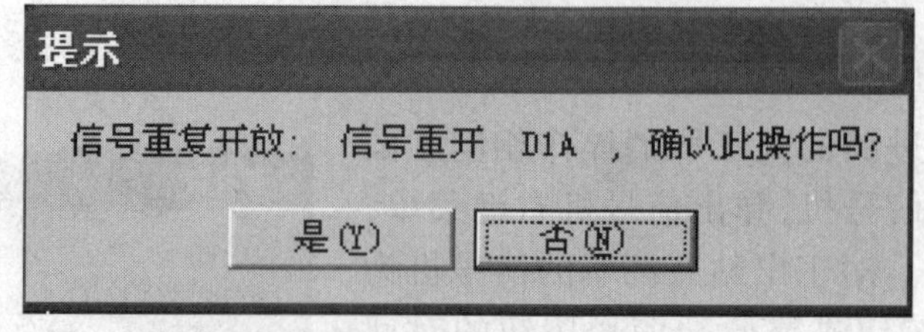

图 3-30　提示信息

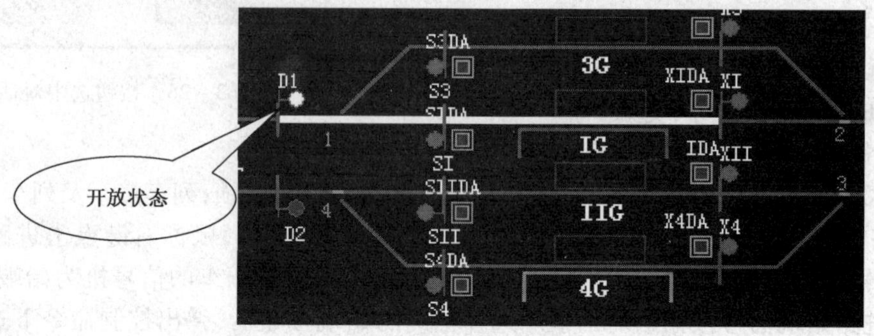

图 3-31　始端信号机开放

在信号重开后，需对进路表进行审核，人工清除已办理的进路。

(6)列车引导进路办理

引导进路的办理，采用【引导按钮】加【信号终端按钮】方式办理。操作方式为，点击【引导按钮】，在点击需要引导的股道对应的【反向进站信号机】，弹出提示信息框，如图 3-32 所示。

图 3-32　提示信息

点击【是】，下达进路引导命令，执行成功后，排列出引导进路。

(7)列车引导进路取消

引导进路必须人工去解锁。操作方式同进路人工解锁。

(8)道岔总锁办理

在道岔失去表示或向非接车进路办理列车接车作业时用道岔总锁闭按钮，根据不同联锁对按钮命名的不同，道岔总锁也称引导总锁。在工具栏中单击对应咽喉的【道岔总锁】按钮，如图 3-33 所示。

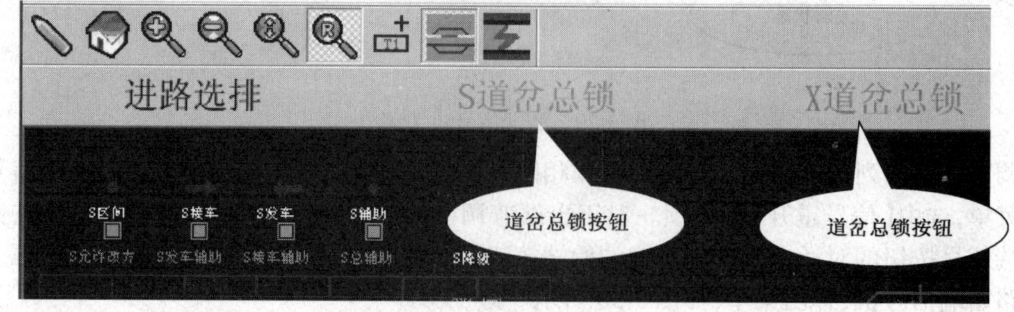

图 3-33　道岔总锁按钮

下达道岔总锁命令，执行成功后，相应咽喉的道岔都有绿色圆圈标示，如图 3-34 所示，表明道岔被锁在当前位置。

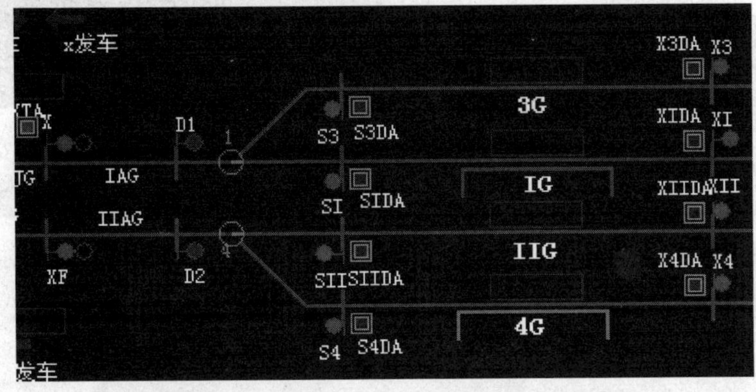

图 3-34　道岔总锁结果

办理成功后，相应咽喉的道岔总锁按钮为按下状态，如图 3-35 所示。

图 3-35　按下状态的“S 道岔总锁”

道岔总锁闭取消：道岔总锁按钮为按下状态时，单击对应咽喉的【道岔总锁】按钮。办理成功后，道岔总锁按钮变为弹起状态。

(9)道岔单操办理

道岔总定：右键单击道岔岔心位置，弹出菜单，如图 3-36 所示。

选择菜单中的【道岔总定】菜单项，弹出提示信息对话框，如图 3-37 所示。

左键单击点击【是】，下达道岔总定命令，执行成功后，道岔扳到定位，并在定位处显示绿色线条，如图 3-38 所示。

道岔总反：右键道岔岔心位置，弹出菜单，如图 3-39 所示。

选择菜单中的【道岔总反】菜单项，弹出提示信息对话框，如图 3-40 所示。

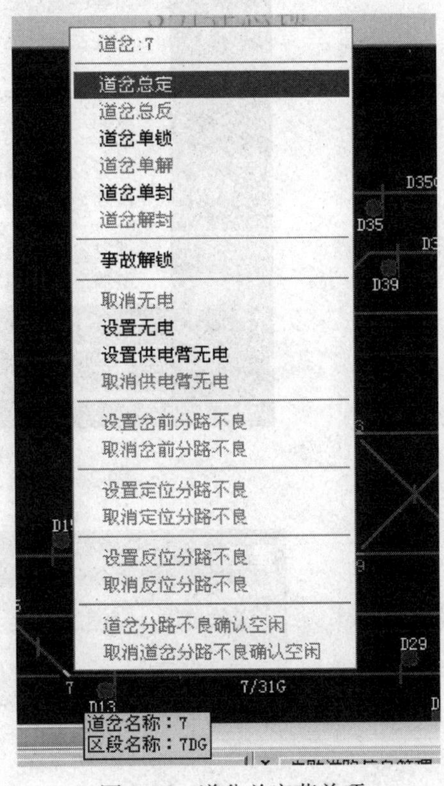

图 3-36　道岔总定菜单项

图 3-37　提示信息

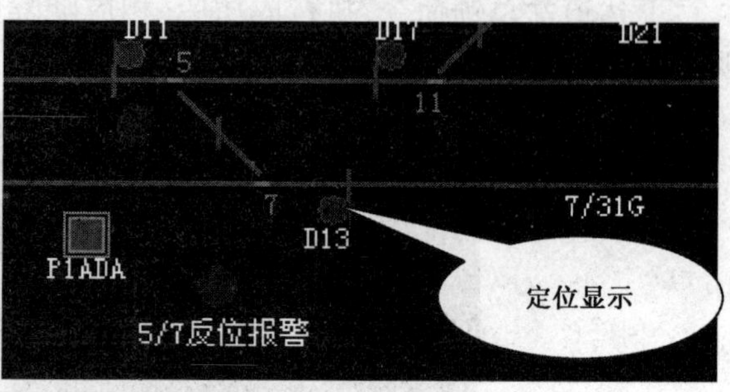

图 3-38　定位显示

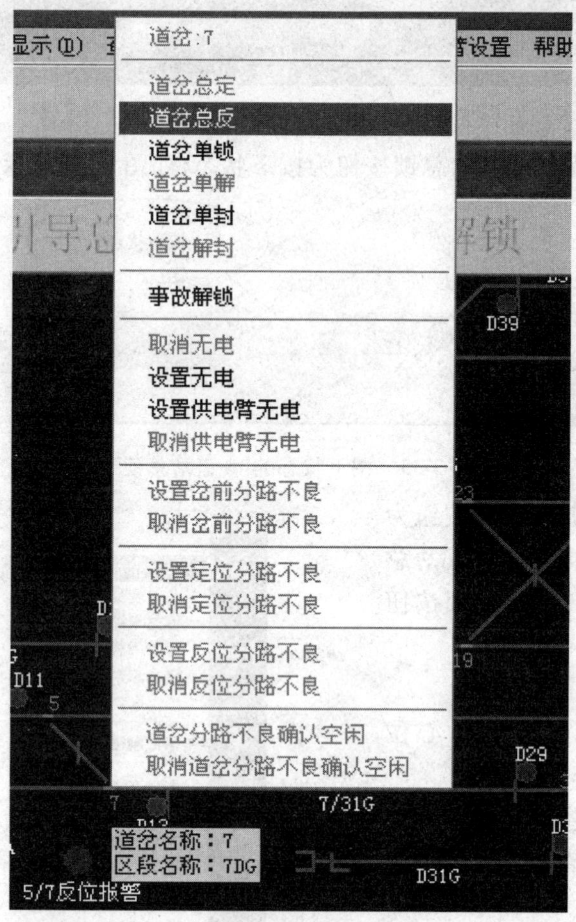

图 3-39　道岔总反菜单项

图 3-40　提示信息

点击【是】,下达道岔总反命令,执行成功后,道岔扳到反位,并在反位处显示黄色线条,如图 3-41 所示。

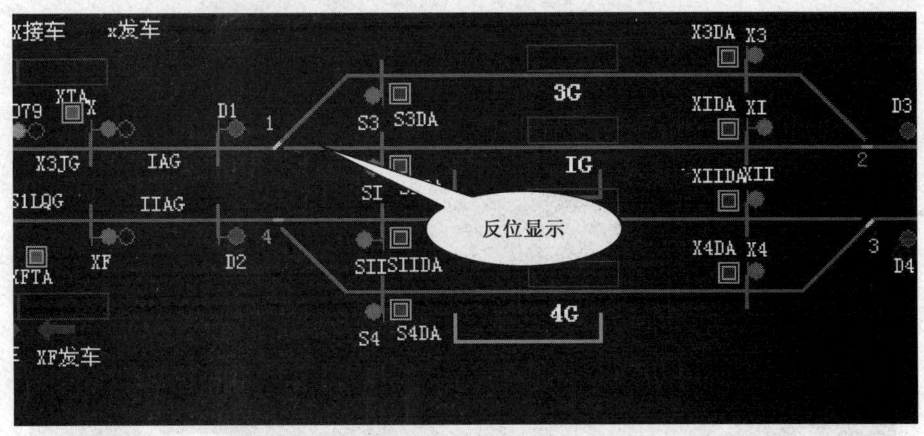

图 3-41　反位显示

(10)道岔单锁/单解办理

道岔单锁:右键道岔岔心位置,弹出菜单,如图 3-42 所示。

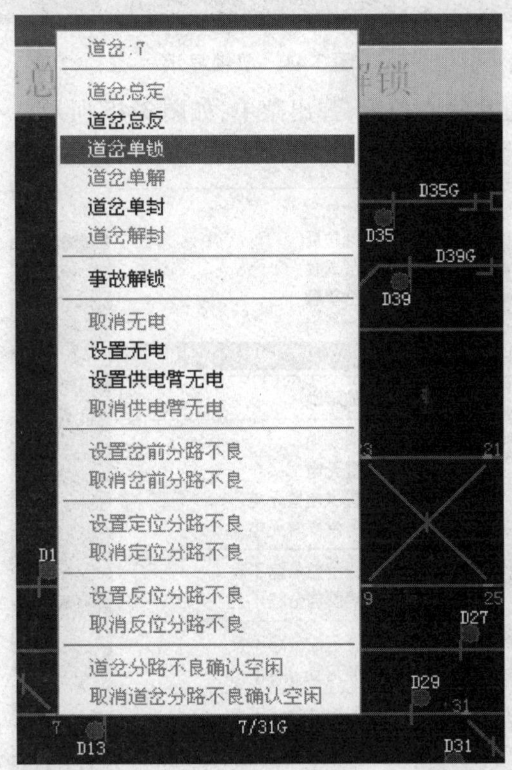

图 3-42　道岔单锁菜单项

选择菜单中的【道岔单锁】菜单项,弹出提示信息对话框,如图 3-43 所示。

点击【是】,下达道岔单锁命令,执行成功后,在岔心处画一圆圈。当道岔处于定位时,画绿色圆圈;当道岔处于反位时,画黄色圆圈;当道岔处于无表示时,画红色圆圈,如图 3-44 所示。

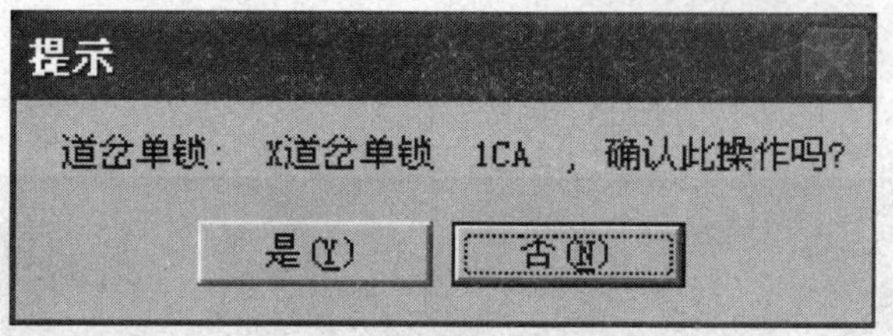

图 3-43 提示信息

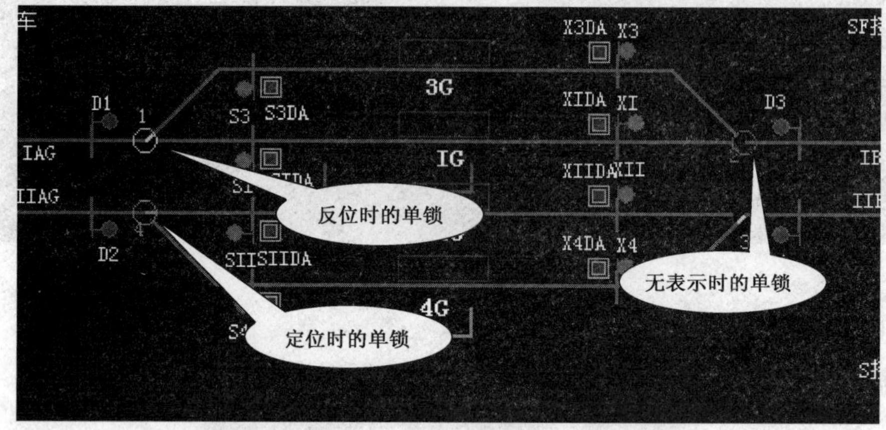

图 3-44 单锁显示

道岔单解：右键单击道岔岔心位置，弹出菜单，如图 3-45 所示。

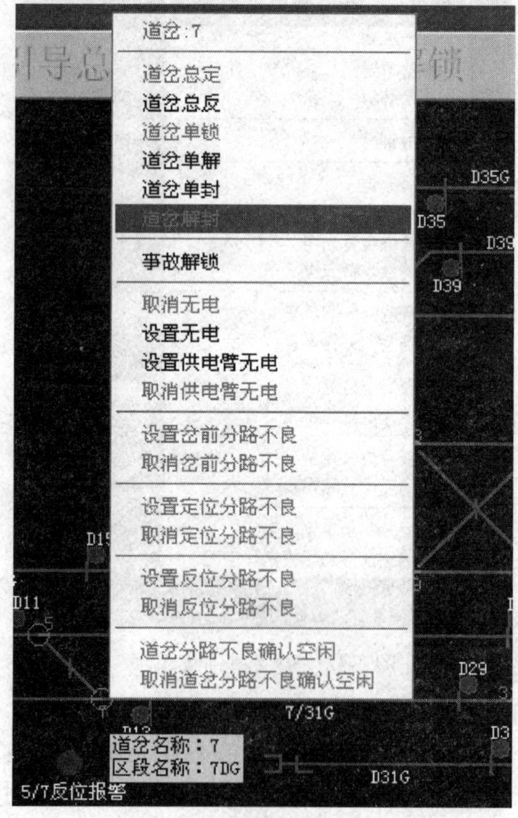

图 3-45 道岔单解菜单项

左键单击菜单中的【道岔单解】菜单项，弹出提示信息对话框，如图3-46所示。

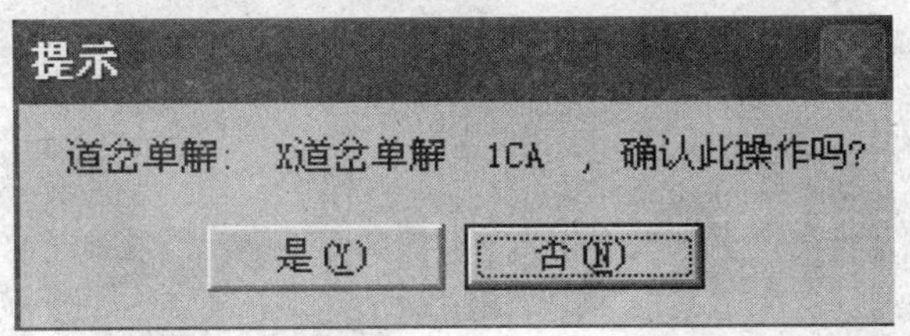

图3-46　提示信息

点击【是】，下达道岔单解命令，执行成功后，岔心处的圆圈消失。

(11)道岔封闭/解封办理

道岔封闭：右键道岔岔心位置，弹出菜单，如图3-47所示。

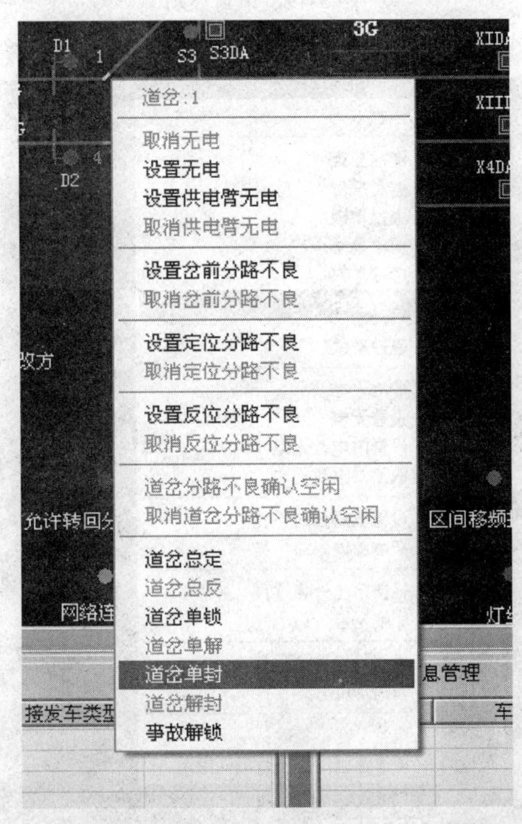

图3-47　道岔单封菜单项

选择菜单中的【道岔单封】菜单项，弹出提示信息对话框，如图3-48所示。

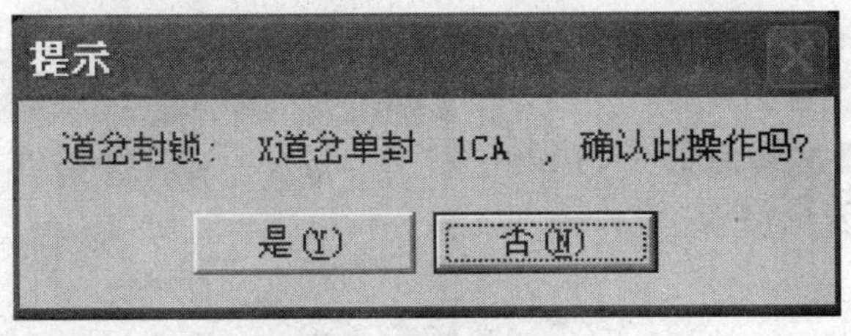

图3-48　提示信息

点击【是】,下达道岔单封命令,执行成功后,在道岔名称外画一红色方框,如图 3-49 所示。

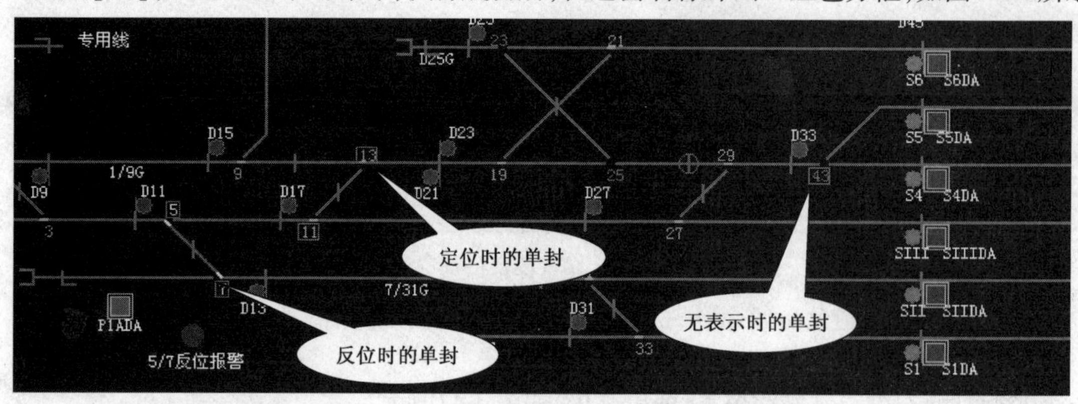

图 3-49　单封显示

道岔解封:右键道岔岔心位置,弹出菜单,如图 3-50 所示。

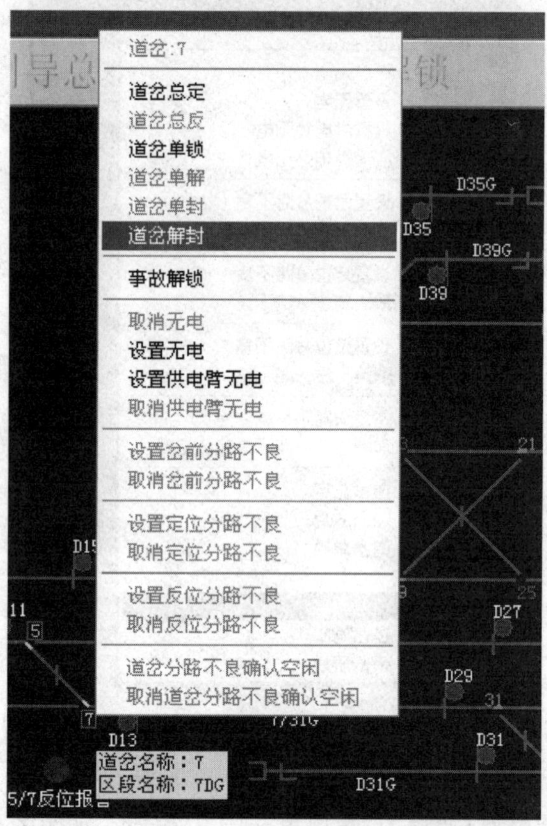

图 3-50　道岔单解菜单项

选择菜单中的【道岔解封】菜单项,弹出提示信息对话框,如图 3-51 所示。

点击【是】,下达道岔解封命令,执行成功后,道岔名称外的方框消失。

2. 控制方式转换

(1)控制方式转换

在系统分散自律的情况下,每个车站

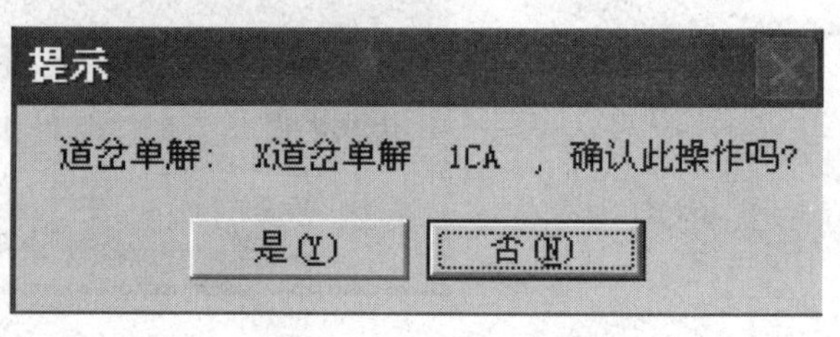

图 3-51　提示信息

有“中心调车”、“车站调车”两种控制方式。在不同的控制方式下，对调车相关的操作，如排列调车进路、取消调车进路、删除调车进路等，有不同的控制权限。在“中心调车”方式下，只可由中心调度台操作调车相关操作。在“车站调车”方式下，只可由车站值班员操作调车相关操作。

在控显界面中应能显示各站的控制方式。控制方式的改变由车站值班员申请，由中心助调台值班员确认后，由车站下达转换的命令到自律系统，实现控制方式的转换。

(2)控制方式转换请求

选择【控制方式转换】菜单下的【控制方式转换】菜单项，弹出控制方式转换对话框，如图3-52所示。

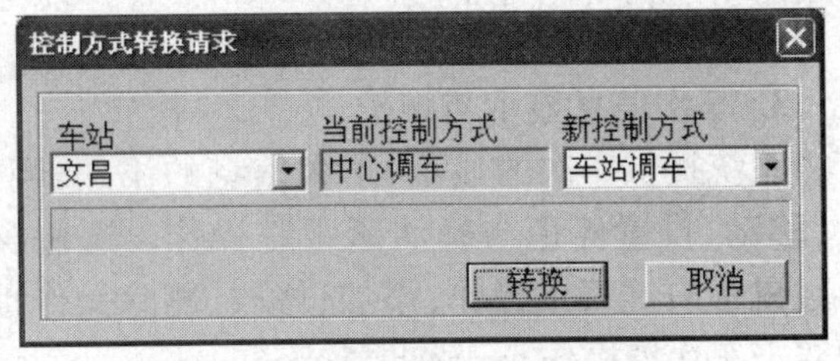

图3-52　控制方式转换对话框

在对话框中，【车站】表示要进行控制方式转换的车站，图中显示的车站为“文昌”，【当前控制方式】表示车站当前的控制方式，图中显示的当前控制方式为“中心调车”，【新控制方式】表示将要由“中心调车”转换为哪种控制方式，图中选择的是“车站调车”。点击【转换】，将控制方式转换请求发送到中心助调台，此时控制方式转换对话框变为图3-53所示。图中进度条表示转换的进度。

(3)控制方式转换请求应答

中心助调台接收到控制方式转换请求后，弹出应答对话框，如图3-54所示。

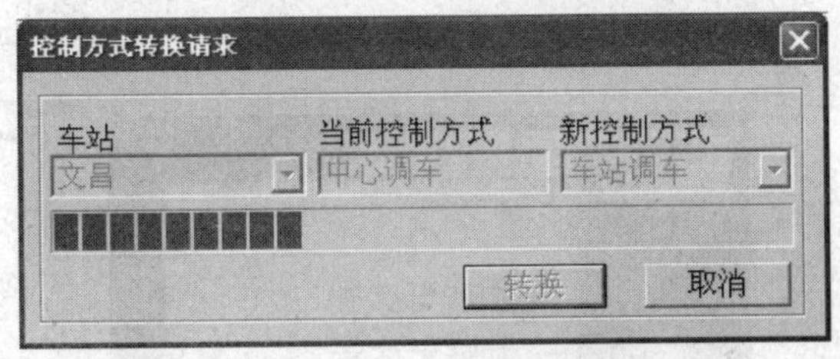

图3-53　控制方式转换对话框

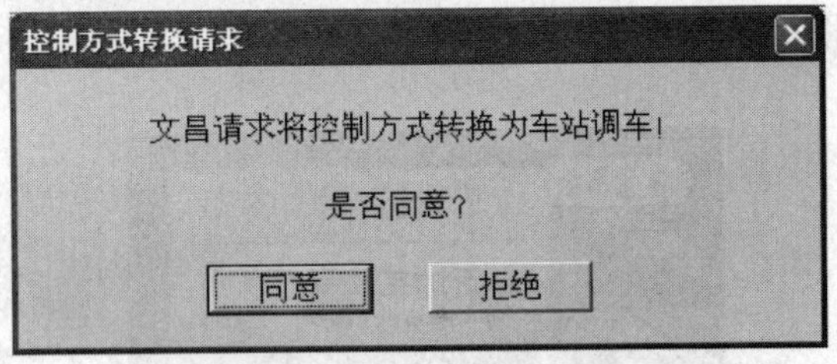

图3-54　控制方式转换请求应答对话框

中心调度员点击【同意】，表示同意车站的转换请求，在车站控显界面上显示“控制方式设置成功”对话框，如图3-55所示。

中心调度员点击【不同意】，表示不同意车站的转换请求，在车站控显界面上显示“中心不同意控制方式转换”对话框，如图3-56所示。

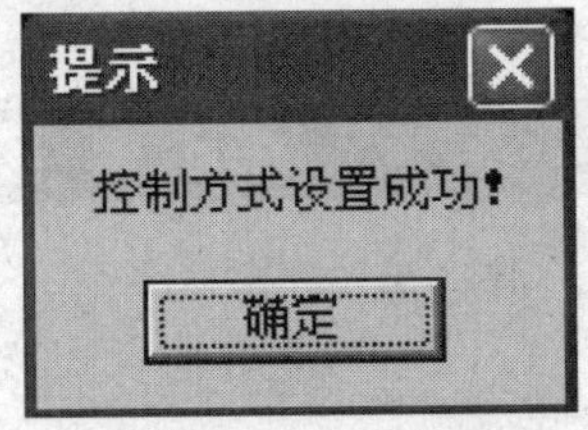

图3-55　提示对话框

图3-56　提示对话框

(4)控制方式灯显示

控制方式为“中心调车”时，控制方式灯显示为绿灯，如图3-57所示。

控制方式为“车站调车”时，控制方式灯显示为橙色，如图 3-58 所示。

当控显网络连接断开时，或者控显接收控制方式发布信息超时时，控制方式为“未知方式”，控制方式灯显示为灰色，如图 3-59 所示。

图 3-57　中心调车指示灯

图 3－58　车站调车指示灯

图 3-59　未知方式指示灯

3. 车次信息显示与维护

系统提供车次的显示，车次信息的添加、删除、修改、移动、设置停稳与确认紧跟踪操作。这些操作可通过鼠标右键菜单操作，添加、修改、删除操作也可采用双击车次窗操作。

鼠标右键单击车次窗，弹出右键菜单。右键菜单如图 3-60 所示。

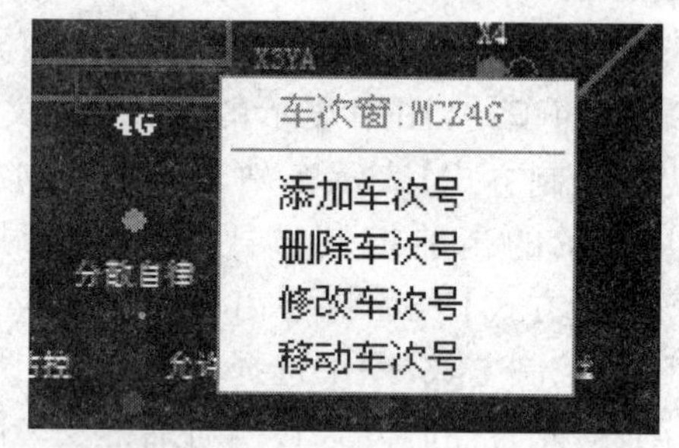

图 3-60　车次窗右键菜单

对于股道上的车次窗口，如果股道占用且有车且未挺稳，可设置车次停稳，此时右键菜单增加【停稳】菜单，如图 3-61 所示。

对于区间紧跟踪的车次窗口，可确认紧跟踪，此时右键菜单增加【确认紧跟踪】菜单，如图 3-62 所示。

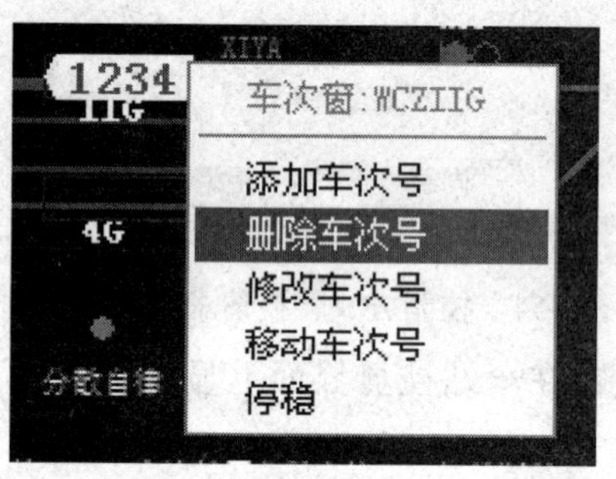

图 3-61　有车且占用股道车次右键菜单

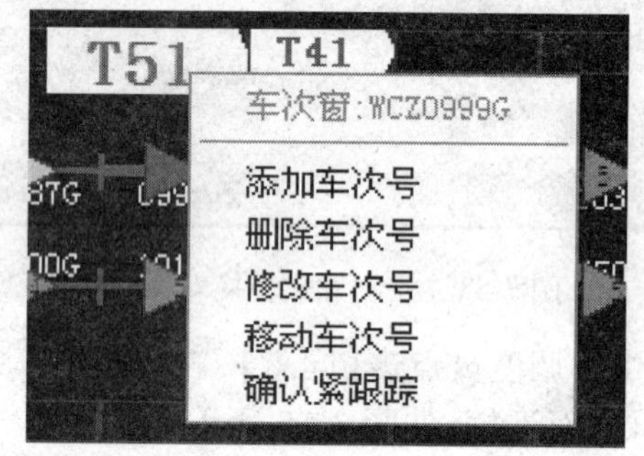

图 3-62　确认紧跟踪车次右键菜单

(1)车次显示

车次号显示如图 3-63 所示，图中车次类型依次为电力客车、电力货车、非电力客车、非电力货车。客车为车次号位红色，货车车次号为蓝色。电力机车为绿底，非电力机车为白底。同时，车次号尾部可现实早晚点信息，早点为红底，晚点为蓝底。

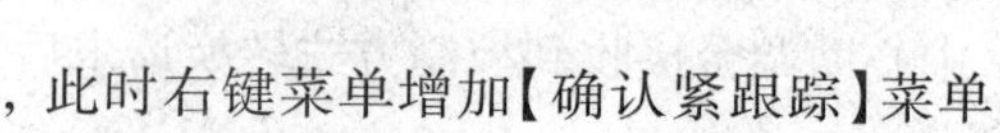

图 3-63　车次显示

(2)添加车次

鼠标右键单击车次窗，弹出右键菜单。选择菜单中的【添加车次号】菜单项，如果车次窗中有车次号，弹出提示信息，如图 3-64 所示。

图 3-64　提示信息

如果车次窗中无车次号，则弹出添加车次号对话框，鼠标左键双击车次窗，如图 3-65 所示。

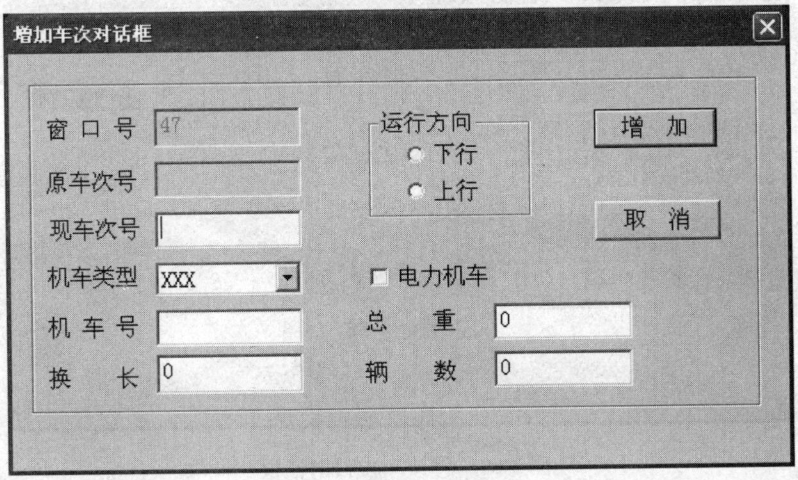

图 3-65　添加车次号对话框

在对话框中输入【现车次号】、【机车类型】、【机车号】、【换长】、【总重】、【辆数】。根据输入的车次号会自动判断列车的运行方向是上行还是下行；根据机车类型会自动判断机车是否为电力机车。

在【现车次号】中输入：1234，在【机车类型】下拉列表中选择“韶山 7C”，显示为电力机车。点击【添加】，将车次号信息添加在对应的车次窗中，如图 3-66 所示。

将鼠标移到车次号上方，鼠标显示手形，并显示车次号信息，如图 3-67 所示。

图 3-66　新车次号

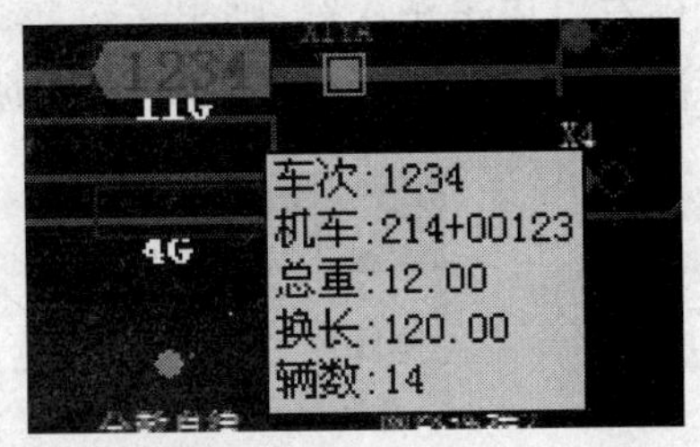

图 3-67　车次号提示信息

(3)修改车次

鼠标右键单击车次窗，弹出右键菜单。选择菜单中的【修改车次号】菜单项，如果车次窗中无车次号，弹出提示信息，如图 3-68 所示。

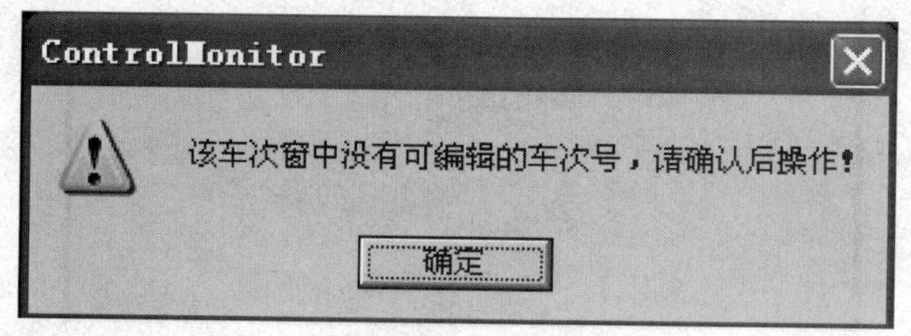

图 3-68　提示信息

如果车次窗中有车次号,则弹出修改车次号对话框,如图 3-69 所示。

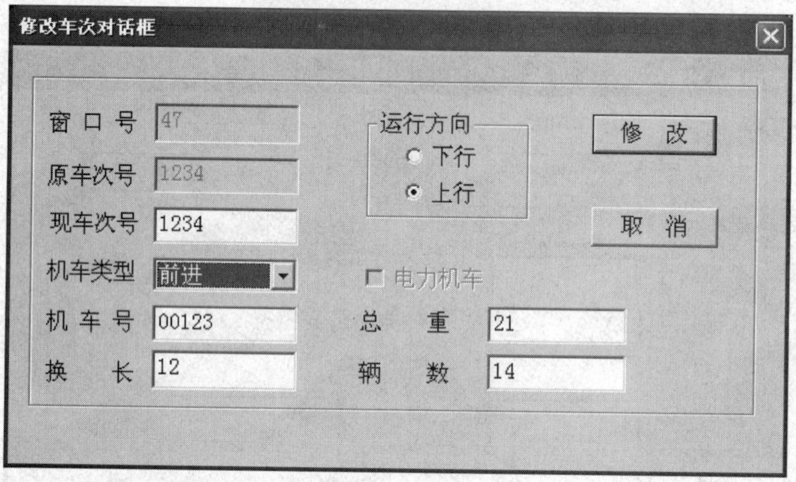

修改车次对话框
窗 口 号　47
原车次号　1234
现车次号　1234
机车类型　前进
机 车 号　00123
换　　长　12
运行方向　下行　上行
电力机车
总　　重　21
辆　　数　14
修　改
取　消

图 3-69　修改车次号对话框

可以修改【现车次号】、【机车类型】、【机车号】、【换长】、【总重】、【辆数】中的值。根据输入的车次号会自动判断列车的运行方向是上行还是下行;根据机车类型会自动判断机车是否为电力机车。

在【现车次号】中输入:1234,在【机车类型】下拉列表中选择“前进”,显示为非电力机车。点击【修改】,将修改后的车次号信息添加在对应的车次窗中,如图 3-70 所示。

图 3-70　修改后车次信息

(4)删除车次

鼠标右键单击车次窗,弹出右键菜单。选择菜单中的【删除车次号】菜单项,如果车次窗中无车次号,弹出提示信息,如图 3-71 所示。

图 3-71　提示信息

如果车次窗中有车次号,则弹出删除车次号对话框,如图 3-72 所示。

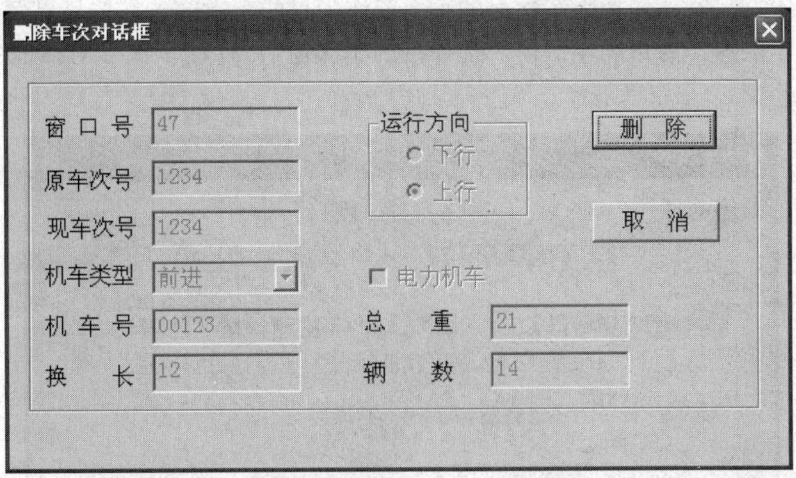

图 3-72　删除车次号对话框

点击【删除】，弹出提示信息，如图 3-73 所示。

图 3-73　提示信息

点击【确定】，删除车次窗中的车次号。

(5)移动车次

鼠标右键单击车次窗，弹出右键菜单。选择菜单中的【移动车次号】菜单项，如果车次窗中无车次号，弹出提示信息，如图 3-74 所示。

如果车次窗中有车次号，则弹出移动车次号对话框，如图 3-75 所示。

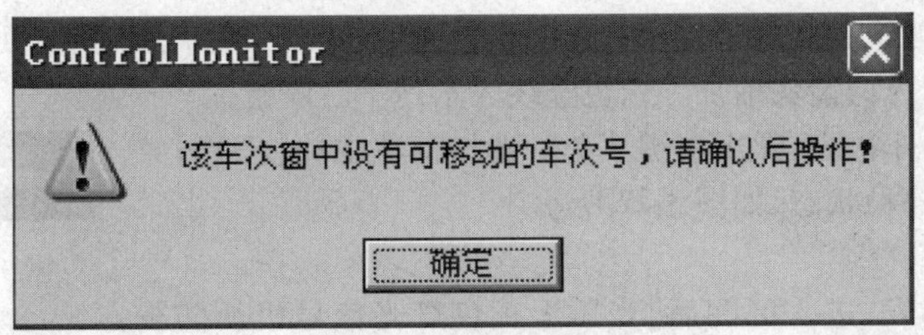

图 3-74　提示信息

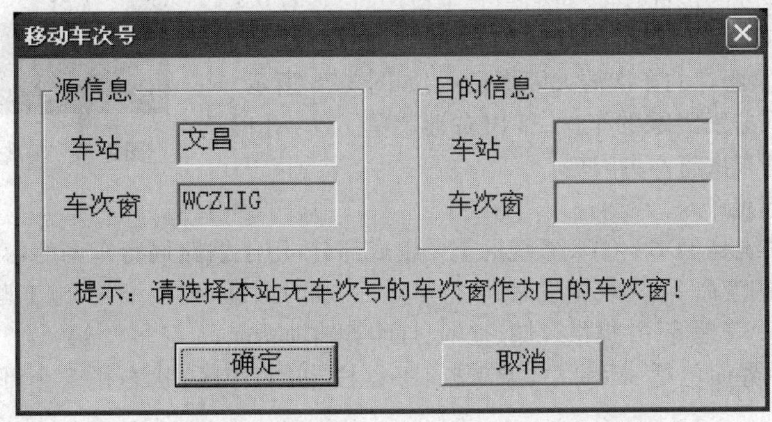

图 3-75　移动车次号对话框

在对话框中,提示:请选择无车次号的车次窗作为目的车次窗。在控显界面上选择任意一个没有车次的车次窗作为目的车次窗。选择目的车次窗后,移动车次号对话框变为如图 3-76 所示。

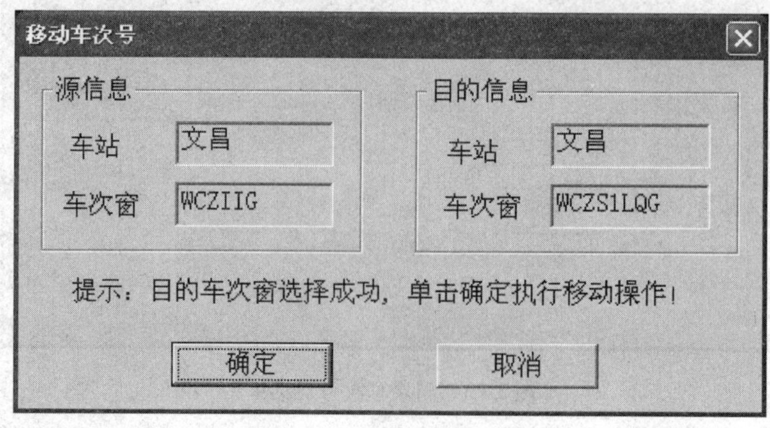

图 3-76　移动车次号对话框

点击【确定】,将车次号 1234 从源车次窗移动到指定的目的车次窗中。

4. 设置停稳

停稳有两种方式:手动停稳和自动停稳。

自动停稳又分为两种情况:①当列车机车和列车尾部都越过反方向出站信号机时,从列车尾部越过反方向出站信号机开始计时 60 s 后,列车停稳;②当列车机车越过反方向出站信号机但由于列车较长等原因列车尾部没有越过反方向出站信号机时,从列车机车越过反方向出站信号机开始计时 120 s 后,列车停稳。

手动停稳:当股道关联的车次窗有车次号,并且股道处于占用状态时,可以对车次号设置停稳。在列车运行方向箭头前加一白色竖线表示列车已停稳。

鼠标右键单击车次窗,弹出右键菜单。选择菜单中的【停稳】菜单项,设置列车未停稳状态,如图 3-77 所示。

图 3-77　停稳状态

5. 确认紧跟踪

列车从车站出发,进入区间后,当压上黄色灯光信号机所防护闭塞分区时,根据列车追踪逻辑和轨道电路、信号机状态自动判断出前方闭塞分区是否有车占用,当有车占用时,延时 6 s 后进行再次判断,确认有车后,即认为列车处于"紧跟踪"状态。列车紧跟踪时,紧跟踪的车次放大闪烁显示,如图 3-78 所示。

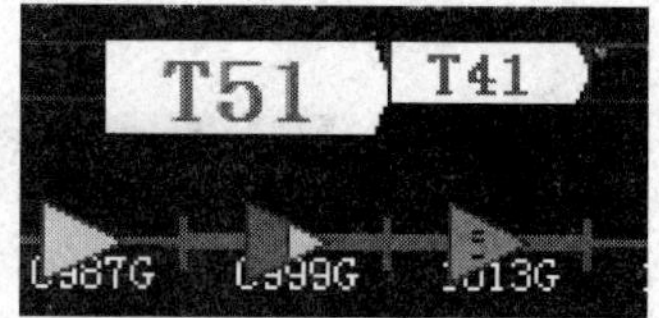

图 3-78　车次紧跟踪显示

鼠标右键单击紧跟踪的车次,弹出右键菜单。选择【确认紧跟踪】菜单,则车次将不再闪烁。

(二)中心调度命令

调度命令系统是 TDCS/CTC 系统的重要组成部分,用于铁路局行车调度指挥工作。主要功能包括:普通调度命令、无线调度命令、行车凭证、临时限速、模板维护、施工调度命令、用户登录和注销、用户管理等,并提供存储、查询、打印等辅助功能。

调度命令主界面包括:标题栏、菜单栏、工具栏、主工作区、状态栏 5 个部分,如图 3-79 所示。

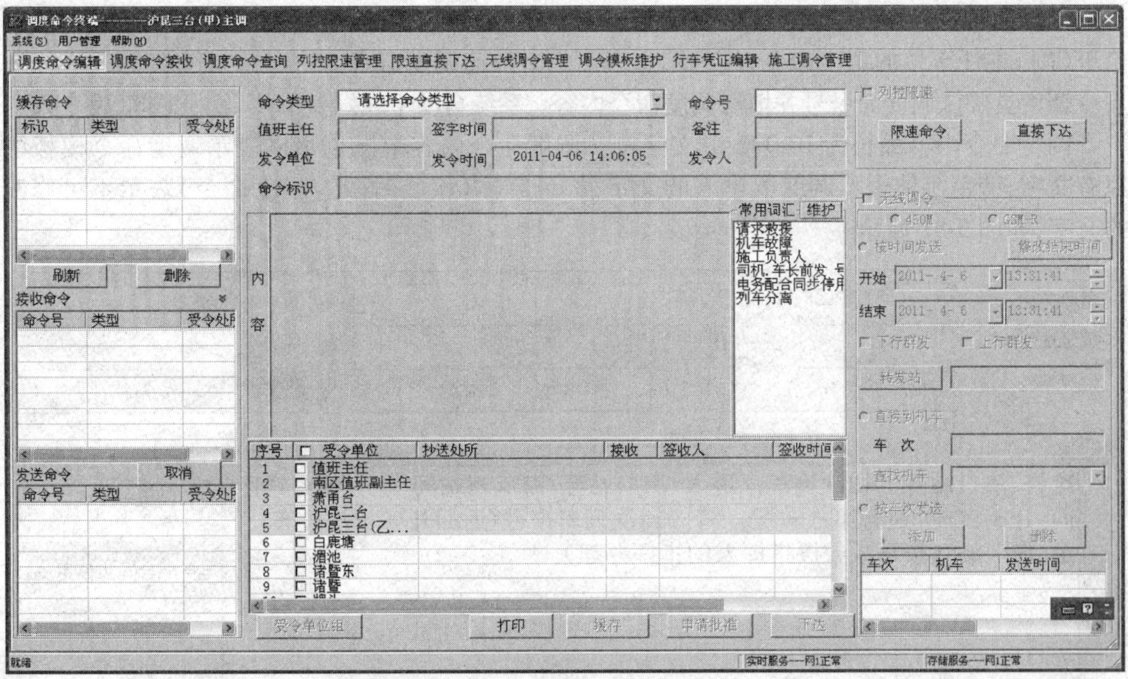

图 3-79　调度命令主界面

1. 调度命令编辑

首先选择调度命令模板，点击工具栏“调度命令编辑”按钮，进入调度命令编辑界面，并选择命令类型，命令类型中显示调度命令模版，调度员可根据实际情况，选择相应的调度命令如图 3-80 所示。

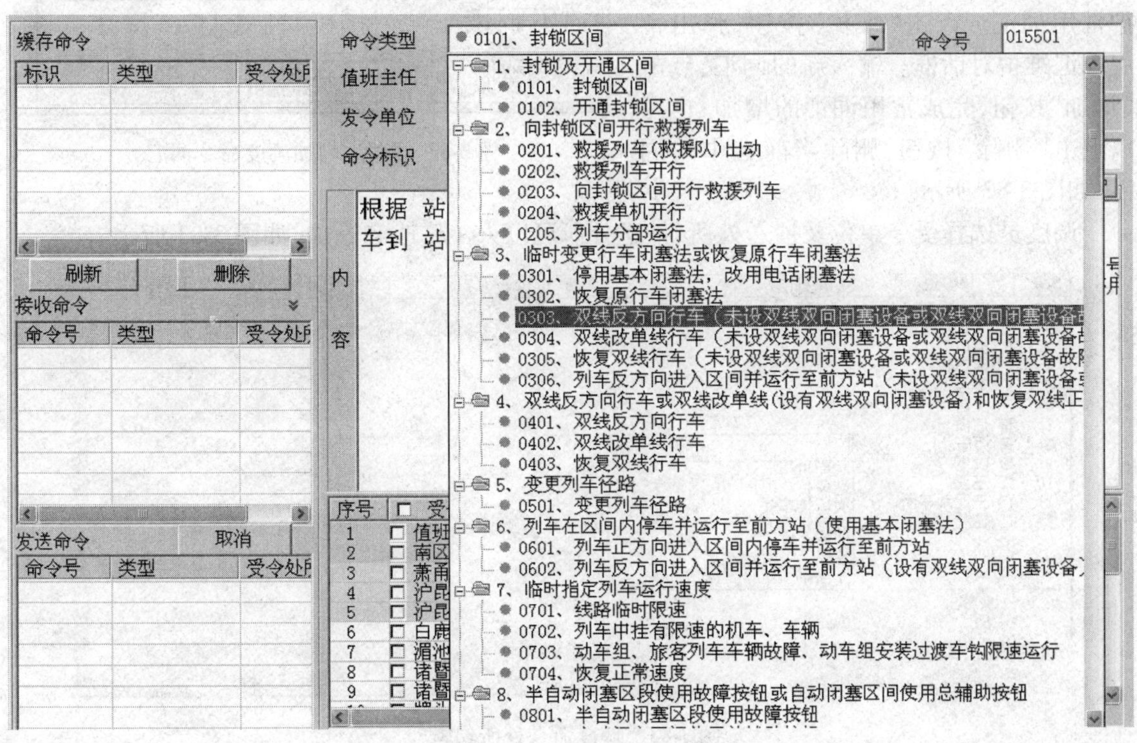

图 3-80　调度命令模板

调度命令模板中绿色圆点表示不需要值班(副)主任审核的调度命令,黄色圆点表示需要值班(副)主任审核的调度命令,红色圆点表示临时限速调度命令。

调度员确认调度命令号并填写调度命令内容。系统自动生成发令单位、发令时间、发令人。

调度命令内容最长为10 000中文字符。调度命令内容中黑色字体表示调度命令模板中原有文字,蓝色字体表示调度员输入的文字,红色字体(仅临时限速调度命令)表示不可修改的文字,如图3-81所示。

命令类型	● 5. 向封锁区间开行救援列车			命令号	1
值班主任		签字时间		备注	
发令单位	海东台	发令时间	2011-02-25 10:43:26	发令人	
命令标识	111				

内容:准许 海口站开 D12次列车,进入 海口站至 海口东站间 上行线封锁区间 1km 20m处进行事故救援,将 D12次列车推进(返回开 D13次列车)至 海口站(按事故救援指挥人的指挥办理)。

常用词汇 维护:请求救援;机车故障;施工负责人;司机、车长前发 号命令;电务配合同步停用 站;列车分离

图3-81 编辑调度命令

填写调度命令内容时,可使用常用词汇功能辅助输入。首先移动光标至调度命令内容框中需要输入的位置,然后鼠标双击调度命令内容框右侧需要输入的常用词汇,该词汇即自动出现在光标位置。

调度员可根据本台实际需要自行维护常用词汇。点击"维护"按钮,弹出常用词汇维护对话框。输入新的词汇,点击"增加"按钮,完成常用词汇的增加;也可以点击"删除"按钮,删除当前选中的词汇,如图3-82所示。

图3-82 删除/增加调度命令词汇

调度员选择受令单位及抄送处所,抄送处所可以人工修改和添加,如图3-83所示。

序号	☐ 受令单位	抄送处所	接收	签收人	签收时间
1	☑ 值班主任				
2	☐ 高铁副主任				
3	☐ 海口				
4	☐ 海口东				
5	☐ 美兰				
6	☐ 文昌				
7	☑ 琼海				
8	☑ 万宁	(下拉列表:次司机;站段长;次运转车长;施工领导人;卸料负责人;次司机、运转车长;次司机、车长、施工负责人)			
9	☑ 陵水				
10	☐ 三亚				
11	☐ 三亚动车所				
12	☐ TSR服务器				

受令单位组 打印 缓存 申请批准 下达

图3-83 调度命令处所编辑

受令单位分为3种情况：

值班(副)主任：系统按调度命令模板给出默认选中状态，调度员可以根据实际需要选择是否需要审核以及由哪位主任审核。

TSR服务器：系统按调度命令模板确定选中状态，调度员不能修改。

普通调度台和车站：由调度员选择，系统提供如下4种选择方法。

①单选：鼠标左键单击列表内容中受令单位名称前的复选框表示选中或取消选中该受令单位。

②全选：鼠标左键单击列表标题栏中受令单位前的复选框表示选中或取消选中全部受令单位。

③区段选：鼠标右键先后单击列表内容中2个不同受令单位名称前的复选框表示选中该2个受令单位及其中间的受令单位。

④组选：点击"受令单位组"按钮，弹出受令车站组对话框，调度员勾选对话框左侧若干受令单位组，对话框右侧自动提示这些受令单位组包括的受令单位。点击确定后，主界面的受令列表完成对这些受令单位的选中，如图3-84所示。

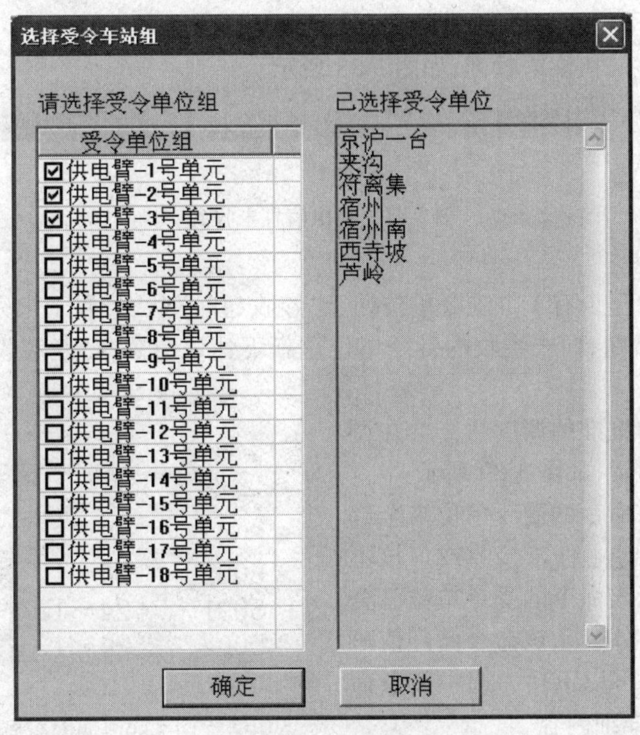

图3-84　选择受令单位

2. 申请批准和下达

需值班(副)主任审核的调度命令，调度员应点击"申请批准"按钮，待审核同意后方具备下达权限。如果审核不同意，则调度员应修改调度命令内容后，再次申请审核，如图3-85所示。

图3-85　调度命令审核与下达

不需要值班(副)主任审核的调度命令,可直接下达。

3. 调度命令下达

调度员点击“下达”按钮,下达调度命令到受令单位。调度员可以查看接收情况。

回执状态分为设备自动回执和人工手动回执。受令列表中的接收栏显示设备自动回执;签收人栏和签收时间栏显示人工手动回执。

4. 命令执行状态

自动回执和人工回执都收到,如图 3-86 所示。

☐ 受令单位	抄送处所	接收	签收人	签收时间
☑ 宁波		✓	郝世家	25日16时34分03秒

图 3-86　命令执行状态显示

自动回执收到,人工回执未收到,说明没有人工签收,如图 3-87 所示。

☐ 受令单位	抄送处所	接收	签收人	签收时间
☑ 宁波		✓		签收超时

图 3-87　人工回执未收到

自动回执和人工回执都未收到,如图 3-88 所示。

☐ 受令单位	抄送处所	接收	签收人	签收时间
☑ 宁波		×		签收超时

图 3-88　回执信息未收到

5. 命令重新下达

如果调度命令中至少有 1 个受令单位处于“签收超时”状态,属于未完成的命令。调度员可再次点击“下达”按钮,向未签收的受令单位重新下达该命令,已经签收的受令单位不会再次收到该命令。

已经下达或申请批准的调度命令会在调度命令发送列表中显示,如图 3-89 所示。

红色字体表示该命令的受令单位未全部接收完毕,或值班(副)主任未接收或审核不同意。黑色字体表示该命令的受令单位已全部接收完毕。黄色字体表示该命令已经值班(副)主任审核同意,可以下达。选中某条命令,可以调出该命令详细内容。

发送命令

命令号	类型	受令处所
● 5003	18－5、接...	义乌西
● 5002	24－1、特...	义乌西
● 5001	24－1、特...	义乌
● 5004	24－1、特...	义乌

图 3-89　调度命令发送列表

调度命令自下达或申请批准时起,在发送列表中保留 14 h,超过 14 h 的命令不再显示(发送中的按时间发送、按车次发送的无线调度命令除外),但仍保存在数据库中,调度员可通过调度命令查询功能查看到这些命令。

6. 调度命令代签

如果调度命令受令单位因故不能签收,调度员可代签,代签的作用相当于手动回执,如图 3-90 所示。

7. 调度命令审核代签

如果调度命令审核单位因故不能签收,调度员可代签,代签的作用相当于审核同意的手动

图 3-90　调度命令代签

回执。审核超时和审核未超时的情况下均可以代签。调度员代值班主任签收时,先输入值班主任的工号和密码,再输入代签信息,如图 3-91 所示。

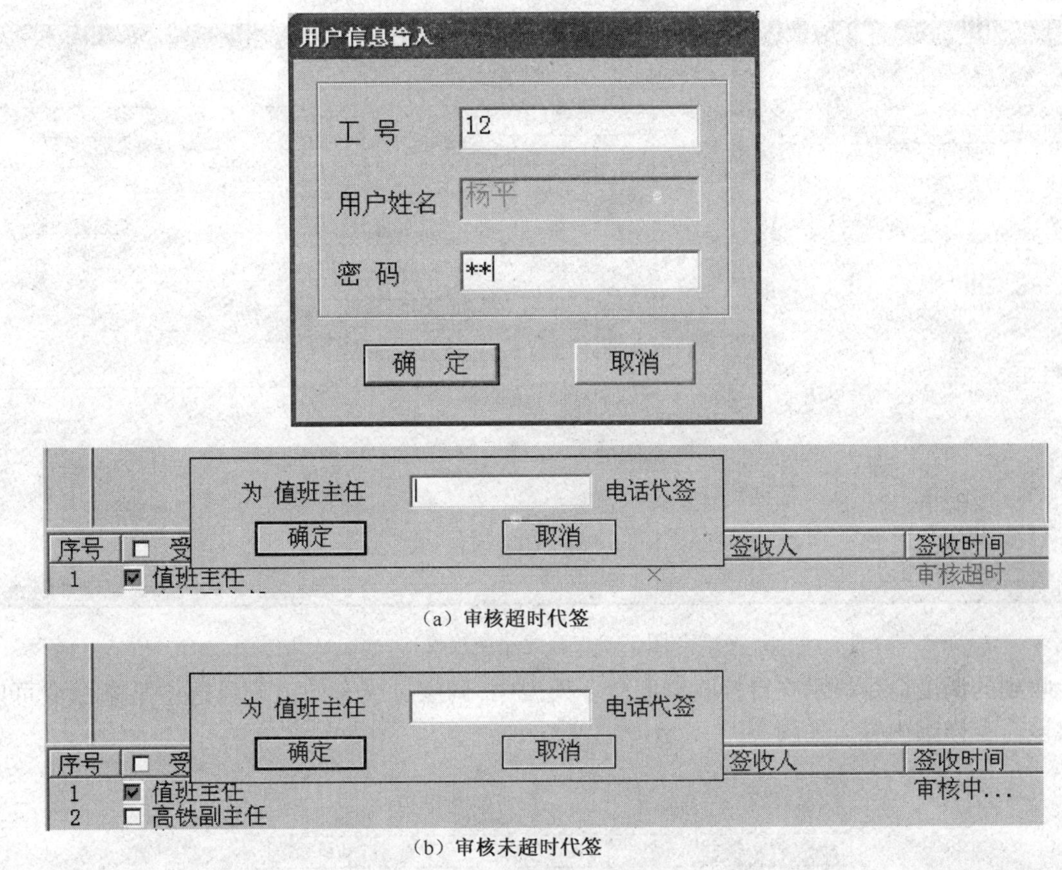

(a) 审核超时代签

(b) 审核未超时代签

图 3-91　调度命令审核代签

8. 调度命令自动签收

调度命令下达时,对于自动签收车站,不向车站发送调度命令数据包,设置为收到手动回执,回执时间为调度命令发送时间,签收人为"自动签收",保存并显示该回执。自动签收状态将与调度命令同时发送至本调度区段的其他调度台,实现同步功能。

如果调度命令的全部受令车站都是自动签收车站,则该命令下达后全部自动签收完毕,调度命令下达成功,在发件箱中该命令显示为黑色字体。如果该命令是取消命令,则取消成功,原命令前加" × "。如果该命令是临时限速调度命令(不含有限速服务器的客专限速),则开始限速分解。

如果调度命令的受令单位中既包括自动签收车站,也包括非自动签收车站,则二者互不影响。

在受令列表中，自动签收车站使用灰色站名显示，以示区分，如图 3-92 所示。

6	☑ 白鹿塘				发送中...
7	☑ 湄池			自动签收	16日13时25分32秒
8	☑ 诸暨东			自动签收	16日13时25分32秒

图 3-92　调度命令自动签收

9. 调度命令接收

调度台下达或申请批准调度命令后，受令单位和值班(副)主任台会收到该命令，系统自动切换到调度命令接收界面，如图 3-93 所示。

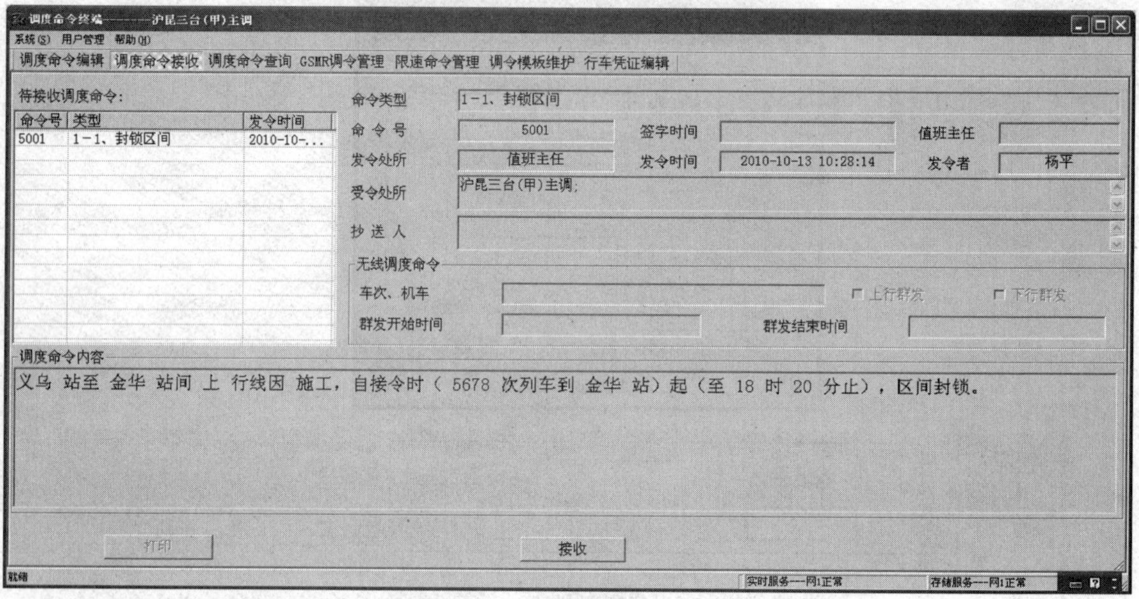

调度命令终端————沪昆三台(甲)主调

系统(S)　用户管理　帮助(H)

调度命令编辑　调度命令接收　调度命令查询　GSMR调令管理　限速命令管理　调令模板维护　行车凭证编辑

待接收调度命令：

命令号	类型	发令时间
5001	1-1、封锁区间	2010-10-...

命令类型　1-1、封锁区间

命令号　5001　签字时间　值班主任

发令处所　值班主任　发令时间　2010-10-13 10:28:14　发令者　杨平

受令处所　沪昆三台(甲)主调;

抄送人

无线调度命令

车次、机车　上行群发　下行群发

群发开始时间　群发结束时间

调度命令内容

义乌 站至 金华 站间 上 行线因 施工，自接令时（ 5678 次列车到 金华 站）起（至 18 时 20 分止），区间封锁。

打印　接收

就绪　实时服务---网1正常　存储服务---网1正常

图 3-93　调度命令接收

收到的调度命令显示在待接收调度命令列表中，调度员或车站值班员选中某条命令可以调出该命令详细内容。如图 3-94 所示。

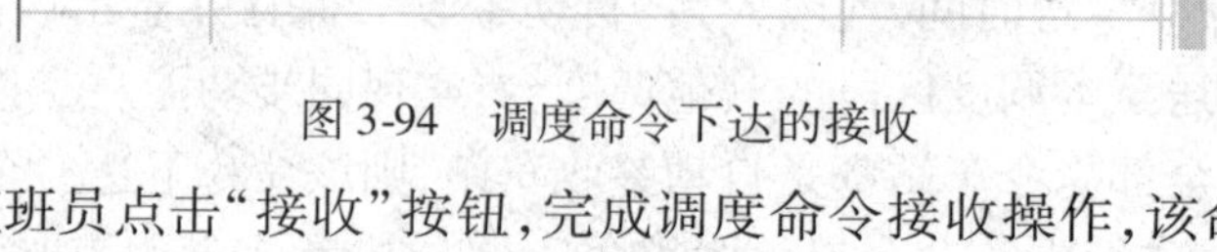

待接收调度命令：

命令号	类型	发令时间
5001	1-1、封锁区间	2010-10-...
5002	2-1、救援列车(救援...	2010-10-...
5003	3-2、恢复原行车闭塞法	2010-10-...

图 3-94　调度命令下达的接收

调度员或车站值班员点击“接收”按钮，完成调度命令接收操作，该命令自动从待接收的调度命令列表中删除。

调度命令申请批准的接收：值班(副)主任点击“同意发送”或“不同意发送”按钮，完成调度命令接收操作，该命令自动从待接收的调度命令列表中删除，如图 3-95 所示。

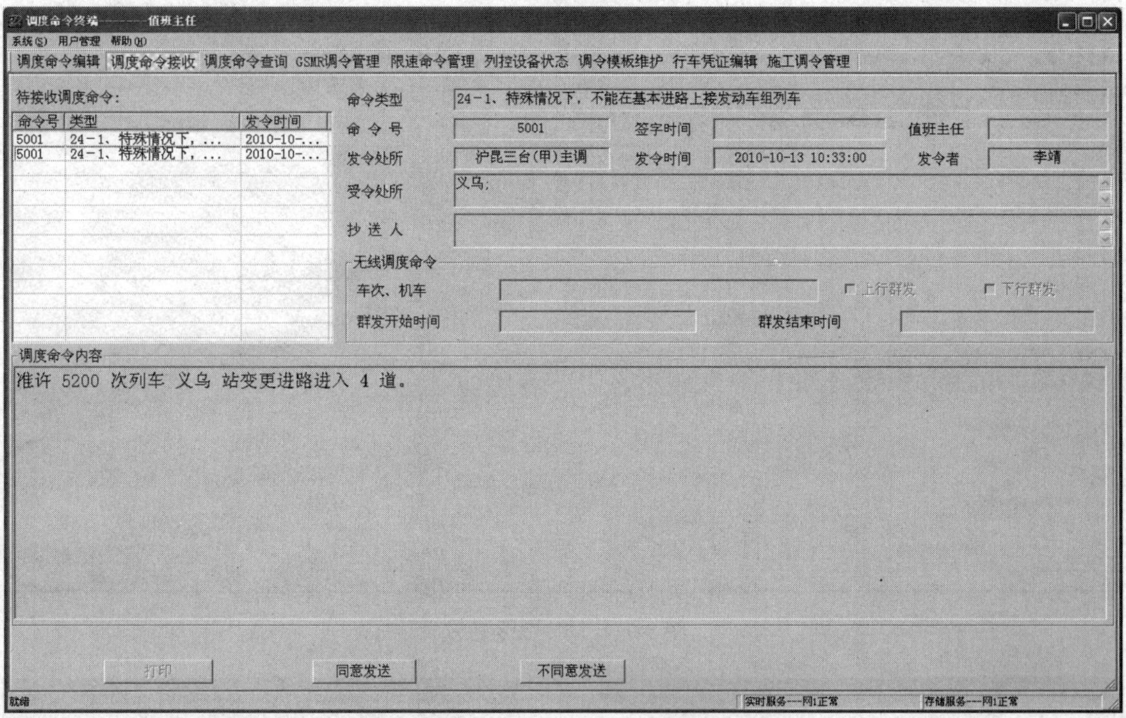

图 3-95　调度命令申请批准的接收

调度命令接收完成后,在调度命令编辑界面的接收命令列表中显示。调度员选中某条命令可调出该命令的详细内容,如图 3-96 所示。

调度命令自下达或申请批准时起,在接收列表中保留 14 h,超过 14 h 的命令不再显示,但仍保存在数据库中,调度员可通过调度命令查询功能查看到这些命令。

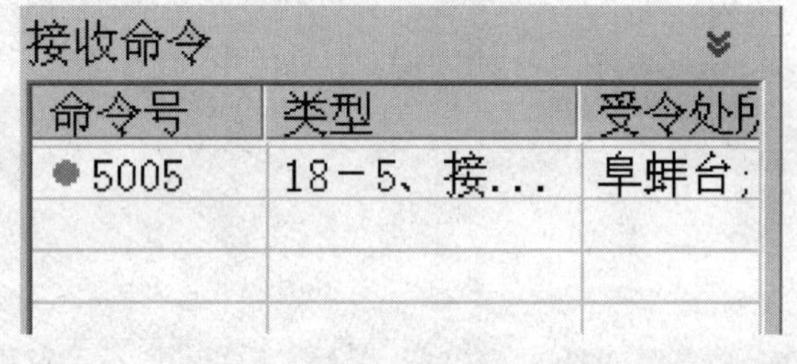

图 3-96　调度命令显示

10. 调度命令转发

调度台可以转发收到的调度命令至其他调度台或车站。调度命令转发分原号转发和本台号码转发 2 种。原号转发时,调度命令号码为原号码,不得修改;本台号码转发时,调度命令号码为本台号码,可以修改,调度命令内容添加说明原调度命令号码。

调度员可以选择在调度命令接收界面接收命令后,立即点击“原号转发”或“本台号码转发”按钮,也可以在调度命令编辑界面,选中接收列表中的命令,并点击“原号转发”或“本台号码转发”按钮,启动转发过程。

调度命令接收界面如图 3-97 所示。

调度命令编辑界面如图 3-98 所示。转发的调度命令内容不能修改,原号转发的命令号不能修改,除此以外,调度命令的受令单位和无线发送方式可以根据需要选择,发送过程也与本台命令相同。

若将收到的调度命令进行缓存,则弹出提示框,如图 3-99 所示。

点击“确定”后,命令作为普通命令缓存,点击“取消”后,命令不缓存。

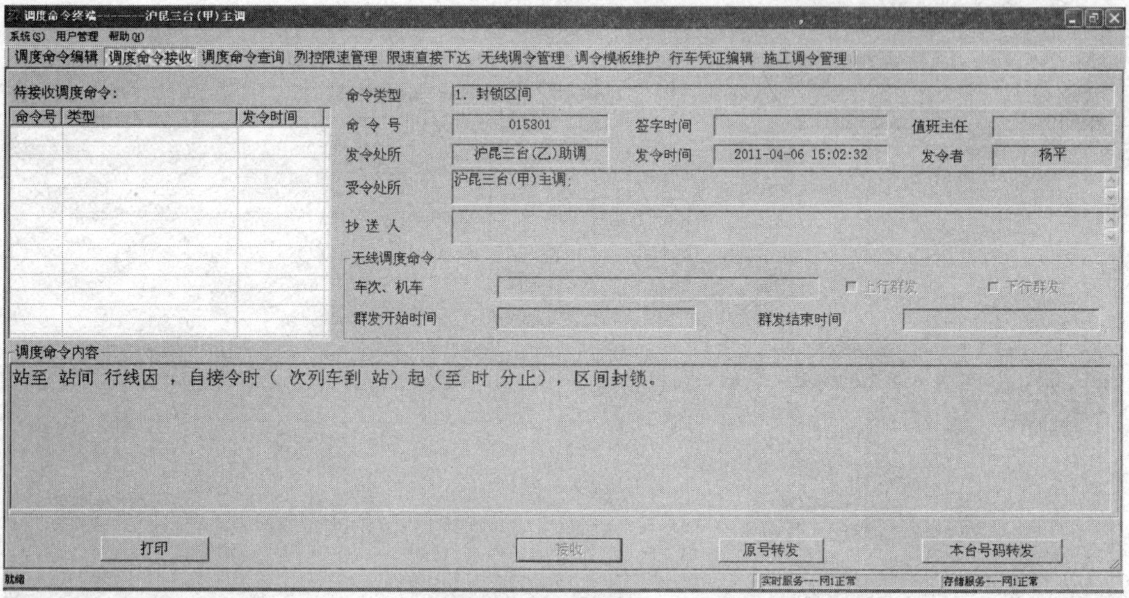

图 3-97　调度命令转发

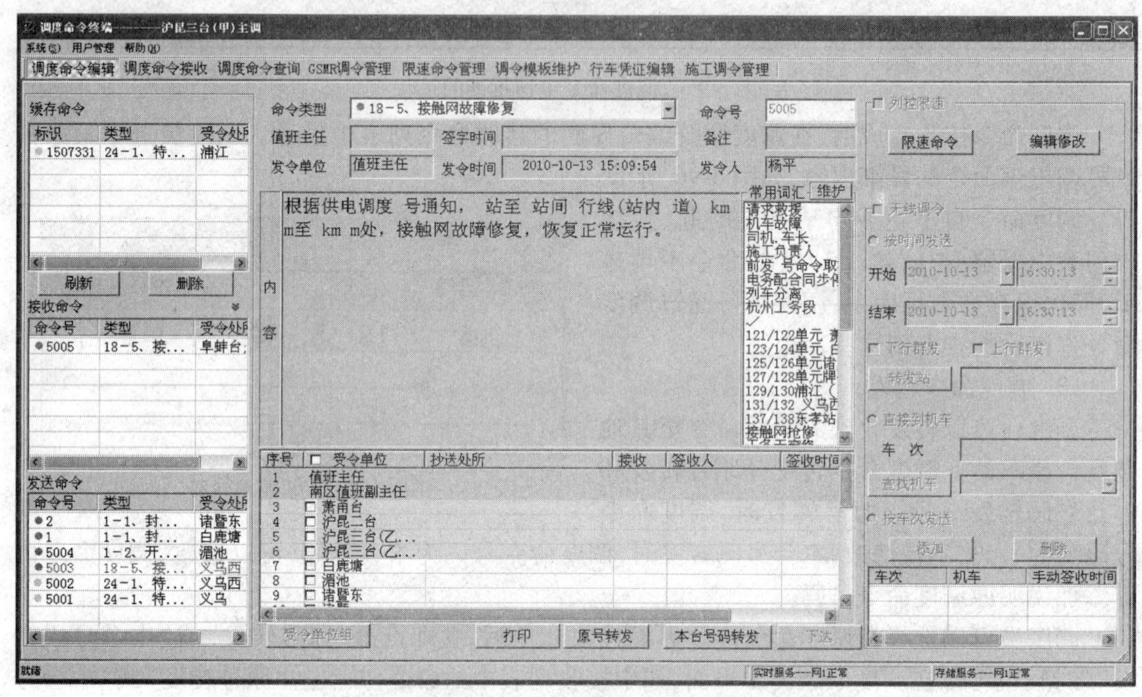

图 3-98　调度命令编辑界面

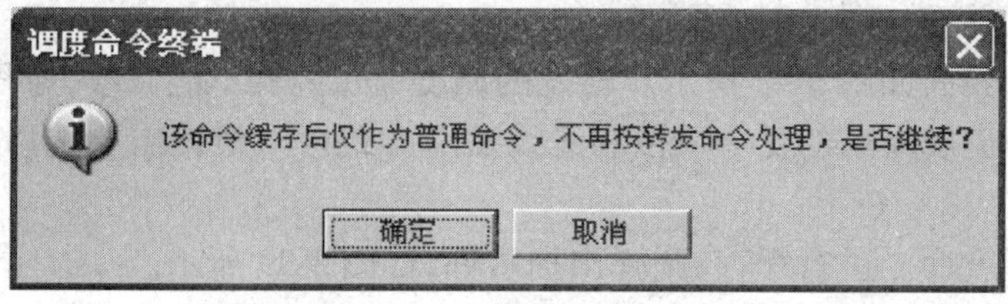

图 3-99　调度命令的缓存

11. 调度命令查询

调度台可以查询本台发送和接收的调度命令,车站可以查询本站接收的调度命令。点击工具栏“调度命令查询”按钮,进入调度命令查询界面。

调度命令查询条件如下:

查询调度台:对于普通调度台,可以选择本调度区段全部调度台或一个调度台;对于查询终端,可以选择本局全部调度台或一个调度台。查询调度台是必选项。

开始时间和结束时间:查询时间范围不能超过 7 天。查询时间是必选项。

命令号:可以按命令号或命令号段查询。如果不输入命令号,则查询全部号码的命令。

命令类型:可以按命令类型查询。如果不输入命令类型,则查询全部类型的命令。

发送命令:可以按受令单位查询。如果不输入受令单位,则查询全部受令单位的命令。

接收命令:对于调度台,可以查询本调度区段或本台接收的命令,对于车站,可以查询本站接收的命令。

除查询调度台、查询时间是必选项,发送或接收的命令至少选择一项外,其他查询条件可根据需要输入。未输入的条件不作为查询依据。

调度命令查询结果:调度员点击“查询”按钮,调度命令终端向数据库发起查询,并按照数据库返回的命令,显示接收和发送命令列表。调度命令查询界面如图 3-100 所示。

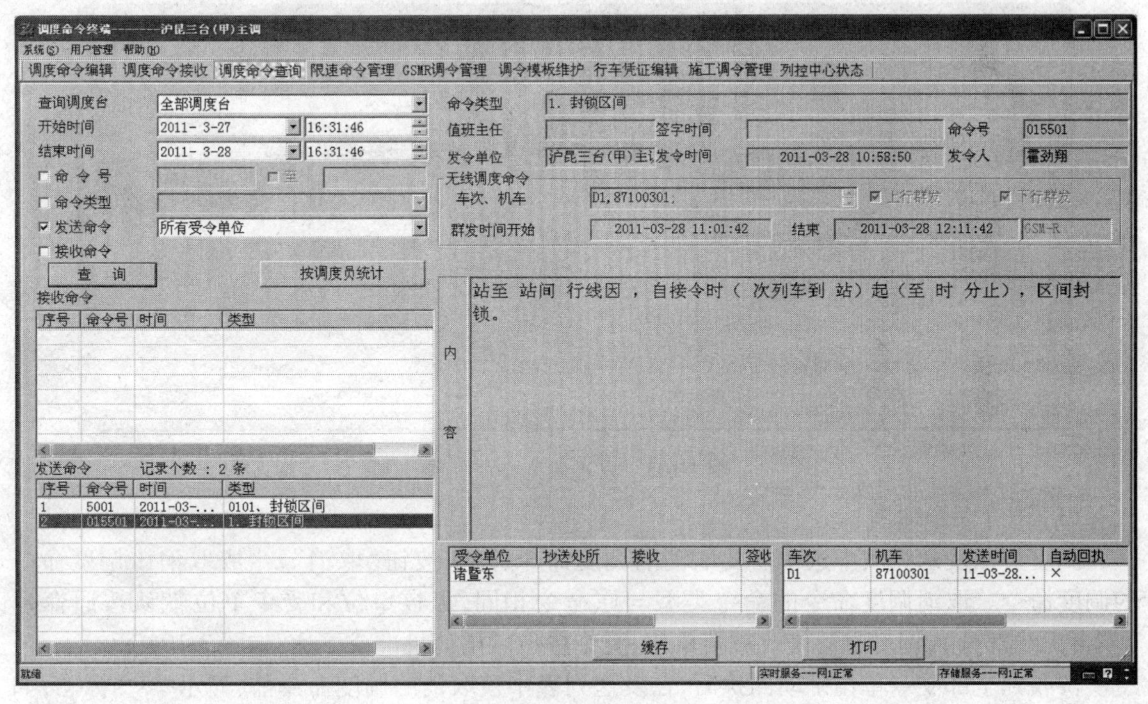

图 3-100 调度命令查询界面

选中接收或发送命令列表中的命令后,可以调出该命令详细内容。

12. 调度命令查询统计

调度命令查询过程中,系统自动统计接收和发送命令的总数,如图 3-101 所示。

接收命令　　记录个数 : 1 条　　发送命令　　记录个数 : 6 条

图 3-101 调度命令的自动统计

调度员点击“发送调度命令统计”按钮,系统将详细统计发送的调度命令,包括:调度命令总数、无线调度命令总数、机车命令总数和成功率。当调度员选中“发送命令统计”对话框左侧树形控件的“发送调令统计”节点时显示该信息,如图 3-102 所示。

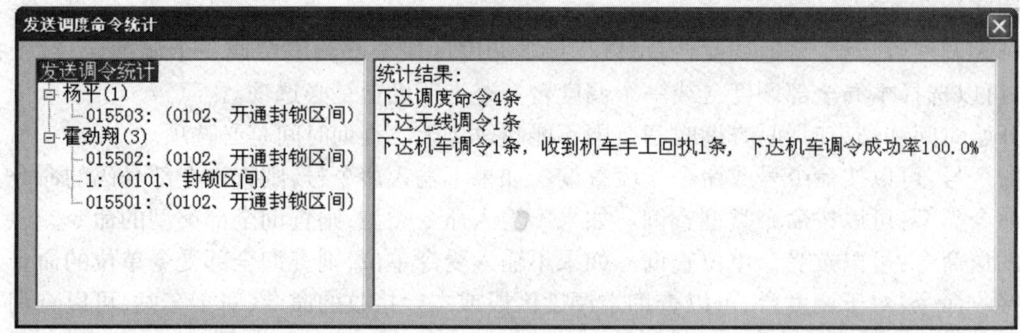

图 3-102　调度命令统计查询

按调度员统计发送的命令。调度员可以查看到每位调度员发送的命令总数和内容。调度员发送的命令数以括号内数字形式显示在调度员姓名后。当调度员选中“发送命令统计”对话框左侧树形控件的命令号和标题节点时显示调度命令内容,如图 3-103 所示。

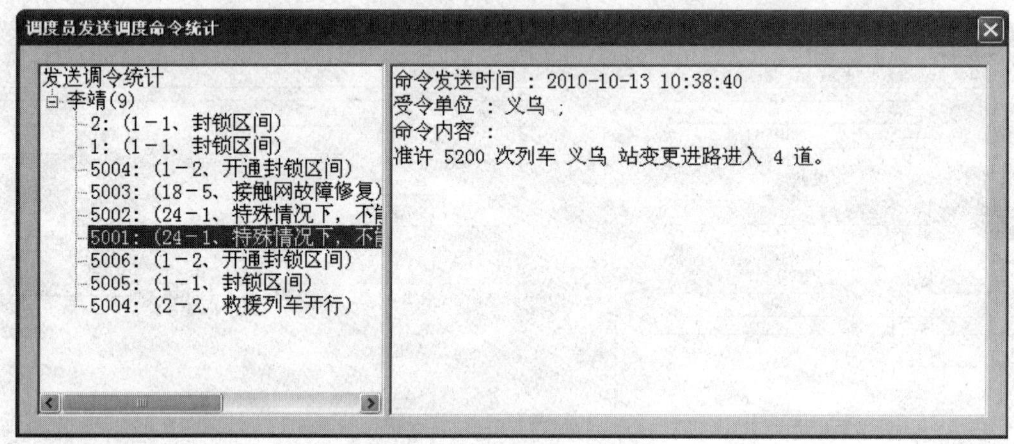

图 3-103　发送调度命令统计

13. 调度命令取消

调度员在发送列表中选中需要取消的调度命令,点击按钮“取消”,生成取消该调度命令的调度命令。取消调度命令的命令类型与原命令相同,审核单位和受令单位默认按原命令(不含无线部分),调度员可修改审核单位、受令单位后申请批准或下达,如图 3-104 所示。

待收到全部受令单位手动回执后,在发送列表中被取消的调度命令前,显示“×”标志,如图 3-105 所示。

(三)中心运行图

运行图管理(Train Diagram)是 CTC 系统中的一部分,在行车调度员台上安装 Train Diagram,完成日班计划的接收与显示、施工计划的查询与显示、施工标记上图、阶段计划的铺画、调整与下达、实际图的描绘等功能。

运行图界面由标题及状态栏、菜单栏、工具栏(视图栏、绘图栏、按钮栏等)、主界面、右键菜单五个部分组成,如图 3-106 所示。

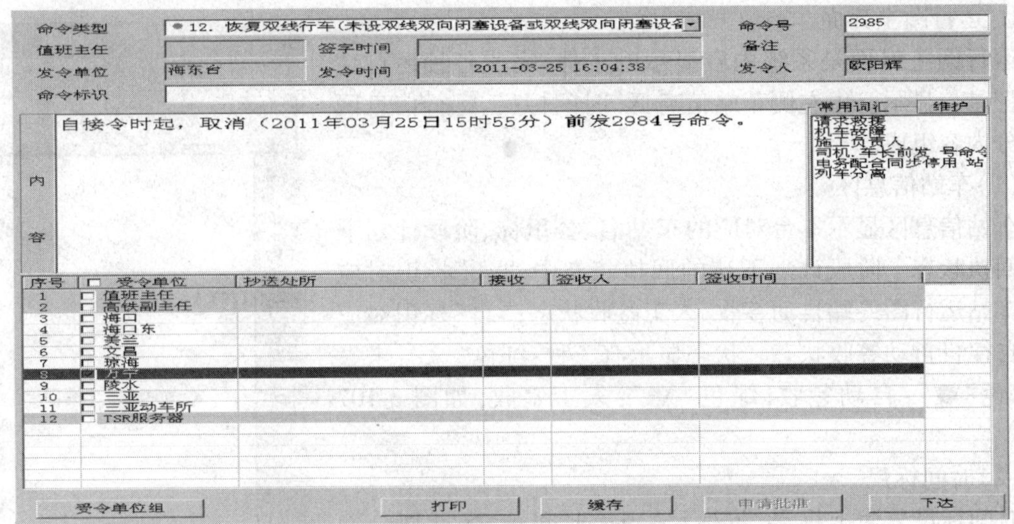

图 3-104　调度命令的取消

命令号	类型	受令处所
● 2986	3. 救援列...	万宁;
● 2985	12. 恢复...	万宁;
× 2984	12. 恢复...	万宁;
× 2983	3. 救援列...	万宁;
● 022001	4. 救援列...	万宁;
● 022000	3. 救援列...	万宁;
● 222001	59. 列控...	万宁;
● 222000	62. CTCS-...	万宁;
● 032000	8. 停用基...	万宁;

图 3-105　被取消的调度命令显示

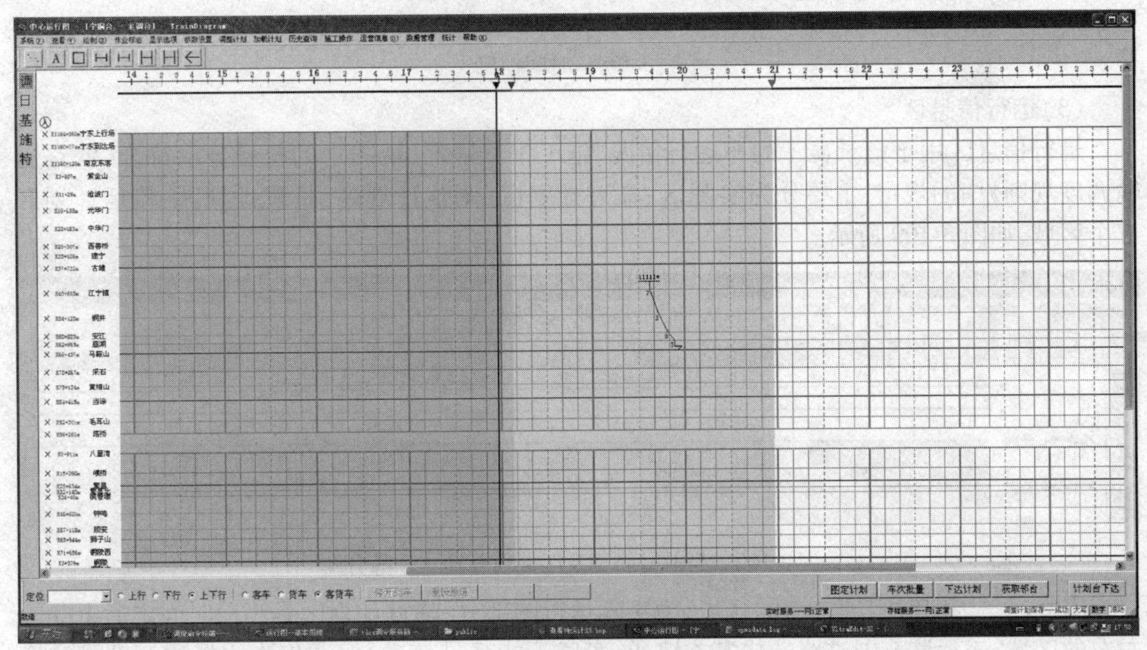

图 3-106　运行图界面

1. 运行图主界面

运行图主界面是系统内容显示的主体，完成各种运行情况的记录与显示。由左侧车站信息区、时间标尺、运行信息区三部分内容组成。

（1）车站信息区

车站信息区显示本台对应的车站名、公里标、阶段计划下达的回执状态。阶段计划下达的回执状态中，“人”标识对应描述车站运行图终端自动签收、人工签收状态；“自”标识对应描述自律机自动签收状态。状态显示有三种：红色“×”：未签收；棕色“●”：自动签收；绿色“√”：人工签收，如图 3-107 所示。

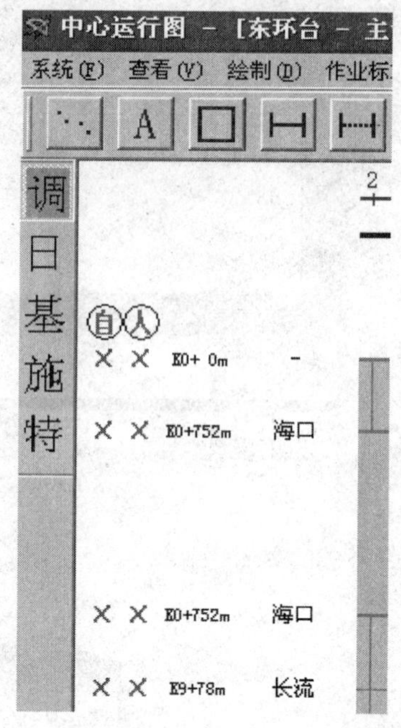

图 3-107　车站信息区

（2）时间标尺

时间标尺分为上标尺、下标尺、当前时间轴、区域划分轴三个部分。

上、下标尺采用蓝色线条及刻度显示，通过选中菜单【显示选项】中的子菜单【标尺浮动】，实现上标尺在视图上下滚动时一直浮动显示不消失，方便调度员查看；当前时间轴采用棕色线条显示，左侧记录 12 h 的实际运行图，右侧显示 12 个 h；区域划分轴将运行信息区划分为实际区、临近计划区、调整计划区、日班计划区四个区域，分别对应黑三角及之前黑色线条区、红三角及红色线条区、绿三角及绿色线条区、蓝色线条区，如图 3-108 所示。

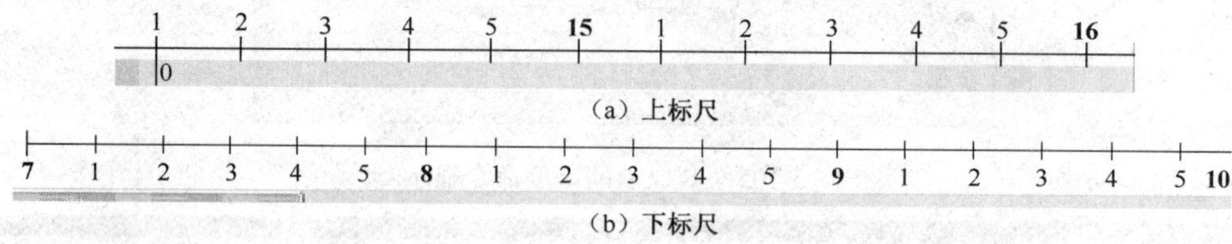

图 3-108　时间标尺

（3）运行信息区

运行信息区用于记录显示列车运行情况、施工维修情况，视图中的符号显示符合《铁路运输调度规则》中的规定，主要分为实际区、临近计划区、调整计划区、日班计划区、特运计划区五个区域，如图 3-109 所示。

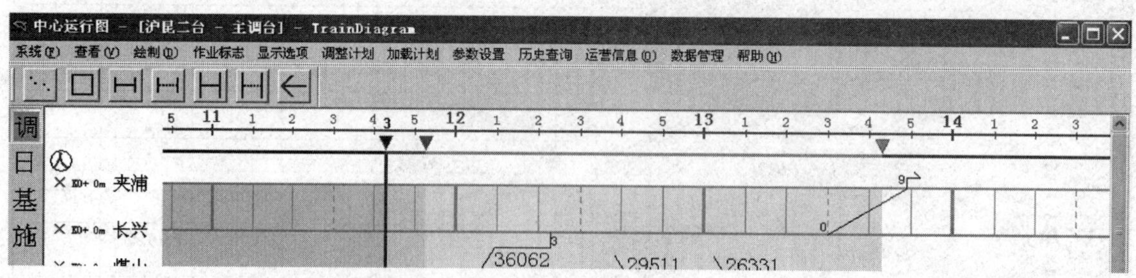

图 3-109　当前时间轴及区域划分轴三个部分

实际区是当前时间轴之前的区域，为实际运行图部分；临近计划区是当前时间之后 10 min 左右的区域，表示该范围进路选排基本完成，车序不能轻易变动，但这仅作为提醒调度员注意

的方式,实际已完成进路选排的计划将用棕色的粗线来表示;调整计划区是调度员关心的准备下达至车站的近 3 h 计划部分;日班计划区为调整计划区右侧部分的区域。

2. 计划铺画

(1)列车铺画

系统提供按图定计划(日班计划、基本图)、车次、路径进行批量自动加车,提供点点、两点手工绘制列车。

①按图定计划

a. 选择主菜单【调整计划】中的【图定计划】或点击功能栏中的【图定计划】按钮,弹出按图批量加车对话框,如图 3-110 所示。

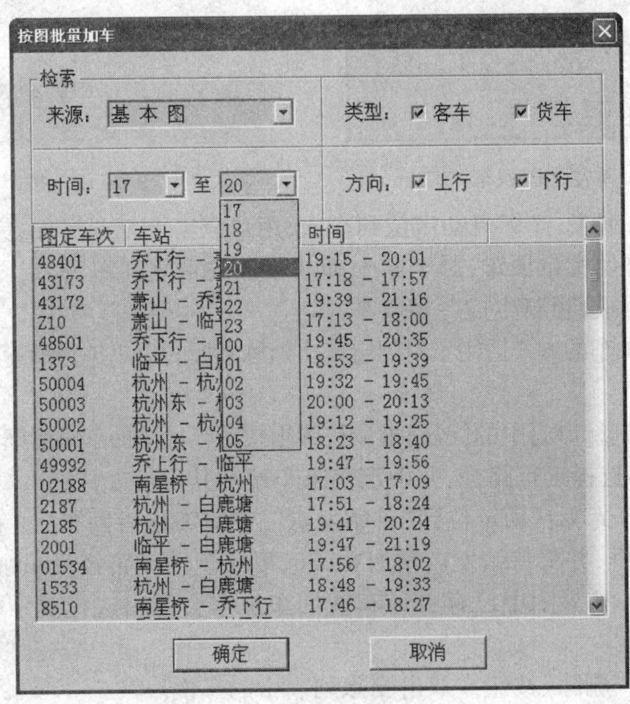

图 3-110　按图批量加车

b. 选择数据来源(默认日班计划),时间范围、列车方向及车种,每次选择后系统自动匹配列车并在列表中进行显示,双击删除列表中的车次,选择"取消"放弃操作。

c. 点击"确定"开始加车,添加的车次如果图中已经存在对应的计划车次,会弹出"重复上图"对话框,选中需要替换的列车,确定完成操作,如图 3-111 所示。

按图定批量加车的方式适用于初始状态需要大量加车的时候使用。

②按列车车次

a. 选择主菜单【调整计划】中的【车次批量】或点击功能栏中的【车次批量】按钮,弹出按车次批量加车对话框,如图 3-112 所示。

b. 选择数据来源(默认为日班计划),输入车次,回车加车入表。

- 数据源中存在该车次,系统自动匹配并加入列表,同样双击删除列车。如果图中已存在该车次会弹出选择提示框,确认完成加车入表,取消则不加车。
- 数据源中不存在该车次,弹出提示框提示用户车次不存在,未完成列表车次的添加。

c. 在勾选"自动来源"选项后,输入车次,回车加车入表,系统会从日班计划中自动匹配并加入列表,如果在日班计划中成功匹配到了所输入的车次,则停止继续匹配,若在日班计划中没有找到对应车次,则继续在基本图中继续寻找。

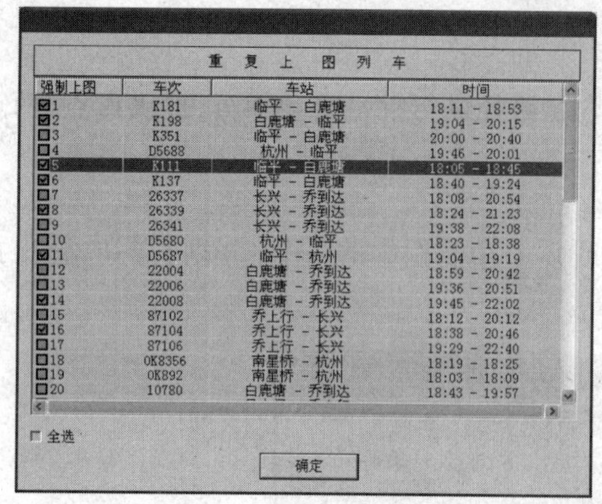

图 3-111 重复上图列车

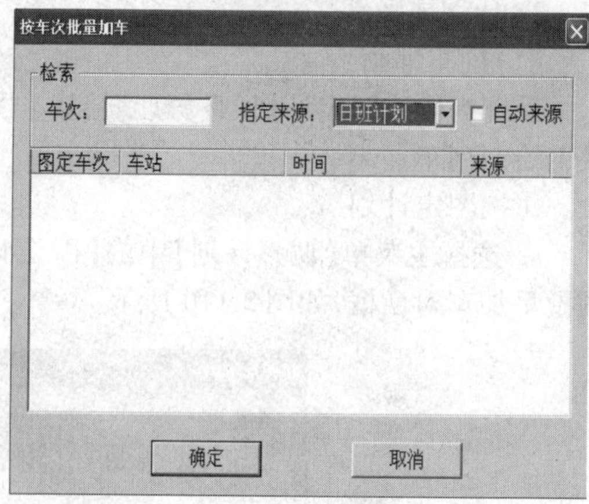

图 3-112 按车次批量加车

d. 车次成功加入列表,光标自动定位到车次,用户只需重复 b 操作,完成多车的添加。

e. 选择"确定"开始批量加车,对于 b 中确认添加的重复列车,如果图中该车次为计划车次,被替换为新车,否则会重新生成一趟新车。

按列车车次批量加车的方式适用于对图定车次熟练掌握的用户进行批量补车次的时候使用。

③按走行路径

a. 选择主菜单【调整计划】中的【径路批量】,弹出按路径批量加车对话框,如图 3-113 所示。

b. 从径路列表中选择走行路径,并确定首末车站及其运行方式。

c. 输入车次,回车光标自动定位到"首站发点",修订发点后回车,该车加入列表。光标会自动定位到车次输入框,并将首站发点增加 8 min,以实现同一路径批量加车后在图中的平移显示,方便后续调整。如果图中已存在该车次回车加车会弹出选择提示框,确认完成加车入表,取消则不加车。

d. 选中车次点击"删除"按钮或双击删除列表中的车次。

e. 重复 c,完成多车的列表添加。

f. 选择"确定"开始批量加车,对于 c 中确认添加的重复列车,如果图中该车次为计划车次,被替换为新车,否则会重新生成一趟新车。

按走行路径批量加车的方式适用于对列车走行路径熟悉的用户进行同一路径批量加车的时候使用。

④手工绘制

按用户给定的鼠标点位置,顺序绘制一条运行线。步骤如下:

a. 选择主菜单【绘制】中的菜单【列车】或点击绘图工具栏中的【绘制列车】按钮,弹出手工绘制对话框,如图 3-114 所示。

b. 输入车次号、折角车次号(指该车在某站改变运行方向产生折角车的车次,未改变则不输入),选择绘制方式"自由"或"径路"。针对径路方式的过程如下,后续步骤仅论述点点加车。

- 从列表中选择走行径路,首末站及运行方式;
- 点击"开始",鼠标左键点击一下图中横向为始发点的位置,纵向位置无关紧要,只需确定首站的始发时刻。系统自动按照选择的径路及区间运行时分完成列车的铺画。

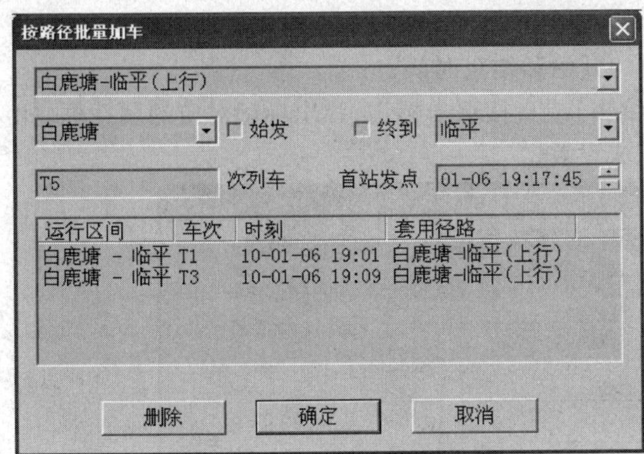

图 3-113　按路径批量加车

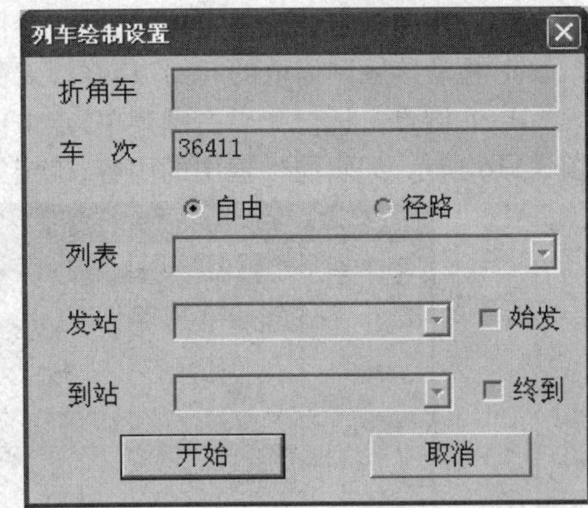

图 3-114　手工绘制列车

c. 确定首末站的运行方式,默认为接入和交出,点击“开始”按钮。

d. 鼠标左键单击站名线,确定该站到发点,如再次单击该站名线,将改变本站的到发点。

重复 d 操作实现点点绘制列车;如果直接右键点击末站,则系统自动按已配置的路径进行搜索,存在则自动铺画前站与末站之间的走行站。

按键盘“ESC”键或鼠标右键点击无效区完成绘制。无效区是指此时末站沿首站方向射线所覆盖的矩形区域。

手工绘制方式灵活方便,但每次仅能添加一趟列车,效率不高。

(2)施工铺画

施工标记包括接触网停电、车站封锁、车站慢行、区间封锁、区间慢行、事故标注、文本标注共 7 项标记。

①自动上图

a. 选择主菜单【施工操作】中的菜单【施工上图】,弹出施工上图对话框,如图 3-115 所示;

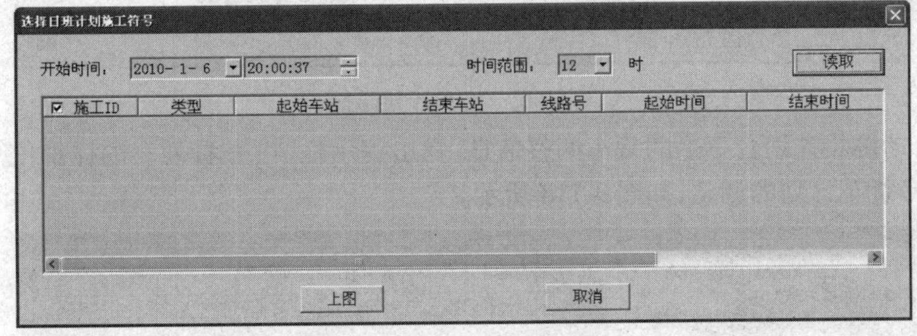

图 3-115　施工上图

b. 选择开始时间,设置时间范围;

c. 点击“读取”按钮,从施工台加载施工标记到列表;

d. 勾选需要上图的施工标记,点击“上图”按钮。

②手工绘制

主菜单【绘制】中提供了 7 种施工标记手工绘制的功能菜单;除了事故标记、文本标注外的其余 5 种标记在绘图栏提供了功能按钮。以接触网停电为例,描述操作步骤:

a. 选择主菜单【绘制】中的菜单【接触网停电】或点击绘图工具栏中的【接触网停电】按钮;

b. 在图中指定位置左键单击，完成绘制；

c. 拖动接触网停电的起始点，修订天窗的开始和结束时间；

d. 右键点击标记弹出右键菜单，点击【编辑】或直接双击标记，弹出标记对应的属性框，如图 3-116 所示，编辑属性框中的内容，确定完成设置；

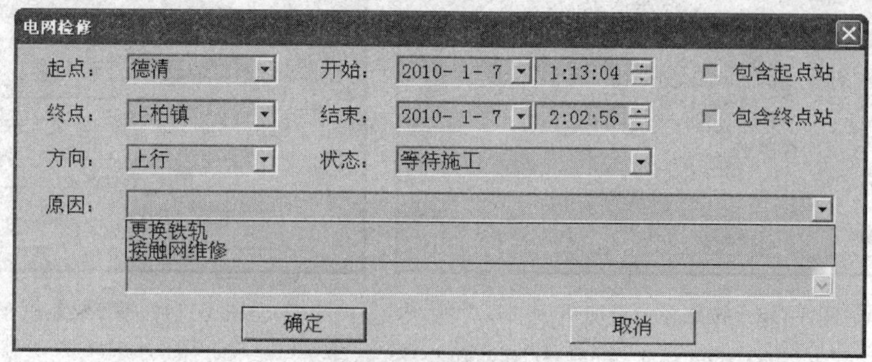

图 3-116　接触网停电编辑

e. 右键菜单中，点击【删除】，完成标记的删除。

3. 计划调整

(1) 调整计划接收

如果自动接收客调台下达的客车调整信息，弹出接收提示框，可查看列车的详细信息；点击确定，完成行台客车计划的调整，如图 3-117 所示。

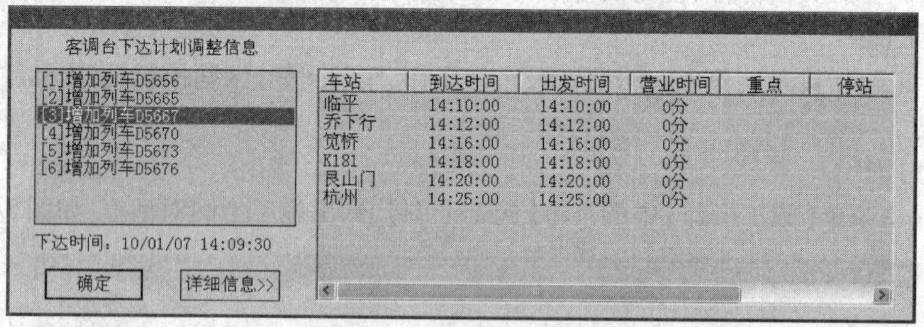

图 3-117　客车计划调整

如果自动接收计划台下达的货车调整信息，弹出提示框，可查看列车的详细信息；点击确定，完成行台货车计划的调整，如图 3-118 所示。

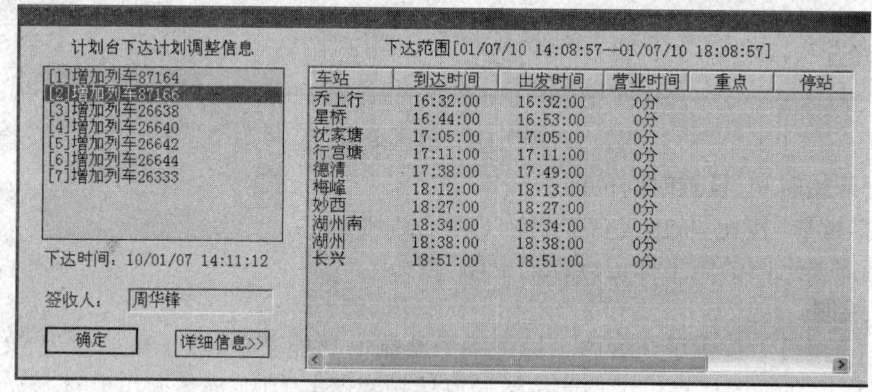

图 3-118　货车计划调整

(2)人工调整

①列车停开

可通过三种方式停开列车：

a. 鼠标右键点击列车运行线，选择弹出右键菜单中的【停开本车】；

b. 鼠标左键单击选中运行线，单击屏幕下方的功能按钮栏中的【停开列车】；

c. 鼠标左键单击选中运行线，按键盘的【delete】功能键，如图3-119所示。

选择【确定】后，此列车运行线即被删除。

②到开方式

鼠标左键双击运行线和站名线交叉点，实现列车在该站通过与到开方式的切换。

③到开时间

a. 鼠标方式

鼠标左键单击选中列车运行线，到发点生成绿色矩形拾取框为其拾取点；鼠标左键拖动到点或发点对应的拾取点，移动到指定的时间位置，松开左键即可改变到点或发点，该站后续到发点顺次平移。对于通过要改变其发点，首先需要双击变到开，如图3-120所示。

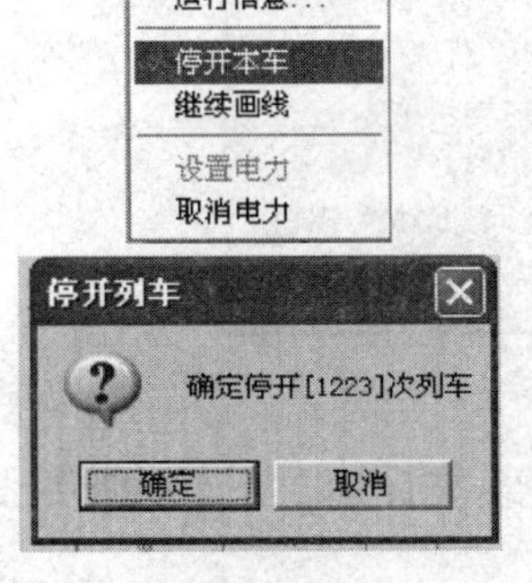

图3-119　停开本车

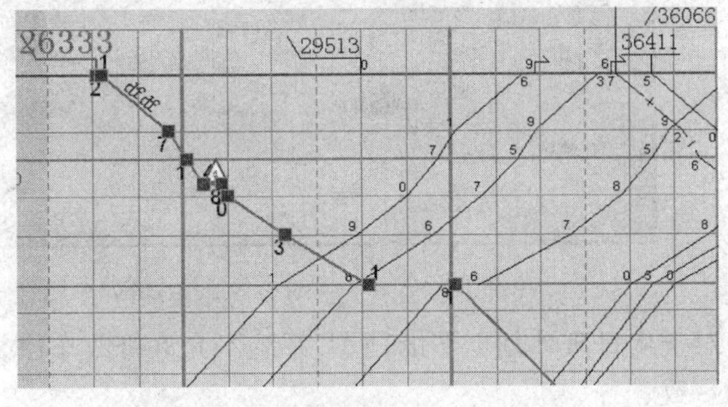

图3-120　到发点、到开示意图

b. 对话框方式

右键车站菜单，点击【属性信息】，弹出属性框，如图3-121所示。

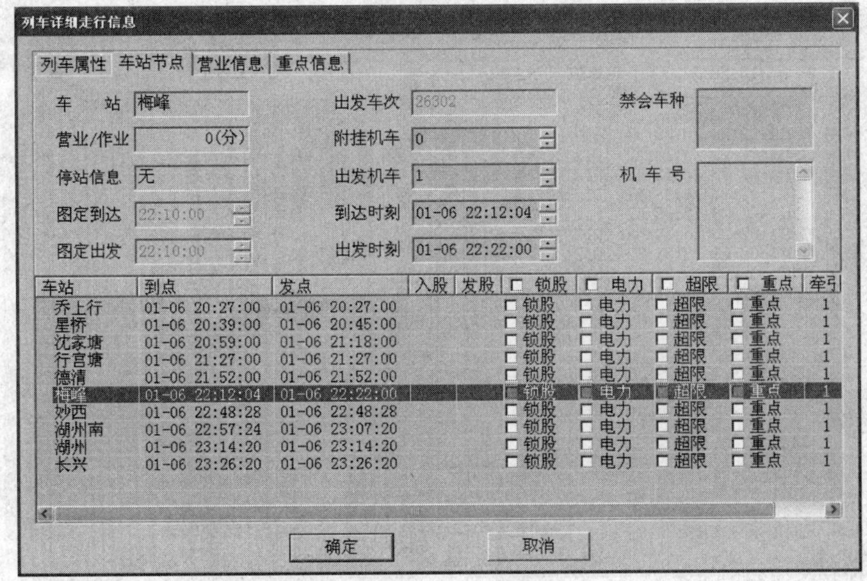

图3-121　编辑车站属性

分别修订到达时刻，出发时刻，点击确定，完成到开时间的修改。

④修改车次

右键列车菜单，点击【运行信息】或直接双击运行线，弹出列车属性编辑框，如图 3-122 所示，输入新车次，点击确定。

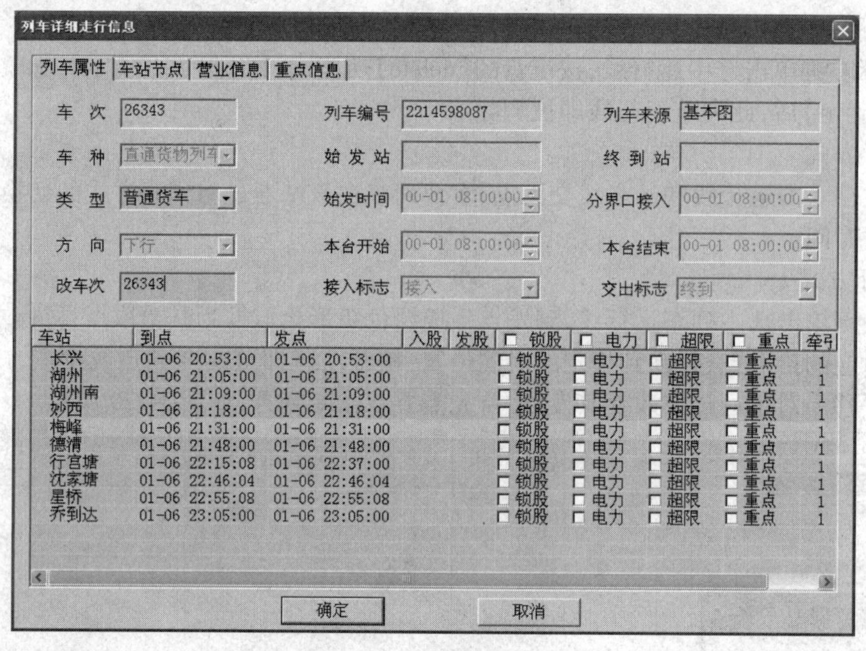

图 3-122　编辑列车属性

但对于从日班计划上图的列车，系统不允许修改车次，以保证后续与计划台下达调整计划列车的一致。

4. 报警记录

系统提供报警信息查询功能。点击主菜单【查看】菜单中【报警记录】菜单项，弹出“报警记录查询”对话框，选择时间范围后即可查询出出现的报警记录，如图 3-123 所示。

报警记录查询

开始时间 2011- 2-23 13:28:26　结束时间 2011- 2-23 13:58:26　查询到45条记录！　查询　退出

级别	类型	报警时间	描述	确认人	确认时间
1级报警	冲突检测	2011-02-23 13:38:37	基本图中无[D12]次列车，无法分配固定股道！		未经确认！
1级报警	冲突检测	2011-02-23 13:38:42	[D12]次列车在[神州]站接车股道[]-编号[0]不存在...		未经确认！
1级报警	冲突检测	2011-02-23 13:38:42	[D12]次列车在[万宁]站接车股道[]-编号[0]不存在...		未经确认！
1级报警	冲突检测	2011-02-23 13:38:42	[D12]次列车在[和乐]站接车股道[]-编号[0]不存在...		未经确认！
1级报警	冲突检测	2011-02-23 13:38:52	[D12]次列车在[神州]站接车股道[]-编号[0]不存在...		未经确认！
1级报警	冲突检测	2011-02-23 13:38:52	[D12]次列车在[万宁]站接车股道[]-编号[0]不存在...		未经确认！
1级报警	冲突检测	2011-02-23 13:38:52	[D12]次列车在[和乐]站接车股道[]-编号[0]不存在...		未经确认！
1级报警	冲突检测	2011-02-23 13:38:55	[D12]次列车在[神州]站接车股道[]-编号[0]不存在...		未经确认！
1级报警	冲突检测	2011-02-23 13:38:55	[D12]次列车在[万宁]站接车股道[]-编号[0]不存在...		未经确认！
1级报警	冲突检测	2011-02-23 13:38:55	[D12]次列车在[和乐]站接车股道[]-编号[0]不存在...		未经确认！
1级报警	冲突检测	2011-02-23 13:39:00	[D12]次列车在[神州]站接车股道[]-编号[0]不存在...		未经确认！
1级报警	冲突检测	2011-02-23 13:39:00	[D12]次列车在[万宁]站接车股道[]-编号[0]不存在...		未经确认！
1级报警	冲突检测	2011-02-23 13:39:00	[D12]次列车在[和乐]站接车股道[]-编号[0]不存在...		未经确认！
1级报警	冲突检测	2011-02-23 13:39:01	[D12]次列车在[神州]站接车股道[]-编号[0]不存在...		未经确认！
1级报警	冲突检测	2011-02-23 13:39:01	[D12]次列车在[万宁]站接车股道[]-编号[0]不存在...		未经确认！
1级报警	冲突检测	2011-02-23 13:39:01	[D12]次列车在[和乐]站接车股道[]-编号[0]不存在...		未经确认！
1级报警	冲突检测	2011-02-23 13:39:03	[D12]次列车在[神州]站接车股道[]-编号[0]不存在...		未经确认！
1级报警	冲突检测	2011-02-23 13:39:03	[D12]次列车在[万宁]站接车股道[]-编号[0]不存在...		未经确认！
1级报警	冲突检测	2011-02-23 13:39:03	[D12]次列车在[和乐]站接车股道[]-编号[0]不存在...		未经确认！
1级报警	冲突检测	2011-02-23 13:39:05	[D12]次列车在[神州]站接车股道[]-编号[0]不存在...		未经确认！
1级报警	冲突检测	2011-02-23 13:39:05	[D12]次列车在[万宁]站接车股道[]-编号[0]不存在...		未经确认！

图 3-123　报警记录查询对话框

系统可以针对不同级别的报警设置不同的报警提示操作。点击主菜单【查看】菜单中【报警设置】菜单项，弹出“报警提示设置”对话框，选择每一级别需要的提示方式，点击确定即完成设置，如图 3-124 所示。

报警提示设置

级别	提示方式
1	回退框
2	回退框
3	密码框
4	提示框
5	无提示

确定　取消

图 3-124　报警提示设置对话框

5. 计划保存

计划调整是行车指挥的主要工作，系统提供三种形式保存调整结果。

(1) 系统在数据变换时会进行实时保存变化数据；

(2) 系统每隔 10 min 定时自动保存全体；

(3) 通过主菜单【调整计划】中的菜单项【保存计划】手动保存。

6. 阶段计划下达

点击主菜单【调整计划】的下拉菜单【下达计划】或直接点击功能栏【下达计划】按钮；弹出下达框如下图，选择下达的车站及时间范围；如点击“检查计划”右侧记事栏输出报警提示；直接点击“下达”系统进行冲突检测，右侧记事栏输出报警提示；如存在冲突的计划，系统弹出提示框提示是否强制下达；如果确定强制下达或下达前勾选“强制下达”按钮，完成计划的强制下达，如图 3-125 所示。

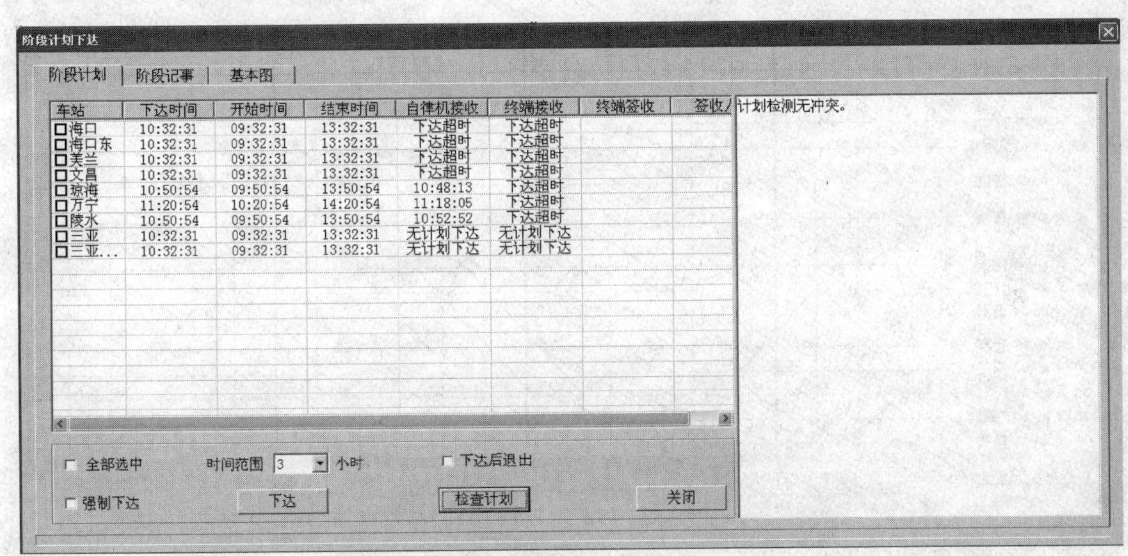

车站	下达时间	开始时间	结束时间	自律机接收	终端接收	终端签收	签收/
□海口	10:32:31	09:32:31	13:32:31	下达超时	下达超时		
□海口东	10:32:31	09:32:31	13:32:31	下达超时	下达超时		
□美兰	10:32:31	09:32:31	13:32:31	下达超时	下达超时		
□文昌	10:32:31	09:32:31	13:32:31	下达超时	下达超时		
□琼海	10:50:54	09:50:54	13:50:54	10:48:13	下达超时		
□万宁	11:20:54	10:20:54	14:20:54	11:18:05	下达超时		
□陵水	10:50:54	09:50:54	13:50:54	10:52:52	下达超时		
□三亚	10:32:31	09:32:31	13:32:31	无计划下达	无计划下达		
□三亚...	10:32:31	09:32:31	13:32:31	无计划下达	无计划下达		

图 3-125　阶段计划下达

7. 实际图查看

点击主菜单【查看】中的菜单项【实际图】，弹出查询框；如图 3-126 所示，也可以选择调度日和班次，点击确定。

8. 基本图查看下达

(1) 基本图浏览

点击主菜单【查看】中的菜单项【基本图】或直接点击视图栏功能按钮【基】，切换到基本

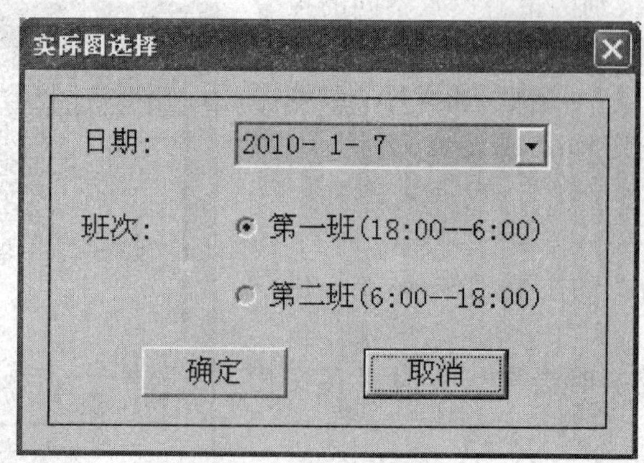

图 3-126　查询实际图

图显示,选中运行线后可以显示股道,如图 3-127 所示。

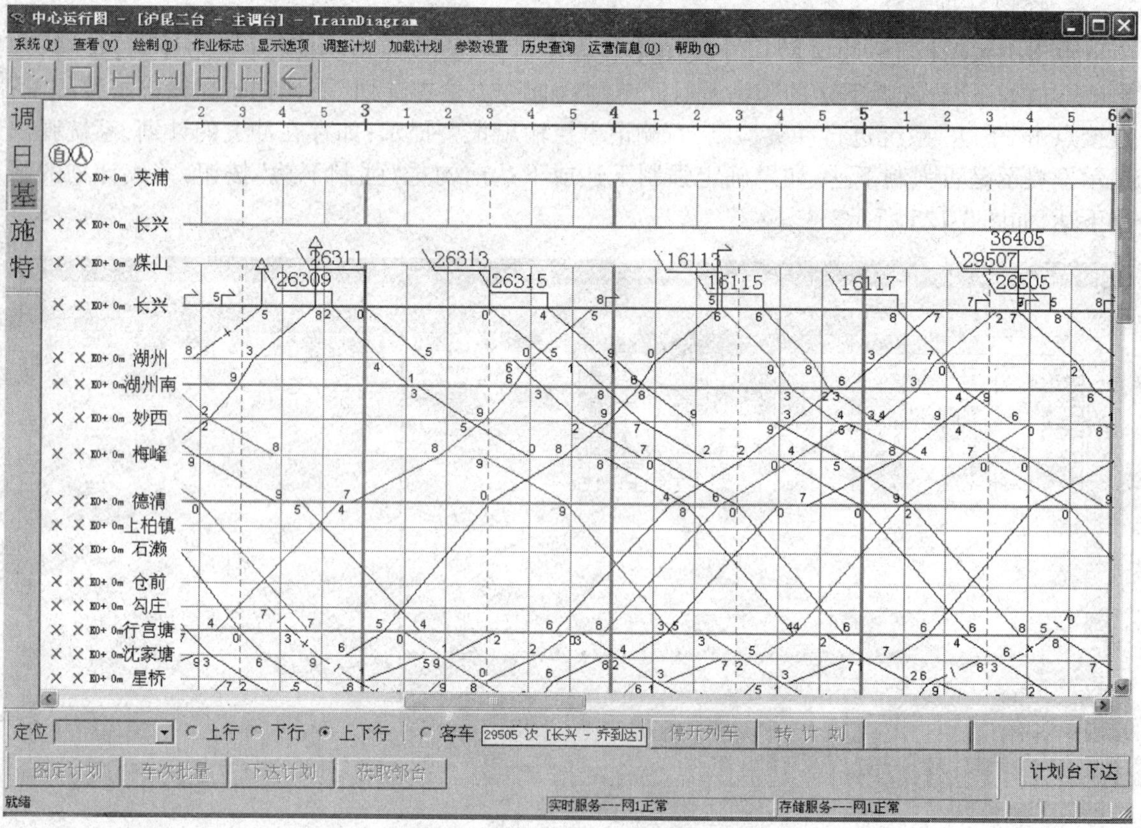

图 3-127　基本图

(2)基本图加载

在基本图视图时,点击主菜单【加载计划】中的【基本图】手动加载计划台当前的基本图。

(3)基本图下达

点击主菜单【调整计划】的下拉菜单【下达计划】或直接点击功能栏【下达计划】按钮;弹出下达框中,点击【基本图】属性页,如图 3-128 所示,也可以选择车站下达。

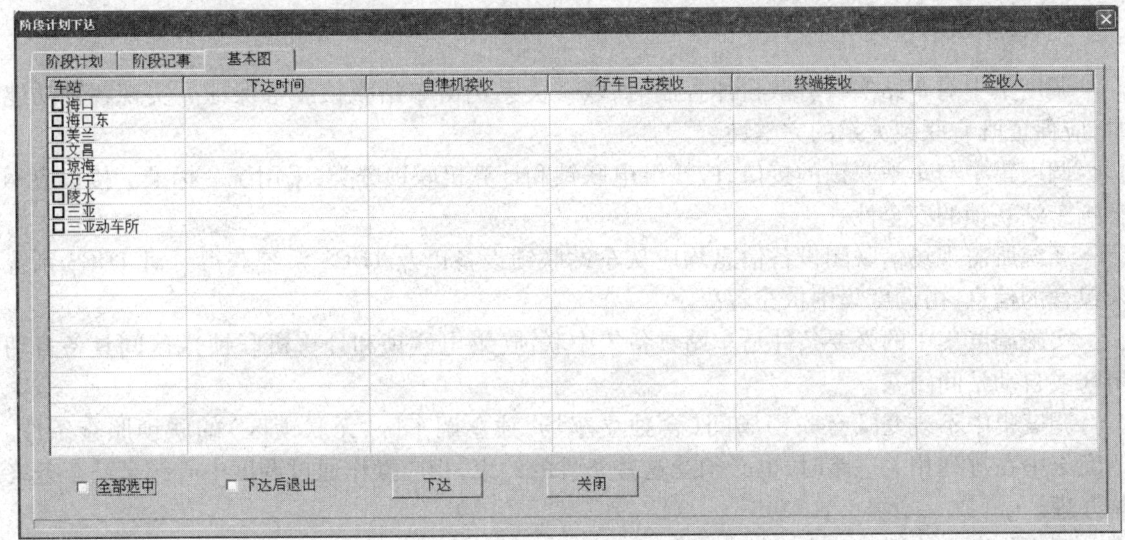

图 3-128　基本图阶段计划下达

任务 4　CTC 系统功能和原理实现

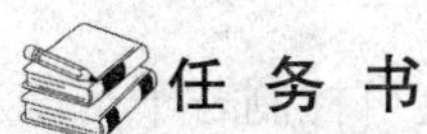

任 务 书

1. 描述 CTC 系统功能。
2. 描述 CTC 分散自律实现原理。
3. 描述 CTC 的控制模式及相互间的关系。
4. 描述分路不良区段的设置。

理论知识

分散自律调度集中系统是铁路现代化的重要技术装备，是现代铁路综合信息化建设的重要内容，也是现代铁路的新型运输组织形式。必须与我国铁路路情紧密结合，做到以 TDCS 为平台，以调度集中为核心，以行车指挥自动化为目标，实现铁路运输指挥的现代化。

分散自律调度集中系统在信号设备控制与行车指挥方式上仅设有分散自律控制与非常站控两种模式。系统分散自律控制时，只有控制指令不同来源，没有中心与车站控制权的转换；非常站控为车站人工控制方式，中心不具备直接控制权，系统完好时应具备 TDCS 功能。

分散自律调度集中系统适用不同牵引动力、运行速度、运量、线路类型的区段与枢纽地区，可实现不办理客货运业务、调车作业量较小、列车和调车进路由调度中心远程控制的车站行车岗位无人化（在行车岗位配有值岗人员的车站简称有人车站，反之简称无人车站，下同）。

分散自律调度集中系统相关技术条件规定了分散自律调度集中系统的基本原则、基本功能、系统构成和技术要求，可作为系统研制、工程设计的依据，运营和维修部门也应参照执行。

一、基本原则

调度集中对车站实行分散自律控制时，联锁关系仍由车站联锁设备保证。实现各种功能时，应保证既有联锁关系的完整性。

调度集中与车站联锁的接口，应按继电联锁和计算机联锁分类，采用统一标准。接口应不影响车站联锁的安全性。

系统所需现场信联闭设备信息均应从车站联锁设备以及 TDCS 系统获得。对 TDCS 系统未包含的信息，由调度集中扩充解决。

实施调度集中的必要条件是车站具备集中联锁（继电联锁和计算机联锁）、区间具备自动闭塞或自动站间闭塞。

调度集中不改变既有联锁场间（含独立车场、独立调车区、无联锁区）的联锁照查条件。调度集中在排列相关进路时，也必须受这些条件的约束，相应操作通过调度中心或车站车务终端办理。

调度集中应将同一调度区段内、同一联锁控制范围内所有车站（车场、线路所）的信号、联锁、闭塞设备纳入控制范围。单独设立的调车场、编组场控制设备原则上不纳入调度集中控制范围。

调度集中的控制信息依据不同处理阶段分为计划、指令和命令三个层次。计划是指形成指令队列前处理阶段的信息；指令是指车站自律机存储的进路信息；命令是指车站自律机输出的进路操作信息。

一个铁路局/集团原则上设置一个调度中心子系统，一个调度中心子系统可控制若干个调度区段。相邻路局/集团系统之间按 TDCS 方式交换信息（包含分属两个调度集中区段的相邻车站、相邻分界口车站）。

系统应采用冗余技术、可靠性技术和网络安全技术，车站自律机还应采用故障—安全技术。

系统采用 TDCS 统一时钟标准。

系统网络设备 IP 地址按 TDCS 组网技术要求执行，为保证网络与信息安全，系统应采取防火墙、入侵监测、病毒防护、身份认证等安全措施。

通信系统是分散自律调度集中正常运用的重要基础，应满足分散自律调度集中对语音、数据通信的功能要求：

- 调度员、司机、车站值班员之间必须具有良好可靠的语音通信；
- 调度命令（含许可证等）、接车进路预告信息、调车作业通知单应可靠传送到机车；
- 无线通信车载设备具备车次号校核、列车停稳、调车请求、信息回执等信息发送功能。
- 有关 GSM-R 条件下的通信系统功能另行规定。

调度集中区段的专用调车机车应配套无线调车机车信号和列车运行监控装置。

为保证调度集中的良好运用，应同步制定调度集中条件下的行车和调车作业管理办法以及设备维护管理办法。

二、控制模式

调度集中有分散自律控制模式和非常站控模式。分散自律控制的基本模式是用列车运行调整计划自动控制列车运行进路，同时在分散自律条件下调度中心具备人工办理列车、调车进

路，车站具备人工办理调车进路的功能；非常站控模式是指当调度集中设备故障、发生危及行车安全的情况或设备天窗维修、施工需要时，脱离系统控制转为车站传统人工控制的模式。

系统应保证在分散自律控制模式下，原车站联锁控制台不起作用；在非常站控模式下，系统车务终端不起作用。分散自律控制模式与非常站控模式之间可以转换，转换条件如下。

(1)控制模式的转换由车站值班员（或应急值班员）在车站进行控制操作。系统对控制模式转换操作应有明确记录。

(2)非常站控按钮（或开关）采用带计数器的非自复式铅封按钮或开关。正常状态为分散自律控制模式，破封按下（或转换）为非常站控模式。

(3)系统在模式转换时不应影响已办理的列车进路和调车进路并防止形成预排进路。

(4)分散自律控制模式转向非常站控模式不检查任何条件，但应向调度员进行提示报警。

(5)非常站控模式转回分散自律控制模式系统应检查以下条件：

①分散自律系统设备正常。

②非常站控模式下没有正在执行的按钮操作。

在上述条件满足时，系统应给出"允许转回分散自律控制模式"的表示，方允许转回分散自律控制模式。否则操作无效。

调度集中的控制模式状态应有明确的表示。在非常站控按钮（或开关）处以及车务终端上应设置状态表示灯：红灯—非常站控模式；绿灯—分散自律控制模式；黄灯—允许转回分散自律控制模式。

三、系统功能

在TDCS基础上，调度集中应具备列车运行计划人工、自动调整，实际运行图自动描绘，行车日志自动生成、储存、打印，调度命令传送，车次号校核等功能。

在TDCS基础上，调度中心具备向车站、机务段调度、乘务室等部门发布调度命令以及经调度命令无线传送系统向司机下达调度命令（含许可证、调车作业通知单等）的功能。

系统依据列车运行调整计划，《技规》、《行规》、《行细》、《站细》等规定，以及相关联锁技术条件对列车、调车作业进行分散自律安全控制（含分散自律控制模式下的中心、车站人工直接操作）。对违反分散自律安全条件的人工操作，系统应能进行安全提示。

系统对于影响正常运用的故障，如信号故障关闭（或灭灯及灯丝断丝）时应具有报警、提示、记录等功能。

与调度命令无线传送系统配合具有接车进路信息自动预告功能；进行调车作业时不需要控制权转换；不影响既有的平面调车区集中联锁功能。

具有部分非正常条件下接发列车功能以及降级处理措施；具有本站及相邻各两个车站的列车运行调整计划显示功能；具有本站及相邻各两个车站的站间透明功能；具有人工办理试排进路功能，为进路指令的执行做好准备。

具有自我诊断、运行日志保存、查询和打印等功能，并逐步实现系统维护智能化；对所有的人工操作具有完整的记录、查询、回放和打印功能。

实时监控电源状态，停电时应自动保存列车、调车作业等重要信息；在保证网络安全的条件下可与其他相关系统联网，实现数据资源共享。

（一）列车作业

调度集中控制范围内的列车作业，以列车运行调整计划自动控制为基本方式，以调度中心人工控制为辅助方式，下面是列车计划的管理。

1. 日班计划

调度集中应具有接收日班计划或者单独制定日班计划的功能。系统可按要求时间将日班计划以运行图或车次时刻表的方式提供给调度员，同时以调度命令的方式下达到有关站段。

2. 调整计划

调度集中应具有以日班计划为依据，人工和自动调整列车运行计划以及中间站甩挂调车作业计划的功能，经批准后适时下达到车站自律机执行。

3. 调整列车运行计划应遵循单一指挥，按图行车，确保重点等原则，正确合理地使用车站正线、到发线，组织和完成列车在车站的到开、会让、越行、通过等行车作业。

4. 调整列车运行计划应根据运行图，通过压缩停站时间、调整列车区间运行时分、变更越行站和会让站等方法完成。

5. 对于有特殊运行要求的列车由调度员依照相关管理规定特别设置（超限列车、专列等特殊列车应有明显的标记），并产生相应的列车运行调整计划。

6. 调度员可随时查询、调整列车运行调整计划的内容（含计划使用股道信息）；车站值班员可随时查询计划和进路内容。

7. 系统在列车调整计划下达前必须通过合法性、时效性、完整性和无冲突性的检查。

8. 调度集中列车运行图的操作界面根据当前时刻线划分为四个区域：实际运行区、临近计划区（10 min）、调整计划区（3 h）、日班计划区。

实际运行区是当前时刻之前已经完成的列车运行记录区域，不可进行更改；

临近计划区是当前时刻之后特定时间段内已经下达车站将要执行的列车运行调整计划区域，计划调整受到一定限制；

调整计划区是临近计划区以外的列车运行调整计划区域，可以进行人工或自动调整；

日班计划区是调整计划区以远的列车运行计划区域，可以进行人工或自动调整。

四种区域以明显的标记区分显示，并且随着列车运行调整计划的执行以及调度员的人工操作而动态变化。

（二）列车进路

1. 车站自律机依据调度中心下达的列车运行调整计划自动生成列车进路指令，通过合法性、时效性、完整性和无冲突性的检查后转变为命令，适时下传给本站联锁设备执行。

2. 自动排列列车进路时应检查的条件主要有：车次号（列车性质和等级）、超限级别、列车长度、机车类型、股道用途、股道有效长、道岔弯股进路的最大允许速度。

3. 车站自律机因故无法排列基本进路时，系统应自动报警。调度中心可以对某一次列车进路进行人工干预（但须受分散自律安全条件控制）。

4. 进站信号机外制动距离内，进站方向为超过6‰下坡道的车站，自律机应能自动办理相关延续进路的排列与锁闭。

5. 对于多方向车站，系统应能按照列车运行调整计划或调度员指定的列车优先权选择相应方向的列车进路。

6. 排列进路的时机，原则上依据列车运行调整计划并提前若干时分。实际执行中必须考虑列车类型、区间闭塞类型、邻站发车时刻、区间运行时分和完整到达停稳以及前行列车发车进入区间的条件等因素，同时要考虑信息处理、进路办理的时间以及列车的速度等因素，科学合理进行确定。

7. 调度中心具备列车进路的人工控制功能,且优先级高于列车运行调整计划自动控制的列车进路。调度中心人工办理列车进路时,调度员必须输入列车车次号方可执行。

8. 接车站接车进路或通过进路已经排列,系统在出发站的以下位置发送列车接车进路预告信息:

(1)出站信号机;

(2)一离去信号机;

(3)二离去信号机。

在上述任一位置系统收到自动确认信息后,在后续位置不再发送接车进路预告信息。

列车越过二离去信号机后,系统未收到自动确认信息时,改由接车站发送接车进路预告信息,采取在每个闭塞分区自动向列车发送。如果系统收到自动确认信息或该次列车越过接车站进站信号机后,不再发送列车接车进路预告信息。

如果在自动站间闭塞区段,接车站接车进路或通过进路已经排列,系统在出发站选择列车在以下位置发送列车接车进路预告信息:

(1)出站信号机;

(2)反向进站信号机;

(3)反向进站预告信号机。

在上述任一位置系统收到自动确认信息后,在后续位置不再发送接车进路预告信息。

列车越过反向进站预告信号机后,系统未收到自动确认信息时,改由接车站发送接车进路预告信息,采取每隔一定时间自动向列车发送。如果系统收到自动确认信息或该次列车越过接车站进站信号机后,不再发送列车接车进路预告信息。

如果调度集中系统发送接车进路预告信息未成功时应立即向电务维修中心报警。

(三)列车车次号

(1)列车车次号是调度集中列车调整计划的合法性、时效性、完整性和无冲突性检查,以及调度指挥、列车追踪、自动排列进路的重要基础信息,应保证及时、准确无误。

(2)在 TDCS 的基础上,系统应具备列车车次号自动、人工输入,自动校核以及人工校正等功能。

(3)列车自动追踪、列车运行调整计划、无线车次号校核三方面的列车车次号应完全一致。如不一致时,调度集中应立即报警,由调度员或车站值班员进行人工校正。

(四)列车停稳信息

列车停稳信息是停站列车出发信号开放时机的重要条件,可通过车次号校核系统实现。在不具备列车停稳信息条件时,可采用列车整列进入股道并延时后自动开放出站信号。

(五)调车作业

调度集中控制范围内的调车作业原则上均应纳入分散自律安全条件控制。在有人车站,由车站人员直接办理或由系统自动进行控制;在无人车站,调度中心助理调度员直接办理或由系统自动进行控制。

为保证调车作业不干扰列车运行调整计划的执行,分散自律控制模式的调车作业,在办理与列车运行调整计划相关的调车进路时,均应人工输入钩作业预计时分,否则不能办理。在办理与列车运行调整计划无关的调车进路时,可不输入钩作业预计时分(由设备判断)。

调度集中系统应能根据调车进路、车列长度、《站细》规定等提出钩作业参考时分。

调车作业,分为人工直接操作与计划自动执行两种方式;人工直接操作方式的调车进路采用一钩(一条进路)一办;计划自动执行方式是系统根据调车作业计划自动办理调车进路。原则上无人车站的调车作业由调度中心办理,有人车站的调车作业由车站办理。

办理调车进路,必须由车站自律机依据列车运行调整计划在时间与空间上(进路预计占用时间、避让车次、相关联锁条件等)对调车进路检查运算,无冲突后方可排列。

调车作业的组织、指挥应依据列车编组顺序信息(运统一)、调车计划(日班计划)、站存车信息、调车作业通知单等内容进行。

1. 无人车站调车作业流程

无人车站主要有临时甩挂、路用车作业、简单摘挂等调车作业。现场调车指挥、摘挂作业,由调车组或机车乘务组完成。

(1)人工直接操作方式

一般情况是指由助理调度员在调度所内人工办理(也可在车站车务终端人工办理),分为计划内与计划外两种。

①计划内调车作业

调车组通过车务终端(含站场平面示意图)或通过调度命令无线传送系统(不含站场平面示意图)在机车获得调车作业通知单。

助理调度员根据调车作业计划、列车车次、列车到站时分,通过与司机(或调车组)无线通信联系,人工办理调车进路。

调车作业完成后,调度员通过与司机(或调车组)无线通信联系确定发车时分及进路。

列车出发后,由助理调度员人工生成新的列车编组信息,并下传至有关车站。

车站站存车信息由助理调度员人工输入、修改。

②计划外调车作业

计划外调车作业主要是指因车辆故障、装载不良等危及行车安全造成的临时甩挂作业。调度员根据司机或有关人员的报告以及设备报警,确定列车进行临时甩挂的车站。助理调度员通过与现场或司机联系,确定摘挂位置及车辆号,人工办理调车进路。调车作业由机车乘务组完成。调车作业完成后,调度员与司机联系确定发车时分及进路。列车出发后,由助理调度员人工生成新的列车编组信息,并下传至有关车站。车站站存车信息由助理调度员人工输入、修改。

(2)计划自动执行方式

①调车作业计划

助理调度员根据列车日班计划、列车编组信息(运统一)、列车运行调整计划及站存车信息,提前编制调车作业计划。

调车作业计划主要包括:作业车站、作业车次、钩计划、每钩作业时分。调车作业计划下达到相关车站的自律机,由系统自动执行。

②基本作业

调车组通过车务终端(含站场平面示意图)或通过调度命令无线传送系统在机车(不含站场平面示意图) 在机车获得调车作业通知单。

车站自律机执行调车作业计划时,应检查相关列车运行调整计划、实际到站时间、车次号校核以及司机的调车无线请求信息等条件。

调车作业每一钩进路排列前,司机应根据调车组的指挥,通过无线通信设备向调度集中发出调车请求信息,系统经检查运算后自动排列调车进路。调度员可随时查询、修改调车作业计划或调车进路指令序列的内容。调车作业完成后,调度员经与司机联系确定发车时分及进路。列车出发后,由助理调度员人工生成新的列车编组信息,并下传至有关车站。车站站存车信息由助理调度员人工输入、修改。

2. 有人车站调车作业流程

①车站人工直接操作方式

列车甩挂计划、编组信息等应随列车运行调整计划一并下达到作业车站并予以提示,以便车站做好准备工作。

由车站站调或值班员依据列车运行调整计划、列车甩挂计划、编组信息以及站存车信息编制调车作业计划,由车站具体执行。

车站依据调车计划以及现场调车作业情况,在车务终端排列相关调车进路。车站在该列车出发后按现行规定形成列车编组顺序表(运统一)。车站站存车信息由车站人工输入、修改。

②计划自动执行方式

有人车站进行计划自动执行方式的调车作业时,作业过程与无人车站计划自动执行方式基本相同,其主要区别是:由车站值班员在车站车务终端编制、查询、修改调车作业计划和车站值班员人工生成新的列车编组信息以及人工输入、修改车站站存车信息。

如果调车作业没有在预计的时间内完成, 在影响列车运行调整计划的情况下,调度集中自动向调度员、车站值班员报警。

对于利用特定到发线设置平面调车区集中联锁溜放作业功能的车站,原联锁控制台平面溜放的所有功能按钮必须纳入调度集中的车务终端。车站值班员通过车务终端办理平面溜放调车作业。

溜放按钮采用1层密码方式设置,进行溜放调车作业时,溜放按钮有效否必须受到车站自律机控制:

溜放按钮使用时,车站值班员应输入预计溜放作业时间;

车站自律机检查相关到发线在该时间段未被列车运行调整计划使用以及没有正在办理的调车进路后,方可生效;

一旦溜放作业开始执行,车站自律机自动将溜放区域内所有线路设置禁用标记,禁止非溜放进路使用;

溜放按钮经车站人工复原后,方可恢复正常使用状态。

3. 调车作业通知单

调车作业通知单应采用统一格式,包括调车计划、调车机号、计划序号等内容。调车作业通知单由中心或车站生成并传送至调车组或机车。

(六)非正常作业

非正常情况指的是由于信号设备故障导致不能正常办理和取消进路,或者是CTC中心和车站网络通信中断时,车站无法接收CTC中心最新的列车运行调整计划。

1. 非正常接车作业

进路锁闭状态下,进站信号机因故不能开放时,系统应能及时报警(语音和文字提示),由调度员人工办理接车作业。

由于轨道区段故障导致进路无法建立,由调度员在判明轨道电路故障条件下,人工开放引导信号。

道岔无表示时，必须现场人工确认并采取相关安全措施，由调度员办理引导总锁闭，开放引导信号；经现场人工确认列车整列到达后，取消引导总锁闭或转为非常站控模式后由车站办理引导接车。

如果进站信号机内方第一区段故障，由调度员办理引导接车，引导信号应保持开放，列车头部越过故障区段后自动关闭引导信号。

进路正常情况下，系统在列车整列进入股道后，在分散自律控制模式下人工实施引导进路解锁。区段故障情况下，经调度员和司机确认列车整列到达后，调度员人工实施引导进路解锁。

2. 非正常发车作业

发车进路因故无法排列时，系统应自动报警，由调度员人工办理非正常发车作业。

3. 非正常解锁

由于轨道电路故障导致进路中的轨道区段不能正常解锁：

(1)接车进路：调度员和司机确认列车整列到达或通过后，调度员人工解锁遗留接车进路。

(2)发车进路：调度员和司机确认列车整列出站后，调度员人工解锁遗留发车进路。

(3)调车进路：原则上由办理调车进路方的人员，负责人工解锁该调车进路的遗留进路。调度中心、车站均应具备在分散自律控制模式下的调车进路人工解锁手段。

轨道电路停电恢复时，在人工确认机车停稳后，由调度员(或车站值班员)按压轨道电路停电恢复按钮分咽喉一次性解锁。

系统在分散自律控制模式下，车站的操作不得解锁调度中心办理的列车进路或关闭列车信号，调度中心的操作不得解锁车站办理的调车进路或关闭调车信号。

4. 区间设备故障时非正常办理

当区间为自动站间闭塞且区间故障不能正常复原时，需调度员人工确认区间空闲后，中心人工办理事故复原操作。

当自动站间闭塞区间检查设备为计轴设备，出现轴数不符且计轴设备处于区间占用状态，或者计轴设备检修及停电复原时，需调度员人工确认区间空闲后，中心人工办理计轴复零操作。

在自动站间闭塞区段的区间空闲检查设备故障停用时，调度员通过列车运行调整计划以及实际运行图，并与列车司机无线通信联系，人工确认列车整列到达、区间空闲后，人工办理闭塞行车。

5. 系统故障降级处理措施

当车站自律机与中心子系统网络通信中断后(以下简称通信中断)，系统应立即自动报警。

对于双线自动闭塞区段无人车站，在通信中断时且未转为非常站控模式前，调度员不得改变该站来车方向列车运行调整计划设定的车序，由车站自律机按原已收到的列车运行调整计划和列车实际运行情况继续自动执行；列车运行调整计划执行完毕后，通信仍未恢复正常时系统应将该站设置为自动通过状态。

对于自动站间闭塞区段无人车站，在自动站间闭塞正常工作情况下，通信中断时且未转为非常站控模式前，调度员不得改变该站来车方向列车运行调整计划设定的车序，由车站自律机按原已收到的列车运行调整计划和列车实际运行情况继续自动执行，直到列车运行调整计划执行完毕。对于有人车站，在通信中断后可参照上述条款执行，也可及时转为非常站控模式组织接发列车。

四、自律控制原理

运行在各车站自律机上的自律控制软件模块是分散自律调度集中系统的核心模块，根据各列车的实际运行情况，将调度员下达的列车运行调整计划转化为对车站联锁系统的控制命令，从而实现运输指挥的高效、智能控制。自律控制软件模块的主要功能包括：

列车进路控制：接收来自 CTC 中心的列车运行调整计划，并将计划解析为进路指令，根据列车运行调整计划、《站细》、站场实际情况及列车的实际位置选择相应进路。同时判断列车进路的办理时机及联锁条件、《站细》条件是否满足，如果满足，自动触发列车指令，对人工控制的列车进路命令进行自律条件判断。

调车进路控制：根据调车计划，跟踪调车办理过程，判断每钩作业是否符合自律条件，符合时办理调车进路，对人工调车进路命令进行自律条件判断。办理调车进路时，自律控制模块依据列车运行调整计划在时间和空间上对列车和调车进路进行检查，无冲突后方可排列。

(一)列车进路控制

1. 列车进路指令

(1)指令的生成

自动排列进路的前提是进路指令的生成。进路指令生成是指通过解析列车运行调整计划、查找联锁进路表、生成包括始终端按钮等信息的进路序列，列车运行调整计划中必须包括下列信息，自律机才能自动生成列车进路指令。

自律机根据列车运行调整计划，综合考虑列车性质和等级、超限级别、列车长度、机车类型、股道使用、股道有效长、道岔曲股进路的最大允许速度等因素，自动生成每一趟列车的接车进路指令和发车进路指令。所有按列车运行调整计划生成的列车进路指令保存在自律机存储器中等待执行时机，时机一到，经过自律检查通过后，将指令转变成命令下达给联锁系统执行。

(2)指令的修改

依据列车运行调整计划自动生成的进路指令序列，允许人工编辑修改股道、进路始终端按钮、变通按钮以及坡道延续按钮等。

为了保证控制的灵活性，为每一条指令设置一个“自触”开关，默认情况下，开关为“开”状态，表示该条指令为自动触发状态，也就是说当触发时机一到，自律机经历自律检查后就向联锁系统下达控制命令；如果开关为“关”状态，表示该条指令为人工触发模式，也就是说即使触发时机已到，自律机也不会对其进行自动触发，此时可以人工触发进路。

在分散自律中心操作方式下，指令的修改权是在 CTC 中心的助调工作站上，由助理调度员负责确认修改，车站没有这个修改权；在分散自律车站操作方式下，修改权在车站，由车站值班员负责确认修改，CTC 中心的助调工作站就不能修改了。一般来讲，为了保证单一指挥，车站和 CTC 中心不会同时都要修改权。但不管谁修改，最后全都交由自律机对这些修改信息进行审核确认其正确性。自律机将修改成功的结果返回给 CTC 中心列调工作站、助调工作站和车站车务终端的相应界面上。

2. 自动触发命令时机

系统自动生成的进路指令存储在自律机里，何时触发是一个时机的问题，进路自动触发的时机要合理确定，太晚会造成进站列车运行缓慢、站外停车、出发列车晚点等；排列过早会长时间占用咽喉，影响与该进路有关的调车作业或其他作业。

(1)接车进路的触发时机

接车进路的触发时机分为按时间和按空间两种。

按时间触发接车命令,是根据列车运行调整计划的计划到达时间提前若干时间作为接车命令的发送时机。

按空间触发接车命令,是根据列车实际运行到最早规定触发位置时办理接车进路。

到了预定的触发时机,如果因为某些条件导致进路没有办理成功,系统自动给出报警并在条件满足或延时一定时间后自动重复办理,直到办理成功为止。

(2)发车进路的触发时机

对于到发列车或始发列车的发车命令触发时机按时间确定。始发列车是根据列车运行调整计划的出发时间提前若干时间作为发车命令的发送时机。

对于到发(非始发)货物列车的发车,则是以接车进路的排列作为发车命令的必要条件,只有接车进路已经排列完成,发车进路才有可能排列。一般有两种处理办法,一种是该车到达停稳后并且要停够计划规定的停站时间,自律机才能自动触发发车进路;另一种是在该车到达停稳后,只要前行列车发车后(不必停够计划规定的停站时间),该列车与前行列车之间满足追踪间隔,就自动触发发车进路。调度员可在列车运行调整计划中标注以哪种处理办法发车,并随着计划被下达到车站自律机。

对于到发(非始发)旅客列车的发车,在不早于图定时间的前提下,满足《站细》规定的追踪发车间隔,按照列车调整计划的发车时间提前一段时间办理。

(3)通过进路的触发时机

对于通过进路,在排列接车进路的同时,若发车条件也满足,则立即办理发车进路;若不满足,等条件满足时立刻办理。

3. 列车进路控制方式

列车进路的排列有三种方式:人工办理列车进路、人工触发命令、自动触发命令。无论是哪种方式都要通过自律运算,只有通过自律检查后的按钮命令,才会向联锁系统输出,如图3-129所示。

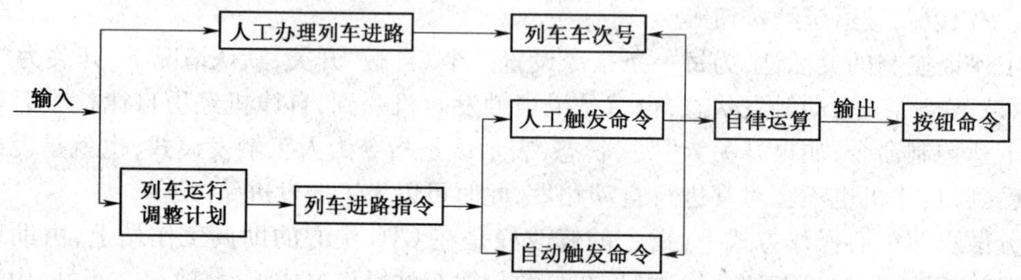

图3-129　列车进路控制方式

(1)自动控制方式

自动控制方式即指自动触发命令方式,是指办理列车的进站、出站、通过进路的自动化,或者说是把进路控制按钮的操纵交由计算机自行完成,自律机根据收到的列车运行调整计划自动产生列车进路控制命令。这是系统处于分散自律控制模式下进路控制的基本方式。

(2)人工控制方式

①人工触发命令

列车进路指令除了可以被自律机通过自动触发方式进行触发方式进行排列进路外,还可以在进路指令的基础上以人工触发的方式排列进路,也就是前面所讲的利用"触发"菜单人为的请求自律机立即执行命令。人工触发优先于计划控制。当现场出现特殊情况时,可以有意识地提前或滞后自动排列进路的时机,选择人工触发命令的方式进行人工干预。

人工触发某一条进路命令收,自律机依据列车运行调整计划以及各种行车规定对列车进路指令进行无冲突性、完整性、合法性及时效性的检查,然后决定是否向联锁系统输出,如果有冲突,则弹出对话框告警,询问是否强行办理;如果无冲突,会直接下达到联锁系统进行进路的办理。

②人工办理列车进路

分散自律调度集中系统除列车计划自动控制、人工触发命令方式外,还提供了另一种控制方式,人工直接操作按钮的控制方式,这样在临时变更或来不及调整计划时,可以利用该方式先排除进路。人工办理列车进路优先于计划自动控制的命令。

与在联锁系统上办理进路的方式一样,直接用鼠标点击始端和终端按钮,但与联锁系统上办理进路的不同之处在于按压始、终端按钮后,还要求输入相关的列车车次号。如图 3-130 所示,按钮命令和车次号信息组成规定的通信帧形式,发送给自律机,自律机依据列车运行调整计划对输入车次号的对应计划进行无冲突性、完整性、合法性及时效性的检查后,向联锁系统下达进路办理的命令,有冲突的会报警提示。

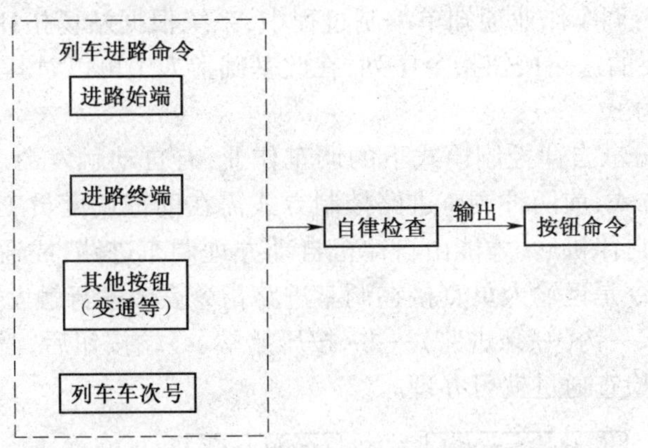

图 3-130　列车人工操作命令的执行过程

人工办理列车进路是由助理调度员在助调工作站进行,或者由车站值班员在车务终端进行控制,具体权限由车站的分散自律操作方式来界定。

(二)调车进路控制

将调车计划的指定和调车进路的控制纳入到调度集中系统,是分散自律调度集中系统的特点之一,分散自律调度集中系统遵循的基本原则是调车作业不得干扰列车作业。干扰列车作业的调车作业是以列车运行调整计划为基础,在不影响列车正常运行的情况下,寻找列车与列车之间的空档适时进行,车站自律机根据调车进路占用预计时间、避让车次、相关联锁条件及《站细》规定,根据列车运行调整计划检查列车和调车进路在时间和空间上没有冲突时,才能排列调车进路。

1. 调车作业通知单

调车计划是保证实现调车作业的具体行动计划,以调车作业通知单的形式体现。由助理调度员(无人车站)或车站值班员(有人车站)根据日班计划、列车运行调整计划、列车编组信息、站存车信息、调车机及线路运用等情况,提前编制调车作业单。

无人车站由 CTC 中心负责编制调车作业单,助理调度员在助调工作站办理调车作业,实现调度集中条件下调车作业的集中管理。无人车站的调车作业通知单通过无线通信方式被直接发送到机车上,由司机打印后转交调车组人员。

有人站由车站负责编制调车作业单,车站值班员在车站车务终端办理调车作业,或者由车站的站调编制好调车作业单后,由车站值班员输入分散自律调度集中系统。有人站的调车作业通知单由车站值班员打印后转交给调车组人员,由本务机执行的调车作业通知单必须附有站场示意图。

不管是 CTC 中的助理调度员负责编制的调车作业单,还是车站值班员编制的调车作业单,互相是透明的,也就是说 CTC 中心能够查阅浏览车站编制的调车作业单,车站可以查阅浏览 CTC 中心编制的调车作业单;但是不能互相编辑修改,即助理调度员不能编辑修改车站值班员编制好的调车作业单,或者车站值班员不能编辑修改来自 CTC 中的调车作业单,目的是实现单一指挥。

2. 调车进路指令

调车进路指令就是根据调车作业单完成调车进路的选路,有两种方式。

(1)人工完成选路:由人工根据调车作业通知单进行选路,即人工确定每钩调车作业的进路始端、终端按钮。

(2)智能辅助选路:调车作业通知单编制过程中,系统根据站场拓扑和联锁进路表自动生成该调车作业单所需要的进路按钮指令序列,在此基础上人工可以对其进行编辑修改。

3. 调车进路控制方式

如图 3-131 所示,分散自律控制模式下的调车作业,有自动触发命令、人工触发命令和人工办理调车进路三种方式,前两种调车进路控制方式需在助理调度员工作站或车务终端输入调车作业计划,提交给自律机后,才能由自律机自动办理调车进路,或通过人工触发方式办理调车进路,人工触发命令是运输人员直接在调车进路指令表中进行触发办理调车进路的方式,人工办理调车进路要求一钩(一条进路)一办,按压始端、终端按钮后,必须输入调车钩作业预计时分,经自律机自律检查通过就可办理。

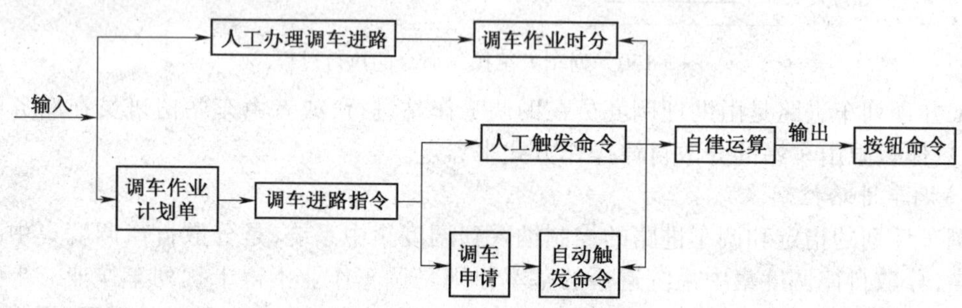

图 3-131 调车进路控制方式

(1)自动触发方式

如图 3-131 所示,调车进路由自律机自动触发,自动触发的条件是,本次调车作业的作业单已发到机车并收到回执;已收到司机向自律机发送的无线调车进路排列申请信息;列车运行调整计划执行中,经自律机运算出的调车时间已到。

(2)人工触发命令

当不具备机车设备或者无线通信系统时,运输人员可以在 CTC 的调车计划管理界面中相应的调车钩指令位置处进行人工触发调车进路指令。调车进路的人工触发权限也是依据车站是有人站还是无人站进行界定，一般情况下不建议多处可以触发进路，目的是实现单一指挥。无人车站在 CTC 中心助调工作站人工触发，有人车站在车务终端上人工触发。

(3)人工办理调车进路

CTC 除调车计划自动控制、人工触发命令方式外，还提供了人工操作命令的方式。这样，在临时变更或计划来不及调整时，可以先排出进路，且人工直接操作优先于计划自动操作。如图 3-132 所示，人工直接用鼠标点击始端、终端按钮办理进路，系统要求必须输入调车钩作业预计时分，将调车进路按钮和调车钩作业预计时分组成规定通信帧，发送给自律机，自律机进行联锁逻辑判断，按《站细》和列车运行调整计划要求自律检查后向联锁系统下达调车进路的命令。人工直接点击取消进路按钮、始端按钮后，如符合“谁办谁解”的原则时，直接取消进路。

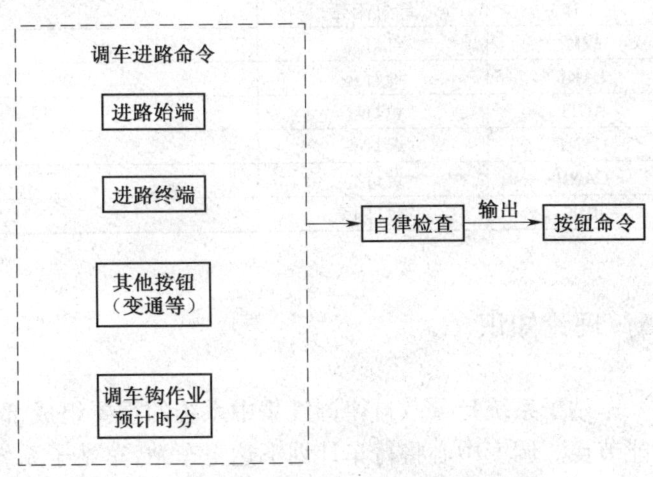

图 3-132　调车人工操作命令的执行过程

与列车作业不同的是，调车作业的选路随意性很大，往往做不到提前计划好排哪条进路更为合适，将调车作业单输入系统工作量很大，又需人工确认每一钩作业预计时分以及每钩作业由哪些进路组成，还要估算钩作业作业时分等，这些工作很繁杂，随意性大，计划赶不上变化，所以现场的状况是运输人员不愿意将调车作业单录入系统，而更愿意像传统方式直接人工按压按钮进行排列进路。如何更好地完成调车作业任务、简化调车作业操作，提高调车进路办理的自动化程度将是分散自律调度集中系统需要进一步解决的问题。

任务 5　CTC 车站子系统维护

任 务 书

1. 描述车站子系统的设备组成。
2. 描述车站自律机的组成。各板件的作用。
3. 分析自律机机柜内 A 机与 B 机同一槽位两块输入采集板的某个或几个灯位显示不一致的原因。
4. 分析自动或手动倒机不能正常实现的原因。
5. 分析本站信息正常，邻站接收灯红闪。
6. 倒机面板上 A 机或 B 机 CPU、系统灯不亮。
7. 根据下表中指示灯的显示状态写出其含义或判断故障原因。

指示灯	显示状态	显 示 含 义
5 V	红灯亮	

续上表

指示灯	显示状态	显示含义
欠压	黄灯亮	
工作	绿灯闪亮	
故障	红灯亮	
LAK1	绿灯亮	
ACT1	黄灯亮	
CANT	绿灯亮	
CANR	黄灯亮	
IDE	绿灯闪亮	

理论知识

车站子系统是分散自律调度集中系统的重要组成部分，是系统实现分散自律功能的基本功能节点。调度中心将行车计划下达至车站，车站子系统根据列车运行调整计划完成进路选排、冲突检测、控制输出等核心功能。同时车站子系统还可以实现调车作业计划单编制及调车作业进路控制功能。

一、系统组成

车站子系统主要由车站自律机、车务终端、综合维修终端、电务维护终端、电源设备、防雷设备、接口设备及其他辅助设备等组成。车站子系统结构如图 3-133 所示。

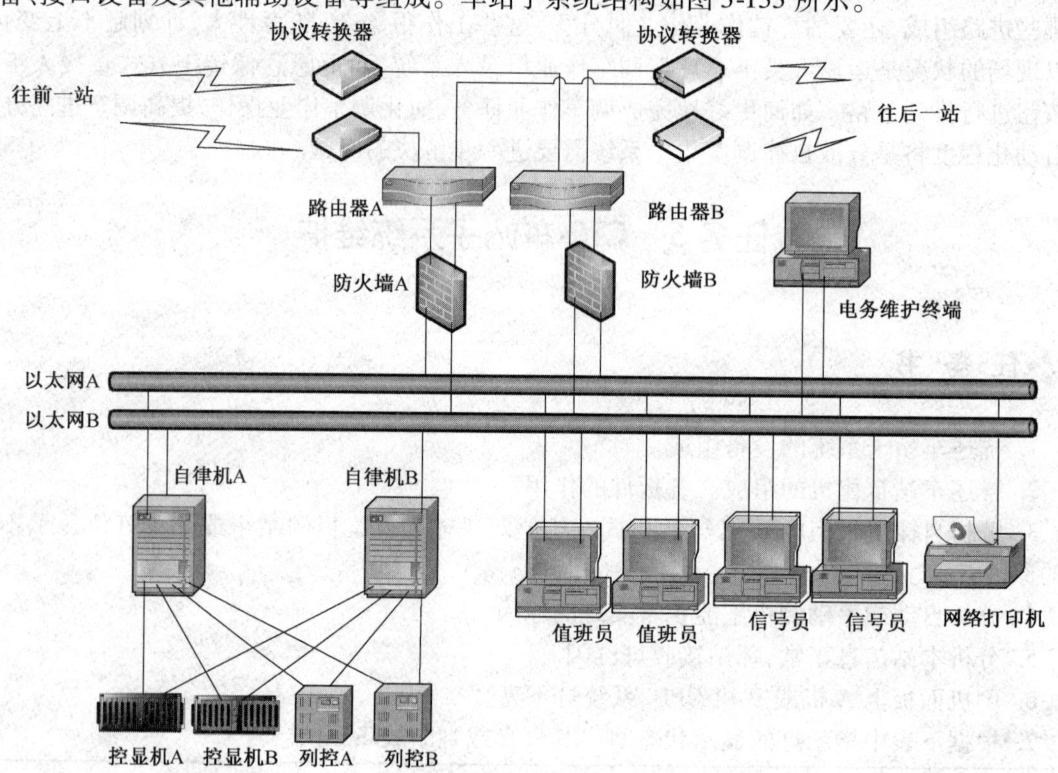

图 3-133　车站子系统结构图

车站子系统是由两台交换机为中心节点构成的双局域网系统。系统中的两台值班员工作站、一台电务维修工作站、两台路由器、两台自律机以及一台网络打印机都通过双局域网平台连接在一起。

CTC 自律机与车站联锁通过 RS422 串行连接，联锁控显机分别引出 2 根 RS422 线缆与 CTC 自律机相连接；CTC 自律机与列控中心采用 RS422 串行通信；CTC 电务维护机与集中监测采用串口连接。

车站子系统设备分别安装在车站运转室和机械室，一般车站的设备布置如图 3-134 所示。

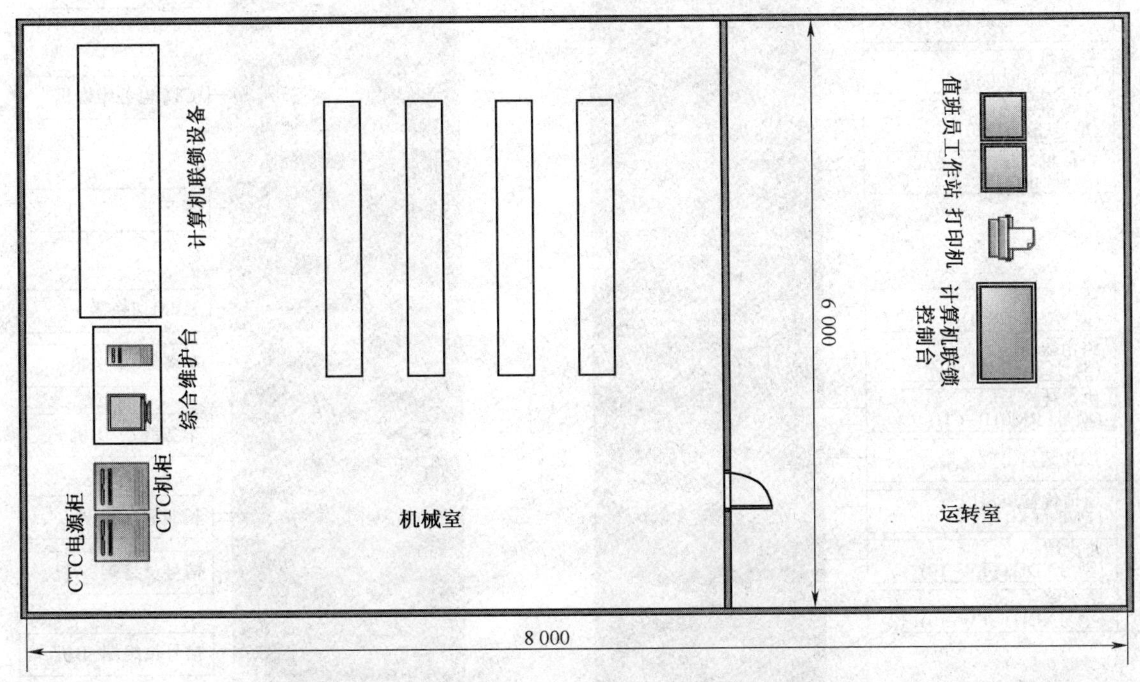

图 3-134　车站子系统设备布置示意图(单位:mm)

如图 3-134 所示，在中间站车站值班员工作台上安装两台显示器和一台打印机，其中一台显示车站控制台画面，另一台显示车站行车日志画面。并安装了车站语音系统。在信号机械室内安装两个 CTC 机柜。两个机柜一个为采集控制机柜，安装双套自律机及双机切换装置、网络通信设备、电源设备等；另一个为工控机柜，安装车站值班员工控机、电务维护工控机及维护显示器。

(一)车站运转室设备

车务终端即车站值班员工作站设置于集中站的车站运转室内，采用 2 台高性能工业控制计算机，配置 1 GB/80 GB/2 块网卡/双屏卡，配备 1 台激光打印机，2 台 17 英寸液晶显示器，通过共享器共用一套显示器、键盘、鼠标。

车务终端完成车站调车计划的编制、调车进路的办理及其他控制操作，所办理的进路由自律机进行冲突检查后才能送达联锁设备。在车务终端上以图表形式显示行车信息、无线车次号校核信息、调度命令；显示本站及相邻各两站的实际运行图、列车运行调整计划等内容，同时具备相邻各两站站间透明功能；自动生成本站行车日志、完成调度命令签收等功能。具体如：站场显示、基本图和计划的接收与浏览、运行图的浏览、调度命令的接收浏览和转发、站存车及列车编组信息显示、行车日志的自动生成及查询、调车计划接收浏览和查询编制、人工进路操作等。

(二)信号机械室设备

每个车站设有设备机柜和电源柜,设备机柜中安装有自律机、自律机倒机装置、网络交换设备、路由器、G. 703 转换器等,配有电源配线端子,用于柜内设备的供电。

设备机柜布置如图 3-135 所示。

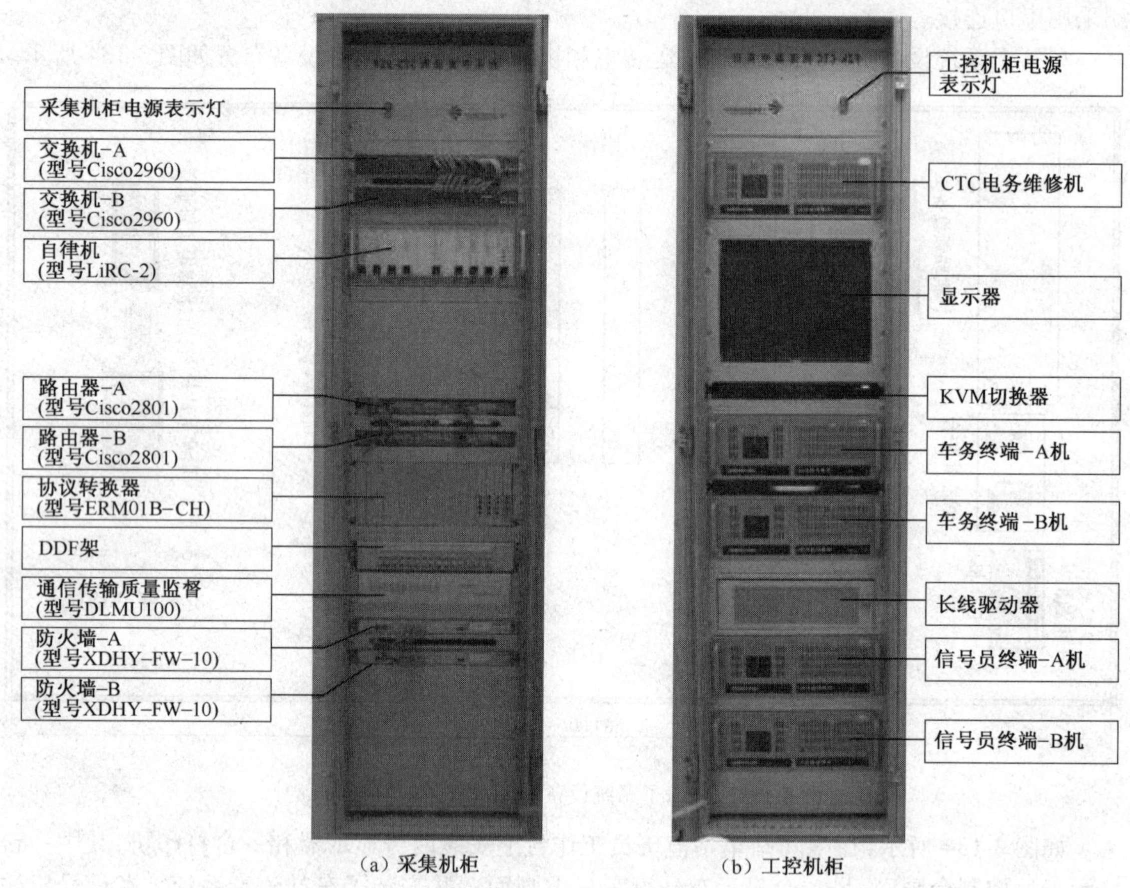

图 3-135　设备机柜布置

1. 车站自律机

车站自律机是分散自律调度集中的关键设备,属于车站子系统,安装在车站信号机械室内,实现功能有:接收调度中心的列车运行调整计划、直接操作指令和车站值班员直接操作指令,经检测无冲突后适时发送给车站联锁系统执行;实时接收车站信号设备状态表示信息,进行列车车次号跟踪,收集行车运行实际数据,并上传至调度中心;掌握车站联锁系统对进路命令执行的情况,并根据反馈信息对有关进路进行必要的调整;接收相邻各两站的实际运行图和设备状态信息。

自律机采用 6U 标准 19 英寸机笼,视图如图 3-136 和图 3-137 所示。

车站自律机通过双网口与车站其他 CTC 设备建立连接。自律机接收联锁传来的实时表示信息,采集区间信息并判断信息的有效性,然后根据运行调整计划、调车计划、车次信息、站细条件、人工操作等信息进行逻辑运算,适时向计算机联锁机发出控制指令,完成相应的操作,实现进路的自动控制。

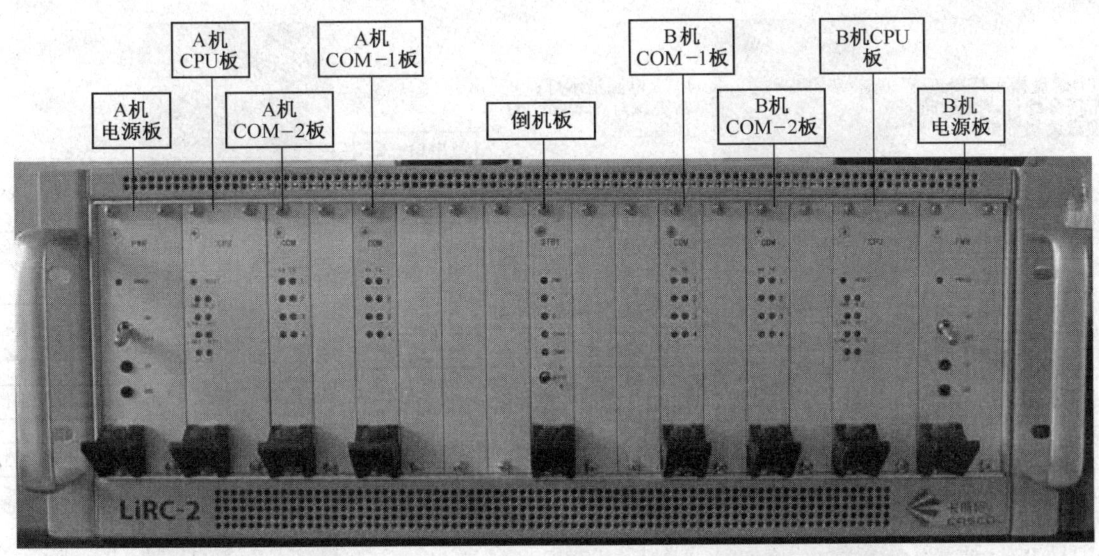

图 3-136　自律机的前视图

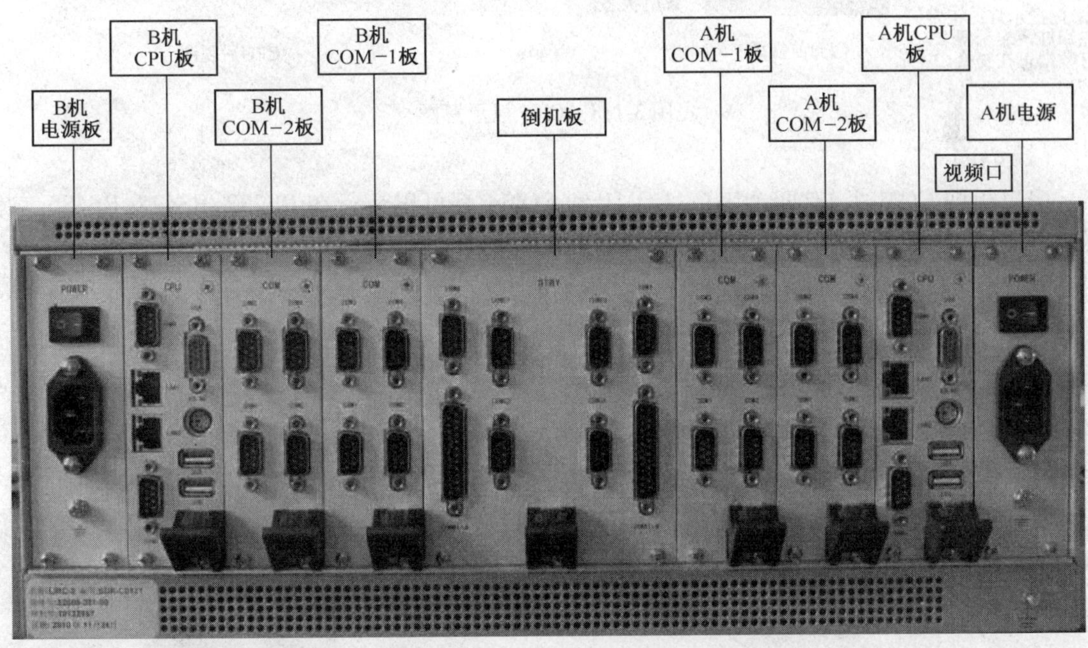

图 3-137　自律机的后视图

(1)CPU 板

CPU 板实际上是一个集成的计算机系统(自律机),内存、外存、各种接口等一应俱全;前面板上有键盘/鼠标、显示器接口,各种状态指示灯等,如网口、串口、电源引入等均在总线板上实现。

正常情况下,嵌入式 Linux 操作系统安装于 CF 卡等电子盘中,上电后装载入系统内存中运行,不使用硬盘,保证了系统的可靠性,可以做到掉电后的自动重启。功能包括:接收列车(调车)运行计划和调度命令,根据相关条件适时生成进路序列,自动触发驱动联锁执行的相关条件,实时处理、交换站场(相邻车站)及列车车次号等信息。CPU 板上指示灯及含义如图 3-138 所示。

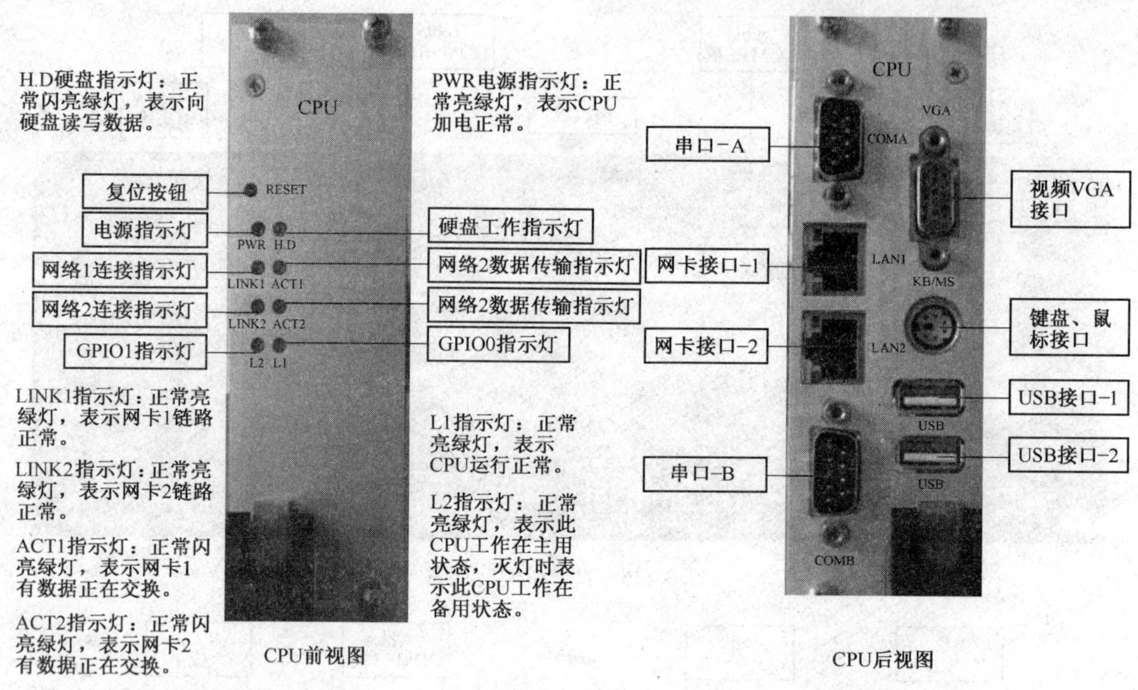

图 3-138　CPU 板示意图

(2)COM 板

串口板即 COM 板,有四个串口,COM1 到 COM4 都可以运行在 RS232、RS422、RS485 三种模式下,后走线板上带有光电隔离模块,其指示灯及表示含义如图 3-139 所示。

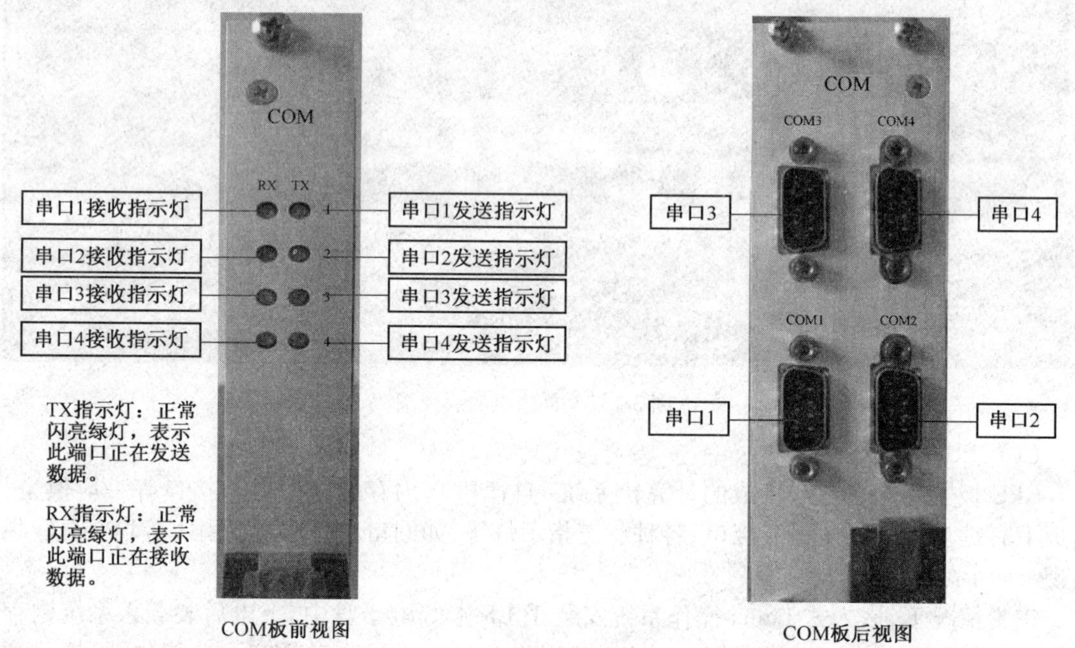

图 3-139　COM 板示意图

(3)倒机板

倒机板是自律机系统的枢纽,通过硬件电路实现双机的竞争上岗、工作状态控制,并负责切换自律机的串口信号和驱动输出板的控制电源信号，保证只有当前主机的信号能够接通，备机的信号不能接通。需要切换的控制电源包括：结合电路继电器控制电源 KZ24，上下行咽喉的总人解条件电源 SZR-KF、XZR-KF 等。

倒机后面板上有各种配线端子，用于串口信号、控制电源信号、倒机控制及状态信号的引入、引出。

在双机热备的系统中，有两种倒机方法，一是自动倒机，二是手动倒机。当倒机装置设为自动工作方式时，倒机装置监视 A/B 机设备的工作情况。当主机的设备不正常或故障时，它自动倒向备机。当倒机装置设成手动倒机方式时，系统的倒机可由人工控制。自动或手动工作方式的切换由倒机装置前面板上的“手动/自动”开关来完成。手动工作方式下的倒机操作由倒机装置前面板上的“A 机/B 机”开关来完成。倒机板的指示灯及表示含义如图 3-140 所示。

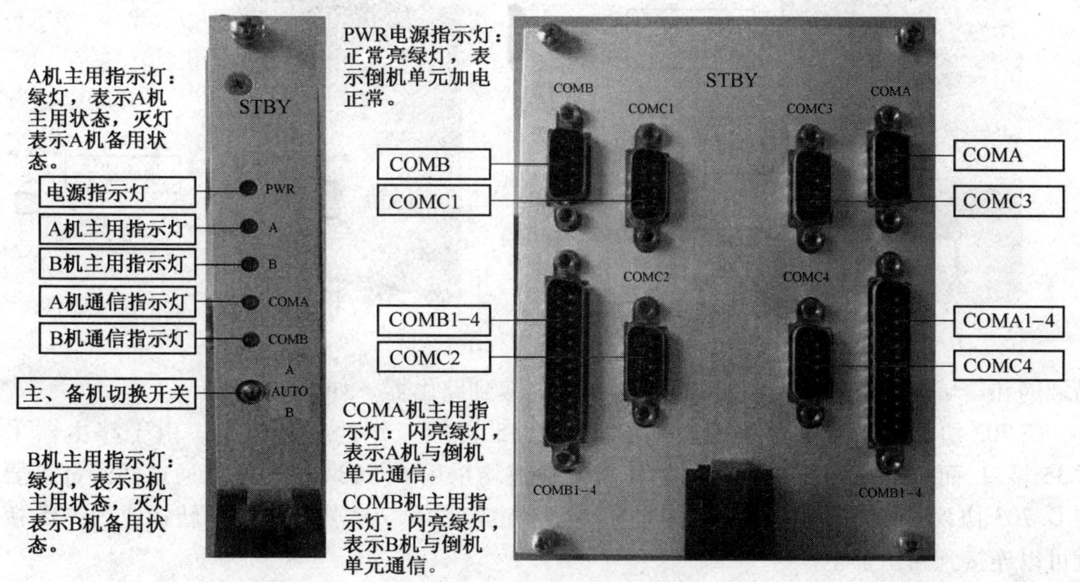

图 3-140　倒机板示意图

(4)电源板

电源板用于指示输入 CTC 机柜的电源及 UPS 电源的工作状态，其指示灯及表示含义如图 3-141 所示。

2. 网络交换设备

采用 2 台交换机，各自组成一个独立的局域网段，构成车站双环局域网。同时，2 台交换机各通过一个端口互相连接，实现互为备份。

3. 路由器及 G. 703 转换器、通道防雷

路由器是用于连接多个逻辑上分开的网络（指单独的网络或子网），用于判断网络地址和选择网络路径。各个车站的局域网通过路由器同路局 CTC/TDCS 中心组成 CTC 广域网。从硬件的角度来看，路由器是一个复杂的计算机，运行专门的软件，主要对不同协议的数据进行数据解析、寻址。路由器的硬件之所以与计算机类似，是因为它也有一个中央处理单元（CPU），支持几种内存并且可以支持多种与外围设备进行连接的接口。但是，有的地方与计算机不同，计算机的外围设备是共用打印机、扫描仪以及类似的设备，而路由器的外围设备则是

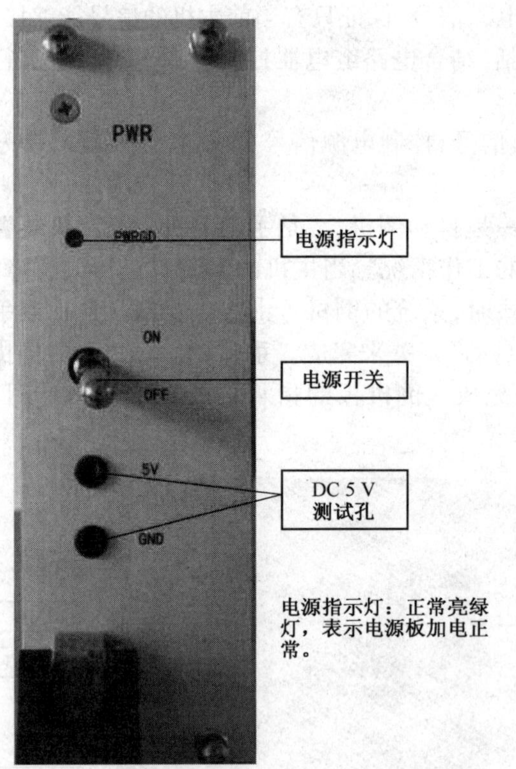

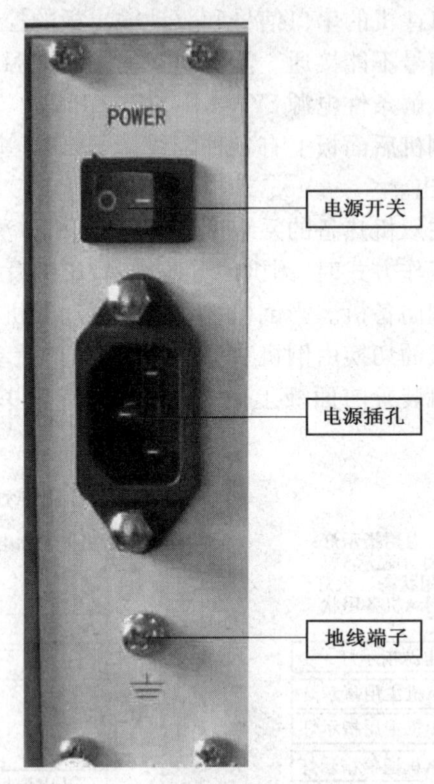

图 3-141　电源板示意图

局域网和广域网,通过不同类型的路由器接口连接到路由器。如 RJ45、V. 35。

G. 703 协议转换器是用于完成 G. 703 ~ V. 35 转换工作的专用设备。由于路由器采用 V. 35 接口,而 CTC/TDCS 所使用的 2 M 数字通道均采用 G. 703 协议,所以通道两端都需要安装 G. 703 协议转换器,采用 G. 703 的 2 M 数字通道经过 G. 703 协议转换器转换成为 V35 接口就可以连接到路由器上。

路由器安装于设备机柜的托架上,机柜内设有三层路由器托架,每台路由器和相关的 G. 703 转换器,放于同一托架上。另设一个空的托架,主要预留中间抽头站的 G. 703 转换器的安装。

车站采用 CISCO 公司的路由器,扩充一块 WIC 局域网卡与原配局域网卡分别连接到 2 台交换机上。再扩充一块 WIC-2T 的 2 M 广域网卡,用于与两侧相邻车站的连接。

路由器后部插槽插有广域网卡 WIC-2T,引出蓝色电缆转成 V. 35 针型接口,接 G. 703 转换器,铁通公司的 2 M 通道线经过其自配的防雷器件后通过 BNC 接头插在 G. 703 转换器上;局域网口为 RJ45 水晶插槽,接网线。

4. 电务维护终端

电务维护终端用于监视车站系统的运行状况,并对所有操作控制命令、设备运用情况、故障报警信息和车站网络运行状态等进行分类存储、查询和打印。如:站场显示与再现、运行图浏览、进路操作显示与再现、系统运行状态与网络运行状态监视信息显示等。

每个车站设一套电务维护终端,配置为 NICE3100 工控机,P4 CPU/1G/80G/2 块网卡,操作系统为 Windows,配备一台 17 寸液晶显示器。设备安装于信号机械室 CTC 机柜附近,单独放置一套计算机桌。

5. 综合维修终端

综合维修终端用于无人车站电务、工务、电力、桥隧等部门在施工、维修和抢险等情况下，现场人员和调度中心的联系，以及设备日常维护、天窗修、施工以及故障处理方面的登销记手续的办理。如：站场显示、施工维修和抢险办理等。

6. 电源设备

电源设备包括 2 台在线式不间断电源，为车站自律机和车务终端供电，2 台 UPS 电源互为热备，一般需要配置自动切换装置，采用免维护蓄电池，持续供电时间为 10 min。

7. 打印设备

用于打印调度命令行车日志等。

二、车站子系统维护

（一）CTC 车站设备巡检作业程序

1. 作业流程图（图 3-142）

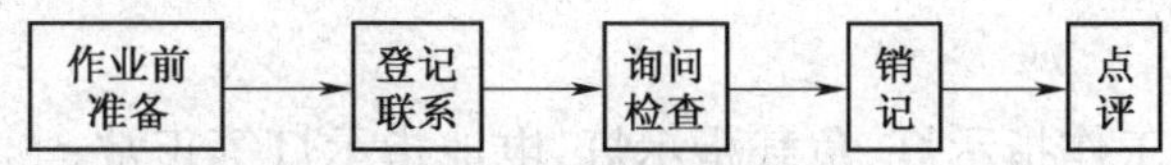

图 3-142　CTC 车站巡检作业流程图

2. 巡检作业程序、项目、内容及技术标准

（1）准备

①召开作业准备会，工长布置巡检任务，明确作业地点、任务、作业人；

②组织开展安全预想，由安全员布置劳动和行车安全针对性措施；

③准备工具：联络工具（试验良好）等；

④准备材料：毛刷等；

⑤穿着工作服、绝缘鞋。

（2）联系

①驻站联络员携带《安全防护驻站联络派遣单》到车站信号楼，经车站值班员签认后开始工作；在值台联系过程中必须认真执行《驻站联络员作业标准》，密切监视列车运行情况，及时通知现场防护员，并填写《驻站防护控制表》；

②驻站联络员必须按照《技规》《行规》《行细》《维规》有关要求和《电务部门作业在“运统 46”上登记、销记用语》样板，在《行车设备检查登记簿》（运统 46）内登记。

注意事项：巡检作业前，作业人员应与驻站联络员互试联络工具，确定作业内容等。

（3）询问检查

询问：访问车站值班员，了解设备运用情况。

硬件巡视：

①车务终端 A（B）机、综合维修终端、电务维护终端

a. 检查工控机各连接电缆是否安装牢固；

b. 观察 CPU 风扇、机壳风扇是否运转正常；

c. 检查有无异常声音、有无过热现象，有无异味；

d. 键盘、鼠标作用良好；

e. 双击“ctrl”键试验车务终端 A、B 互相切换后，系统正常工作。

②自律机

a. 检查自律机各种板件是否工作正常,相应指示灯是否正常闪烁;

b. 检查各种板子是否过热,是否有异味;

c. 检查各板接插、固定良好;

d. 检查电源线、通信线接插良好;

e. 外部清扫,清洁无尘;

f. 倒机切换开关拨在自动挡。

③通信网络部分

a. 检查各通信接头端子、通信连接线是否连接牢固;

b. 检查路由器、协议转换器各种指示灯是否正常;

c. 检查协议转换器 TX,RX 灯都亮为正常,拨码开关设置是否正确;

d. 检查网络交换机上的网线插接是否牢固,网线固定是否良好;

e. 检查各通信设备有无过热、有无异味、设备间散热是否良好;

f. 各种标签是否齐全。

④电源部分

a. UPS 良好,电源工作指示灯、负载指示灯、电池指示灯等正常;

b. 测试 UPS 输出电压,是否稳压,电压是否超标。

⑤功能检查

a. 检查车务终端显示的进路光带、信号机灯位是否与控制台一致;

b. 检查车次号跟踪是否正常;

c. 试验车次号校核功能是否正常;

d. 检查无线调令功能是否正常;

e. 检查电务维护终端的网络状态信息,是否有通道中断,设备工作异常;

f. 查询电务维护终端记录的报警信息,有无特殊异常信息。

(4)销记

巡检完毕,作业人员联系驻站联络员,由驻站联络员会同车站值班员确认设备良好后按标准用语销记。

(5)点评

作业完毕,工长组织召开点评会,巡检人员汇报任务完成情况和设备质量情况,工长填写《工作日志》,安排待修缺点克服计划。

3. 安全控制措施

严格执行"三不动"、"三不离"、"三预想"、"七严禁"等基本安全制度。

(二)CTC 车站设备检修作业程序

1. 作业流程图(图 3-143)

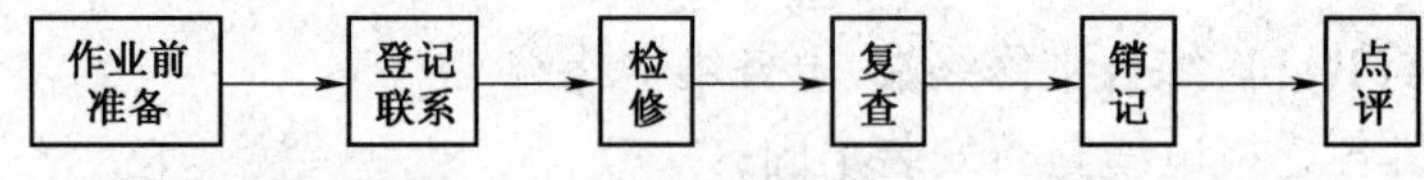

图 3-143　车站设备检修作业流程图

2. 检修作业程序、项目、内容及技术标准

(1)作业前准备

①召开作业准备会,工长布置检修任务,明确作业地点、任务、作业人;

②组织开展安全预想，由安全员布置劳动和行车安全针对性措施；

③准备工具：联络工具（试验良好）、螺丝刀、镊子、尖嘴钳、斜口钳、网线测试仪、网线钳、万用表、测电笔等；

④准备材料：毛刷等；

⑤穿着工作服、绝缘鞋。

（2）登记联系

①驻站联络员携带《××铁路局安全防护驻站联络派遣单》提前40 min到车站信号楼，经车站值班员签认后开始工作；在值台联系过程中必须认真执行《驻站联络员作业标准》，密切监视列车运行情况，及时通知现场防护员，并填写《××铁路局驻站防护控制表》；

②驻站联络员必须按照《技规》《行规》《行细》《维规》有关要求和《电务部门作业在"运统46"上登记、销记用语》样板，在《行车设备施工登记簿》（运统 46 施工）内登记。

注意事项：检修作业前，作业人员应联系路局中心和电务段 CTC 网管维护人员、同时通知段调度，在停用设备后开始作业。

（3）检修

①硬件检修

车务终端A（B）机、综合维修终端、电务维护终端检修如下：

a. 停电打开机箱，检查显卡、网卡、内存条等接插件是否接插牢固，接触良好；

b. CPU 风扇、机壳风扇防尘罩、叶片清扫；

c. 检查机箱内外各连接电缆是否安装牢固；

d. 打开电源，观察 CPU 风扇、机壳风扇是否运转正常；

e. 通电后，检查有无异常声音、有无过热现象，有无异味。

②车站自律机检修

a. 检查自律机各种板件是否工作正常，相应指示灯是否正常闪烁。

b. 检查各种板子是否过热，是否有异味。

c. 内部清扫，清洁无尘。

d. 倒机切换开关拨在自动挡。

e. 试验自律机 A、B 机的倒机切换后系统正常工作。

③通信网络部分检修

a. 登录路由器，检查各端口有无数据丢包，或错误包累积的情况，如有此类情况发生则需联系铁通处理。

b. 检查各通信网络设备有无过热、有无异味、设备间散热是否良好。

④电源部分检修

UPS 供电试验，关闭外电输入后电池是否正常供电，有无报警，电池供电时间是否符合要求。

（4）复查

检修完毕，会同车站值班员确认设备良好，同时通知段调度和铁路局中心工区，填写检修记录单。如系统原处于自律状态，应配合车务人员将系统由站控转为自律；检修前在管辖范围内如有临时限速，应确认原临时限速命令准确、有效。

（5）销记

复查完毕，作业人员联系驻站联络员，由驻站联络员会同车站值班员确认设备良好后按标准用语销记。

(6)点评

作业完毕,工长组织召开碰头会,检修人员汇报任务完成情况和设备质量情况,工长填写《工作日志》,并安排待修缺点克服计划。

3. 安全控制措施

严格执行"三不动"、"三不离"、"三预想"、"七严禁"等基本安全制度;作业前必须确认设备原始状态。

(三)CTC 车站终端操作说明

1. 用户界面介绍(图 3-144)

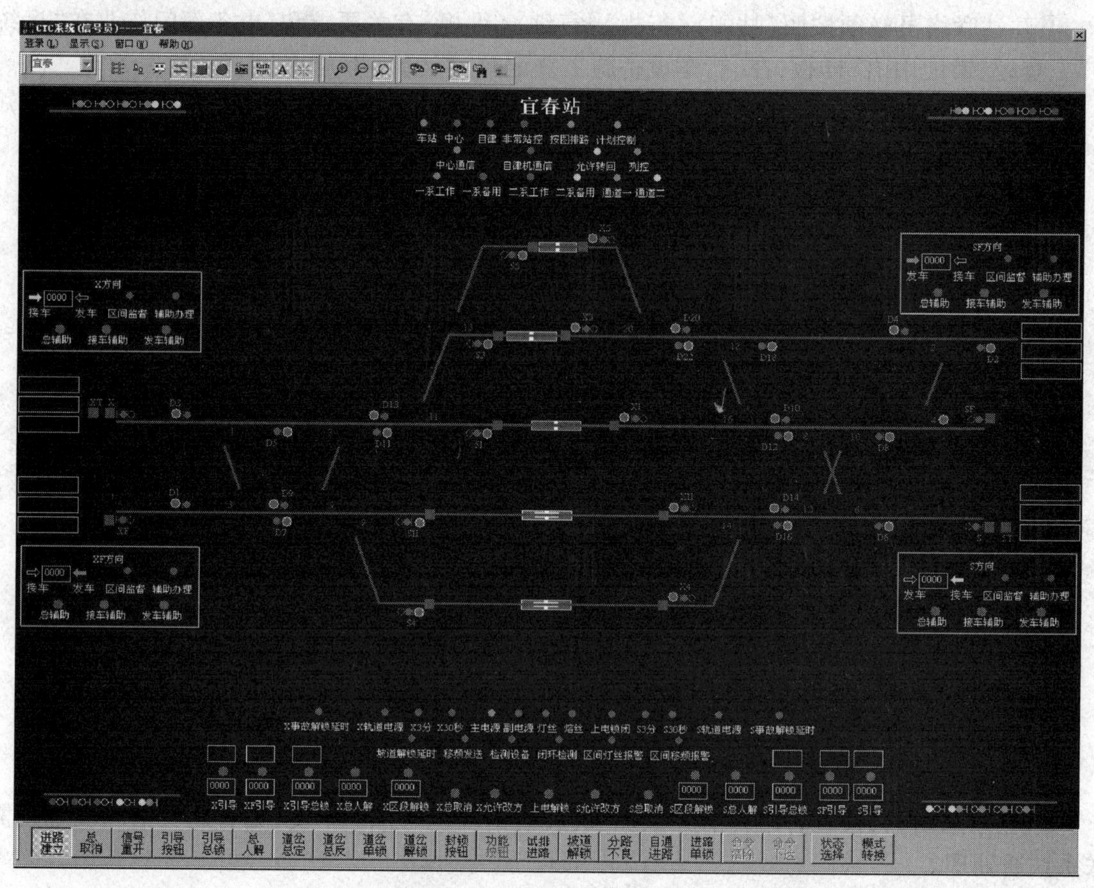

图 3-144 站场控制界面

图 3-144 这一界面主要用来接发列车进路操作,控制操作站场设备,并可以切换到多站画面,显示站间透明信息,查看上下行各两个站及区间的行车状况、股道占用、车次跟踪等信息。运统报表显示界面如图 3-145 所示。

图 3-146 界面主要用来进行行车日志的自动填报,接收调度命令和阶段计划信息,邻站预告,人工报点,上报列车编组及站存车信息等操作。界面切换按钮示意如图 3-147 所示。

2. 设定控制模式

(1)非常站控与 CTC 之间的模式转换

分散自律模式→非常站控模式:无条件转换,按下联锁控制界面的"非常站控"按钮转换。

非常站控模式→分散自律模式:有条件转换,在联锁控制界面上的"允许自律控制"表示

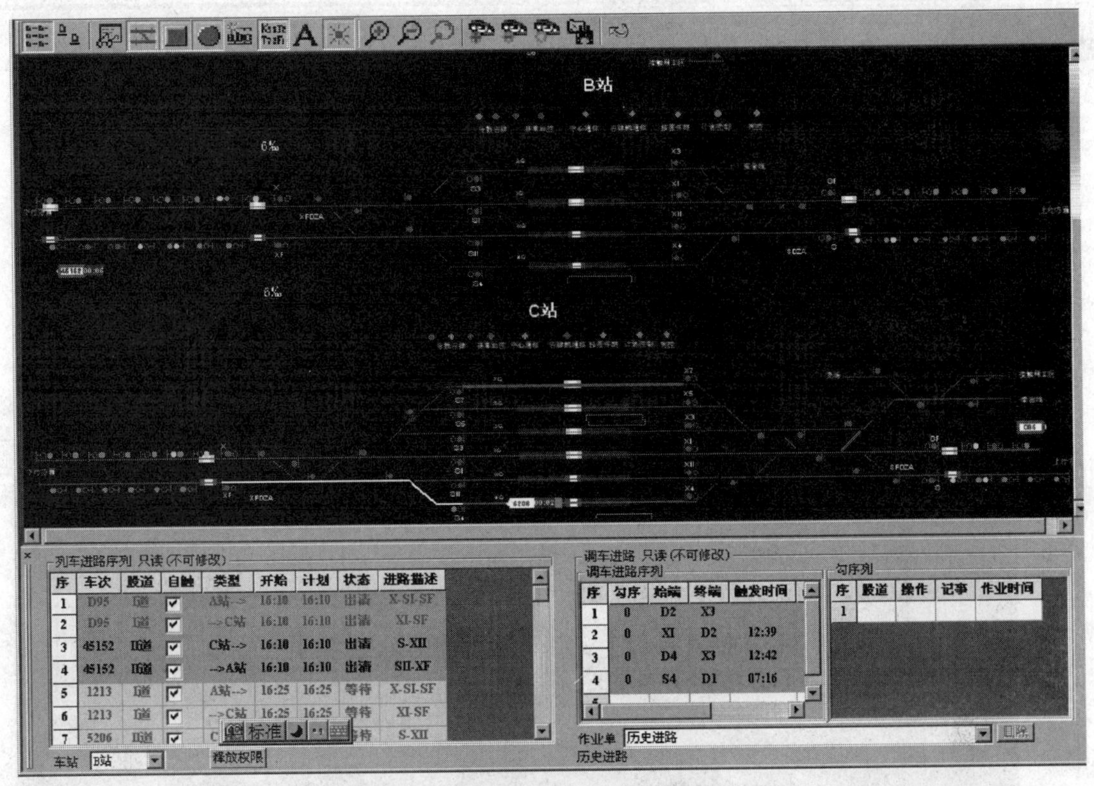

图 3-145　运统报表显示界面

nCTC系统(车务终端A机)-B站 :2009年01月06日第二班 09:00 谢志伟 16:28 16:28 管理员代 --

登录(L) 显示(S) 工具(U) 调试(D) 窗口(W) 帮助(H)

调度命令　阶段计划(F9)　阶段记事　2009年01月06日16:29:11

预告(F1)　同意(F2)　到达(F3)　出发(F4)　通过(F11)　邻站(F5)　取消报车(Esc)　取消闭塞(F6)　取消发车(F7)

中间站行车日志[B站]

2009年 1月 6日 星期二　天气

值班时间	09:00~16:28	16:28~	
值班人	谢志伟	管理员代	

	列车车次	接车股道	同意邻站发车	邻站出发	本站到达 规定	本站到达 实际	运用车 重车	运用车 空车	非运用车	守车	占用区间	凭证号码	承认闭塞	列车到达	补机返回
	1	2	3	4	5	6	7	8	9	10	11		12	13	
L7505	L7505	I道	A站	08:36	08:21	通过									
32019	32019	I道	A站	08:46	06:27	通过									
D92	D92	II道	C站	09:03	09:08	通过									
13053	13053	I道	A站	08:52	07:51	通过									

与调度台的信息

键盘输入区

[HOME]复位 类型 0 股道 1 预告 2 同意邻站发车 3 到达 4 出发 5 出发机车号码 6 取消同意邻站发车 7 取消发车 8 记事 9 邻站同意发车 10 邻站出发 11 邻站到达 12 接车线别 13 发车线别 14 通过

车次　类型　内容

记事词汇

与邻站的信息

A站 B站,13031发车-16:28

图 3-146　行车日志

灯亮黄灯时,按下“非常站控”按钮转换。

图 3-147　界面间切换

(2)CTC 三种控制方式之间的转换

在车务终端单站控制界面如图 3-148 所示，点击“模式转换”按钮后如图 3-149 所示。

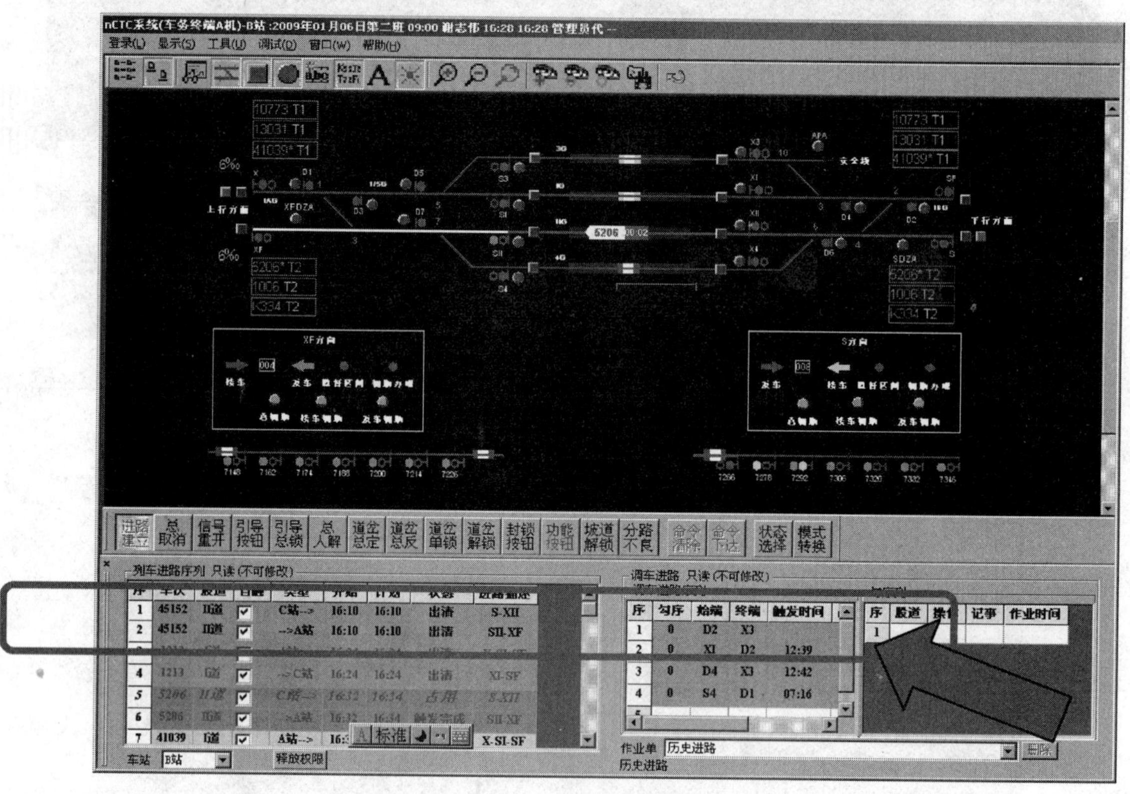

图 3-148　车务终端界面

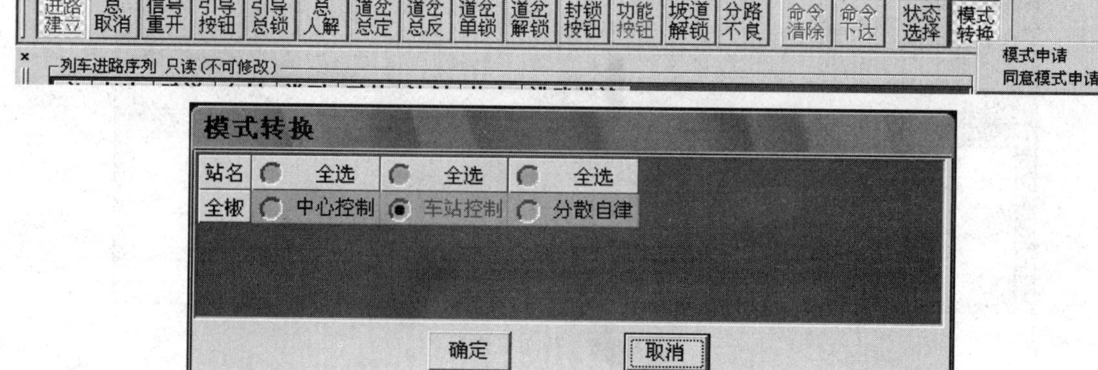

图 3-149　模式转换

车站当前的操作方式为红色表示，并且有呈选中状态，选择需要转换的目标操作方式，点击确定。如果转换成功，则单站控制界面上部的相应操作方式表示灯会亮绿色。

如果是调度中心提出模式申请，则有表3-2所示的关系。

表3-2　操作方式之间关系

源方式＼目的方式	中心操作方式	车站操作方式	分散自律操作方式
中心操作方式		需要车站同意 （车站控制表示灯绿色闪烁）	直接转换
车站操作方式	需要车站同意 （中心控制表示灯绿色闪烁）		需要车站同意 （分散自律表示灯绿色闪烁）
分散自律操作方式	直接转换	需要车站同意 （车站控制表示灯绿色闪烁）	

（3）调度中心申请转换车站控制模式

中心控制→车站控制：需要车站同意，中心申请后站名下的车站控制表示灯绿色闪烁，车站同意申请后中心控制绿灯灭，车站控制表示灯亮绿色。

中心控制→分散自律：直接转换即可。

车站控制→中心控制：需要车站同意，中心申请后站名下的中心控制表示灯绿色闪烁，车站同意申请后车站控制绿灯灭，中心控制表示灯亮绿色。

车站控制→分散自律：需要车站同意，中心申请后站名下分散自律表示灯绿色闪烁，车站同意申请后车站控制绿灯灭，分散自律表示灯亮绿色。

分散自律→中心控制：直接转换即可。

分散自律→车站控制：需要车站同意，中心申请后站名下的车站控制表示灯绿色闪烁，车站同意申请后分散自律绿灯灭，车站控制表示灯亮绿色。

此时如果需要车站同意的话，目的操作方式表示灯呈绿色闪烁，如图3-150所示是中心提出申请：中心操作方式→车站操作方式。

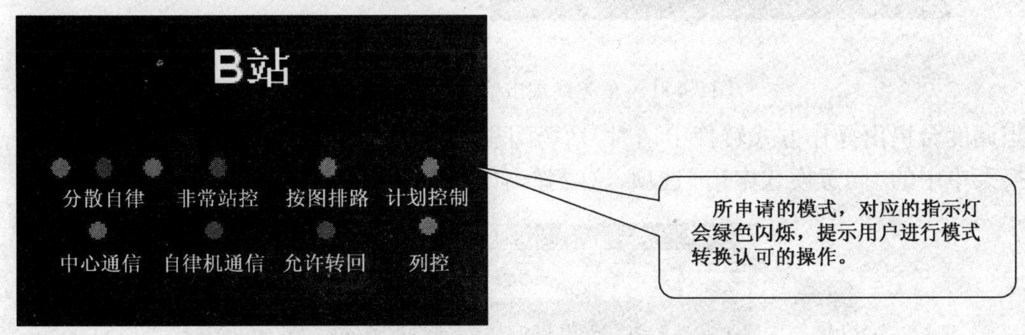

图3-150　中心申请的操作方式转换

如果是车务终端提出模式申请，则有表3-3所示的关系。

表 3-3 操作方式之间的关系

目的方式 / 源方式	中心操作方式	车站操作方式	分散自律操作方式
中心操作方式		需要中心同意、（车站控制表示灯黄色闪烁）	无权申请
车站操作方式	需要中心同意（中心控制表示灯黄色闪烁）		需要中心同意（分散自律表示灯黄色闪烁）
分散自律操作方式	无权申请	需要中心同意（车站控制表示灯黄色闪烁）	

中心控制→车站控制：需要中心同意，车站申请后站名下的车站控制表示灯黄色闪烁，车站同意申请后中心控制绿灯灭，车站控制表示灯亮绿色。

中心控制→分散自律：无权申请。

车站控制→中心控制：需要中心同意，车站申请后站名下的中心控制表示灯黄色闪烁，中心同意申请后车站控制绿灯灭，中心控制表示灯亮绿色。

车站控制→分散自律：需要中心同意，车站申请后站名下分散自律表示灯黄色闪烁，中心同意申请后车站控制绿灯灭，分散自律表示灯亮绿色。

分散自律→中心控制：无权申请。

分散自律→车站控制：需要中心同意，车站申请后站名下的车站控制表示灯黄色闪烁，中心同意申请后分散自律绿灯灭，车站控制表示灯亮绿色。

此时如果需要中心同意的话，目的操作方式表示灯呈黄色闪烁，如图 3-151 所示。车务终端提出申请：车站操作方式→分散自律操作方式。

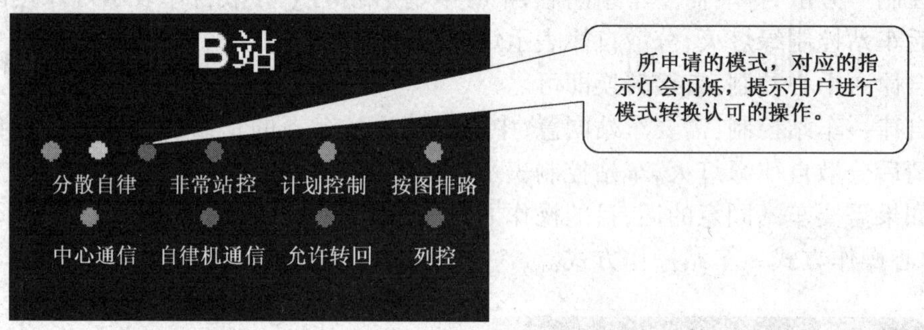

图 3-151 车务终端申请的操作方式转换

当调度台提出操作方式转换申请时，站场图相应的操作方式表示灯闪烁，此时可以点击模式转换菜单中的“同意模式申请”选项，这时弹出如图 3-152 所示的对话框。

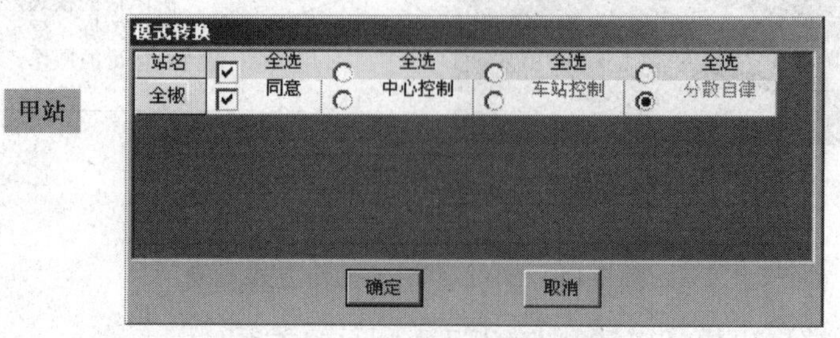

图 3-152 同意模式申请对话框

其中红色的表示当前的车站操作方式,黄色的表示申请的目的方式,同意就在“同意”前面打勾,点击“确定”。如果操作方式转换成功则状态表示灯就会发生切换。

3. 站场界面的操作

(1)多站监视界面组成及调整

车务终端多站监视界面如图 3-153 所示。

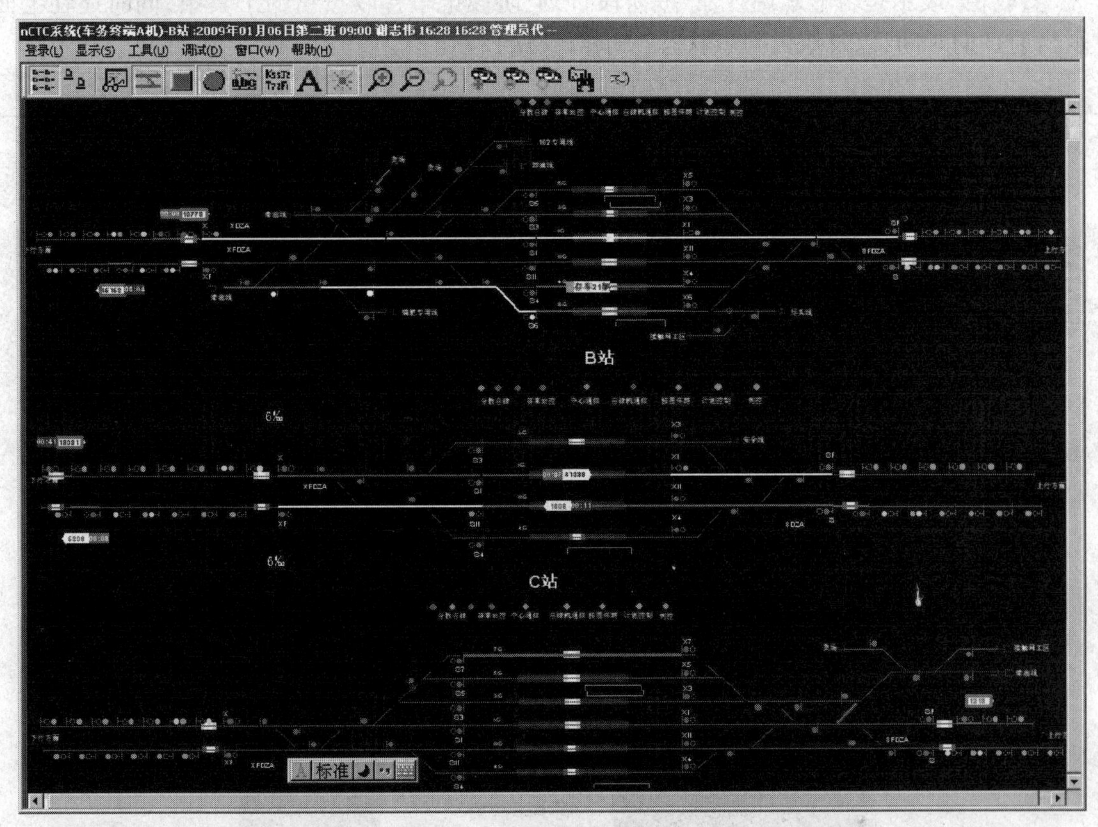

图 3-153　车务终端多站监视界面

此界面主要分为以下几部分:标题栏与菜单栏、主工具条、站场图显示及进路序列。

①界面菜单、工具条、签收栏 显示方式的调整

点击“显示”菜单,出现三个子功能:工具栏、站场图、行车日志,如图 3-154 所示。

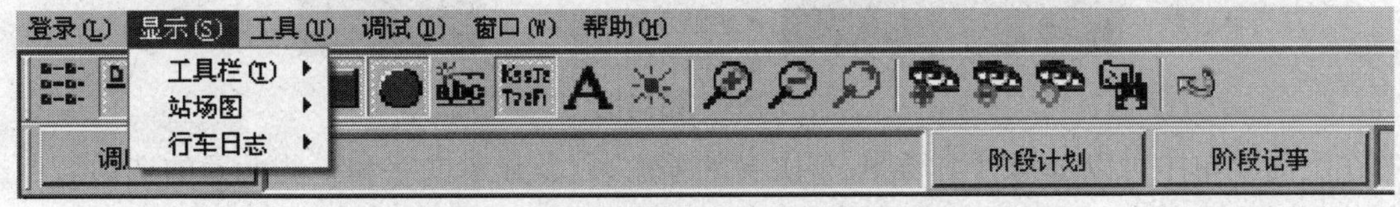

图 3-154　“显示”菜单

点击“工具栏”,又出现三个选项:标准按钮、签收栏、显示系统信息窗口,如图 3-155 所示。

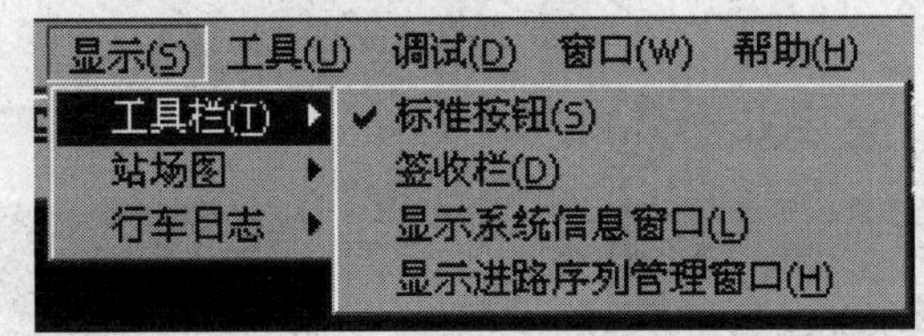

图 3-155　工具栏

“标准按钮”功能表示是否显示主工具条，即如图 3-156 显示的工具条。

图 3-156　工具条

“签收栏”表示是否显示调度命令、阶段计划、阶段记事签收按钮的工具条，同时还在上面显示当前日期时间，以及双机同步状态，如图 3-157 所示。

图 3-157　签收栏

“显示进路序列管理窗口”表示是否需要显示进路序列窗口，如图 3-158 所示。

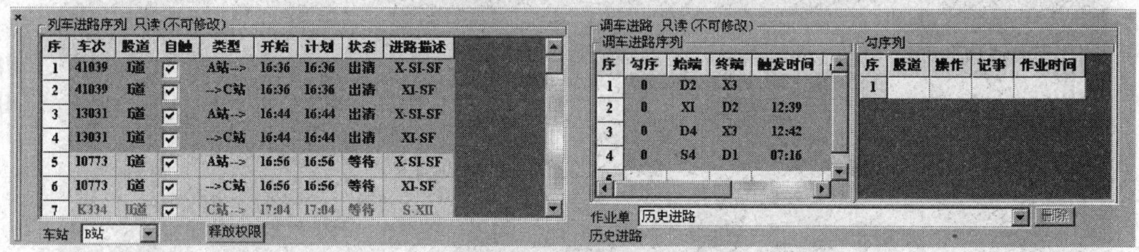

图 3-158　显示进路序列管理窗口

点击“站场图”，出现如图 3-159 菜单。

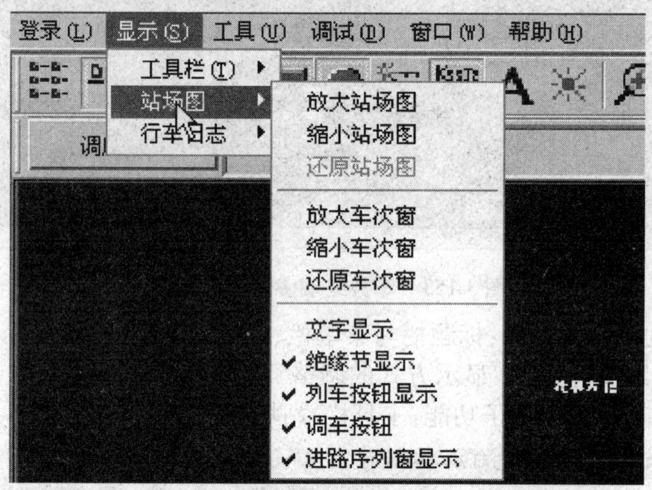

图 3-159　站场图

在上面菜单中可以选择对站场图、车次窗的缩放，以及显示文字和一些元素的选项。点击“行车日志”则出现如下界面，点击后则可以切换到行车日志的界面，如图 3-160 所示。

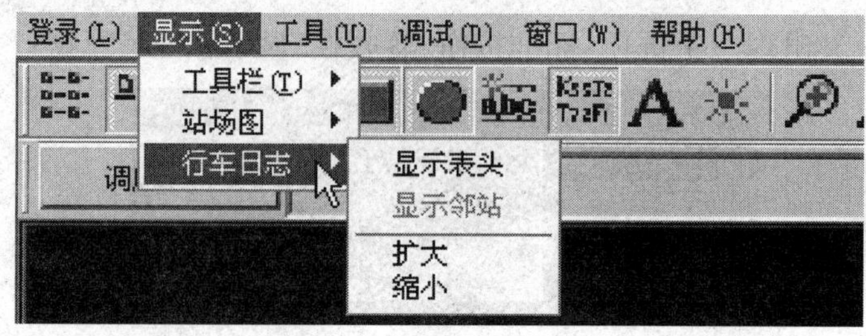

图 3-160　切换到行车日志的界面

点击“工具”菜单后出现如图 3-161 所示界面。

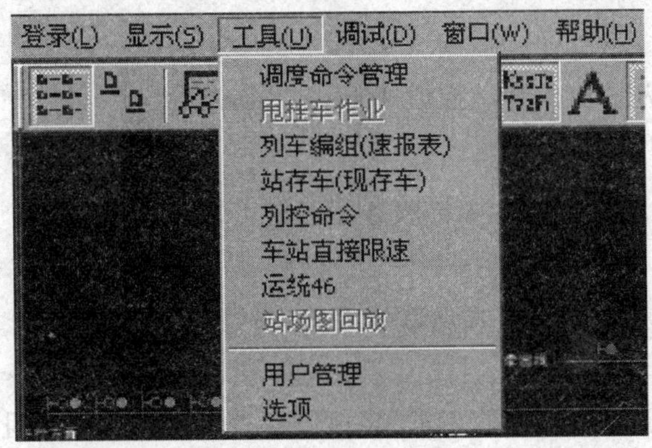

图 3-161　工具菜单

②站场显示

在界面的中央是站场显示画面，在多站显示模式下，站场图上仅显示站场表示，没有控制操作界面。站内进路锁闭时，用白光带来显示，区段或区间被占用时，用红光带来显示，如图 3-162 所示。

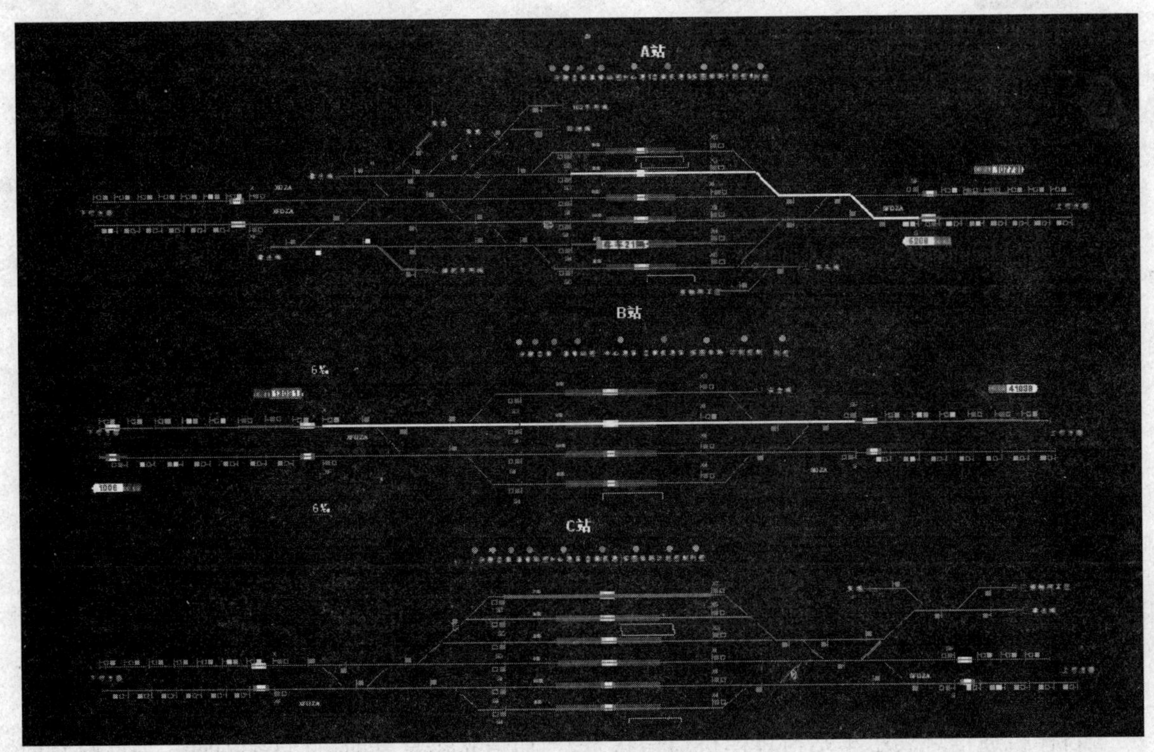

图 3-162　站场显示画面

在站名的下面有几个状态表示灯，如图 3-163 所示，默认显示是灰色，状态表示时是绿色。

表示 CTC 控制模式，第一个亮绿灯表示分散自律下的中心控制模式，中间一

个亮绿灯表示分散自律下的分散自律模式，最后一个亮绿灯表示分散自律模式下的车站控制模式。

非常站控 亮红灯时表示在非常站控模式下。

中心通信 亮绿灯时表示系统与中心服务器通信正常。

允许转回 亮绿灯时表示 CTC 正在给联锁发允许转回标志。

列控 亮绿灯时表示与列控通信正常，亮黄灯时表示列控未初始化，亮红灯时表示列控系统故障。

自律机通信 绿色闪烁灯时表示车务终端与车站自律机的通信良好。

按图排路 按图排路表示当前的进路是否按运行图排出，如是按运行图排路，则此灯一直为绿色，否则亮黄色。

计划控制 计划控制表示当前排的进路是否需要和计划比较，如需要比较时此灯一直为绿色，否则此灯不亮。

图 3-163　状态表示

分散自律文字上面的三个灯分别表示中心控制、分散自律、车站控制，灯亮为绿色时表示车站处在相应的控制模式下。

非常站控灯亮为红时表示当前站处于非常站控状态。同一时刻，控制模式灯最多只能亮一个灯。

自律机通信灯表示车站与自律机通信状态，当通信状态良好时，此灯会闪烁。当此灯长时间不闪烁时，表明系统故障，请及时与维护人员联系。

按图排路灯为绿时表示按图排路，为黄时表示手工排路。

计划控制灯为绿时表示排路需要和计划比较，为灰时表示不比较。

其中“计划控制”和“按图排路”功能可以通过 CTC 工具条上的“状态选择”按钮来选择是否需要此功能。

如果车站有列控限速设备，则有列控表示状态灯。当列控中心的线路未完全初始化时，站场图上的“列控”状态灯显示黄色，提醒人工干预进行初始化操作；如果列控中心的线路完全初始化了，则“列控”状态表示灯为绿色，如图 3-164 所示。

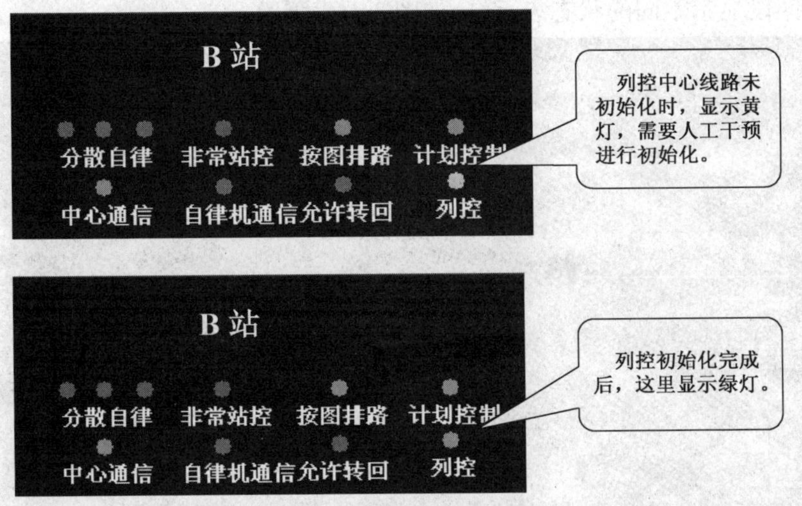

图 3-164 列控表示控制灯

当车站状态处于站死状态时，站名下的状态表示等均不亮（暗灰色），同时股道、道岔、信号机等均为暗灰色。此时，说明网络通信中断或较严重的故障，需要尽快与电务人员联络进行处理。

在车站的出入口有四个进路窗，分别表示即将要办理的上下行方向的进路序列，如图 3-165 所示，图 3-166 表示其含义。

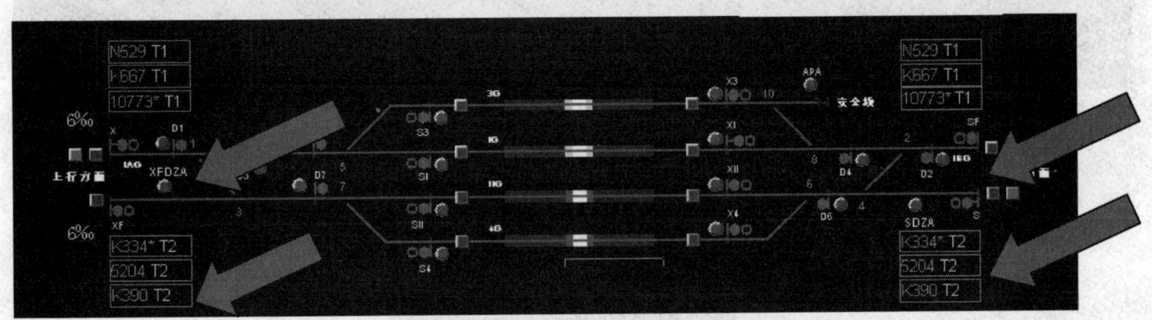

图 3-165 车站入口处进路窗

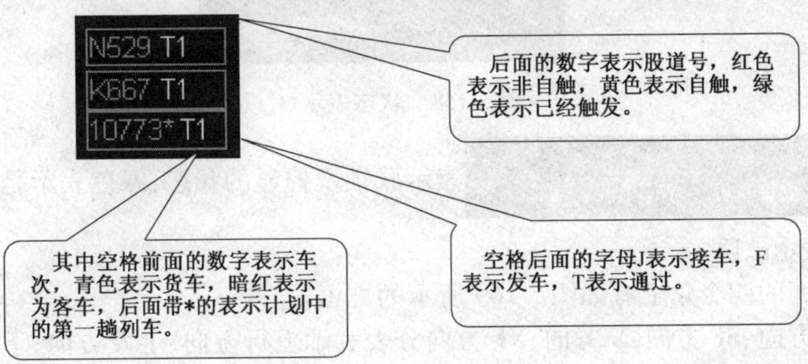

图 3-166 车站入口处进路窗的含义

(2)单站显示界面及状态指示灯

单站画面如图 3-167 所示，单站画面与区段画面中的车站站场图略有区别，在单站画面的站名下面，与区段显示不同的状态表示灯，如图 3-168 所示。

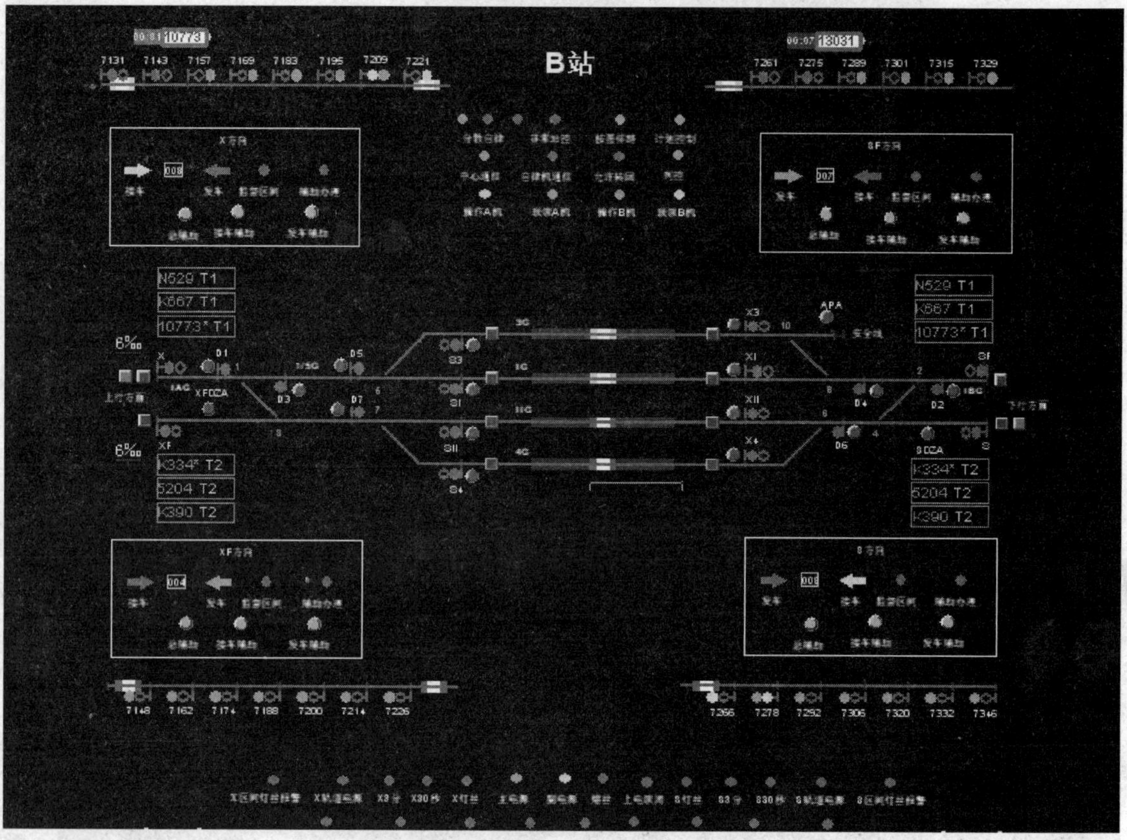

图 3-167　单站画面

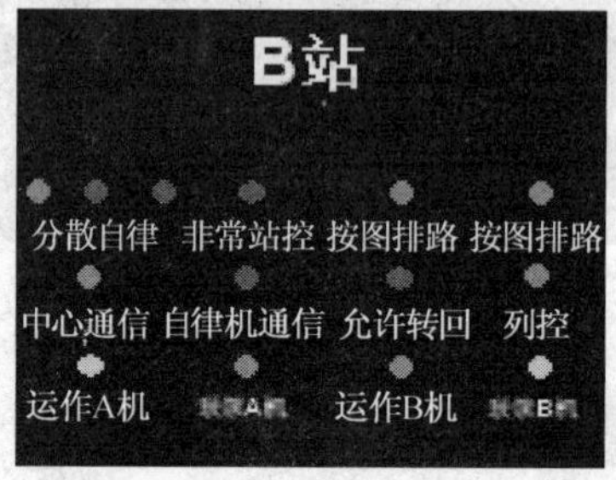

图 3-168　状态表示灯

操作A机　联锁 A 机　操作B机　联锁 B 机 表示联锁及控显的状态，绿色表示是主机，黄色表示是备机，灭灯表示故障。

在单站画面的四个角上有如图 3-169 所示的方框。

其中的 S 方向、SF 方向、X 方向、XF 方向分表表示上行方向、上发方向、下行方向、下发方向。下面第一排的各个■为状态表示灯，第二排的“总辅助” 为计数标志，是对后面两个“接车辅助”和“发车辅助”按钮操作的计数。

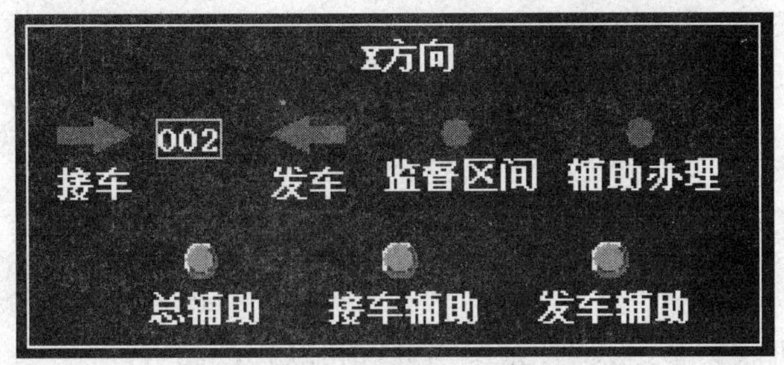

图 3-169 单站画面的一部分

如图 3-170 所示的是各类报警灯和特殊按钮。

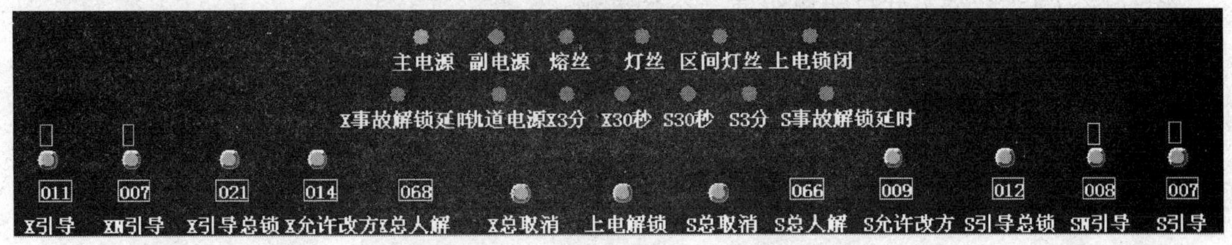

图 3-170 报警灯和特殊按钮

引导按钮上面黄框为定时器，下面黄框为计数器。总人解和引导总锁只有计数器。如图 3-171 所示是 CTC 操作按钮及进路序列窗口。

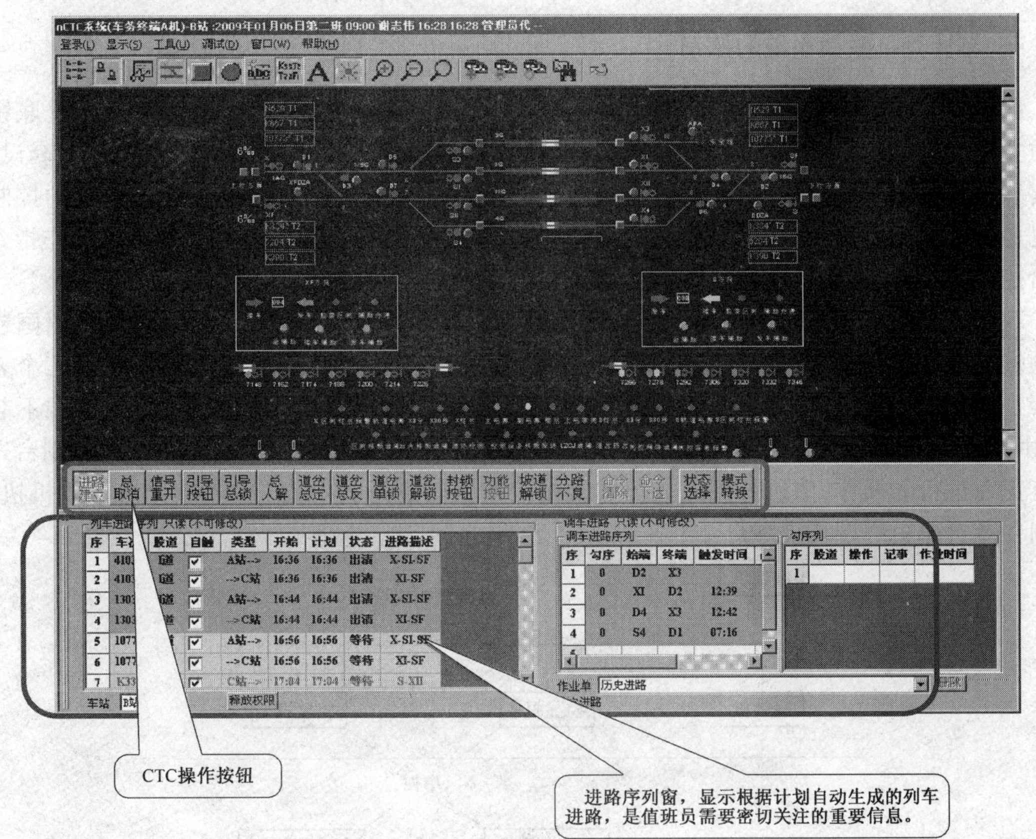

图 3-171 CTC 操作界面

任务6　CTC与其他系统接口

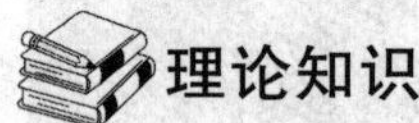

任 务 书

1. 描述在计算机联锁车站，CTC系统与计算机联锁的结合。
2. 描述在6502电气集中车站，CTC系统与6502继电联锁的结合。
3. 描述CTC与TCC结合后，传送的信息内容。
4. 讨论CTC系统车站自律机限速命令的来源。
5. 讨论车站列控中心获取限速命令的方式。
6. 根据联锁设备的不同车站信息采集过程的不同。

理论知识

铁路信息化、智能化的发展，其设计要求避免资源的重复建设，为此系统之间要求进行信息共享，为此系统的结合也是重要的一项内容之一。特别是计算机设备的应用也给此创造了条件。

一、与计算机联锁系统的接口

调度集中对车站实行分散自律控制时，联锁关系仍由车站联锁设备保证。计算机联锁系统独立构成一个封闭的控制局域网，不会影响联锁系统的正常工作。联锁机一般为双套设备，采集和运算的结果信息均为双套，控显机收到的信息为当前使用的信息。并且联锁的控制指令也是从控显机发出的，所以自律机应该从联锁控显机获得信息，并将完整的进路操作指令传送给控显机，由控显机将此指令转换为联锁机能识别的控制命令。

双控显机与双自律机通过2个串口互联，如图3-172所示，要求联锁硬/软件按照国铁集团颁发标准进行改动，在控显机终端或控制台上增加一个带铅封的非常站控按钮及三个表示灯（红、绿、黄），按下非常站控按钮，这时红灯点亮表示处于非常站控状态，CTC终端不起作用，由计算机联锁终端或控制台执行操作。当黄灯点亮时，表示自律机工作正常及控制台这时没有正在进行的操作，值班员可以拔出非常站控按钮转到遥控状态，这时操作由自律机执行，控制台及自律机终端均点绿灯。

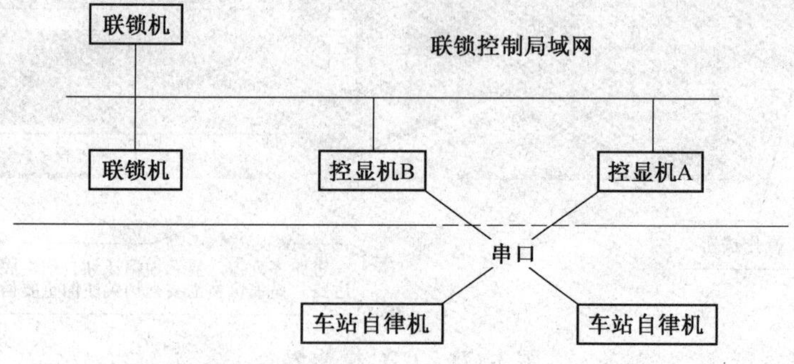

图3-172　CTC与计算机联锁系统连接图

(一)输入信息类型

由联锁系统送给自律机,CTC 表示需要的各种信息:

进站信号机——绿、黄、绿黄、双黄、黄闪黄、引导、红、断丝。

进路信号机——绿、黄、绿黄、黄闪黄、引导、红、白、断丝。

出站信号机——绿、绿绿、黄、绿黄、红、白、白闪、断丝。

调车信号机——白、白闪、蓝、(红)断丝。

轨道区段——锁闭、占用、空闲。

道岔——定表、反表、四开、单锁、单解、单封、解封、总锁。

闭塞——各种表示灯

区间——轨道占用、出清、红、绿、黄。

其他——熔丝、主灯丝等各类报警灯、股道封锁、区间封锁及联锁设备运行状态表示。

(二)输出信息类型

由自律机送给联锁系统,CTC 向联锁发送一条完整的进路控制命令,以编码形式实现。如:选路——选路代码 + 始端(变更)终端,取消——总取消 + 始端,定位操作——总定 + 道岔。应该统一规定各种控制命令代码的编码原则,并确定各站信号机、道岔、轨道区段等设备代码编码原则。例如,若规定选路编码为 01,取消为 02,则一条选路命令为:01 + 始端按钮代码 + 终端按钮代码,一条取消命令为:02 + 始端命令代码。

可能的控制命令类型归纳如下:选路、取消进路、人工解锁、重复开放、道岔定位、道岔反位、道岔单锁、道岔单解、引导进路、区段解锁、道岔封闭、道岔解封、按钮单封、按钮解封、坡道解锁、引导总锁闭、轨道电路停电恢复、溜放功能等。控制命令代码的编码原则应该考虑故障—安全编码。

1. 非常站控

软件控制方式,控制思路是 CTC 自律机和联锁机通过通信口交换信息,根据信息条件使各自的操作界面的键盘鼠标操作不起作用,交换的信息格式中应该包含通信端口标记。

(1)设计原则

①非常站控按钮设计为非自复式带计数,按钮设在联锁机操作界面上,表示控制模式状态的红绿黄 3 个灯设在联锁机和 CTC 的操作界面上,状态信息保存在联锁机中,定时(变化实时)发送到 CTC 自律机。

②非常站控状态下,联锁操作有效,CTC 操作无效,但 CTC 判断转入分散自律模式条件是否满足,决定是否向联锁机发出点黄灯信息。只有在黄灯状态下,转回分散自律操作才能生效,否则 CTC 不接收,联锁也不应该使自己转换。状态灯:红灯。

③分散自律模式下,联锁操作无效,CTC 操作有效。状态灯:绿灯。

④上电时,联锁的操作模式进入前次控制模式,CTC 等待接收联锁机传来的模式状态信息决定进入何种模式。状态灯:前一次状态。

(2)操作步骤

①非常站控模式下,联锁系统收到 CTC 传来的点黄灯信息后,人工拉起非常站控按钮,向 CTC 自律机发出请求进入分散自律模式信息。状态灯:红、黄。

②CTC 收到请求后,发出同意转回分散自律模式信息,联锁系统灭红黄灯,点绿灯,分散自律生效。状态灯:绿。

③分散自律模式下,按下非常站控按钮后进入非常站控状态,亮红灯,联锁程序使自己的

键盘鼠标生效,可以进行操作,不再执行 CTC 传来的操作命令。CTC 收到红灯状态后,车务终端使自己的键盘鼠标失效,不能进行人工操作,自律机也不再向联锁发送根据计划生成的操作。

(3)交换信息

①CTC 发给联锁信息:点黄灯(可以转回分散自律模式,条件满足时发)、同意转回分散自律模式(收到请求转回分散自律模式信息时发)。

②联锁发给 CTC 信息:红绿黄状态信息(变化时立即发,无变化时定时发)、请求转回分散自律模式信息(拉起非常站控按钮时发)。

2. 故障处理

(1)当自律机故障时,中心能够报警,联锁仍为绿灯状态,此时收到黄灯信息时不做处理。如果这段时间自律机故障自动恢复后,判断条件满足时,收到联锁送来的模式状态信息后,自动进入分散自律状态。

(2)自律机与联锁通信中断后,不再向联锁发送操作命令。通信恢复后,接收联锁传来的模式状态信息,根据状态和条件自动进入不同控制模式。

二、与无线车次号校核系统的接口

车站自律机按照国铁集团颁发相关标准,通过 RS422 串口与无线车次号校核系统的地面接收机相连接,接收车次号信息;无线车次号校核是建立在无线列调系统和机车运行记录装置系统基础上的,由机车数据采集编码板、地面接收机两大部分组成,其工作流程为:机车数据采集编码板实时从机车运行记录装置系统中获取列车的车次信息、简单编组信息、当前的公里标及前方的信号机状态,在列车进入车站后(进站信号机和出发信号机处),机车数据采集编码板利用车载无线列调电台,通过无线手段将车次号等信息发送到地面,地面接收机接收并经公里标确认后,通过 RS422 接口将信息提供给车站自律机。自律机接收到这些信息可以与阶段计划车次、软件追踪的车次进行比较,进行自动校核或人工确认后校核,从而保障车次信息在整个 CTC 系统中的正确性。如图 3-173 所示。

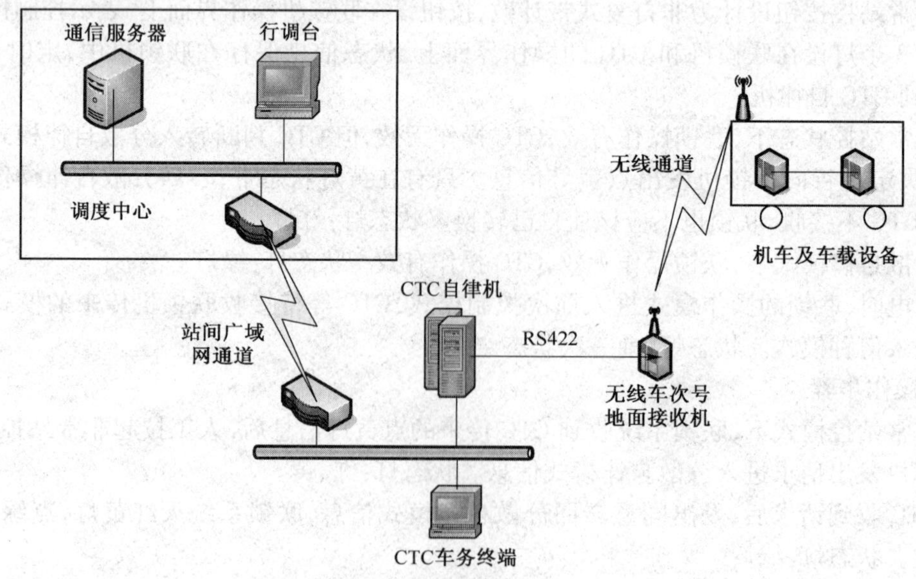

图 3-173　与无线车次号校核系统的连接图

三、与调度命令无线上传系统(综合无线通信平台系统)的接口

无线调度命令系统主要功能:调度员向辖区内的运行机车直接发送调度命令;车站值班员向辖区内的运行机车发送行车凭证;机车接收调度命令后能自动确认和手动确认,并将确认送发送方显示,手动确认送相关车站显示;调度命令发送方未收到自动确认信息,应自动重发,自动重发后仍未收到确认信息,应提示调度命令发送方发送失败;调度命令机车装置判断确认是发给本机车的调度命令,在显示器上显示,司机根据需要选择打印;调度命令机车装置提示司机手动确认调度命令;TDCS 设备和调度命令机车装置应存储调度命令并记录操作过程;调度命令机车装置收不到来自 TAX2 箱的机车号和车次号时,应显示所有接收到的调度命令,但不发送自动确认信息;系统可自动向列车发送列车进路预告信息;系统中各终端的提示应具有语音提示功能,对各种命令操作的提示音应有区分;调度命令机车装置可向 TDCS 系统发送调车请求。

车站自律机按照国铁集团颁发的相关标准,通过 RS422 串口连接调度命令无线上传系统的地面转发器,从而完成信息的交互。具体的过程为:行调台或车站的车务终端编写好调度命令或路票等信息后,根据车次跟踪确定机车的位置,然后将填写目标地址的信息发送给车站自律机,由车站自律机在合适时刻将信息发送给车站转接器,然后车站转接器通过车站无线列调电台将信息发送到机车,机车接收到信息后,将自动回执信息和人工签收信息通过无线车次号校核的信道发送给无线车次号校核系统的地面接收机,然后发送给车站转发器,车站转发器再将信息发送给自律机,自律机收到信息后再依次上传,如图 3-174 所示。

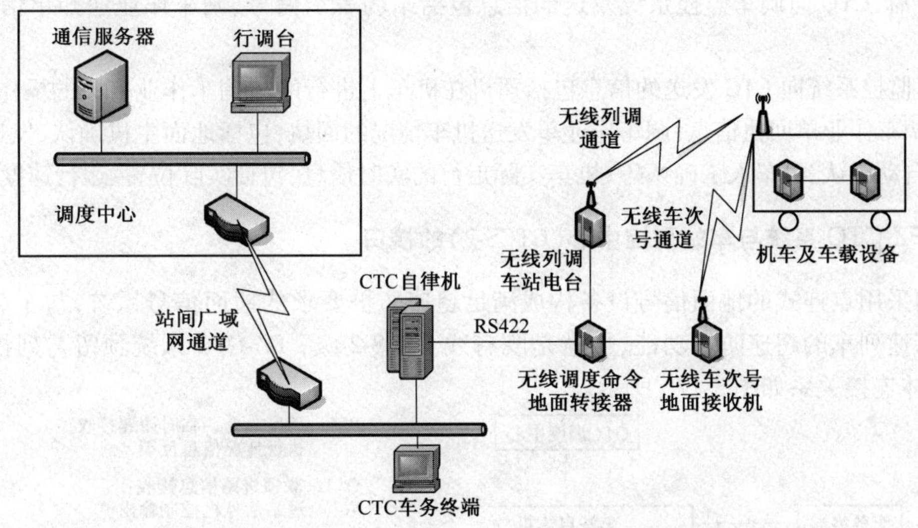

图 3-174　与调度命令无线上传系统的连接图

四、与无线调车机车信号和调车监控系统的接口

无线调车机车信号和调车监控系统基本功能有:安全防护功能;显示及报警功能;记录处理功能。分散自律调度集中系统相关技术条件规定了与其他系统采用带光电隔离的 RS422 的连接方式,因此车站自律机预留了与该系统通信的 RS422 接口,以后可按标准要求和该系统相连接,连接如图 3-175 所示。

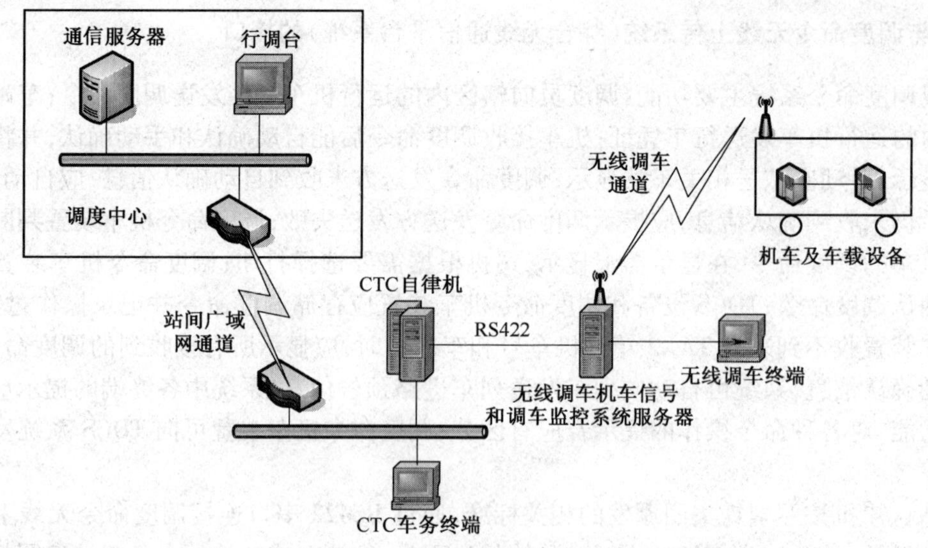

图 3-175　与无线调车机车信号和调车监控系统的连接图

在安装 CTC 的调度区段，专用调度机车应安装无线调车机车信号和调车监控系统，CTC 系统与调车监控系统的通信接口由 CTC 车站自律机、调车监控地面主机以及两者之间通信设备组成。双方各提供一个 RS422 串口进行连接，双机配置的系统需先进行硬件切换，保证只有主机的串口有效。

连接后，CTC 向调车监控系统发送的信息包括站场表示信号、调车作业通知单信息、时钟信息等。

调车监控系统向 CTC 发送的信息包括司机在机车上进行的与调车作业有关的操作信息；调车申请、调车作业单回执信息；调车作业单发送机车情况的回执，包括地面主机确认、发送机车失败、机车自动确认、机车人工确认等；机车实际走行的实时信息，包括实际位置、运行速度等。

五、FZ-CTC 系统与车站列控中心（CTCS-2）的接口

区间采用点连式的地面信号设备构成满足超速防护要求的地面信号系统，与车载设备配合完成高速列车的超速防护功能，也就是既有线 CTCS-2 级；FZ-CTC 系统预留与列控中心的接口，具体连接关系如图 3-176 所示。

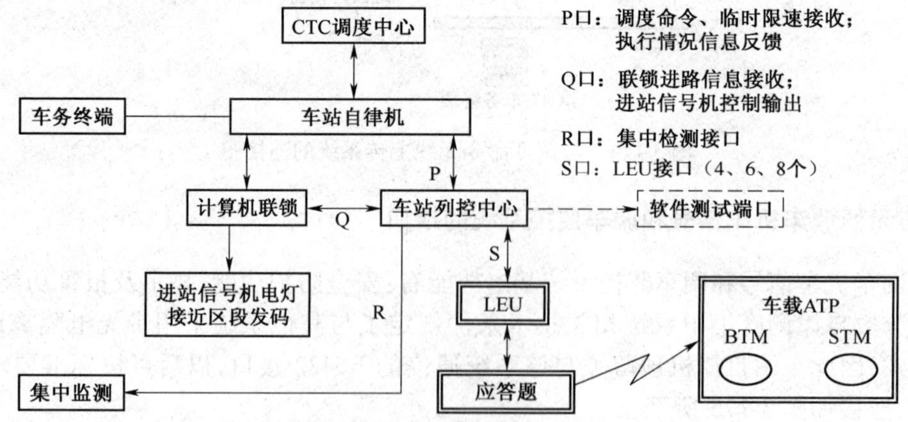

图 3-176　FZ-CTC 系统与车站列控中心（CTCS-2）的连接图

车站列控中心可以从 CTC 中获得调度命令、临时限速信息(起点里程、长度、速度、车次、起止时间等信息);临时限速信息也可以由值班员在人—机界面人工输入,通过 CTC 站机向列控中心传送。

六、FZ-CTC 系统与信号集中监测系统的接口

CTC 与信号集中监测系统之间的通信,通过 CTC 车站自律机与信号集中监测系统的车站机互联实现,其连接方式如图 3-177 所示。

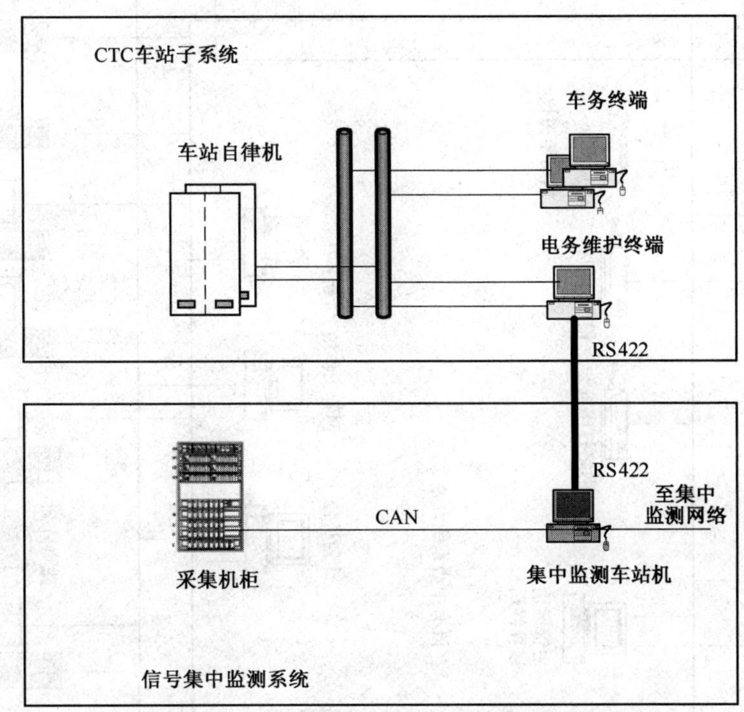

图 3-177　FZ-CTC 系统与信号集中监测系统的连接

车站自律机按国铁集团颁发的相关标准,通过 RS422 串口连接至集中监测主机,将采集到的站场复示信息主要包括信号机显示状态、道岔开通位置、轨道区段占用、按钮表示灯状态等站场实时信息发送给集中监测系统。

七、FZ-CTC 系统与既有中心系统结合设计

TDCS(TDCS)系统是目前已成功上道运行的实时运输调度指挥管理信息系统,根据前一阶段生产力布局调整的需要,整个既有 TDCS 系统也进行了相应的升级和改造;在升级和改造过程中,已经按照《关于调整 TDCS 系统结构及组网方案的通知》(运基信号〔2005〕124 号)在中心系统预留了 CTC 的发展条件。

在 CTC 中心系统的设备连接中,按照图 3-178 所示进行连接,车站广域网通过新增的协议转换器直接接入既有的路由器上,新增的通信和应用服务器及中心的 CTC 工作站直接通过网线接入既有的网络交换机上。

上述对于设备的利用方案,只有数据库服务器的利用是建立在第三方开放的 Oracle 平台上,所以对于设备的共享不存在两个系统的重复开发和维护的问题;其他设备均是建立在硬件

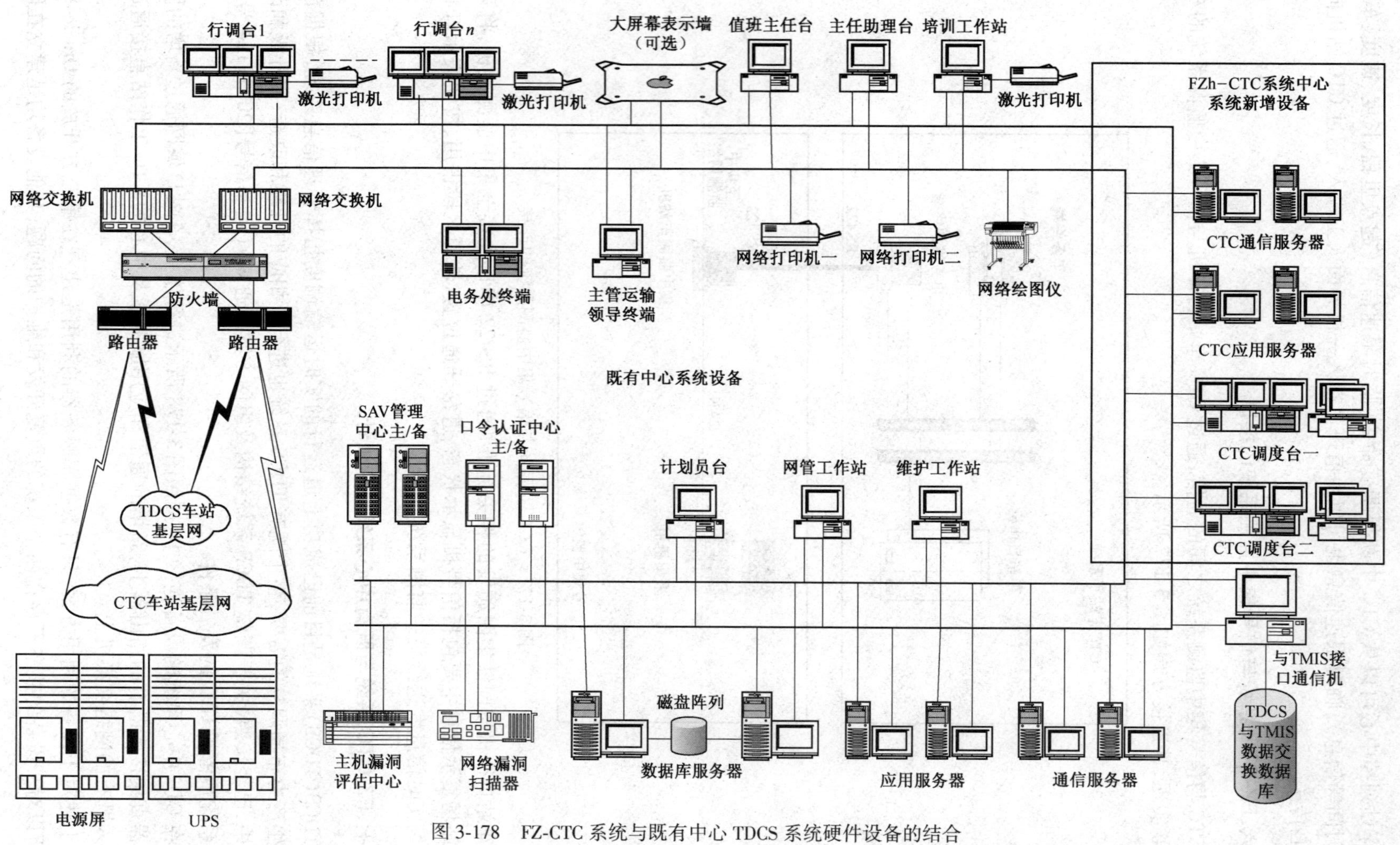

图 3-178　FZ-CTC 系统与既有中心 TDCS 系统硬件设备的结合

设备的连接线的基础上，只要既有设备预留有合适的硬件接口，也不需要对软件系统的修改和调试；为整个共享设备的方案在技术上和工程实施上奠定了基础。

八、FZ-CTC 系统与既有中心 TDCS 在信息方面的结合

CTC 系统和既有的 TDCS 均属调度指挥信息系统，二者在信息方面除了调度台间行车指挥计划和调监信息的交换外，两个系统均需要与 TMIS 系统进行有关信息的交换。

考虑既有 TDCS 系统中已建立了与 TMIS 系统交换信息的 D/T 结合子系统，CTC 系统需要与 TMIS 交换的信息也通过既有的 TDCS 系统完成；这样 CTC 系统与既有的 TDCS 系统之间有三类信息交换：邻台行车计划信息、邻台调监信息、CTC 区段与 TMIS 系统的交换信息。

由于 CTC 系统和 TDCS 在中心的硬件设备上是建立在一个中心系统的基础上，两系统共用同一个网络系统，所以上述三方面的信息均通过应用服务器和共享的数据库平台，采用 TCP/IP 协议实现 CTC 与 TDCS 和 TMIS 间的信息交换。

CTC 系统和 TDCS 共存在同一个中心时的信息流向图如图 3-179 所示。

根据上述 CTC 系统和 TDCS 在中心的硬件结合方案，两个系统在中心共享同一套数据库服务器、网络系统、电源系统，在两个系统同时开通运行的情况下，由于 CTC 系统重要的行车指挥和控制功能的主要部件，均在自己系统的车站上和中心新增的应用和通信服务器上，所以原则上有关 CTC 功能表现的维护均在 CTC 系统内部；对于 TDCS，其完成行车指挥功能的主体是中心 TDCS 自己的应用和通信服务器，所以原则上 TDCS 有关功能表现的维护上均在 TDCS 内部。

对于网络系统和电源系统的共享，牵涉后期的维护工作仅局限于硬连接线的通与不通，所以在维护的界面上也是比较清晰的。

对于数据库服务器的共享，数据库服务器的作用就是一个信息存储的平台，而且运行的是第三方平台软件，所以其在应用数据层的维护也基本上是相对独立的，由于牵涉两个系统之间的信息交换，所以只有对于两个系统之间信息交换的维护需要两个系统协调进行，但就其技术上的独立性而言，这种方案的维护是极大区别于既有 D/T 结合的，在维护方面是比较方便调试的。

对于其他专业终端的共享，由于 CTC 系统和 TDCS 虽然在功能上侧重点不同，但其所有硬件设备是通过共用的网络平台互通的，所以采用在同一硬件终端上运行各自独立的应用软件，既保障了各自系统本身逻辑处理和功能表现的独立性，也极大方便了系统维护中的故障定位和故障处理。

考虑 CTC 系统在车站的网络结构与设备组成上与 TDCS 有区别，所以建议在中心机房增设 CTC 系统的维护和网络管理终端，根据上述方案建设的 CTC 系统本身的维护终端和软件即可完成在日常维护中所有与 CTC 系统有关的故障定位和报警提示，同时也为整个中心下一条 CTC 区段的建设提供一个共享的软硬件平台。

九、FZ-CTC 系统与国铁集团中心、相邻局系统的接口

铁路运输组织是建立在一个完整的铁路路网基础之上，所以铁路运输管理信息系统的建设（TDCS、CTC）也是建立在完整的一个网络体系之内，包括铁路局之间的信息交换和路局分界口之间的信息交换。所有的信息交换均通过中心间网络进行，整个网络系统的方案如图 3-180 所示。

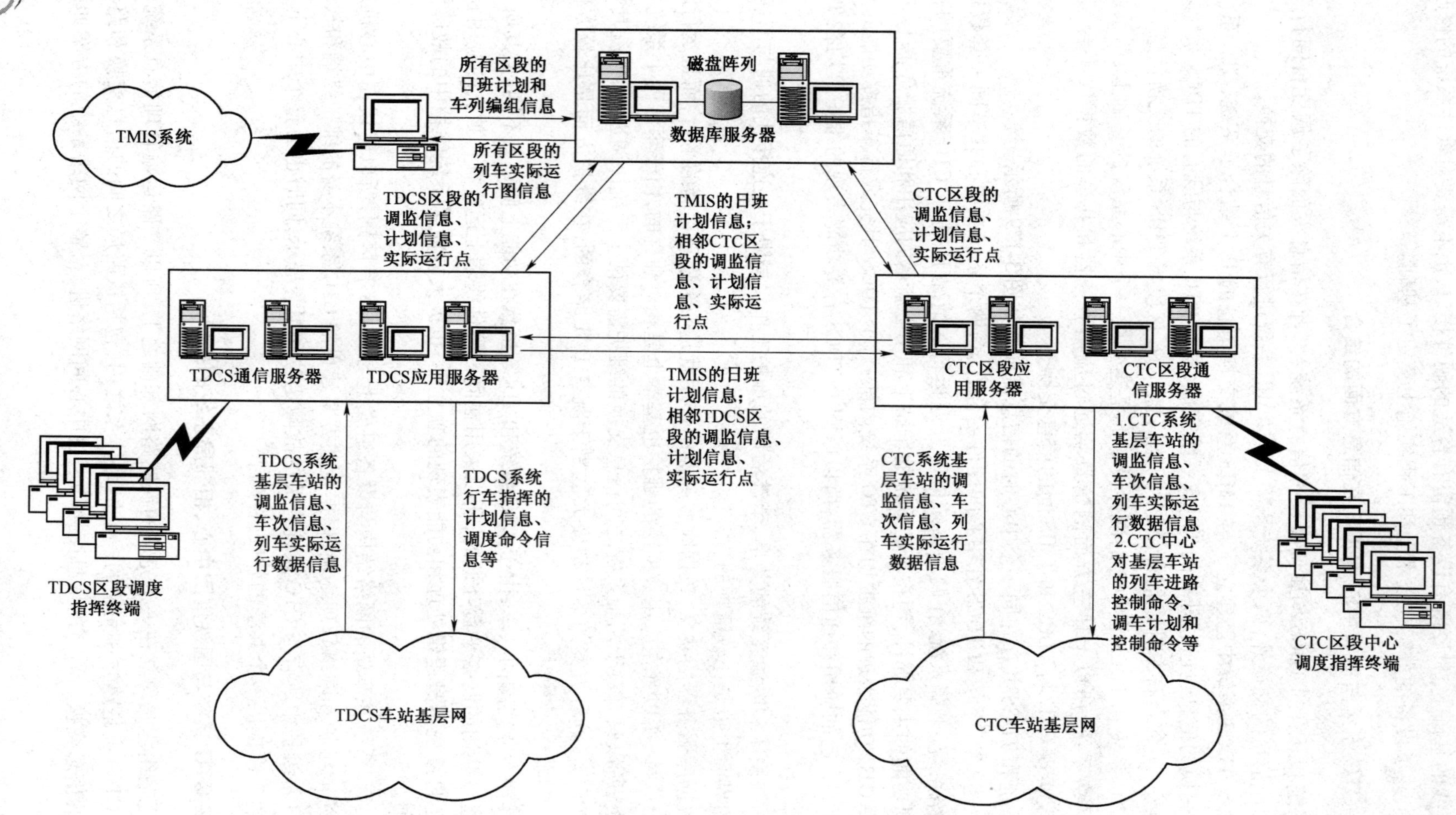

图 3-179　CTC 系统和 TDCS 系统共存在同一个中心时的信息流向图

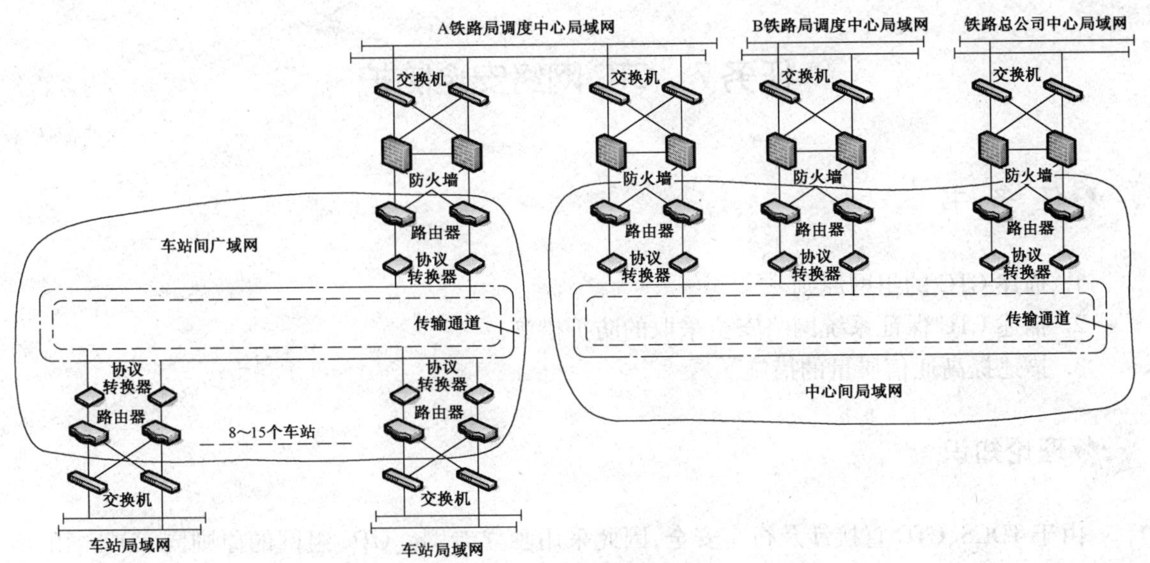

图 3-180 FZ-CTC 系统与国铁集团中心、相邻局系统的连接图

在上述硬件网络体系下，在软件协议上实现与国铁集团中心、两个铁路局的 TDCS 系统的信息交换，主要包含的信息内容有：阶段计划、邻站透明、调度命令、相邻站列车运行报点等信息。

十、无线闭塞中心 RBC 接口

CTC 系统在调度中心通过“无线闭塞中心（RBC）接口服务器”和 RBC 系统通信接口。CTC 系统与 RBC 系统接口连接如图 3-181 所示。

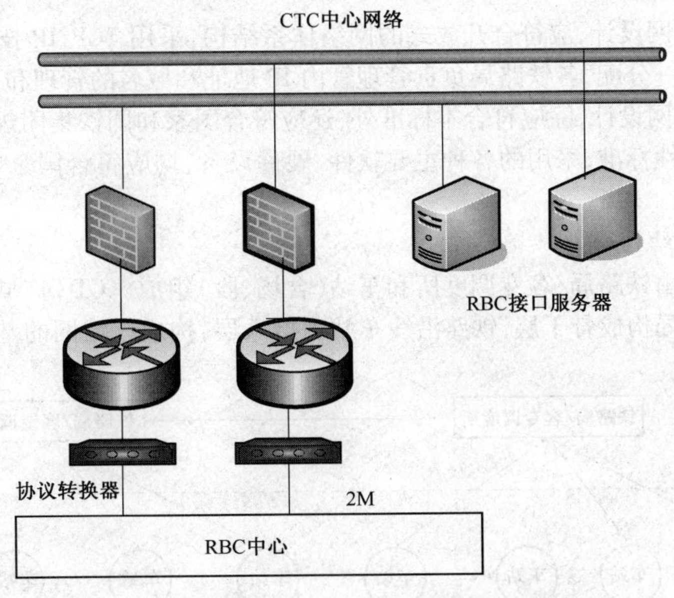

图 3-181 CTC 系统与 RBC 系统接口示意图

CTC 系统向 RBC 系统传递信息内容：文本信息；时钟信息；紧急停车命令；注销列车登记命令；请求列车状态；连接检查。

RBC 系统向 CTC 系统传递信息内容：连接状态信息；列车静态信息；列车动态信息；表示信息；报警信息。

任务7　CTC 网络安全防护

任 务 书

1. 描述 CTC 的组网原则。
2. 描述 CTC 保证系统网络安全采取的防护措施。
3. 描述提高通信质量的措施。

理论知识

由于 TDCS、CTC 直接涉及行车安全,因此采用独立专网。CTC 组网的原则同 TDCS,由于 CTC 系统具有远程操控、安全逻辑检查等功能,故 CTC 对网络传输的要求比 TDCS 高。

一、CTC 网络组成

(一)CTC 组网的基本原则

1. 应自成体系,单独成网;

2. 组网应遵循统一规划、统一标准、合理布局的原则;

3. 组网设计时在满足现阶段需要的同时应兼顾预留和发展,对基础设施宜按远期考虑,留有发展余量;

4. 广域网的组网设计,应符合开放式的网络体系结构,采用 TCP/IP 技术组网,IP 地址和域名由国铁集团统一分配,各铁路局负责管理管内 IP 地址和域名的管理和分配;

5. 广域网的组网设计,除应符合本标准外,还应符合国家和国铁集团规定的信息安全,保密标准及其他强制性标准,采用的各种主要软件、硬件设备,均应符合国家通用标准并经过有关主管部门批准。

(二)CTC 网络结构

CTC 网络结构由铁路局/客专调度所和车站(含场、段)组成。CTC 广域网分为两层:骨干层和接入层。铁路局构成骨干层,铁路沿线车站为接入层,构成广域网的基层网,其网络结构如图 3-182 所示。

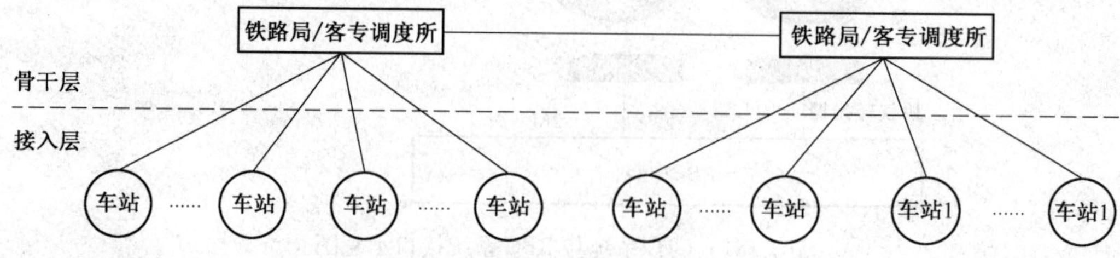

图 3-182　CTC 网络层次示意图

骨干网由铁路局/客专调度所组成的网络构成,骨干层节点应设置两套中心路由器。接入层由铁路局和铁路沿线车站(含场、段)组成的网络构成,是整个广域网的基层网,CTC 应采用双通道双机组成。接入层主要负责信息的采集,向控制中心提供所需信息,并接受控制下达的

命令、信息等。接入层接点应设置信源点路由器。

TDCS、CTC 的系统广域网由调度中心与调度中心间的广域网、调度中心与车站间以及车站与车站间的广域网组成，系统广域网结构应采用冗余路由方式，包括传输通道的冗余和拓扑结构的冗余。系统广域网由路由器、协议转换器等网络通信设备和传输通道构成，传输通道应采用迂回、环状、冗余等方式。在调度中心，车站间广域网、中心间广域网宜分别设立路由器。

1. 广域网骨干层组网

骨干层作为 TDCS、CTC 的中枢，要求安全、可靠，各节点关键部分和功能应作合理的冗余配置。路局节点与原铁道部节点间、相邻铁路局节点间的连接采用双通道连接（主备方式），每条通道的带宽至少为 2 M，根据实际流量需要可采用更高的带宽。

TDCS、CTC 对骨干网的通道要求是一致的，优先采用专线方式，条件不具备时可以采用以专线为主用通道、数据网链路为备用通道方式。

2. 广域网接入层组网

接入层应根据通信传输系统资源情况，优先采用数字通道，通道速率为 2 M。根据通道种类不同，可采用环形结构、星形结构中的一种组网方案，或两种组网方案结合使用。环形结构为：铁路局与下属各站、场构成多个环形网络；相邻两站间采用物理通道直连，每 8 ~ 15 个车站引迂回通道与所属路局相连。星形结构为：铁路局与下属各站、场构成星形网络，各个站、场均与铁路局直接连接。接入层应尽可能采用具有自愈功能的环形结构，以提高系统广域网的可靠性。

对于 TDCS，可以采用单环形网络，即各节点间采用单通道，每个车站设一台路由器，相邻站间的使用一条通道接入各自路由器；同一环的首尾两条迂回通道应分别连接入调度中心互为冗余的两台路由器。

对于 CTC，应该采用双环形网络，即各节点间采用双通道，每个车站设两台路由器，相邻站间的两条通道分别接入互为冗余的两台路由器；同一站的两条迂回通道应分别连接入调度中心互为冗余的两台路由器。

二、CTC 网络安全

CTC 和 TDCS 系统是重要行车设备，直接涉及行车安全，应在保证网络安全的基础上，加强信息共享，实现信息资源整合和综合利用，为其他系统提供信息支持。为保证网络安全，应采用防火墙及入侵检测系统、网络防病毒系统、动态身份认证系统、安全漏洞评估系统、PKI/CA 公共密钥体系等信息安全措施。

（一）安全措施

1. 防火墙及入侵检测

防火墙的主要功能包括数据包过滤、连接状态检查、会话检查、入侵行为检查等，它能够根据用户定义允许或拒绝某些数据包通过防火墙，保护内部网络设备及系统不受非法攻击及访问的影响。同时为每个通过防火墙的连接建立连接状态表，当遇到连接异常，如会话被胁持等攻击行为时，防火墙能及时准确的阻断这种非法连接。

入侵检测系统能够根据入侵行为特征表对每个数据包的行为特征进行检查，一旦发现符合已知攻击行为特征的数据包，入侵检测系统立即断掉该连接并进入相应的管理员定义的处理系统，比如灵活的报警方式，或者根据管理员定义产生相应反击，以发现幕后攻击者的相关信息，为进一步的事件处理提供依据。

2. 网络防病毒系统

虽然防火墙及入侵检测系统可以关闭所有危险端口,只开放 CTC 业务系统必须使用的应用端口,使一些通过特定端口传播的病毒不能跨越防火墙扩散,但是防火墙不能阻止病毒在本地的扩散传染以及不通过端口方式传播的病毒的扩散。配备一套健全的、成熟的、方便的网络防病毒系统可以阻止病毒在本地的扩散传染以及不通过端口方式传播的病毒的扩散。

3. 动态口令身份认证

传统的静态口令技术是 CTC 系统采用的基本身份识别方法,但存在着诸多技术弱点:静态口令在网络传输中可能被截获和分析;长时间使用同一口令泄露的概率会大大增加;人们通常喜欢用自己熟悉的人名、日期、门牌号、电话号码及其组合,易被猜中;网上的各种破解静态口令软件泛滥,造成了一定的安全风险。一旦用户的口令外泄,防火墙及入侵检测系统便不能阻止这种非法用户的进入,因为他们看起来是我们的正常用户。

动态口令身份认证技术可以解决上述问题,动态口令身份认证是具有 AAA 认证功能的双因素认证,是一种加强型身份认证。它能解决静态口令的各种问题,从而进一步提高系统的安全性。

4. 安全漏洞评估

安全漏洞评估系统的核心功能在于检测目标网络设备存在的各种网络安全漏洞,针对发现的网络安全漏洞提供详尽的检测报告和切实可行的网络安全漏洞解决方案,使系统管理员在黑客入侵之前将系统可能存在的各种网络安全漏洞修补好,避免黑客的入侵而造成不同程度的损失。从底层技术角度来划分,可以分为基于主机的漏洞防护和基于网络的漏洞扫描这两种类型。

(二)技术要求

网络安全系统安装后,不能影响 CTC 既有数据的传送,不能造成网络通信性能的下降。

1. 防火墙及入侵检测系统

防火墙及入侵检测产品在功能上应满足 CTC 系统未来 3～5 年业务发展需求;其产品本身应具有较高的安全性、可靠性和成熟性,产品本身不应存在安全漏洞,应具有很强的抗网络攻击和非法入侵能力;性能上要求产品具有高并发连接数、高吞吐量、低丢包率和低延迟;产品应能连续无故障运行,支持双击热备份;产品应具有成熟的技术,有稳定的客户群。

防火墙及入侵检测应该不仅支持包过滤或基于状态检测的包过滤技术,还应支持安全性高的应用层过滤功能。由于包过滤技术只能在较低层次上进行安全防护,安全性相对应用层过滤低,不能达到 CTC 系统高安全性的要求。

防火墙及入侵检测设备应具备高可靠性,支持设备间热备份协议,要求加入防火墙及入侵检测后不降低原系统的冗余性。

防火墙及入侵检测应支持主流的路由协议,如 OSPF、RIP 等。

防火墙及入侵检测应支持网络地址转换功能。

防火墙及入侵检测系统应支持多安全区域划分,不同区域间可配置为相同的应用等级或不同的应用等级,不同区域间可根据具体应用配置相应策略。

2. 网络防病毒系统

要求支持集中的安装、管理功能,即从服务器可以集中安装客户端,集中配置客户端策略,集中启动客户端病毒扫描,集中查看客户端告警和病毒日志。

要求支持统一的病毒定义升级,车站可以自动从服务器下载最新的病毒升级文件。

要求客户端病毒定义升级采用累计方式，在系统病毒定义升级时占用网络带宽不应超过总带宽的 20%，不得影响 CTC 系统正常应用。

要求防病毒客户端系统资源占用率应小于 5%，安装防病毒客户端后不影响业务系统正常应用。

要求防病毒服务器具备双机热备份功能，不存在服务器单点故障。

具备查杀引导型病毒、文件型病毒、混合型病毒、变形病毒、宏病毒、网络蠕虫病毒、特洛伊木马病毒、Java/Active 恶意代码等多种威胁的能力。

应具有对不同类型文件感染病毒采取不同的处理方式以保证系统正常运行的能力，如对病毒生成的无关文件则进行删除处理，而对系统文件感染病毒则进行隔离处理等。

3. 动态口令身份认证系统

密码应采用安全性高的事件同步方式（每登录一次变换一次密码），不能采用安全性相对较低的时间同步方式（每隔一段时间变换一次密码）。

（1）动态口令认证中心应支持认证服务器间的冗余热备份，不存在单点故障。

（2）口令牌应支持自身密码保护。

（3）动态口令身份认证应提供良好程序开发接口，便于植入各种应用程序中。

（4）动态口令身份认证系统应能支持 Windows 操作系统登录认证和路由器、交换机、防火墙等网络设备的登录认证。

（5）动态口令身份认证系统应采用 DES/3DES 等高安全性的加密算法保证口令不被破解或在传输中不被直接侦听。

4. 安全漏洞评估系统

（1）提供网络型漏洞扫描设备和主机型漏洞评估设备综合的产品解决方案。

（2）能对多种操作进行漏洞评估，包括 Windows、Unix、Linux，数据库等。

（3）能对 Windows 操作系统补丁缺少情况提供详细的描述，并能提出有效的打补丁的解决方案。

（4）能安全地测试整个网络是否有安全漏洞，并提供如何修复漏洞的相关建议

（5）漏洞评估系统应保存有各种最新的漏洞特征与警示，并定期提供最新的漏洞特征升级库。

（6）应能对系统漏洞给出较详细造成漏洞的原因，并给出修补漏洞的方法。

（7）应能对系统安全性、账户安全性、磁盘及目录安全性、网络及端口开放情况等做综合的评估检查。

（三）配置原则

CTC 系统网络安全设备分为铁路局中心部署和车站部署，具体配置原则如下：

（1）铁路局中心部署防火墙及入侵检测系统；

（2）铁路局中心及车站部署动态口令身份认证系统；

（3）铁路局中心及车站部署 SAV 网络防病毒系统；

（4）铁路局中心部署安全漏洞评估系统；

（5）车站部署防火墙系统。

三、通信质量

有线通信传输质量的好坏，对 CTC 系统是至关重要的，直接影响 CTC 控制指令的下达以

及指令执行的响应时间。虽然通信传输系统本身可以对直通2 M通道的性能有一定程度的监视,但对多段级连的且经过多次转换的中继(路由器)则鞭长莫及。因此,需要在CTC侧配备专门的通信线路在线监测系统,实时监督通信通道质量状况,及时报警处理,以保证CTC通信传输通道的高质量与高可靠性。

通信质量监督系统应能够实时监视和记录通信电路状态和通信节点IP可达状态。提供被监视电路的状态和各种报警、事件、误码等的实时显示、回放检索等功能;提供电路服务质量的统计数据,如不可用时间、误码计数/误码块计数(可用于计算平均误码率)、误码秒计数、严重误码秒等。

(一)技术要求

通信质量监督系统安装后,不能影响CTC既有数据的传送,不能造成网络通信性能的下降。

(1)电路监测方法符合国际电信联盟ITU-T G.704的有关规定;

(2)电路误码/块计算方法符合G.821/G.826的有关规定;

(3)电路测量要符合ITU-T O.151的有关规定;

(4)可以进行完备的G.826,M.2100服务质量监测,根据标准定时提供电路性能数据;

(5)对监测的用户电路没有不良影响;

(6)对用户网络资源的占用应控制在1%范围之内;

(7)可以监测的指标包括:误码秒、误码计数、严重误码秒、不可用时间、网络流量、LOS、AIS、LOF等。

(二)配置原则

通信质量监督系统一般由DLMU(数字电路监测单元)和管理中心设备组成。DLMU通过高阻跨接到需要监测的通信线路上,确保对不影响原电路,支持的电路接口包括G.703接口、双绞线接口以及V.35接口,可以监测从0~64 K、64 K、64 K~2 M、2 M电路。管理中心设备通过独立或与被监测系统共用的通信网络与DLMU设备通信,收集电路监视信息并监视DLMU的运行状态,管理中心可根据实际需要分级设置。具体配置原则如下:

(1)铁路局中心可设区域管理中心RMC,配置管理中心设备,并根据接入中心的电路的数量配置DLMU设备。

(2)电务段可设维护管理中心MMC,配置管理中心设备,并根据接入电路的数量配置DLMU设备。

(3)车站配置DLMU设备。

(4)各级管理中心和DLMU之间的通信可采用下面三种方式:使用专线构建独立的网络、使用被监测系统的IP网络、使用基于GSM-R网GPRS平台。完整的通信质量监督系统设备配置示意如图3-183所示。

四、故障案例

故障现象1:本站所有无线车次号都接收不到。

分析判断:如果自律机倒机后故障排除,可判断为原主机的CPU板串口通信故障;若倒机后不能排除故障,则可能是车站无线接收装置故障,或设备机柜内的无线车次RS232/RS422电平转换器(如果此路使用)故障;也可能是两者之间通信线接触不良或断线故障。

故障现象2:自律机机柜内A机与B机同一槽位两块输入采集板的某个或几个灯位显示

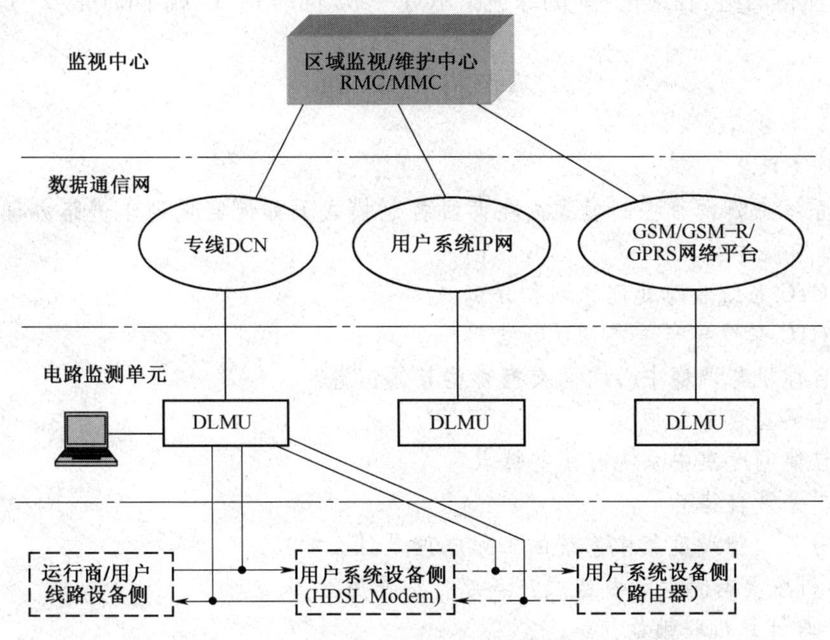

图 3-183　完整的通信质量监督系统设备配置示意图

不一致故障。

分析判断:此时电务维护终端上有报警,应该是采集板故障,更换报出的有故障采集板。

如果需进一步确认采集板是否故障,首先可根据配线表与采样板灯位的关系,判断出该灯位对应的采集对象和过渡零层端子位置,然后可以用在过渡零层测量电位的方法,或者用倒机后观察该对象的站机屏幕的显示与操纵台显示是否一致的办法,来判断哪一个机笼内的采样板故障。

故障现象 3:自律机所有采集板的灯都不亮故障。

分析判断:此时如果其他设备工作正常,站机显示除本站信息看不见,相邻站的信息都能看到,则应判断为采样电源 JF24 V 熔断器熔断,更换过渡端子处 JF24 V 熔断器后即可恢复。

故障现象 4:倒机面板上 A 机或 B 机 CPU、系统灯不亮。

分析判断:一般为 CPU 板故障,可以先将自律机设为手动状态,复位故障机,3 min 内若灯亮,则故障排除,恢复自动工作状态。如故障不能排除,可以将故障机断电,上电再试;3 min 内若灯亮,则故障排除,恢复自动工作状态;否则为 CPU 板故障,更换 CPU 板,换上原板 CF 卡。

故障现象 5:CTC 车站分机自动或手动倒机不能正常实现。

分析判断:观察 A、B 机的 24 V 电源指示灯和倒机装置的工作电源指示灯,确认倒机装置工作电源正常的前提下,可判断为倒机装置故障,更换倒机装置。

故障现象 6:CTC 系统本站信息正常,邻站接收灯红闪。

分析判断:一般为通道故障。首先到设备机柜检查 G. 703 模块的状态指示灯,如果 signal loss 亮红灯,说明通道不通。

故障现象:CTC 系统车务终端鼠标不能从第一屏移动到第二屏。

分析判断:双机切换器状态不对,打开车务终端机柜,按压双机切换器两组“在线选择”按键中的一个，使得两组“在线选择”的绿色指示灯一致（同时亮“1”或 同时亮“2”）。

复习思考题

1. 什么叫 CTC？

2. CTC 系统有哪两种控制模式？在两种控制模式下如何实现列车进路办理操作？控制模式的转换如何操作？

3. 简述 CTC 系统故障处理原则和分工。

4. 简述 CTC 系统接车进路自动预告时机。

5. 车站自律机与调度中心之间交换哪些具体信息？

6. CTC 由哪些部分组成？

7. 分散自律调度集中系统有哪些特点？

8. 什么叫分散自律？

9. CTC 分散自律调度集中系统的工作原理是什么？

10. 自律机主要有哪些设备组成？各起什么作用？

11. CTC 与计算机联锁如何结合？

12. CTC 与 6502 继电联锁如何结合？

13. CTC 与车站列控中心如何结合？交换哪些信息？

14. 分散自律调度集中系统故障降级处理的措施是什么？

15. 分散自律机如何实现倒机切换的？

16. CTC 与 TDCS 的区别是什么？

17. 简述 CTC 中心子系统巡检作业程序流程。

18. CTC 系统主要包括哪几个子系统？车站自律机与哪些系统有接口？

19. 分散自律调度集中系统的控制模式有几种？主要区别是什么？

20. CTC 向 TSRS 发送的信息有哪些？

21. 实施调度集中的必要条件是什么？

22. CTC 车站的种类和区别是什么？

23. 分散自律控制模式和非常站控模式互相切换时有何条件？

参 考 文 献

[1] 侯启同,张国侯.调度集中与列车调度指挥系统[M].北京:中国铁道出版社,2008.
[2] 黄溢,邓煜阳.CTC 条件下车站调车作业优化研究[J].铁路交通与运输,2008(5):107-110.
[3] 孔庆钤,刘其斌.铁路运输能力计算与加强[M].北京:中国铁道出版社,1999.
[4] 彭其渊,魏德勇,闫海峰,等.客运专线运输组织[M].北京:科学出版社,2007.
[5] 张怡.跨线旅客列车对客运专线与既有线能力及分工的影响[J].郑铁科技通讯,2006(1):13-15.
[6] 郭富娥.高速铁路高、中速旅客列车混行的运行方案探讨[J].中国铁路,1998(1):15-19.
[7] 丁若.CTC 与列控中心通信故障的处理方法[J].铁道通信信号,2010(4).
[8] 刘勇.TDCS/CTC 系统地线干扰问题[J].铁道通信信号,2009(4).
[9] 王涛,许伟,黄康.京九线 FZy-CTC 分散自律调度集中系统的研究[J].铁道通信信号,2010(1).
[10] 杨浩.铁路运输组织学[M].北京:中国铁道出版社,2005.
[11] 刘晓娟.远程控制系统理论及应用[M].成都:西南交通大学出版社,2006.
[12] 徐啸明.贯彻落实科学发展观,促进电务工作又好又快发展——在 2007 年全路电务工作会议上的报告[J].铁道通信信号,2007,2 (1).
[13] Mori K. Expandable and fault tolerant computers and communication's systems-autonomous decentralized system [A]. IEEE Proceedings of Computers and Communications. 1999:228-234.
[14] 谢肇桐.列车调度指挥系统.铁道知识.2005(4).
[15] 刘朝英.中国铁路分散自律调度集中.北京:中国铁道出版社,2009.
[16] 铁路职工岗位培训教材编审委员会.信号工(联锁、列控与区间信号设备维护).北京:中国铁道出版社,2013.
[17] 铁道部劳动和卫生司,铁道部运输局.高速铁路控制中心信号设备维修岗位.北京:中国铁道出版社,2013.
[18] 铁道部劳动和卫生司,铁道部运输局.高速铁路现场信号设备维修岗位.北京:中国铁道出版社,2012.
[19] 铁道部运输局.铁路列车调度指挥系统.北京:中国铁道出版社,2006.
[20] 董宝田,刘军.铁路信息化概论.北京:中国铁道出版社,2014.